KB060267

부동산공시법

Real Estate Registration Law

이상훈 · 석호영

박영사

제2판 머리말

2017년 3월 이 책을 펴낸 후 벌써 3년이라는 시간이 흘렀다. 처음 신판을 출간하였을 때는 2년마다 개정작업을 하는 것을 목표로 하였지만 지키지 못하고, 3년이 지난 시점에서 새롭게 제2판을 출간하게 되었다. 신판을 출간하였을 때도 느꼈지만 제2판의 출간을 앞두고 있는 현 시점에서도 역시나 여러 면에서 아쉬움이 남는다.

항상 강의를 하면서 "학생들이 법학과목을 보다 쉽게 이해하고 또한 본인의 전공인 부동산 그 자체에 관심을 가질 수 있도록 하는 것"을 중점으로 수업을 진행하여 왔다. 특히 학생상담 시에 본인의 전공에 대한 흥미를 학기가 지날수록 잃어 가고 부동산 관련 법학과목의 학습방법에 대해 고민하는 모습을 오랜 기간 경험하여 왔기에 학생들이 지루함을 느끼지 않고 전공과목이나 자격증 시험에 대비하고 쉽게 이해할 수 있도록 핵심 내용만을 최소한으로 간추려 교재에 담고자 노력하였다.

또한 부동산공시에 관한 법률 중 「공간의 구축 및 관리에 관한 법률」과 「부동산등기법」의 최신 내용을 반영하면서, 각 장별 마지막에 공인중개사 시험 기출문제를 일부 추가하였다. 이 책은 우선 부동산 관련 학과에 개설되는 부동산공시법 수업을 위한 교재로서 그 역할을 충실히 하는 것을 목표로 하고 있기에, 아직은 이론과 실무 모두를 만족시키기에는 부족한 면이 있을 수 있지만 추후 지속적인 개정을 통해 이를 보완해 나갈 예정이다.

코로나 바이러스의 전 세계적 유행으로 인해 매우 어수선한 사회 분위기 속에서 공동저자로서 이 책의 개정 작업을 위해 수고하신 석호영 박사에게 깊은 감사를 표한다. 또한 이 책이 출간되기까지 물심양면으로 아낌없는 지원을 해 주신 박영사 회장님과 임직원분들, 그리고 편집부의 윤혜경 사원님과 마케팅팀의 정성혁 대리님께도 깊은 감사의 마음을 표한다.

　마지막으로 이 책이 나오기까지 항상 옆에서 힘이 되어 주는 아내와 올해 8월 Northwestern University 입학을 앞두고 있는 첫째 예인과 둘째 예서에게 깊은 감사의 마음을 전하며, 언제나 믿음직한 남편 그리고 든든한 아빠가 되고자 노력할 것을 약속하는 바이다.

2020년 5월

공저자 대표　이 상 훈

차 례

공시제도의 필요성 •• 1

제 2 편
부동산등기법

제1장 부동산등기제도 총론 •• 149

부 록

공시제도의 필요성

권리자로 하여금 자기의 물권을 외부에서 인식할 수 있는 형식 또는 눈에 보이는 표상을 갖추어 대외적으로 그 내용을 알리도록 요구하는 제도를 가리켜 '물권의 공시제도'라고 한다. 이 공시제도에 의해 외부에 알려지는 것은 주로 물권의 종류와 그 권리자이다. 우리 민법은 부동산에 관한 법률행위로 인한 물권의 득실변경은 등기하여야 그 효력이 생긴다고 하여 물권에 관하여 공시의 원칙을 취하고 있으며(민법 제186조), 이는 물권의 취득이나 설정을 위하여 법률이 요구하는 공시방법이 강제된다는 것을 말한다. 다만, 상속, 공용징수, 판결, 경매, 기타 법률의 규정에 의한 부동산에 관한 물권의 취득은 등기를 요하지 아니한다고 하여(민법 제187조), 법률의 규정에 의한 물권변동에서는 공시가 없어도 물권변동의 효력이 발생한다.

권리발생에 관여한 당사자 이외의 사람에 대해서도 그 효력을 주장할 수 있기 때문에 제3자에 대하여 그 존재 및 내용을 알릴 필요가 있다. 즉 어떤 부동산의 소유자가 누구라는 것을 알리는 것, 어떤 부동산에 관하여 저당권이 설정되어 있다는 것, 어떤 동산의 소유자가 누구라는 것을 알리는 것, 어떤 동산에 질권이 설정되어 있다는 것 등을 알림으로써 이와 충돌하는 권리를 취득하려는 자에게 경고를 해 주는 한편 해당 권리에 대한 우선순위를 확보할 수 있다.

물권은 배타적 효력을 가지는 권리이므로 거래의 안전을 도모하기 위하여 물권의 존재 여부나 변동에 대해 어떠한 형식이나 표상을 통하여 널리 제3자에게 해당 물권의 존재를 알려 그 침해를 미연에 방지할 수 있다. 이와 같이 타인의 소유물을 함부로 침탈하거나 파손시켜서는 안 된다고 하는 전제로서 그 소유권을 외부에 공시하는 것이 필요하며, 이에 누구나 물권의 존재를 외부에서 인식할 수 있도록 공시방법을 사용하여야 한다.

부동산의 등기 또는 동산의 인도와 같은 공시방법이 존재하는 경우, 비록 실질적 권리를 수반하지 않는 허위의 공시방법이라고 하더라도 그 공시방법을 신뢰하여 거래한 자를 진실한 권리가 존재하는 경우와 같이 보호한다는 원칙으로서 '공신의 원칙'이 있

1

는데, 이는 공시방법을 신뢰한 제3자를 보호하여 거래의 안전을 도모하기 위하여 인정될 필요가 있다.

다만, 우리 민법은 동산에 대하여는 공신의 원칙이 인정되어 선의취득이 가능한 반면에, 부동산에 대하여는 인정되지 않고 있어 선의취득이 불가하게 된다. 부동산물권의 거래안전을 도모하기 위해서는 부동산에 있어서도 공신의 원칙이 적용되는 것이 바람직하다 할 것이지만 이를 위해서는 그 전제로서 공시제도가 우선 정비되어야 할 것이다.

제1편

공간정보의 구축 및 관리 등에 관한 법률

제1장
지적제도 총론

I | 지적의 의의

'지적'이란 국토의 전반에 걸쳐 일정한 사항을 국가가 등록하여 이를 국가 또는 국가가 지정하는 기관에 비치하는 기록으로서 토지의 위치, 형태, 용도, 면적 및 소유관계를 공시하는 것으로, 즉 국가가 토지를 지적공부에 등록·관리하는 모든 활동을 말한다 할 것이다.

이러한 '지적제도'는 토지에 대한 사실관계를 공시하는 것을 주된 목적으로 하고 있기 때문에, 부동산등기제도는 토지에 대한 법적 권리관계를 공시하여 재산권보호와 거래안전을 도모하는 것을 그 주된 목적으로 하고 있다.

1. 지적제도의 분류

(1) 발전과정에 따른 분류

1) 세(과세·재정) 지적

과세·재정지적은 과세목적의 지적 및 면적을 중시한다. 예로서 과거 영국의 봉건시대에서는 토지가 부족 내 어디에 위치하고, 누구의 소유인지 그리고 그 용도와 면적

등을 파악함으로써 효과적으로 세금을 징수할 수 있었으며, 이를 통해 국가재정의 지반을 마련하고자 하였다.

2) 법(소유) 지적

법(소유) 지적은 소유권 보호를 목적으로 하며, 위치를 중시한다. 과거 지적제도가 효과적인 세금의 징수를 가장 중시하였다면, 1910년대 이후부터는 소유권 보호와 위치를 중시하면서 지적제도에 있어 '경계'를 가장 중요시하게 되었다.

3) 다목적(통합·종합) 지적

'다목적 지적'은 지적제도의 발전과정에서 등장한 지적으로 1필지 중심의 정보를 제공하며, 기술적·경제적·법률적·재정적인 기능을 동시에 수행한다. 다목적 지적은 측지기본망, 기본도, 지적중첩도, 필지별 식별번호, 토지자료파일의 다섯 가지의 구성요소를 지닌다. 특히, 시설지적은 전기, 수도, 가스 등의 공공시설물을 집중적으로 관리하는 지적제도이다.

(2) 경계표시 방법에 따른 분류

1) 도해 지적

'도해 지적'은 경계를 기하학적으로 표시한 것이나 정밀도가 다소 떨어진다는 단점이 있다. 우리나라의 현행 지적도나 임야도가 대표적이다.

2) 수치(좌표) 지적

'수치(좌표) 지적'은 경계표시 방법에 따라 토지의 경계점을 평면직각종횡선의 수치로 표시한 지적제도로서, 이 지적은 고도의 정밀성이라는 장점을 가지지만 비용과 시간이 많이 소요된다는 단점 때문에 우리나라에서는 일부 지역에서만 채택하고 있다.

(3) 등록차원에 따른 분류

1) 2차원(수평) 지적

'2차원 지적'이란 토지의 고저에 관계없이 토지의 수평면만을 측량하여 등록·공시하는 지적제도로서 도면 위에 선과 점으로 표시하는데 이러한 지적을 '평면지적 또는 수평지적'이라고도 하며 지적도나 임야도의 형태로 채택되어 사용되고 있다.

2) 3차원(입체) 지적

'3차원 지적'이란 지표의 물리적인 현황과 함께 지상과 지하에 설치된 공간적 시설물까지 등록하여 공시하는 지적제도로서, '입체 지적'이라고도 한다.

(4) 등록의무에 따른 분류

1) 적극적 지적(= 직권주의)

지적에 있어 직권주의를 따르는 국가는 모든 토지에 대하여 등록 의무를 부과하기 때문에 미등록 토지에 대해서는 법적 권리를 보장하지 아니한다. '적극적 지적'의 등록 방법으로는 실질적 심사주의를 적용되고 있으며, 미국의 '토렌스'제도(Torrens 또는 Registration System)가 대표적이다.

2) 소극적 지적(= 신청주의)

지적에 있어 신청주의를 따르는 국가는 소유자의 신청이 있을 시에만 등록의무를 부과하고 거래사실을 등록한다. '소극적 지적'의 등록 방법으로 형식적 심사주의를 적용하고 있으며, 미국의 리코딩 시스템(Recording System)이 대표적이다.

참고 | **우리나라의 현행 지적제도**

우리나라의 현행 지적제도로는 소유 지적(법 지적), 도해 지적, 수치 지적(일부지역에서만 채택), 2차원 지적(수평 지적), 적극적 지적 등이 사용되고 있으며, 우리나라의 지적은 법 지적에서 다목적 지적을 지향하고 있다.

Ⅱ | 지적법의 기본이념

지적법의 3대 이념으로는 지적국정주의, 지적형식주의, 지적공개주의가 있다.

1. 지적국정주의

'지적국정주의'란 지적에 관한 사항으로서, 토지의 지번·지목·면적·경계·좌표 등은 국가만이 결정하여야 한다는 이념을 말한다. 토지의 지번·지목·면적·경계·좌표 등을 국가가 결정하여야 한다는 것은 이러한 내용이 일반 국민 개개인이 정하여지는 경우 서로가 자기에게 유리한 결정을 하게 되어 지적제도의 운영상 공정성의 확보가 어려울 것이기 때문이다. 이에 지적업무(지적사항의 결정, 토지등록 등)는 오직 국가만이 담당하며, 이를 지적사무의 통일성 및 획일성이라 한다.

참고 **지적국정주의에 대한 법적근거**

지적국정주의에 대한 법적근거로 다음의 규정을 들 수 있다.

법 제64조(토지의 조사·등록 등)

② 지적공부에 등록하는 지번·지목·면적·경계 또는 좌표는 토지의 이동이 있을 때 토지소유자(법인이 아닌 사단이나 재단의 경우에는 그 대표자나 관리인을 말한다)의 신청을 받아 지적소관청이 결정한다. 다만, 신청이 없으면 지적소관청이 직권으로 조사·측량하여 결정할 수 있다.

법 제66조(지번의 부여 등)

① 지번은 지적소관청이 지번부여지역별로 차례대로 부여한다.

법 제67조(지목의 종류)

① 지목은 전·답·과수원·목장용지·임야·광천지·염전·대(垈)·공장용지·학교용지·주차장·주유소용지·창고용지·도로·철도용지·제방(堤防)·하천·구거(溝渠)·유지(溜池)·양어장·수도용지·공원·체육용지·유원지·종교용지·사적지·묘지·잡종지로 구분하여 정한다.

---

2. 지적등록주의(= 지적형식주의)

'지적형식주의'란 국가의 모든 지적에 관한 사항으로서 토지의 지번·지목·면적·경계·좌표 등은 지적공부에 등록(형식)을 갖추어야만 비로소 공식적인 효력이 인정된다는 이념을 말한다. 이러한 지적공부에의 등록은 토지를 오랜 기간에 걸쳐 효율적으로 관리하기 위함이며, 이에 모든 토지는 등록이 되어야만 법적 권리가 보장되는 것이고 물권의 객체 및 거래의 대상이 된다.

참고 지적등록주의에 대한 법적근거

지적등록주의에 대한 법적근거로 다음의 규정을 들 수 있다.

법 제64조(토지의 조사·등록 등)

① 국토교통부장관은 모든 토지에 대하여 필지별로 소재·지번·지목·면적·경계 또는 좌표 등을 조사·측량하여 지적공부에 등록하여야 한다.

---

3. 지적공개주의

'지적공개주의'란 지적에 관한 모든 사항을 일반 국민에게 신속하고 정확하게 공개하고, 이를 정당하게 이용할 수 있도록 해야 한다는 이념을 말한다. 공부의 열람 및 등본의 교부, 측량 성과의 고시 등 지적사무에 대한 공개는 토지 관련 투자, 개발, 중개, 관리 등의 업무를 하는 사람에게 도움을 줄 수 있다.

참고 지적공개주의에 대한 법적근거

지적등록주의에 대한 법적근거로 다음의 규정을 들 수 있다.

법 제14조(기본측량성과의 보관 및 열람 등)

① 국토교통부장관은 기본측량성과 및 기본측량기록을 보관하고 일반인이 열람할 수 있도록 하여야 한다.

---

4. 실질적 심사주의

'실질적 심사주의'는 지적소관청이 지적공부에 새로이 등록하는 사항이나 이미 등록된 사항의 변경등록을 「공간정보의 구축 및 관리 등에 관한 법률」(이하 '공간정보관리법'이라 한다)이 정한 절차상의 적법성뿐만 아니라 실체법상의 사실 관계까지도 조사(현장조사 등)하여 지적공부에 등록한다는 이념을 말한다. 즉, 지적의 주요 내용에 변경이 있을 경우에 실질적 심사주의에 입각하여 실체와 공부와의 부합을 위해 서류상의 형식적인 심사를 하지 않고 실제로 현장에 임장하여 측량이나 토지의 이동(등록사항변경)에 대한 조사 등을 실시하고 변동사항을 지적공부에 등록하게 된다. 결국, '실질적 심사주의'는 지적과 현황을 일치시키기 위한 작업이라 할 것이다.

> **참고** 실질적 심사주의에 대한 법적근거
>
> 실질적 심사주의에 대한 법적근거로 다음의 규정을 들 수 있다.
> 법 제64조(토지의 조사·등록 등)
> ① 국토교통부장관은 모든 토지에 대하여 필지별로 소재·지번·지목·면적·경계 또는
> 좌표 등을 조사·측량하여 지적공부에 등록하여야 한다.

5. 직권등록주의(= 등록강제주의, 적극적 등록주의)

'직권등록주의'란 국가의 모든 영토를 1필지 단위로 구획하여 국가기관인 지적소관
청이 강제적으로 지적공부에 등록·공시하여야 한다는 것으로, 이는 1950년 지적법의
제정 당시에 채택된 이념이다. 직권등록주의에 따라 전국의 모든 토지는 토지소유자의
등록신청 유무에 관계없이 반드시 등록되어야 한다. 이에 실질적 심사를 통해 미등록
토지를 찾게 되면 당연히 해당 미등록 토지를 등록하여야 한다.

> **참고** 직권등록주의에 대한 법적근거
>
> 직권등록주의에 대한 법적근거로 다음의 규정을 들 수 있다.
> 법 제64조(토지의 조사·등록 등)
> ② 지적공부에 등록하는 지번·지목·면적·경계 또는 좌표는 토지의 이동이 있을 때
> 토지소유자(법인이 아닌 사단이나 재단의 경우에는 그 대표자나 관리인을 말한다)의
> 신청을 받아 지적소관청이 결정한다. 다만, 신청이 없으면 지적소관청이 직권으로 조
> 사·측량하여 결정할 수 있다.

Ⅲ | 지적제도와 등기제도의 비교

표 1 지적제도와 등기제도의 비교

구 분	지적제도	등기제도
기능	사실관계를 공시	권리관계를 공시
이념	국정주의, 공개주의, 형식주의	물권변동의 형식주의

담당	행정부에서 담당	사법부에서 담당
관할	행정구역이 중심	재판관할 구역이 중심
공부편성	물적편성주의(1필지 1카드)	물적편성주의(1부동산 3카드)
등록대상	권리의 객체를 등록 (토지 자체를 등록)	권리의 주체를 등록
등록방법	실질적 심사주의, 직권등록원칙(단독신청)	형식적 심사주의, 신청주의 원칙(공동신청의 원칙)
대상	전국의 모든 토지가 대상	토지(사권의 목적인 것), 건물

Ⅳ | 지적법의 제정목적 및 우리나라 지적제도의 변천

우리나라에서 근대적 의미의 형식적 지적제도가 시작된 것은 1910년의 토지조사법이며, 근대적 의미의 실질적인 지적제도는 1912년의 토지조사령이다. '토지조사령'은 토지 소유권의 명확성과 토지 경계의 정확성을 조사하기 위해 제정된 법으로 토지 소유자와 해당 소유토지의 경계를 정확하게 등록하기 위함이었다, 이를 통해 토지대장과 지적도가 작성되었다.

1914년 3월 16일에 공포된 '지세령'은 토지조사의 결과에 따라 각각의 토지를 대상으로 세금을 부과할 목적으로 제정되었으며, 동년도 4월 25일에는 토지조사의 결과에 따라 토지대장의 작성 관련 규정을 정하고 있는 '토지대장규칙'이 공포되었다.

1918년 5월 1일 공포된 '조선임야조사령'은 토지대장에 속하는 토지를 제외한 임야에 대한 소유권과 경계의 결정을 위해 제정되었으며, 이는 토지조사령과 함께 우리나라의 지적제도를 확립하는 기초가 되었다. 이후 1920년 8월 23일에 공포된 '임야대장규칙'은 조선임야조사령에 따라 조사된 토지대장에 등록하는 이외의 토지에 관한 임야대장에의 등록에 관한 사항들을 정하기 위해 제정되었다.

종전에 공포한 지세령을 폐지하고 보완한 토지에 관한 세금을 부과하기 위해 '조선지세령'과 1920년 제정된 임야대장규칙을 개선·보완하기 위하여 제정·공포한 규정인 '조선임야대장규칙'은 1943년 3월 31일 제정되었다.

이어 1950년 12월 1일에는 지적법이 공포·제정되었는데, 여기에 지적법의 3대 지도이념인 지적국정주의, 지적등록주의, 지적공개주의가 나타났으며 총 21개의 지적이 사용되게 되었다. 1975년 12월 전면개정을 통해 종전 지적법의 내용을 전체적으로 개정하여 일제시대부터 사용되어 오던 지적에 관한 내용을 현실에 맞게 개정하였고 이를 통해 법 지적으로서의 특징과 함께 지목을 28개로 구분하여 사용하게 되었다.

이후, 측량, 지적 및 수로업무 분야에서 서로 다른 기준과 절차에 따라 측량 및 지도 제작 등이 이루어져 우리나라 지도의 근간을 이루는 지형도·지적도 및 해도가 서로 불일치하는 등 국가지리정보산업의 발전에 지장을 초래하는 문제를 해소하기 위하여 「측량법」, 「지적법」 및 「수로업무법」을 통합하여 측량의 기준과 절차를 일원화함으로써 측량성과의 신뢰도 및 정확도를 높여 국토의 효율적 관리, 항해의 안전 및 국민의 소유권 보호에 기여하고 국가지리정보산업의 발전을 도모하고자 2009년 6월 9일 「측량·수로조사 및 지적에 관한 법률」을 제정하게 되었다.

2014년 6월에는 「측량·수로조사 및 지적에 관한 법률」의 일부개정을 통해 제명을 「공간정보의 구축 및 관리 등에 관한 법률」로 변경하였으며, 동시에 ① 측량업정보를 효율적으로 관리하기 위한 측량업정보 종합관리체계를 구축·운영하고, 측량용역사업에 대한 사업수행능력을 평가하여 공시하도록 하여 공공발주 시 측량업체선정의 객관성을 확보할 수 있도록 개선하고, ② 측량업의 등록질서를 확립하기 위해 고의적으로 폐업한 후 일정기간 내 재등록할 경우 폐업 전 위반행위에 대한 행정처분 효과의 승계는 물론 위반행위에 대해 행정처분이 가능하도록 함과 동시에 자진폐업을 한 경우에도 폐업 전에 수행중인 측량업무를 계속 수행할 수 있도록 개선하는 것을 목적으로 국토교통부장관이 측량업정보의 종합관리체계를 구축하고 운영할 수 있는 근거를 마련한 바 있으며(법 제10조의2), 국토교통부장관은 발주자가 적정한 측량업자를 선정할 수 있도록 측량용역사업에 대한 사업수행능력을 평가하여 공시하도록 하고, 측량업자는 평가 및 공시를 받기 위하여 측량용역 수행실적 등을 국토교통부장관에게 제출하도록 한 바 있다(법 제10조의3).

한편 최근 심화되고 있는 국가 간 해양관할권 및 해양자원 개발 관련 경쟁에 능동적으로 대처하고 지구 온난화 및 육상자원 고갈 등 인류의 공통문제 해결을 위하여 해양산업의 발전 및 해양재해의 예방 등을 위한 해양정책의 수립에 해양조사와 그 조사를 통하여 얻은 해양정보를 체계적으로 관리·활용할 필요성이 증대됨에 따라, 2020년 2월 18일에 「해양조사와 해양정보 활용에 관한 법률(이하 '해양조사정보법'이라 한다)」

([시행 2021.2.19.] [법률 제17063호, 2020.2.18., 제정])이 제정된 바 있다.

이 법의 제정으로 종전의 '수로조사'는 '해양조사'로 그 용어가 변경되고, 이에 대한 연구·개발 및 표준화 등을 통하여 해양조사의 전문성을 강화하며, 국가해양관측망의 보호, 해양조사기술자에 대한 교육훈련, 해양조사장비의 성능검사 및 해양정보의 품질 관리 등에 관한 사항을 정하여 해양조사의 기반을 확충하는 한편, 종전의 '수로사업'의 범위에는 해양정보서비스업이 추가되고, '해양조사·정보업'으로 용어가 변경되며, 해양정보 관련 해양조사·정보업의 발전과 해양정보의 민간 활용을 촉진하도록 하는 등 전문적인 해양조사의 실시와 해양정보의 효율적인 활용이 가능하도록 하기 위하여 현행 「공간정보의 구축 및 관리 등에 관한 법률」에서 규정하고 있는 수로조사 관련 내용은 해당 법률에서 분리되어 2021년 2월 19일부터 새로이 제정된 '해양조사정보법'에 따르게 된다.[1]

참고 **우리나라 지적제도의 변천과정**

토지조사법(1910, 근대적 의미의 형식적 지적제도의 시초) → 토지조사령(1912, 근대적 의미의 실질적 지적제도의 시초) → 지세령·토지대장규칙(1914) → 조선임야조사령 (1918) → 임야대장규칙(1920) → 조선지세령·조선임야대장규칙(1943) → 지적법, 지세 법(1950) → 지적법 폐지(2009, 측량·수로조사 및 지적에 관한 법률 시행) → 측량·수 로조사 및 지적에 관한 법률 개정(2015, 공간정보의 구축 및 관리 등에 관한 법률 시행)

※ 「해양조사와 해양정보 활용에 관한 법률」의 시행 이후(2021.2.19.)에는 지적측량 은 「공간정보의 구축 및 관리 등에 관한 법률」에 따르며, 해양조사(종전 '수로조사'를 말한다.)는 「해양조사와 해양정보 활용에 관한 법률」에 따른다.

V | 지적법의 내용 및 제정 목적

지적법은 토지에 관한 정보의 조사·측량, 토지의 지적공부에의 등록·관리, 등록정보의 제공에 관한 사항 규정 등을 그 내용으로 두고 있으며, 이를 통해 효율적인 국토의 관리, 해상교통의 안전 및 소유권의 보호에 기여함을 목적으로 한다.

---

1) 부록의 해당 법령을 참고하시기 바랍니다.

Ⅵ | 용어의 정리

이 법에서 사용하는 용어의 정의는 아래와 같다(법 제2조).

1. 필 지

'필지'란 대통령령(영 제5조)으로 정하는 바에 따라 구획되는 토지의 등록단위로서 하나의 지번과 지목이 붙는 다른 토지와 구획(구분)되는 토지를 말한다(법 제2조 제21호). 지번부여지역의 토지로서 소유자와 용도가 동일하고 지반이 연속된 토지는 1필지를 정하는 기준이 된다(영 제5조 제1항).

다만, 주된 용도의 토지의 편의를 위하여 설치된 도로·구거(溝渠 : 도랑) 등의 부지 또는 주된 용도의 토지에 접속되거나 주된 용도의 토지로 둘러싸인 토지로서 다른 용도로 사용되고 있는 토지 중 어느 하나에 해당하는 토지는 주된 용도의 토지에 편입하여 1필지로 정할 수 있다(영 제5조 제2항). 이때에 종된 용도의 토지의 지목(地目)이 '대(垈)'인 경우와 종된 용도의 토지 면적이 주된 용도의 토지 면적의 10퍼센트를 초과하거나 330㎡를 초과하는 경우에는 그러하지 아니하다(영 제5조 제2항 단서).

2. 지번부여지역

'지번부여지역'이란 지번을 부여하는 단위지역으로서 동·리 또는 이에 준하는 지역을 말한다(법 제2조 제23호).

3. 지적공부

'지적공부'란 토지대장, 임야대장, 공유지연명부, 대지권등록부, 지적도, 임야도 및 경계점좌표등록부 등 지적측량 등을 통하여 조사된 토지의 표시와 해당 토지의 소유자 등을 기록한 대장 및 도면(정보처리시스템을 통하여 기록·저장된 것을 포함한다)을 말한다(법 제2조 제19호).

(1) 대장(토지대장, 임야대장, 공유지연명부, 대지권등록부), 도면(지적도, 임야도), 경계점좌표등록부를 말한다.

(2) 지적공부에 등록할 사항을 지적법이 정하는 바에 따라 전산정보 처리조직에 의하여 자기디스크·자기테이프 그 밖의 유사한 매체에 기록·저장 및 관리하는 조직을 말한다.

(3) '연속지적도'란 지적측량을 하지 아니하고 전산화된 지적도 및 임야도 파일을 이용하여, 도면상 경계점들을 연결하여 작성한 도면으로서 측량에 활용할 수 없는 도면을 말한다(법 제2조 제19의2호).

(4) '부동산종합공부'란 토지의 표시와 소유자에 관한 사항, 건축물의 표시와 소유자에 관한 사항, 토지의 이용 및 규제에 관한 사항, 부동산의 가격에 관한 사항 등 부동산에 관한 종합정보를 정보관리체계를 통하여 기록·저장한 것을 말한다(법 제2조 제19의3호).

4. 지적소관청

'지적소관청'이란 지적공부를 관리하는 특별자치시장, 시장(제주자치도의 관할구역에 지방자치단체가 아닌 행정시의 시장을 포함한다. 다만, 특별시·광역시 및 특별자치시가 아닌 인구 50만 이상의 시로서 자치구가 아닌 구를 두는 시의 시장은 제외한다)·군수 또는 구청장(자치구가 아닌 구의 구청장을 포함한다)을 말한다(법 제2조 제18호).

5. 토지의 표시

'토지의 표시'란 지적공부에 토지의 소재·지번(地番)·지목(地目)·면적·경계 또는 좌표를 등록한 것을 말한다.

(1) 지번

'지번'이란 필지에 부여하여 지적공부에 등록한 번호로서, 한 필지마다 붙이는 숫자를 말한다.

(2) 지목

'지목'이란 토지의 주된 용도에 따라 토지의 종류를 구분하여 지적공부에 등록한 것을 말한다.

(3) 좌표

'좌표'란 지적측량기준점 또는 경계점의 위치를 평면직각종횡선수치로 표시한 것을 말한다.

(4) 경계

'경계'란 필지별로 경계점들을 직선으로 연결하여 지적공부에 등록한 선을 말한다.

(5) 면적

'면적'이란 지적공부에 등록한 필지의 수평면상 넓이를 말한다.

6. 경계점

'경계점'이란 필지를 구획하는 선의 굴곡점으로서 지적도나 임야도에 도해(圖解) 형태로 등록하거나 경계점좌표등록부에 좌표 형태로 등록하는 점을 말한다(법 제2조 제25호).

7. 토지의 이동

'토지의 이동'이란 이미 지적공부에 등록된 지번, 지목, 면적, 경계, 좌표 등 토지의 표시를 새로이 정하거나 변경 또는 말소하는 것을 말한다.

참고 **토지의 이동**

① 신규 : 신규등록
② 변경 : 등록전환, 분할, 합병, 지목변경, 축척변경
③ 말소 : 등록말소

---

(1) 신규등록

'신규등록'이란 새로 조성된 토지(간척지)와 지적공부에 등록되어 있지 아니한 토지(미등기 토지)를 지적공부에 등록하는 것을 말한다. 간척사업을 통해 바다 밑에 있는 땅을 육지로 변화시킨 경우나 지적공부에 등록을 빠뜨린 토지가 있을 때 이를 새로이 지적공부에 등록하는 것을 예로 들 수 있다.

(2) 등록전환

'등록전환'이란 임야대장 및 임야도에 등록된 토지를 토지대장 및 지적도에 옮겨 등록하는 것을 말한다.

(3) 분할

'분할'이란 지적공부에 등록된 1필지를 2필지 이상으로 나누어 등록하는 것을 말한다.

(4) 합병

'합병'이란 지적공부에 등록된 2필지 이상을 1필지로 합하여 등록하는 것을 말한다.

(5) 지목변경

'지목변경'이란 지적공부에 등록된 지목을 다른 지목으로 바꾸어 등록하는 것을 말한다.

(6) 축척변경

'축척변경'이란 지적도에 등록된 경계점의 정밀도를 높이기 위하여 작은 축척을 큰 축척으로 변경(1/1200 → 1/600 또는 1/2400 → 1/600)하여 등록하는 것을 말한다.

8. 지적측량기준점

지적삼각점, 지적삼각보조점, 지적도근점 및 지적위성기준점 등을 말한다.

9. 지역전산본부

특별시·광역시·도 또는 시·군·자치구별로 지적 파일을 관리하고 운영하는 조직을 말한다.

10. 지적측량수행자

'지적측량수행자'란 지적측량업을 하기 위해 지적측량업의 등록을 한 지적측량업자와 한국국토정보공사(LX)를 말한다.

11. 지적측량업자

'지적측량업자'란 이 법의 규정에 따라 지적측량업을 위한 기술인력·장비 등의 등록기준을 갖추어 국토교통부장관 또는 시·도지사에게 지적측량업의 등록을 하고 지적측량업을 영위하는 자를 말한다. 다만, 한국국토정보공사(LX)는 지적측량업의 등록을 하지 아니하고 지적측량업을 할 수 있다.

예/상/문/제

01 다음 중 「공간정보의 구축 및 관리 등에 관한 법률」의 특징에 해당하지 않는 것은?

① 형식적 심사주의

② 필지주의

③ 공부등록주의

④ 실질적 심사주의

⑤ 등록사항의 형식주의

해설 ①, 지적에 관한 변동이 있을 때에는 실질적 심사주의에 입각하여 조사를 하고 지적공부에 등록한다.

02 다음 중 「공간정보의 구축 및 관리 등에 관한 법률」의 3대 이념에 해당하지 않는 것은?

① 지적등록주의

② 지적공개주의

③ 지적민정주의

④ 지적국정주의

⑤ 지적형식주의

해설 ③, '지적민정주의'란 지번, 지목, 면적, 경계 등 지적에 관한 사항을 민간인이 지정하도록 하는 지적제도이나, 이는 민간인의 사견이나 부정이 개입할 수 있다는 점에서 바람직하지 않은 지적제도의 모습으로 이 법의 이념에는 해당하지 않는다. 지적등록주의는 지적형식주의라고도 한다.

03 다음 중 지적제도와 토지등기제도에 관한 설명 중 틀린 것은?

① 지적제도는 국토교통부에서 주관하여 운영한다.

② 토지등기제도는 법원행정처에서 주관하여 운영한다.

③ 토지등기제도 역시 지적제도와 마찬가지로 실질적 심사주의를 채택하고 있다.

④ 「공간정보의 구축 및 관리 등에 관한 법률」은 실질적 심사주의를 채택하고 있다.

⑤ 토지대장이나 임야대장은 리·동별 지번 순으로 편제한다.

해설 ③, 토지등기제도는 형식적 심사주의, 당사자 신청주의 등의 이념을 채택하고 있다.

제2장
토지의 조사 및 등록

I | 필지(= 토지의 등록단위)

1. 의 의

'필지'란 하나의 지번과 지목이 붙어 구획되는 토지의 등록단위를 말하며(법 제2조 제 21호), 토지의 크기 또는 형태와는 관계없이 1필지당 하나의 지번이 붙는다.

토지의 등록은 필지를 등록단위로 하여 소재·지번·지목·면적·경계·좌표 등이 결정되기 때문에, 토지의 등록은 효율적인 토지의 이용·보유가 가능하도록 한다. 또한 필지는 일물일권주의에 따라 소유권의 범위와 그 한계를 결정하는 기준이 되고, 거래 목적물의 대상과 범위를 명확히 하는 데 기여한다.

2. 필지의 성립요건

'필지의 성립요건'이란 "어느 토지를 1필지로 정할 수 있는 기준"을 말한다. 즉, 어느 토지가 하나의 필지로서 성립하기 위해서는 동일한 지번부여지역에 있는 토지로서 용도, 축척, 소유자가 동일하여야 하며, 지반이 물리적으로 연속되고 등기 여부가 일치하여야 한다(영 제5조 제1항).

(1) 지번부여지역의 동일하여야 한다.

1필지의 토지가 되기 위해서는 동일한 지번부여지역 내의 토지이어야 하며, 지번부여지역이 동일하지 않으면 토지를 분할하여야 한다. 이에 하나의 대지에 있는 건물이 서로 다른 동이나 리에 걸쳐 있는 경우, 1필지로 할 수 없고 서로 다른 필지로 하여야 한다.

(2) 용도가 동일하여야 한다.

동일한 용도의 토지에 대하여 하나의 지목만을 정하여 1필지의 토지로 등록할 수 있기 때문에, 토지의 용도가 서로 다른 경우에는 1필지로 등록할 수 없고 토지를 분할하여야 한다(예외 : 양입지).

(3) 축척이 동일하여야 한다.

토지의 경계는 도면에 등록된 선을 의미하므로 축척이 다르면 경계를 이룰 수 없기 때문에 면적의 측정도 불가하다. 이에 도면의 축척이 서로 다른 지역의 토지는 1필지로 등록할 수 없다.

➡ 지적도의 등록지와 임야도의 등록지는 축척이 서로 달라 1필지로 등록될 수 없음에 유의한다.

(4) 소유자가 동일하여야 한다.

필지는 토지에 대한 소유권이 미치는 범위를 정하는 기준이 되기 때문에 획정하는 1필지의 토지가 되기 위해서는 소유자가 동일하여야 하며, 소유자가 다르면 토지를 분할하여야 한다. 다만, 필지가 성립하기 위해서는 소유자만 동일하면 되는 것으로 지상권, 전세권 등과 같은 소유권 외의 권리는 반드시 동일하지 않아도 된다.

공유인 경우, 공유자 전원이 하나의 소유권을 가지고 공유자는 그 지분의 비율에 해당하는 만큼만 권리를 행사하는 것이기 때문에 소유자가 동일하여야 한다는 이 성립요건에 위반되는 것은 아니다.

(5) 등기 여부가 동일하여야 한다.

1필지가 되기 위해서는 등기 여부가 일치하여야 하는데, 즉 등기된 토지와 등기된 토지 또는 미등기토지와 미등기토지 동일한 필지가 될 수는 있으나 등기된 토지와 미등기된 토지는 같은 필지가 될 수 없다. 또한 반드시 등기되어야만 1필지가 되는 것은 아니며, 미등기된 토지도 1필지가 될 수 있다.

(6) 지반이 물리적으로 연속되어야 한다.

1필지가 되기 위해서는 지반이 연속되어야 한다. 이 때문에 도로, 하천, 구거, 제방, 철도용지, 수도용지 등에 의하여 토지의 표면이 단절된 경우, 해당 토지는 1필지가 될 수 없으므로 별개의 필지로 획정하여야 한다.

✔ 들여다보기   양입지

'양입지'란 주된 용도의 토지에 접속된 도로나 구거 등을 주된 토지에 편입하여 1필지로 처리하는 경우를 말하는데, '양입지'는 주된 용도의 토지의 편의를 위해 설치된 도로·구거 등의 토지 또는 주된 용도의 토지에 접속되거나 둘러싸인 지목이 다른 용도로 사용되고 있는 토지를 양입지의 요건으로 한다. 다만, 종된 토지의 지목이 '대'인 토지, 종된 토지 면적이 주된 토지 면적의 10%를 초과하는 토지, 또는 종된 토지 면적이 330㎡를 초과하는 토지에 대해서는 양입을 제한한다.

Ⅱ | 지 번

'지번'이란 필지에 부여하여 지적공부에 등록한 번호를 말하는데, 토지에 지번을 부여함으로써 토지의 특정성과 개별성이 부여되고, 토지의 위치를 정확하게 파악하게 할 수 있다. 이에 지적소관청은 지번을 필지마다 순차적인 번호를 부여하며, 지번부여지역별로 차례대로 부여한다.

이러한 지번부여는 동일한 지번부여지역에 1개의 지번을 부여하여 특정화하고, 토지의 이용과 관리의 효율성을 확보해 주는 기능을 하며, 주소표기에 활용됨으로써 부동산활동 등의 경제활동 및 통신전달의 편의성을 제공하여 준다.

1. 지번의 구성 및 표기방법

지번은 아라비아 숫자로 표기하여야 하며, 소관청이 지번의 부여지역마다 북서기번법을 적용하여 순차적으로 정하는 것이 원칙이다. 임야대장 및 임야도에 등록하는 토지는 숫자 앞에 '산'자를 붙이며(영 제56조 제1항), 이때에 지목인 임야 앞에 '산'을 붙이는 것이 아니라는 점에 주의하여야 한다.

2. 지번의 부여방법

지번은 본번(本番)과 부번(副番)으로 구성하되, 본번과 부번 사이에 "-" 표시로 연결하며, 이 경우 "-" 표시는 "의"라고 읽는다(영 제56조 제2항). 지번은 부번만으로는 구성될 수 없다.

표 2 지번의 부여방법

구 분	단식지번		복식지번	
종류	본번만으로 구성		본번 "-"의 부번	
대장별	토지대장	임야대장	토지대장	임야대장
지번표기	123	산123	123-4	산123-4

(1) 진행방향에 따른 방법

지번의 진행방향에 따른 지번의 부여방법에는 사행식, 기우식, 단지식, 절충식의 네 가지 부여방법이 있는데, '사행식'은 뱀이 기어가는 형상으로 지번을 부여한 것으로 우리나라에서 가장 많은 지번의 부여방법으로, 사행식은 특히 농촌토지에 많이 쓰인다. 둘째, '기우식'은 도로 한편은 기수, 반대편은 우수로 시가지에 많이 사용하며, '교호식'이라고도 한다. 셋째, '단지식'은 본번은 동일하고 부번은 다르게 부여하는 것으로, 특히 도시개발사업지역에 주로 적용하는 지번부여방법이다. 넷째, '절충식'은 사행식과

기우식을 병용하는 것으로 변두리 지역에서 주로 적용한다.

◘ 기우식 방법

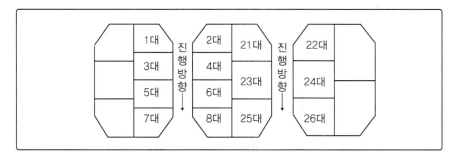

(2) 부여단위에 따른 방법

부여단위에 따른 부여방법에는 지역단위법, 도엽단위법, 단지단위법의 세 가지 부여방법이 있는데, '지역단위법'은 지번의 부여지역이 좁거나 도면 매수가 적은 지역에 적용하는 부여방법이며, '도엽단위법'은 지번의 부여지역이 넓거나 도면의 매수가 많은 지역에 주로 적용되는 방법으로 특히 우리나라에 많이 적용되는 방법이다. '단지단위법'은 몇 필지가 하나의 단지를 이루는 경우에 적용하는 지번의 부여방법이다.

(3) 기번 위치에 따른 방법

기번 위치에 따른 지번의 부여방법에는 북동에서 서남으로 부여하는 '북동기번법'과 북서에서 남동으로 부여하는 '북서기번법'이 있으며, 북동기번법은 주로 한자문화권의 국가에서 주로 적용하며, 북서기번법은 영어문화권의 국가에서 주로 적용한다. 우리나라는 북서기번법을 적용하고 있다.

(4) 부번의 표기형태에 따른 방법

부번의 표기형태에 따른 방법으로는 지번을 본번(단식지번)이나 부번(복식지번)으로 표기하는 '평행제도', 지번을 분모와 분자가 있는 분수형태로 표기하는 '분수제도', 25의 토지를 2필지로 분할할 때에 25a, 26b로 표기하듯 본래의 지번에 기초하여 문자나 기호색인을 사용하여 지번을 표기하는 방법인 분기제도(기번제도), 그리고 기존의 지번을 소멸시키고 아직 사용하지 않는 지번을 부여하는 방법인 '자유번호제도'가 있다.

3. 지번의 부여기준(토지등록, 토지의 이동 시)

지번은 북서기번법에 따라 지번부여지역의 북서에서 남동으로 순차적으로 부여할
수 있다(영 제56조 제1항 제1호).

(1) 신규등록 및 등록전환

신규등록이나 등록전환 시에는 "그 지번부여지역에서 인접토지의 본번에 부번을 붙
여 지번을 부여하는 것"이 원칙이나 ① 그 지번부여지역의 최종지번 옆에 신규등록이
나 등록전환지가 인접하여 있는 경우, ② 대상토지가 이미 등록된 토지와 멀리 떨어져
있어서 등록된 토지의 본번에 부번을 부여하는 것이 불합리한 경우, ③ 대상토지가 여
러 필지로 되어 있는 경우에는 예외적으로 최종 본번의 다음 번호부터 본번으로 하여
순차적으로 지번을 부여한다.

(2) 분할

분할 시에는 분할 후 1필지에는 분할 전 지번을 부여하고, 나머지 필지에는 본번의
최종부번 다음부터 순차적으로 부여하는 것이 원칙이다. 다만, 주거용이나 사무실 등
의 건물이 있는 경우에는 의무적으로 해당 필지를 분할 전의 지번으로 우선 정하여야
한다.

(3) 합병

합병 시에는 합병 전 지번 중 선순위 지번을 사용하며, 이 경우 본번 중 선순위 지
번을 부여한다. 다만, 합병 전 필지에 건축물이 있고 해당 건축물이 위치한 지번을 건
축물의 소유자가 신청한 경우에는 예외적으로 해당 지번을 부여하여야 한다.

```
[예]
10, 11, 12 → 10으로 합병
10-1, 10-2, 10-3 → 10-1로 합병
10-1, 10-2, 11 → 11로 합병
```

(4) 지적의 확정측량을 실시한 지역(= 도시개발사업 등의 시행지역)

지적확정측량을 실시한 지역의 각 필지에 지번을 새로 부여하는 경우에는 다음 각 목의 지번을 제외한 본번으로 부여하며, 이는 경계점좌표등록부에 새로이 등록하기 위해 하는 측량이다. 즉, 도시개발사업지역, 택지개발사업지역 등 지적의 확정측량을 실시한 지역의 각 필지에 지번을 새로 부여하는 경우에는 원칙적으로 다음의 지번을 제외한 본번으로 부여하여야 한다(영 제56조 제3항 제5호).

다만, 부여할 수 있는 종전 지번의 수가 새로 부여할 지번의 수보다 적을 때에는 블록 단위로 하나의 본번을 부여한 후 필지별로 부번을 부여하거나, 그 지번부여지역의 최종 본번 다음 순번부터 본번으로 하여 차례로 지번을 부여할 수 있다(영 제56조 제3항 제5호 단서). 즉, 예외적으로 새로 부여할 지번의 수보다 종전의 본번수가 적은 경우에는 최종 본번 다음의 번호부터 본번만으로 사용하거나 단지식의 부여방법 등을 적용한다.

> 1. 지적확정측량을 실시한 지역의 종전의 지번과 지적확정측량을 실시한 지역 밖에 있는 본번이 같은 지번이 있을 때에는 그 지번 → 동일 본번은 제외
> 2. 지적확정측량을 실시한 지역의 경계에 걸쳐 있는 지번 → 경계에 걸쳐 있는 토지 본번은 제외

또한 ① 지번부여지역의 지번을 변경하는 경우, ② 행정구역개편에 따라 새로 지번을 부여하는 경우, ③ 축척변경 시행지역의 필지에 지번을 부여하는 경우의 어느 하나에 해당하는 경우에는 도시개발사업 등 시행지역의 규정을 준용하여 지번을 부여한다(영 제56조 제3항 제6호 단서). 도시개발사업 등의 지역에서 공사 준공 전 미리 사업시행자가 지번부여신청을 하는 경우(이는 주로 사업시행자가 선분양 또는 토지구획을 하기 위함)에는 지적의 확정측량을 실시한 지역에서의 지번 부여기준을 준용하여 종전의 본번만을 사용하여 지번을 부여한다.

ㅁ 토지의 이동에 따른 지번부여방법

1. 등록전환
   ① 해당 지번부여지역 내에서 인접토지의 본번에 부번을 붙여서 지번을 부여하는 것이 원칙
   ② 등록전환 대상 토지가 여러 필지로 되어 있는 경우, 해당 지번부여지역의 최종 본번의 다음 순번부터 본번으로 하여 순차적으로 지번을 부여할 수 있다.
2. 신규등록
   ① 대상 토지가 그 지번부여지역 안의 최종 지번의 토지에 인접한 경우 그 지번부여지역의 최종 본번의 다음 순번부터 본번으로 하여 순차적으로 지번을 부여할 수 있다.
   ② 대상 토지가 여러 필지로 되어 있는 경우, 그 지번부여지역 안의 최종 본번의 다음 순번부터 본번으로 하여 순차적으로 지번을 부여할 수 있다.
3. 분할
   분할 후의 필지 중 주거, 사무실 등의 건축물이 있는 필지에 대하여는 분할 전 지번을 우선하여 부여하여야 한다.
4. 합병
   합병 전 필지에 주거, 사무실 등의 건축물이 있는 경우, 토지소유자가 건축물이 위치한 지번을 합병 후의 지번으로 신청하는 때에는 그 지번을 합병 후의 지번으로 부여하여야 한다.
5. 행정구역개편지역 또는 축척변경시행지역의 필지에 새로이 지번을 부여하는 경우
   도시개발사업 등이 완료됨에 따라 지적확정측량을 실시한 지역 안에서의 지번부여방법을 준용한다.

4. 지번의 변경

'지번의 변경'이란 지번을 다시 부여하는 것으로 지번이 혼잡하거나 순차적으로 되어 있지 않는 경우에 지번을 변경한다. 지번의 변경은 지번부여지역의 전부 또는 일부 지역에 대해 시행하며, 지번의 변경을 위해서는 미리 시·도지사 또는 대도시 시장(서울특별시·광역시 및 특별자치시를 제외한 인구 50만 이상의 시를 말함)의 승인을 얻어야(소유자의 동의는 필요 없음) 하며, 지적소관청이 지번을 변경한 경우에는 소유자에게 통지하고 등기소에 등기를 촉탁하여야 한다. 지번의 변경 시에는 지적확정측량을 실시한 지역의 지번부여방법을 준용한다.

Ⅲ | 지 목

1. 의 의

'지목'이란 토지의 주된 사용목적에 따라 토지의 종류를 구분하여 지적공부에 등록한 것을 말한다(법 제2조 제20호). 예를 들면 어떠한 토지를 '대지'로 이용하게 되면 지목은 '대'로 등록하고 '밭'으로 이용하게 되면 지목은 '전'으로 등록한다.

2. 지목설정의 원칙

(1) 1필 1목의 원칙

지목을 설정할 때에는 1필 1목의 원칙에 따라 1필지에 하나의 지목만을 설정할 수 있으며, 1필지 일부의 용도가 변경되는 경우에는 분할을 하여야 한다.

(2) 주지목추종의 원칙

'주지목추종의 원칙'은 지목을 설정할 때에는 1필지가 둘 이상의 용도로 사용되는 경우, 주된 용도에 따라 지목을 정하여야 한다는 원칙이다. 1필지가 둘 이상의 용도로 사용되는 예로서는 건물이 '대'로 밭이 '전'인 경우를 생각해 볼 수 있을 것이다. 이 경우 주된 용도에 따라 지목이 설정되어야 하므로 '대'로 지목이 정하여져야 한다.

(3) 영속성의 원칙(= 일시변경불가원칙)

지목을 설정할 때에는 영속성의 원칙에 따라 토지의 영속적인 사용목적에 따라 지목을 설정하여야 하는데, 이를 '일시변경불가원칙'이라고도 한다. 즉, 토지가 일시적 또는 임시적 용도로 사용되는 때에는 지목을 변경하지 아니한다.

(4) 사용목적추종의 원칙

지목을 설정할 때에는 도시계획사업, 도시개발사업, 산업단지조성사업 등의 지역에서 조성된 토지에 대해서는 해당 공사의 완공 시에 미리 그 사용목적에 따라 지목을 정하여야 한다. 또한, 택지조성사업을 목적으로 공사가 준공된 토지는 미리 그 목적에 따라 지목을 '대'로 정할 수 있다.

3. 지목의 구분

지목은 "전, 답, 과수원, 목장용지, 임야, 광천지, 염전, 대(垈), 공장용지, 학교용지, 주차장, 주유소용지, 창고용지, 도로, 철도용지, 제방(堤防), 하천, 구거(溝渠), 유지(溜池), 양어장, 수도용지, 공원, 체육용지, 유원지, 종교용지, 사적지, 묘지, 잡종지"의 28가지 지목으로 구분하여 정할 수 있는데, 지목의 구분 및 설정방법 등 필요한 사항은 대통령령이 정하는 바를 따른다(법 제67조, 영 제58조).

(1) 전

'전'이란 물을 상시적으로 이용하지 않고 곡물·원예작물(과수류는 제외함)·약초·뽕나무·닥나무·묘목·관상수 등의 식물을 주로 재배하는 토지와 식용(食用)으로 죽순을 재배하는 토지를 말하며, 부호로는 '전'이라 표기한다.

[예]
① 보리, 밀 옥수수, 수수 등의 재배지
② 원예작물(과수류 제외)의 재배지
③ 인삼, 당귀 등 약초(약초 중 택사는 제외) 재배지

(2) 답

'답'이란 물을 상시적으로 직접 이용하여 벼·연(蓮)·미나리·왕골 등의 식물을 주로 재배하는 토지를 말하며, 부호로는 '답'이라 표기한다. 다만, 연이나 왕골이 자생하는 토지나 배수가 잘 되지 아니하는 곳에 자생하는 토지는 '답'이 아니라 '유지'라 한다.

[예]
① 유리온실, 고정식 비닐하우스, 버섯재배지, 망실('전'이기도 함)
② 벼
③ 연이나 왕골이 배수가 잘 되지 아니한 곳에 자생 : 유지

(3) 과수원

'과수원'이란 사과·배·밤·호두나무·귤나무 등의 과수류를 집단 재배하는 토지 및

이와 접속된 저장고 등의 부속시설물의 부지를 말하며, 부호로는 '과'로 표기한다. 다만, 주거용 건축물의 부지는 '대'라 한다.

[예]
① 유리온실, 고정식 비닐하우스, 버섯재배사, 망실 : 전, 답
② 연이나 왕골이 자생하는 토지 : 답이 아니다.
③ 연이나 왕골이 배수가 잘 되지 아니한 곳에 자생 : 유지

(4) 목장용지

'목장용지'란 축산업 및 낙농업을 위한 초지를 조성한 토지와 축산법 규정에 따라 가축을 사육하는 축사 및 기타 부속시설물을 위한 부지를 말하며, 부호로는 '목'이라 표기한다.

[예]
① 농어가주택 내의 우사나 돈사 : 대
② 목장용지 내 주거용 건축물부지 : 대
③ 독립된 꿀벌, 메추리, 오리, 거위, 노새, 당나귀 사육장 부지 : 목장용지
④ 목초재배지 : 목장용지

(5) 임야

'임야'란 수림지·죽림지·암석지·자갈땅·모래땅·습지·황무지 등의 토지를 말하며, 부호로는 '임'이라 표기한다. 다만, 대나무밭은 임야에 해당하지만 죽순을 재배하는 밭은 전에 해당한다.

(6) 광천지

'광천지'란 온수·약수·석유류 등이 용출되는 용출구와 그 유지를 위한 부지를 말하며, 부호로는 '광'이라 표기한다. 다만, 온수·약수·석유류 등을 운송하는 송수관·송유관 및 저장시설의 부지는 광천지에 해당하지 않는다.

(7) 염전

'염전'이란 소금을 채취하기 위해 조성된 토지와 이에 접속된 제염장 등 부속시설물의 부지를 말하며, 부호로는 '염'이라 표기한다. 다만, 동력을 이용하여 소금을 제조하

는 공장시설물의 부지는 염전에 해당하지 않는다.

(8) 대

'대'란 영구적인 건축물 중 주거·사무실·점포와 박물관·극장·미술관 등 문화시설과 이에 접속된 정원 및 그 부속시설물의 부지와 「국토의 계획 및 이용에 관한 법률」 등 관계 법령에 의해 택지조성공사가 준공된 토지를 말하며, 부호로는 '대'라 표기한다.

(9) 공장용지

'공장용지'란 제조업을 하고 있는 공장시설의 부지, 「산업직접 활성화 및 공장설립에 관한 법률」 등 관계 법령에 의해 공장부지 조성공사가 준공된 토지, 또는 공장 내의 의료시설 등의 부속시설물의 부지를 말하며, 부호로는 '장'이라 표기한다. 공장용지가 반드시 공업지역 내에 소재하는 것은 아니라는 점에 유의한다.

(10) 학교용지

'학교용지'란 학교의 교사(校舍)와 이에 접속된 체육장 등의 부속시설물의 부지를 말하며, 부호로는 '학'이라 표기한다.

(11) 주차장

'주차장'이란 자동차 등의 주차에 필요한 독립된 시설을 갖춘 부지 또는 주차전용건축물 및 이에 접속된 부속시설물의 부지를 말하며, 부호로는 '차'라 표기한다. 노상주차장, 부설주차장, 자동차 등의 판매목적으로 설치된 물류장, 야외전시장 등의 부지는 주차장에 해당하지 않는다.

(12) 주유소용지

'주유소용지'란 석유·석유제품·액화석유가스 등의 판매를 위해 일정한 설비를 갖춘 시설물의 부지 또는 저유소(貯油所) 및 원유저장소의 부지와 이에 접속된 부속시설물의 부지를 말하며, 부호로는 '주'라 표기한다. 자동차·선박·기차 등의 제작 또는 정비공장 안에 설치된 급유·송유시설(송유시설 부지는 잡종지에 해당)의 부지는 주유소 용지에 해당하지 않는다.

(13) 창고용지

'창고용지'란 물건 등을 보관·저장하기 위하여 독립적으로 설치된 보관시설의 부지와 이에 접속된 부속시설물의 부지를 말하는데, 창고용지로는 냉동창고, 양곡창고, 물류창고 등이 있으며, 부호로는 '창'이라 표기한다. 다만, 과수원, 학교, 공장 내의 창고 등은 창고용지에 해당하지 않는다.

(14) 도로

'도로'란 일반 공중(公衆)의 교통운수를 위하여 보행이나 차량운행에 필요한 일정한 설비 또는 형태를 갖추어 이용되는 토지를 말하는데, 「도로법」 등 관계 법령에 따라 도로로 개설된 토지나 2필지 이상에 진입하는 통로로 이용되는 토지도 도로에 해당하며, 부호로는 '도'라고 표기한다.

다만, 2필지 이상에 진입하는 통로로 이용되는 토지에 해당하는 도로인 경우, 아파트나 공장 등과 같이 단일 용도의 일정한 단지 안에 설치된 통로 등은 도로에 해당하지 않으며, 1필지의 주택에 출입하는 통로는 '대'로 지목의 변경이 가능하다. 또한 지하도로나 터널구간의 지목은 지표상의 토지이용을 기준으로 지목을 설정하고, 고속도로의 휴게소 부지는 '도'에 해당하나 국도나 지방도면의 휴게소 부지는 '대'에 해당함에 유의하여야 한다.

(15) 철도용지

'철도용지'란 교통운수를 위하여 일정한 궤도 등의 설비와 형태를 갖추어 이용되는 토지와 이에 접속된 역사·차고·발전시설 및 공작창 등의 부지를 말하는데, 부호로는 '철'이라 표기한다.

(16) 제방

'제방'이란 조수·자연유수·모래·바람 등을 막기 위하여 설치된 방수제·방조제·방파제·방사제 등의 부지를 말하며, 부호로는 '제'로 표기한다.

(17) 하천

'하천'이란 자연의 유수(流水)가 있거나 있을 것으로 예상되는 토지 또는 제방 안에 자연의 유수가 있는 곳을 말하며, 부호로는 '천'이라 표기한다. 자연의 유수가 있으나 그 규모가 작은 하천의 지목은 구거라고 하며, '구'라고 표기한다.

(18) 구거(溝渠)

'구거'란 용수 또는 배수를 위하여 일정한 형태를 갖춘 인공적인 수로·둑 및 그 부속시설물의 부지와 자연의 유수가 있거나 있을 것으로 예상되는 소규모의 수로 부지를 말하며, 부호로는 '구'라 표기한다.

(19) 유지(溜池)

'유지(溜池)'란 물이 고이거나 상시적으로 물을 저장하고 있는 댐·저수지·소류지(沼溜池)·호수·연못 등의 토지 또는 연이나 왕골이 자생하는 배수가 잘 되지 아니하는 토지를 말하며, 부호로는 '유'라고 표기한다.

(20) 양어장

'양어장'이란 육상에 인공으로 조성된 수산생물의 번식 또는 양식을 위한 시설을 갖춘 부지 및 이에 접속된 부속시설물의 부지를 말하며, 부호로는 '양'이라 표기한다. 해상에 수산생물의 번식을 위해 설치한 시설은 양어장에 해당하지 않는다.

(21) 수도용지

'수도용지'란 물을 정수하여 공급하기 위한 취수·저수·도수·정수·송수 및 배수시설의 부지 및 이에 접속된 부속시설물의 부지를 말하며, 부호로는 '수'라 표기한다.

(22) 공원

'공원'이란 일반 공중의 보건·휴양 및 정서생활에 이용하기 위한 시설을 갖춘 토지 또는 「국토의 계획 및 이용에 관한 법률」에 의하여 공원 또는 녹지로 결정·고시된 토지(자연공원법에 의한 공원은 임야에 해당)를 말하며, 부호로는 '공'이라 표기한다.

(23) 체육용지

'체육용지'란 국민건강의 증진 등을 위한 체육활동에 적합한 시설과 형태를 갖춘 종합운동장·실내체육관·야구장·골프장·스키장·승마장·경륜장 등 체육시설의 토지와 이에 접속된 부속시설물의 부지를 말하며, 부호로는 '체'라고 표기한다.

다만, 체육시설로서의 영속성과 독립성이 미흡한 정구장·골프연습장·실내수영장·체육도장 및 유수를 이용하는 요트장·카누장 및 산림을 이용한 야영장 등의 토지는 체육용지에 해당하지 않는다.

[예]
① 유선장, 경마장 : 유원지
② 체육시설로 허가된 눈썰매장이나 볼링장 : 체육용지
③ 타인 건물을 임대한 체육도장이나 백화점 내 실내수영장 : 대

(24) 유원지

'유원지'란 일반 공중을 위한 위락이나 휴양 등에 적합한 시설물을 종합적으로 갖춘 수영장·유선장·낚시터·어린이 놀이터·동물원·식물원·민속촌·경마장 등의 토지와 이에 접속된 부속시설물의 부지를 말하며, 부호로는 '원'이라 표기한다.

다만, 거리 등을 보아 이러한 토지나 부지와는 독립적인 것으로 인정되는 숙식시설이나 유기장의 부지 및 하천, 구거 또는 공유인 유지로 분류되는 것은 유원지에 해당하지 않는다.

(25) 종교용지

'종교용지'란 일반 공중의 종교의식을 위하여 예배·법요·설교·제사 등을 하기 위한 교회·사찰·향교 등의 건축물 부지와 이에 접속된 부속시설물의 부지를 말하며, 부호로는 '종'이라 표기한다. 다만, 타인의 건물을 임대한 교회 또는 사찰은 종교용지에 해당하지 않고, '대'에 해당한다.

(26) 사적지

'사적지'란 문화재로 지정된 역사적인 유물, 고적, 기념물 등을 보존할 목적으로 구

획된 토지를 말하며, 부호로는 '사'라고 표기한다.

다만, 학교용지, 공원, 종교용지 등 다른 지목으로 된 토지에 있는 유적이나, 고적, 기념물 등을 보호하기 위하여 구획된 토지는 사적지에 해당하지 않는다.

(27) 묘지

'묘지'란 사람의 시체나 유골이 매장된 토지 또는 「도시공원 및 녹지 등에 관한 법률」에 따라 묘지공원으로 결정·고시된 토지 또는 「장사 등에 관한 법률」 제2조 제9호에 따른 봉안시설과 이에 접속된 부속시설물의 부지에 해당하는 토지를 말하며, 부호로는 '묘'로 표기한다. 다만, 묘지를 관리하기 위한 건축물의 부지는 묘지에 해당하지 않고 '대'에 해당한다.

(28) 잡종지

'잡종지'란 갈대밭, 실외에 물건을 쌓아 두는 곳, 돌을 캐내는 곳, 흙을 파내는 곳, 야외시장, 비행장, 공동 우물, 예비군 훈련장, 비행장, 야외시장 등을 말하며, 또한 영구적인 건축물 중 변전소, 송신소, 수신소, 송유시설, 도축장, 자동차운전학원, 쓰레기 및 오물처리장 등의 부지와 그 밖에 다른 지목에 속하지 아니하는 토지를 말한다. 부호로는 '잡'이라 표기한다. 다만, 원상회복을 조건으로 돌을 캐내는 곳 또는 흙을 파내는 곳으로 허가된 토지는 잡종지에서 제외한다.

4. 지목의 표기 방법

(1) 토지대장 및 임야대장에 표기하는 경우

지목을 토지대장이나 임야대장에 표기(등록)하는 때에는 토지대장이나 임야대장에 지목의 이름(명칭)을 전부 한글로 표기하고, 전산입력을 위한 부호를 함께 등록한다. 예를 들면, 토지의 지목이 목장용지이면 목장용지, 지목이 공원인 경우에는 공원이라고 등록하며, 이를 간략히 하여 '목'이나 '공'으로 등록하지 아니한다.

(2) 도면에 표기하는 경우

지목을 지적도나 임야도와 같은 도면에 표기하는 때에는 원칙적으로 머리글자 한 자를 딴 부호를 한글로 표기한다.

다만, 하천, 유원지, 공장용지, 주차장에 해당하는 지목의 경우에는 머리글자로 등록 하지 아니하고, 그 다음 글자인 제2음절로 표기한다. 예로서, 하천은 '천'으로 공장용 지는 '장'으로 유원지는 '원'으로 주차장은 '차'로 표기한다.

➡ 경계점좌표등록부, 공유지연명부 및 대지권등록부에 지목은 기재되지 않는다는 점에 유의한다.

표 3 지목의 표기방법[1]

지 목	대장에 표기하는 경우(한글)	도면에 표기하는 경우(부호)	지 목	대장에 표기하는 경우(한글)	도면에 표기하는 경우(부호)
전	전	전	철도용지	철도용지	철
답	답	답	제방	제방	제
과수원	과수원	과	하천	하천	(천)
목장용지	목장용지	목	구거	구거	구
임야	임야	임	유지	유지	유
광천지	광천지	광	양어장	양어장	양
염전	염전	염	수도용지	수도용지	수
대	대	대	공원	공원	공
공장용지	공장용지	(장)	체육용지	체육용지	체
학교용지	학교용지	학	유원지	유원지	(원)
주차장	주차장	(차)	종교용지	종교용지	종
주요소용지	주요소용지	주	사적지	사적지	사
창고용지	창고용지	창	묘지	묘지	묘
도로	도로	도	잡종지	잡종지	잡

※ ( )는 머리글자로 등록하지 아니하고, 그 다음 글자인 제2음절로 표기하는 지목임.

---

2) 규칙 제46조(지목의 표기방법).

Ⅳ | 경계(도면에 등록된 선)

1. 경계의 의의

'경계'란 필지별로 경계점들을 직선으로 연결하여 지적공부에 등록한 선을 말하며 (법 제2조 제26호), 토지대장이나 임야대장에 등록하는 1필지의 면적을 지적도나 임야도 와 같은 도면에 선과 선을 연결하여 이러한 경계를 표시한다.

2. 경계에 관한 일반원칙

(1) 축척종대의 원칙(→ 경계에 있는 토지)

한 필지가 둘 이상의 도면에 등록된 경우에는 축척이 큰 도면에 따라 경계를 정하 고, 지적도와 임야도에 동시에 등록된 경우에는 지적도에 따라 경계를 정하며, 지적도 와 경계점좌표등록부에 동시에 등록된 경우에는 경계점좌표등록부에 따라 경계를 정 하는 것이 '축척종대의 원칙'이다.

(2) 경계불가분의 원칙

필지와 필지 사이의 경계는 오직 하나(→ 두 필지가 경계 1개를 같이 사용하는 것을 말함) 이며, 경계에는 길이만 있고 너비가 없기 때문에 경계는 나눌 수 없는 불가분의 성질 을 가진다는 것이 '경계불가분의 원칙'이다. 지적도나 임야도에서 경계는 0.1mm의 매 우 가는 선으로 표시된다.

(3) 경계직선주의 원칙

경계를 표시하는 방법에는 실제 형태 그대로 표시하는 경우와 실제 상태를 직선으 로 표시하는 방법이 있는데, 우리나라는 각 필지의 경계점 간을 직선으로 연결하여 등 록하는 '경계직선주의 원칙'을 채택하고 있다.

(4) 경계국정주의 원칙

'경계국정주의 원칙'은 경계의 결정은 오직 국가만이 할 수 있다는 원칙이다.

3. 경계의 설정기준

(1) 지상경계의 구분

토지의 지상경계는 둑, 담장이나 그 밖에 구획의 목표가 될 만한 구조물 및 경계점 표지 등으로 구분한다(법 제65조 제1항). 지적소관청은 토지의 이동에 따라 지상경계를 새로 정한 경우에는 토지의 소재, 지번, 경계점 좌표(경계점좌표등록부 시행지역에 한정 함), 경계점 위치 설명도, 공부상 지목과 실제 토지이용 지목, 경계점의 사진파일, 경계 점표지의 종류 및 경계점 위치 등의 사항을 등록한 지상경계점등록부를 작성·관리하 여야 한다(법 제65조 제2항, 규칙 제60조 제2항).

또한 지상경계의 결정 기준 등 지상경계의 결정에 필요한 사항은 대통령령으로 정 하고, 경계점표지의 규격과 재질 등에 필요한 사항은 국토교통부령으로 정한다(법 제65 조 제3항).

(2) 지상경계의 결정기준

지상경계의 결정기준은 다음의 구분에 따르며(영 제55조 제1항), 지상경계의 구획을 형성하는 구조물 등의 소유자가 다른 경우에는 아래 박스의 1에서 3까지의 결정기준 에도 불구하고 그 소유권에 따라 지상경계를 결정한다(영 제55조 제2항).

1. 연접되는 토지 사이에 고저가 없는 경우 : 그 구조물 등의 중앙
2. 연접되는 토지 사이에 고저가 있는 경우 : 그 구조물 등의 하단부
3. 도로나 구거 등의 절토된 부분이 있는 경우 : 그 경사면의 상단부
4. 해면이나 수면에 접한 토지의 경우 : 최대 만수위, 최대 만조위가 되는 선
5. 공유수면매립지 중 제방 등을 토지에 편입하여 등록하는 경우 : 바깥쪽 어깨가 되는 부분

4. 경계점표지의 설치 및 측량

다음의 어느 하나에 해당하는 경우, 지상경계점에 경계점표지를 설치하여 측량할 수 있다(영 제55조 제3항).

1. 도시개발사업 등의 사업시행자가 사업지구의 경계를 결정하기 위하여 토지를 분할하려는 경우
2. 대위신청이 가능한 사업시행자와 행정기관의 장 또는 지방자치단체의 장이 토지를 취득하기 위하여 분할하려는 경우
3. 「국토의 계획 및 이용에 관한 법률」에 따른 도시·군관리계획 결정고시와 지형도면 고시가 된 지역의 도시·군관리계획선에 따라 토지를 분할하려는 경우
4. 토지의 지상경계 구분(제65조 제1항)에 따라 토지를 분할하려는 경우
5. 관계 법령에 따라 인가·허가 등을 받아 토지를 분할하려는 경우

또한, 분할에 따른 지상경계는 지상건축물을 걸리게 결정해서는 아니 된다(영 제55조 제4항). 다만, ① 법원의 확정판결이 있는 경우, ② 공공사업 등에 따라 학교용지·도로·철도용지·제방·하천·구거·유지·수도용지 등의 지목으로 되는 토지(법 제87조 제1호)에 해당하는 토지를 분할하는 경우, ③ 앞 박스 안 1 또는 3에 따라 토지를 분할하는 경우 중 어느 하나에 해당하는 때에는 그러하지 아니하다(영 제55조 제4항 단서).

V | 면 적

1. 의 의

'면적'이란 지적측량성과에 의하여 지적공부에 등록한 토지의 등록단위인 필지의 수평면상 넓이를 말하며(법 제2조 제27호), 면적의 단위는 제곱미터이다(법 제68조). 대부분의 면적은 임야도에 따른 면적이며, 경계점좌표등록부 시행지역에서의 면적은 좌표로 계산된다.

2. 면적의 결정방법 등

면적의 결정 및 측량계산의 끝수처리는 토지의 면적에 1제곱미터 미만의 끝수가 있는 경우 0.5제곱미터 미만일 때에는 버리고 0.5제곱미터를 초과하는 때에는 올리며, 0.5제곱미터일 때에는 구하려는 끝자리의 숫자가 0 또는 짝수이면 버리고 홀수이면 올린다. 다만, 1필지의 면적이 1제곱미터 미만일 때에는 1제곱미터로 한다(영 제60조 제1항 제1호).

또한, 지적도의 축척이 600분의 1인 지역과 경계점좌표등록부에 등록하는 지역의 토지 면적은 제1호에도 불구하고 제곱미터 이하 한 자리 단위로 하되, 0.1제곱미터 미만의 끝수가 있는 경우 0.05제곱미터 미만일 때에는 버리고 0.05제곱미터를 초과할 때에는 올리며, 0.05제곱미터일 때에는 구하려는 끝자리의 숫자가 0 또는 짝수이면 버리고 홀수이면 올린다. 다만, 1필지의 면적이 0.1제곱미터 미만일 때에는 0.1제곱미터로 한다(영 제60조 제1항 제2호).

구 분	일반적인 경우 (1/1,000~1/6,000)	경계점좌표등록부에 등록하는 지역 (1/600)
등록 자리수	자연수만	소수점 한 자리까지만
1필지 최소면적	1㎡ (면적이 1㎡ 미만인 때에는 1㎡로 등록)	0.1㎡ (면적이 0.1㎡ 미만인 때에는 0.1㎡로 등록)
면적 결정	1. 소수점 이하가 0.5㎡ 미만인 경우 　: 버림 2. 소수점 이하가 0.5㎡ 초과하는 경우 　: 올림 3. 소수점 이하가 0.5㎡인 경우 　(1) 구하고자 하는 숫자가 홀수 　　: 올림 　(2) 구하고자 하는 숫자가 0 또는 짝수 　　: 버림	1. 소수점 이하가 0.05㎡ 미만인 경우 　: 버림 2. 소수점 이하가 0.05㎡ 초과하는 경우 　: 올림 3. 소수점 이하가 0.05㎡인 경우 　(1) 구하고자 하는 숫자가 홀수 　　: 올림 　(2) 구하고자하는 숫자가 0 또는 짝수 　　: 버림

방위각의 각치(角値), 종횡선의 수치 또는 거리를 계산하는 경우 구하려는 끝자리의 다음 숫자가 5 미만일 때에는 버리고 5를 초과할 때에는 올리며, 5일 때에는 구하려는 끝자리의 숫자가 0 또는 짝수이면 버리고 홀수이면 올린다. 다만, 전자계산조직을 이

용하여 연산할 때에는 최종수치에만 이를 적용한다(영 제60조 제2항).

3. 면적측량의 대상인 것과 아닌 경우

세부측량을 하는 경우에 다음의 어느 하나에 해당하면 필지마다 면적을 측정하여야
한다(지적측량 시행규칙 제19조).

면적측량의 대상	면적측량대상이 아닌 경우
1. 신규등록, 등록전환, 분할, 축척변경 2. 면적 또는 경계의 정정 3. 지적공부의 복구 4. 도시개발사업 등으로 인한 토지의 이동에 　따라 토지의 표시를 새로 결정하는 경우 5. 경계복원측량(→ 지상에 표시), 지적현황측 　량(→ 도면에 표시) 시에 면적의 측정이 　수반되는 경우	1. 지번변경, 지목변경 2. 위치정정 3. 합병 4. 도면재작성 5. 경계복원측량, 지적현황측량

4. 면적오차의 허용범위 및 배분

(1) 등록전환 및 분할에 따른 면적오차의 허용범위 및 배분

1) 등록전환을 하는 경우, 임야대장의 면적과 등록 전환될 면적의 오차 허용범위는
다음의 계산식을 따른다. 이때에 오차의 허용범위를 계산할 때 축척이 3천분의 1인 지
역의 축적분모는 6천으로 한다.

$$A = 0.026^2MF$$

(A는 오차 허용면적, M은 임야도 축척분모, F는 등록전환될 면적)

또한 임야대장의 면적과 등록 전환될 면적의 차이가 위 계산식에 따른 허용범위 이
내인 경우에는 등록 전환될 면적을 등록전환 면적으로 결정하고, 허용범위를 초과하는
경우에는 임야대장의 면적 또는 임야도의 경계를 지적소관청이 직권으로 정정하여야
한다(영 제19조 제1항 제1호).

2) 토지를 분할하는 경우, 분할 후의 각 필지의 면적의 합계와 분할 전 면적과의 오

차의 허용범위는 위 1)의 계산식에 따른다. 이때에 A는 오차 허용면적, M은 축척분모, F는 원면적으로 하되, 축척이 3천분의 1인 지역의 축척분모는 6천으로 한다. 만약에 분할 전후 면적의 차이가 위 1)의 계산식에 따른 허용범위 이내인 경우에는 그 오차를 분할 후의 각 필지의 면적에 따라 나누고, 허용범위를 초과하는 경우에는 지적공부 상의 면적 또는 경계를 정정하여야 한다.

분할 전후 면적의 차이를 배분한 산출면적은 다음의 계산식에 따라 필요한 자리까지 계산하고, 결정면적은 원면적과 일치하도록 산출면적의 구하려는 끝자리의 다음 숫자가 큰 것부터 순차로 올려서 정하되, 구하려는 끝자리의 다음 숫자가 서로 같을 때에는 산출면적이 큰 것을 올려서 정한다(영 제19조 제1항 제2호).

$$r = F/A \times a$$
(r은 각 필지의 산출면적, F는 원면적, A는 측정면적 합계 또는 보정면적 합계, a는 각 필지의 측정면적 또는 보정면적)

(2) 경계점좌표등록부가 있는 지역의 토지분할을 위한 면적의 결정

분할 후 각 필지의 면적합계가 분할 전 면적보다 많은 경우에는 구하려는 끝자리의 다음 숫자가 작은 것부터 순차적으로 버려서 정하되, 분할 전 면적에 증감이 없도록 하여야 한다(영 제19조 제2항 제1호). 또한, 분할 후 각 필지의 면적합계가 분할 전 면적보다 적은 경우에는 구하려는 끝자리의 다음 숫자가 큰 것부터 순차적으로 올려서 정하되, 분할 전 면적에 증감이 없도록 하여야 한다(영 제19조 제2항 제2호).

구 분	허용범위 이내	허용범위 초과
등록전환	등록 전환될 면적을 등록전환 면적으로 결정	임야대장의 면적 또는 임야도의 경계를 지적 소관청이 직권으로 정정
분할	분할 후 각 필지면적에 안분	지적공부상의 면적 또는 경계를 정정
복구	복구측량 면적으로 정함	소유자 및 이해관계인의 동의를 얻어 경계 및 면적을 조정
축척변경	축척변경 전의 면적을 결정 면적으로 함	축척변경 후의 면적을 결정면적으로 함
경계점좌표	1. 분할 후 각 필지의 면적합계가 분할 전 면적보다 많은 경우 : 구하려는 끝자	

등록부 지역	리의 다음 숫자가 작은 것부터 순차적으로 버려서 정하되, 분할 전 면적에 증감이 없도록 한다. 2. 분할 후 각 필지의 면적합계가 분할 전 면적보다 적은 경우 : 구하려는 끝자리의 다음 숫자가 큰 것부터 순차적으로 올려서 정하되, 분할 전 면적에 증감이 없도록 한다.

예/상/문/제

01 다음 중 1필지의 성립요건이 아닌 것은?

① 토지소유자가 동일하여야 한다.

② 지반이 물리적으로 연속되어 있어야 한다.

③ 등기 여부가 동일하여야 한다.

④ 지적도면의 축척이 달라서는 아니 된다.

⑤ 지번부여지역은 달라도 된다.

> **해설** ⑤, 토지가 1필지로 성립하려면 토지소유자, 지적도면, 등기 여부, 지번부여지역, 지목 등이 동일하여야
> 한다.

02 현행 지적법상 다음의 지번 표기방법 중 가장 타당한 것은?

① 아라비아 숫자로만 표기한다.

② 한문으로 표기하여야 한다.

③ 한글, 한문, 아라비아 숫자로 표기할 수 있다.

④ 아라비아 숫자, 한글 및 부호로 표기한다.

⑤ 한글과 아라비아 숫자로만 표기한다.

> **해설** ④, 지번은 원칙적으로 아라비아 숫자로 표기하여야 하나, 임야도 등에서는 지번을 표기할 때 '산'과
> 같은 한글이나 '-'와 같은 부호를 쓰기도 한다.

03 지번의 부여 및 부여방법 등에 관한 설명으로 틀린 것은? (공인중개사 제23회 기출)

① 지적소관청은 지번을 변경할 필요가 있다고 인정하면 시·도지사나 대도시 시장의 승
인을 받아 지번부여지역의 전부 또는 일부에 대하여 지번을 새로 부여할 수 있다.

② 신규등록의 경우, 그 지번부여지역에서 인접토지의 본번에 부번을 붙여서 지번을 부여하는 것을 원칙으로 한다.

③ 분할의 경우, 분할 후의 필지 중 1필지의 지번은 분할 위의 지번으로 하고, 나머지 필지의 지번은 최종 본번 다음 순번의 본번을 순차적으로 부여하여야 한다.

④ 등록전환 대상토지가 여러 필지로 되어 있는 경우에는 그 지번부여지역의 최종 본번의 다음 순번부터 본번으로 하여 순차적으로 지번을 부여할 수 있다.

⑤ 합병의 경우, 토지소유자가 합병 위의 필지에 주거·사무실 등의 건축물이 있어서 그 건축물이 위치한 지번을 합병 후의 지번으로 신청한 때에는 그 지번을 합병 후의 지번으로 부여하여야 한다.

☞해설 ③, 분할 후의 필지 중 1필지의 지번은 분할 전의 지번으로 하고 나머지 필지의 지번은 본번의 최종 부번의 다음 순번으로 부번을 부여한다.

04 공간정보의 구축 및 관리 등에 관한 법령상 지번의 구성 및 부여방법 등에 관한 설명으로 틀린 것은? (공인중개사 제29회 기출)

① 지번은 아라비아 숫자로 표기하되, 임야대장 및 임야도에 등록하는 토지의 지번은 숫자 앞에 '산'라를 붙인다.

② 지번은 북서에서 남동으로 순차적으로 부여한다.

③ 지번은 본번과 부번으로 구성하되, 본번과 부번 사이에 '-'표시로 연결한다.

④ 지번은 국토교통부장관이 시·군·구별로 차례대로 부여한다.

⑤ 분할의 경우에는 분할 후의 필지 중 1필지의 지번은 분할 전의 지번으로 하고, 나머지 필지의 지번은 본번의 최종 부번 다음 순번으로 부번을 부여한다.

☞해설 ④, 지번은 지적소관청이 지번부여지역별로 차례대로 부여한다.

제3장
지적공부

  '지적공부'란 토지대장, 임야대장, 공유지연명부, 대지권등록부, 지적도, 임야도 및 경계점좌표등록부 등 지적측량 등을 통하여 조사된 토지의 표시와 해당 토지의 소유자 등을 기록한 대장 및 도면(정보처리시스템을 통하여 기록·저장된 것을 포함)을 말한다(법 제2조 제19호). 지적공부에는 대장으로는 토지대장, 임야대장, 공유지연명부, 대지권등록부가 있으며, 도면으로는 지적도, 임야도 및 경계점좌표등록부가 있다. 우리나라의 경우, 토지대장이나 임야대장은 1필지의 토지를 중심으로 한 물적편성주의를 채택하고 있다.

  '연속지적도'란 지적측량을 하지 아니하고 전산화된 지적도 및 임야도 파일을 이용하여, 도면상 경계점들을 연결하여 작성한 도면으로서 측량에 활용할 수 없는 도면을 말하며(법 제2조 제19의2), '부동산종합공부'란 토지의 표시와 소유자에 관한 사항, 건축물의 표시와 소유자에 관한 사항, 토지의 이용 및 규제에 관한 사항, 부동산의 가격에 관한 사항 등 부동산에 관한 종합정보를 정보관리체계를 통하여 기록·저장한 것을 말한다(법 제2조 제19의3).

I | 대 장

'대장'이란 부동산에 대한 과세 등을 위하여 그 상황을 명확하게 하는 공적장부로서, 대장에는 토지에 관한 것으로서 '토지대장'과 '임야대장'이 있다.[3] 토지에 관한 대장인 토지대장·임야대장에는 필지별로 ① 토지의 소재, ② 지번, ③ 지목, ④ 면적, ⑤ 소유자의 성명 또는 명칭·주소·주민등록번호, ⑥ 그 밖에 국토교통부령으로 정하는 사항을 등록하여야 한다(법 제71조 제1항).

임야가 토지임에도 불구하고 토지에 관한 대장으로 임야대장이 있게 된 것은 일제 강점기에 일본이 우리나라를 강제로 점령한 뒤 토지조사령(1912년 8월 13일)에 따라 농지와 대지를 주된 대상으로 '토지조사'를 시행하여 '토지대상'을 작성한 후에, 조선임야조사령(1918년 5월 1일)에 따라 '임야조사'를 시행하면서 '임야대장'을 작성하였기 때문이다.[4]

1. 토지 및 임야대장

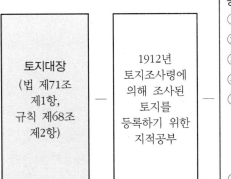

토지대장 (법 제71조 제1항, 규칙 제68조 제2항)	—	1912년 토지조사령에 의해 조사된 토지를 등록하기 위한 지적공부	—	**등록사항** ① 토지의 소재 ② 지번 ③ 지목 ④ 면적 ⑤ 소유자의 성명·주소·주민등록번호(국가, 지방자치단체, 법인, 법인 아닌 사단이나 재단 및 외국인의 경우에는 「부동산등기법」 제49조에 따라 부여된 등록번호를 말함) ⑥ 토지의 고유번호(각 필지를 서로 구별하기 위하여 필지마다 붙이는 고유한 번호를 말함)

---

3) 건물에 관한 것으로는 '건축물대장'이 있으며(「건축법」 제38조), 이 '건축물대장'에는 집합건축물 이외의 건축물에 관한 '일반 건축물대장'과 집합건축물에 관한 '집합 건축물대장'이 있다(「건축물대장의 기재 및 관리 등에 관한 규칙」 제4조).

4) 송덕수, 물권법 제4판, 박영사, 2019, 79면.

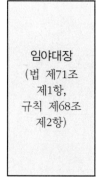

임야대장
(법 제71조
제1항,
규칙 제68조
제2항)
	1918년
	임야조사령에
	의해 작성된
	지적공부
		⑦ 지적도 또는 임야도의 번호와 필지별 토지대
		  장 또는 임야대장의 장번호 및 축척
		⑧ 토지의 이동사유
		⑨ 토지소유자가 변경된 날과 그 원인(소유권의
		  변동일자 및 변동사유)
		⑩ 토지등급 및 기준수확량등급과 그 설정 및 수
		  정 연월일
		⑪ 개별공시지가와 그 기준일
		⑫ 그 밖에 국토교통부장관이 정하는 사항

참고로 대장과 등기부는 그 내용에 있어 일치하여야 그 기능을 제대로 발휘할 수 있다. 이에 이 법은 대장과 등기부의 기재를 일치시킬 수 있도록 "지적소관청이 지적 공부의 등록사항에 잘못이 있음을 발견하면 대통령령으로 정하는 바에 따라 직권으로 조사·측량하여 정정할 수 있고(법 제84조 제2항), 이에 따라 지적소관청이 등록사항을 정정할 때에는 그 정정사항이 토지소유자에 관한 사항인 경우에는 등기필증, 등기완료 통지서, 등기사항증명서 또는 등기관서에서 제공한 등기전산정보자료에 따라 정정하여야 한다(법 제84조 제4항)."고 규정함으로써 등기부를 기초로 하는 사항에 관하여는 소관청이 등기에 맞추어 직권으로 대장을 정리하도록 하고 있다.

반면에 대장을 기초로 하는 사항에 관하여는 대장에 맞추어 즉시 등기를 할 수가 없기 때문에 이를 간접적으로 강제하게 되는데, 「부동산등기법」은 "등기관은 신청정보 또는 등기기록의 부동산의 표시가 토지대장·임야대장 또는 건축물대장과 일치하지 아니한 경우에만 이유를 적은 결정으로 신청을 각하(却下)하여야 한다."고 규정하고 있다(「부동산등기법」 제29조 제11호).

그림 1   토지대장 및 임야대장[5]

■ 공간정보의 구축 및 관리 등에 관한 법률 시행규칙 [별지 제63호서식] <개정 2017. 1. 31.>

고유번호			도면번호		발급번호	
토지소재		**토 지 대 장**	장 번 호		처리시각	
지 번	축 척		비 고		발 급 자	

토 지 표 시			소 유 자		
지 목	면 적(㎡)	사 유	변 동 일 자	주 소	
			변 동 원 인	성명 또는 명칭	등 록 번 호
			년 월 일		
			년 월 일		

등 급 수 정 연 월 일													
토 지 등 급 (기준수확량등급)	( )	( )	( )	( )	( )	( )	( )	( )	( )	( )	( )	( )	( )
개별공시지가 기준일											용도지역 등		
개별공시지가(원/㎡)													

270㎜×190㎜[백상지(150g/㎡)]

■ 공간정보의 구축 및 관리 등에 관한 법률 시행규칙 [별지 제64호서식] <개정 2017. 1. 31.>

고유번호			도면번호		발급번호	
토지소재		**임 야 대 장**	장 번 호		처리시각	
지 번	축 척		비 고		발 급 자	

토 지 표 시			소 유 자		
지 목	면 적(㎡)	사 유	변 동 일 자	주 소	
			변 동 원 인	성명 또는 명칭	등 록 번 호
			년 월 일		
			년 월 일		

등 급 수 정 연 월 일													
토 지 등 급 (기준수확량등급)	( )	( )	( )	( )	( )	( )	( )	( )	( )	( )	( )	( )	( )
개별공시지가 기준일											용도지역 등		
개별공시지가(원/㎡)													

270㎜×190㎜[백상지(150g/㎡)]

5) 규칙 별지 제63호 및 제64호 서식.

※ 고유번호

고유번호는 각 필지를 서로 구별하기 위하여 필지마다 개별적으로 붙이는 고유한 번호로서 19자리 숫자로 표시한다.

행정구역표시				대장 표시	지번표시		
1 2 3	4 5	6 7 8	9 0	– 1	0 0 0 0	–	0 0 0 0
시도	시군구	읍면동	리		본번		부번

2. 공유지연명부

1필지의 토지소유자가 2인 이상인 경우에는 토지대장 외에 공유지연명부를 별도로 작성하여야 한다(법 제71조 제2항, 규칙 제68조 제3항).

그림 2 공유지연명부[6]

■ 공간정보의 구축 및 관리 등에 관한 법률 시행규칙 [별지 제65호서식] <개정 2017. 1. 31.>

<table>
<tr><td colspan="2">고유번호</td><td></td><td colspan="3" style="text-align:center">공 유 지 연 명 부</td><td>장 번 호</td><td></td></tr>
<tr><td colspan="2">토지 소재</td><td></td><td>지 번</td><td></td><td></td><td>비 고</td><td></td></tr>
<tr><td rowspan="2">순번</td><td>변 동 일 자</td><td rowspan="2">소유권 지분</td><td colspan="4">소 유 자</td><td rowspan="2">등록번호
성명 또는 명칭</td></tr>
<tr><td>변 동 원 인</td><td colspan="4" style="text-align:center">주 소</td></tr>
<tr><td></td><td>년 월 일</td><td></td><td colspan="4"></td><td></td></tr>
<tr><td></td><td>년 월 일</td><td></td><td colspan="4"></td><td></td></tr>
<tr><td></td><td>년 월 일</td><td></td><td colspan="4"></td><td></td></tr>
<tr><td></td><td>년 월 일</td><td></td><td colspan="4"></td><td></td></tr>
<tr><td></td><td>년 월 일</td><td></td><td colspan="4"></td><td></td></tr>
<tr><td></td><td>년 월 일</td><td></td><td colspan="4"></td><td></td></tr>
<tr><td></td><td>년 월 일</td><td></td><td colspan="4"></td><td></td></tr>
<tr><td></td><td>년 월 일</td><td></td><td colspan="4"></td><td></td></tr>
</table>

270㎜ × 190㎜ [백상지(150g/㎡)]

---

6) 규칙 별지 제65호 서식.

공유지연명부 (법 제71조 제2항, 규칙 제68조 제3항)	토지소유자가 둘 이상인 경우, 대장의 간명화를 위해 비치, 대장의 연장으로 지적공부에 포함	**등록사항** ① 토지의 소재 ② 지번 ③ 소유권 지분 ④ 소유자의 성명 또는 명칭, 주소 및 　주민 등록번호 ⑤ 토지의 고유번호 ⑥ 필지별 공유지연명부의 장번호 ⑦ 소유자가 변경된 날과 그 원인

3. 대지권등록부

토지대장 또는 임야대장에 등록하는 토지가 「부동산등기법」에 따라 대지권 등기가 된 때에는 대지권등록부에 등록한다(법 제71조 제3항 및 규칙 제68조 제4항).

그림 3 대지권등록부[7]

■ 공간정보의 구축 및 관리 등에 관한 법률 시행규칙 [별지 제66호서식] <개정 2017. 1. 31.>

고유번호				**대지권등록부**			전유부분 건물표시		장번호	
토지소재			지번		대지권 비율		건물명칭			
지　　번										
대지권 비율										
변 동 일 자	소유권 지분					소　　　유　　　자				
변 동 원 인				주　　　　소					등 록 번 호	
									성명 또는 명칭	
년　월　일										
년　월　일										
년　월　일										
년　월　일										

270㎜ × 190㎜ [백상지(150g/㎡)]

---

7) 규칙 별지 제66호 서식.

대지권등록부 (법 제71조 제3항, 규칙 제68조 제4항)	부동산등기법에 의해 대지권 취지가 등기된 토지에 비치, 공유지연명부의 일종으로 지적공부에 포함	등록사항 ① 토지의 소재 ② 지번 ③ 소유권 지분 ④ 소유자의 성명 또는 명칭, 주소 및 주민등록번호 ⑤ 토지의 고유번호 ⑥ 전유부분의 건물표시 ⑦ 건물의 명칭 ⑧ 집합건물별 대지권등록부의 장번호 ⑨ 토지소유자가 변경된 날과 그 원인 ⑩ 소유권지분

Ⅱ | 도면(도해지적)

지적도 및 임야도란 토지대장과 임야대장에 등록된 토지에 관한 사항을 알기 쉽도록 도해적으로 표시한 지적공부를 말한다.

지적도	토지대장에 등록된 토지의 경계를 표시	등록사항 ① 토지의 소재 ② 지번 ③ 지목 ④ 경계 ⑤ 지적도면의 색인도(인접도면의 연결 순서를 표시하기 위하여 기재한 도표와 번호를 말함) ⑥ 지적도면의 제명 및 축척 ⑦ 도곽선(圖廓線 : 테두리선)과 그 수치 ⑧ 좌표에 의해 계산된 경계점 간의 거리(경계점좌표등록부 시행지역에 한정함) ⑨ 삼각점 및 지적기준점의 위치 ⑩ 건축물 및 구조물의 위치 ⑪ 그 밖에 교통부장관이 정하는 사항
임야도	임야대장에 등록된 토지의 경계를 표시	

※ 지도면의 축척은 다음 각 호의 구분에 의함.
  ㉠ 지적도 : 1/500, 1/600, 1/1,000, 1/1,200, 1/2,400, 1/3,000, 1/6,000
  ㉡ 임야도 : 1/3,000, 1/6,000

그림 4 지적도[8]

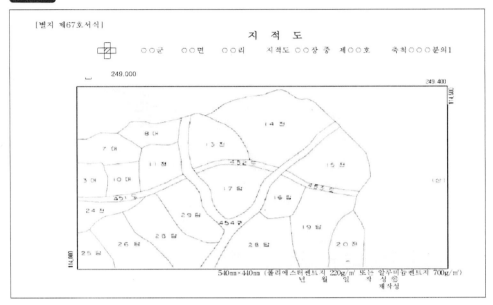

그림 5 임야도[9]

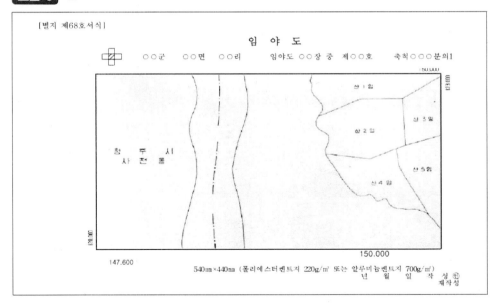

---

8) 규칙 별지 제67호 서식.
9) 규칙 별지 제68호 서식.

Ⅲ | 경계점좌표등록부(수치지적)

1. 의 의

수학의 좌표 개념을 도입하여 경계점의 위치를 평면직각종횡선의 수치(좌표)와 부호로 등록하는 대장형식의 도면을 말하는데, 즉 숫자가 붙어 있는 좌표에 따라 필지의 형태로 나타내는 공부이다. 경계점좌표등록부는 등록형태는 대장형식을 갖추고 있으나, 등록내용은 경계를 표시하는 도면의 성질을 가지고 있으므로 대장형식의 도면의 성격을 가진다 할 수 있다. 경계점좌표등록부는 1필지를 보다 정확하게 관리하자는 데그 작성 목적이 있다.

2. 경계점좌표등록부의 작성 및 비치

(1) 작성

지적소관청은 도시개발사업 등에 따라 새로이 지적공부에 등록하는 토지에 대하여 토지의 소재, 지번, 좌표 및 그 밖에 국토교통부령(규칙 제71조 제3항)으로 정하는 사항(토지의 고유번호, 지적도면의 번호, 필지별 경계점좌표등록부의 장번호, 부호 및 부호도)을 등록한 경계점좌표등록부를 작성하고 갖춰 두어야 하며(법 제73조), 이에 따라 지적확정측량 또는 축척변경을 위한 측량을 실시하여 경계점을 좌표로 등록하는 지역의 토지에 대해서는 경계점좌표등록부를 반드시 작성하여야 한다(규칙 제71조 제2항).

(2) 비치

경계점좌표등록부를 갖는 지역에서는 토지대장과 지적도를 함께 구비하여야 하여야하며, 경계점좌표등록부 서식은 다음과 같다.

그림 6 경계점좌표등록부[10]

[별지 제69호서식]

0 | 1 | 2 | 3 | 4 | 5 | 6 | 7 | 8 | 9 | 10 | 1 | 2 | 3 | 4 | 5 | 6 | 7 | 8 | 9 | 11 | 12 | 13 | 14 | 15 | 16 | 17 | 18 | 19 | 20 | 21 | 22 | 23 | 24 | 25

고유번호		경 계 점 좌 표 등 록 부			도면번호		장 번호	
토지 소재		지 번			비 고			
부 호 도		부 호	좌 표		부 호	좌 표		
			X	Y		X	Y	
			m	m		m	m	

부 호	좌 표		부 호	좌 표		부 호	좌 표	
	X	Y		X	Y		X	Y
	m	m		m	m		m	m

0 | 1 | 2 | 3 | 4 | 5 | 6 | 7 | 8 | 9 | 10 | 1 | 2 | 3 | 4 | 5 | 6 | 7 | 8 | 9 | 10 | 11 | 12 | 13 | 14 | 15 | 16 | 17 | 18 | 19 | 20 | 21 | 22 | 23 | 24 | 25

270㎜×190㎜ (보존용지(1종) 120g/㎡)

3. 경계점좌표등록부의 등록사항

지적소관청은 경계점좌표등록부에 토지의 소재, 지번, 좌표, 토지의 고유번호, 지적도면의 번호, 필지별 경계점좌표등록부의 장 번호, 부호 및 부호도를 포함하여야 한다.

(1) 토지의 소재

토지의 소재는 당해 토지가 위치하고 있는 행정구역상의 ○○군 ○○면 ○○리 또는 ○○구 ○○동을 등록한다.

(2) 지번

1필지마다 부여하는 번호로서 토지대장이나 지적도에 등록하는 지번을 등록하며, 지번의 표기내용은 토지대장이나 지적도와 동일하다.

10) 규칙 별지 제69호 서식.

(3) 좌표

좌표는 지적도에서 등록하는 경계를 점으로 표시한다. 토지대장에서 등록할 토지면적을 면적으로 등록하면 이를 지적도에서는 경계로 등록하고 좌표지적에서는 좌표로 등록한다.

(4) 고유번호

토지대장에 등록한 1필지의 고유번호를 기재한다.

(5) 지적도면의 번호 및 필지별 경계점좌표등록부의 장 번호

'도면번호'란 1필지를 등록하는 지적도의 도면 중에서 몇 번째의 도면인가를 나타내는 숫자이고, 경계점좌표등록부의 장 번호는 여러 장의 장부 중에서 몇 번째의 장부인지를 나타내는 숫자이다.

(6) 부호 및 부호도

'부호'란 장부에 등록하는 좌표가 X, Y 좌표상에서 어떠한 위치에 있는지를 나타내는 것이고, 부호도는 경계점좌표등록부에 등록할 1필지가 지적도상으로는 어떻게 되어있고 어떠한 형태인지를 보여주는 도면을 말한다.

4. 경계점좌표등록의 기능

경계결정과 지표상의 복원은 좌표에 따른다.

Ⅳ | 정보처리시스템에 의한 지적공부

1. 의 의

정보처리시스템을 통하여 기록·저장하는 지적공부는 전산정보처리조직에 따라 처리할 수 있도록 입력하여 관리하는 지적공부를 말한다. 다시 말해, 토지대장이나 임야대장 등의 지적공부의 내용을 전산처리가 용이하도록 자기디스크 등 파일형태로 작성된 지적공부이다. 다만, 정보처리시스템을 통하여 기록·저장하는 지적공부에는 토지대장이나 임야대장에 등록할 사항 중 용도지역 및 직인날인번호를 기재하지 아니한다.

　현재 지적공부 중 토지대장, 임야대장에 등록된 내용을 정보처리시스템을 통하여 기록하고 저장한 지적공부에 관한 전산자료는 국토교통부장관, 시·도지사 또는 지적소관청의 승인을 받아 이용 및 활용할 수 있다. 전국 단위의 지적전산자료는 국토교통부장관, 시·도지사 또는 지적소관청의 승인을 받아야 하며, 시·도 단위의 지적전산자료는 시·도지사 또는 지적소관청의 승인을 받아야 하고, 시·군·구(자치구가 아닌 구를 포함) 단위의 지적전산자료는 지적소관청의 승인을 받아야 한다(법 제76조 제1항).

　승인을 신청하려는 자는 신청하고자 하는 지적전산자료의 이용 또는 활용 목적 등에 관하여 미리 관계 중앙행정기관의 심사를 받아야 한다. 다만, 중앙행정기관의 장, 그 소속 기관의 장 또는 지방자치단체의 장이 승인을 신청하는 경우에는 그러하지 아니하다(법 제76조 제2항).

2. 등록할 사항

　정보처리시스템을 통하여 기록·저장하는 지적공부에는 고유번호, 토지소재, 지번, 지목, 면적, 지적도면 번호 및 필지별 대장번호, 축척, 토지소유자의 성명, 주소, 주민등록번호(등록번호), 토지등급 또는 기준 수확량 등급을 등록하여야 하며, 이러한 등록사항들은 전부 임의적 기재사항이 아닌 필요적 기재사항이다.

3. 지적공부의 보존 등

(1) 지적공부의 보존

1) 일반 지적공부의 보존

지적소관청은 해당 청사에 지적서고를 설치하고 그곳에 지적공부(정보처리시스템을 통하여 기록·저장한 경우는 제외한다)를 영구히 보존하여야 한다(법 제69조 제1항).

□ **지적서고의 설치기준(규칙 제65조)**

1. 지적서고는 지적사무를 처리하는 사무실과 연접(連接)하여 설치하여야 한다.
2. 지적서고의 구조는 다음 기준에 따라야 한다.
   ① 골조는 철근콘크리트 이상의 강질로 할 것
   ② 지적서고의 면적은 별표 7의 기준면적에 따를 것
   ③ 바닥과 벽은 2중으로 하고 영구적인 방수설비를 할 것
   ④ 창문과 출입문은 2중으로 하되, 바깥쪽 문은 반드시 철제로 하고 안쪽 문은 곤충·쥐 등의 침입을 막을 수 있도록 철망 등을 설치할 것
   ⑤ 온도 및 습도 자동조절장치를 설치하고, 연중 평균온도는 섭씨 20±5도를, 연중평균 습도는 65±5퍼센트를 유지할 것
   ⑥ 전기시설을 설치하는 때에는 단독퓨즈를 설치하고 소화장비를 갖춰 둘 것
   ⑦ 열과 습도의 영향을 받지 아니하도록 내부공간을 넓게 하고 천장을 높게 설치할 것
3. 지적서고는 다음 기준에 따라 관리하여야 한다.
   ① 지적서고는 제한구역으로 지정하고, 출입자를 지적사무담당공무원으로 한정할 것
   ② 지적서고에는 인화물질의 반입을 금지하며, 지적공부, 지적 관계 서류 및 지적측량 장비만 보관할 것
4. 지적공부 보관상자는 벽으로부터 15센티미터 이상 띄워야 하며, 높이 10센티미터 이상의 깔 판 위에 올려놓아야 한다.

---

2) 정보처리시스템을 통하여 기록·저장된 지적공부의 보존

지적공부를 정보처리시스템을 통하여 기록·저장한 경우 관할 시·도지사, 시장·군 수 또는 구청장은 그 지적공부를 지적정보관리체계에 영구히 보존하여야 하며(법 제69 조 제2항), 국토교통부장관은 지적정보관리체계에 보존된 지적공부가 멸실되거나 훼손 될 경우를 대비하여 지적공부를 복제하여 관리하는 정보관리체계를 구축하여야 한다 (법 제69조 제3항).

(2) 지적공부의 반출

1) 일반 지적공부의 반출

지적공부는 시, 군 또는 구의 청사 밖으로 반출할 수 없다. 다만, 천재지변이나 그 밖에 이에 준하는 재난을 피하기 위하여 필요한 경우 또는 관할 시·도지사 또는 대도 시 시장의 승인을 받은 경우는 제외한다(법 제69조 제1항 후단).

지적소관청이 지적공부를 시·군·구의 청사 밖으로 반출하려는 경우, 시·도지사 또

는 대도시 시장(서울특별시·광역시 및 특별자치시를 제외한 인구 50만 이상의 시의 시장을 말한다)에게 지적공부 반출사유를 적은 승인신청서를 제출하여야 하며(규칙 제67조 제1항), 신청을 받은 시·도지사 또는 대도시 시장은 지적공부 반출사유 등을 심사한 후 그 승인 여부를 지적소관청에 통지하여야 한다(규칙 제67조 제2항).

2) 정보처리시스템을 통하여 기록·저장된 지적공부의 반출

정보처리시스템을 통하여 기록·저장된 지적공부는 시, 군 또는 구의 청사 밖으로 반출할 수 없다. 다만, 천재지변이나 그 밖에 이에 준하는 재난을 피하기 위하여 필요한 경우 또는 관할 시·도지사 또는 대도시 시장의 승인을 받은 경우는 제외한다(법 제69조 제1항 후단).

이때에 반출 신청을 받은 시·도지사 또는 대도시 시장은 지적공부 반출사유 등을 심사한 후 그 승인 여부를 지적소관청에 통지하여야 한다(규칙 제67조 제2항).

(3) 지적공부의 보관방법

부책(簿冊)으로 된 토지대장·임야대장 및 공유지연명부는 지적공부 보관상자에 넣어 보관하고, 카드로 된 토지대장·임야대장·공유지연명부·대지권등록부 및 경계점좌표등록부는 100장 단위로 바인더(binder)에 넣어 보관하여야 한다(규칙 제66조 제1항). 또한 일람도·지번색인표 및 지적도면은 지번부여지역별로 도면번호 순으로 보관하되, 각 장별로 보호대에 넣어야 한다(규칙 제66조 제2항).

✔ 들여다보기

1. '일람도'란?
   하나의 지번부여지역 안에 어떠한 시설이 있는지 또는 도면의 연결관계가 어떠한지를 한 번에 볼 수 있도록 만든 것으로, 지적이나 임야도의 축척을 1/10으로 축소하여 표시한 도면을 말한다. 일람도의 정밀성은 다소 떨어지나 관할 소관청에서 도로나 하천, 철도 등 시설물의 위치나 도면의 연결내용은 쉽게 알 수 있는 장점을 가진다. 작성된 일람도는 지적서고에 보관하여야 한다.

2. '지번색인표'란?
   하나의 지번 부여지역 안에 있는 다수의 필지가 어디에 있는지를 지번으로 표시하게 되는데 이 경우에 다수의 지번을 용이하게 찾을 수 있도록 하고자 만든 표이다. 작성된 지번색인표는 지적서고에 보관하여야 한다.

지적공부를 정보처리시스템을 통하여 기록·저장한 경우 관할 시·도지사, 시장·군수 또는 구청장은 그 지적공부를 지적정보관리체계에 영구히 보존하여야 하며(법 제69조 제2항), 이에 따라 지적공부를 정보처리시스템을 통하여 기록·보존하는 때에는 그 지적공부를 기록물관리기관에 이관할 수 있다(규칙 제66조 제3항).

(4) 지적공부의 열람 및 등본의 발급

지적공부를 열람하거나 그 등본을 발급받으려는 자 또는 부동산종합공부를 열람하거나 부동산종합공부 기록사항의 전부 또는 일부에 관한 증명서(=부동산종합증명서)를 발급받으려는 자는 지적공부·부동산종합공부 열람·발급 신청서(전자문서로 된 신청서를 포함)를 지적소관청 또는 읍·면·동장에게 제출하여야 한다(규칙 제74조 제1항·제2항).

부동산종합증명서의 건축물현황도 중 평면도 및 단위세대별 평면도의 열람·발급의 방법과 절차에 관하여는 「건축물대장의 기재 및 관리 등에 관한 규칙」을 따른다(규칙 제74조 제3항).

1) 일반 지적공부의 경우

지적공부를 열람하거나 그 등본을 발급받으려는 자는 해당 지적소관청에 그 열람 또는 발급을 신청하여야 한다(법 제75조 제1항).

2) 정보처리시스템을 통하여 기록·저장된 지적공부의 경우

정보처리시스템을 통하여 기록·저장된 지적공부(지적도 및 임야도는 제외한다)를 열람하거나 그 등본을 발급받으려는 경우에는 특별자치시장, 시장·군수 또는 구청장이나 읍·면·동의 장에게 신청할 수 있다(법 제75조 제1항 단서).

3) 수수료

지적공부의 열람 및 등본발급신청을 하는 자는 수수료를 납부하여야 하며, 이때 수수료는 수입인지, 수입증지 또는 현금으로 내야 한다(규칙 제115조 제6항). 국토교통부장관 또는 해양수산부장관, 국토지리정보원장, 국립해양조사원장, 시·도지사 및 지적소관청은 정보통신망을 이용하여 전자화폐·전자결제 등의 방법으로 수수료를 내게 할 수도 있다(규칙 제115조 제7항).

그림 7 지적공부·부동산종합공부 열람·발급 신청서[11]

■ 공간정보의 구축 및 관리 등에 관한 법률 시행규칙 [별지 제71호서식] <개정 2017. 1. 31.>

지적공부 · 부동산종합공부 열람 · 발급 신청서

접수번호		접수일		발급일		처리기간	즉시
신청인	성명				생년월일		

신청물건		시·도		시·군·구			읍·면
		리·동		번지			
	집합건물		APT·연립·B/D		동	층	호

신청구분	[ ] 열람 [ ] 등본 발급 [ ] 증명서 발급 ※ 발급 시 부수를 [ ]안에 숫자로 표시

지적공부	[ ] 토지대장 [ ] 임야대장 [ ] 지적도 [ ] 임야도 [ ] 경계점좌표등록부

부동산종합공부	(※ 종합형은 연혁을 포함한 모든 정보, 맞춤형은 √로 표시한 정보만 발급)			
종합형		[ ] 토지	[ ] 토지,건축물	[ ] 토지,집합건물
맞춤형	· 토지(지목, 면적, 현 소유자 등) 기본사항	[ ]		
	· 토지(지목, 면적 등)·건물(주용도, 층수 등) 기본사항		[ ]	[ ]
	· 토지이용확인도 및 토지이용계획	[ ]	[ ]	[ ]
	· 토지·건축물 소유자 현황		[ ]	[ ]
	· 토지·건축물 소유자 공유현황	[ ]	[ ]	[ ]
	· 토지·건축물 표시 변동 연혁	[ ]	[ ]	[ ]
	· 토지·건축물 소유자 변동 연혁	[ ]	[ ]	[ ]
	· 가격 연혁	[ ]	[ ]	[ ]
	· 지적(임야)도	[ ]	[ ]	[ ]
	· 경계점좌표 등록사항	[ ]	[ ]	[ ]
	· 건축물 층별 현황		[ ]	[ ]
	· 건축물 현황도면		[ ]	[ ]

「공간정보의 구축 및 관리 등에 관한 법률」 제75조·제76조의4 및 같은 법 시행규칙 제74조에 따라
지적공부·부동산종합공부의 열람·증명서 발급을 신청합니다.

년   월   일

신청인   (서명 또는 인)

특별자치시장
시장·군수·구청장   귀하
읍·면·동장

첨부서류	없 음

수수료	구분		신청 종목	방문 신청	인터넷 신청
	지적공부	열람	토지(임야)대장, 경계점좌표등록부 (1필지)	300원	무료
			지적(임야)도(1장)	400원	무료
		발급	토지(임야)대장, 경계점좌표등록부(1필지)	500원	무료
			지적(임야)도 (가로 21cm×30cm)	700원	무료
	부동산 종합공부	열람	부동산종합증명서 종합형	없음	무료
			부동산종합증명서 맞춤형	없음	무료
		발급	부동산종합증명서 종합형	1,500원	1,000원
			부동산종합증명서 맞춤형	1,000원	800원

※ 방문 발급시 1통에 대한 발급수수료는 20장까지는 기본 수수료를 적용하고, 1통이 20장을 초과하는
때에는 초과 1장마다 50원의 수수료 추가 적용(인터넷 발급은 적용하지 않음)

210mm×297mm[백상지(80g/㎡) 또는 중질지(80g/㎡)]

---

11) 규칙 별지 제71호 서식.

보관	1. 지적소관청은 해당 청사에 지적서고를 설치하고 지적공부(정보처리시스템을 통하여 기록·저장한 경우 제외)를 영구히 보존한다(법 제69조 제1항). 2. 지적공부를 정보처리시스템을 통하여 기록하고 저장한 경우에는 관할 시·도지사, 시장·군수 또는 구청장은 그 지적공부를 지적정보관리체계에 영구히 보존하여야 한다(법 제69조 제2항). 이 경우, 국토교통부장관은 보존하여야 하는 지적공부의 멸실 또는 훼손될 경우를 대비하여 지적공부를 복제하여 관리하는 정보관리체계를 구축하여야 한다(법 제69조 제3항).
반출	1. 원칙 : 반출금지 2. 예외(법 제69조 제1항 후단) ① 천재지변 등의 재난을 피하기 위해 필요한 경우 ② 관할 시·도지사 또는 대도시 시장의 승인이 있을 시
열람 및 등본교부	1. 지적공부의 열람 및 등본교부를 신청하고자 하는 자는 해당 지적소관청에 신청이 가능 2. 정보처리시스템을 통하여 기록·저장된 지적공부(지적도 및 임야도 제외)의 경우에는 특별자치시장, 시장·군수 또는 구청장이나 읍·면·동의 장에게도 신청이 가능 3. 열람 및 등본교부 신청 시 수수료는 수입증지를 납부

4. 지적정보 전담 관리기구의 설치

국토교통부장관은 지적공부의 효율적인 관리 및 활용을 위하여 지적정보 전담 관리기구를 설치·운영하며(법 제70조 제1항), 지적공부를 과세나 부동산정책자료 등으로 활용하기 위하여 주민등록전산자료, 가족관계등록전산자료, 부동산등기전산자료 또는 공시지가전산자료 등을 관리하는 기관에 그 자료를 요청할 수 있다(법 제70조 제2항).

5. 지적전산자료의 이용 및 활용

(1) 의의

'지적전산자료'란 지적에 관한 자료를 전산처리한 것으로서, 이러한 지적전산자료를 일반인도 널리 이용할 수 있도록 하고 있다. 다만 전산화된 자료의 보호를 위해 이용하고자 하는 자는 지적전산자료의 이용 신청을 하고 지적전산자료별로 관련 기관의 승인을 받도록 규정하고 있다.

(2) 지적전산자료의 이용 승인

지적공부에 관한 전산자료(연속지적도를 포함)인 지적전산자료를 이용하거나 활용하려는 자는 이용하고자 하는 지적전산자료별로 국토교통부장관, 시·도지사 또는 지적소관청의 승인을 받아야 한다(법 제76조 제1항).

◻ 지적전산자료별 이용 및 활용의 승인주체

1. 전국단위의 전산자료 : 국토교통부장관, 시·도지사 또는 지적소관청
2. 시·도 단위의 지적전산자료 : 시·도지사 또는 지적소관청
3. 시·군·구(자치구가 아닌 구를 포함한다) 단위의 지적전산자료 : 지적소관청

---

1) 승인신청

지적전산자료 이용 승인을 신청하려는 자는 지적전산자료의 이용 또는 활용 목적 등에 관하여 미리 관계 중앙행정기관의 심사를 받아야 한다. 다만, 중앙행정기관의 장, 그 소속 기관의 장 또는 지방자치단체의 장이 승인을 신청하는 경우에는 관계 중앙행정기관의 심사를 받지 아니한다(법 제76조 제2항).

또한 토지소유자가 자기 토지에 대한 지적전산자료를 신청하거나, 토지소유자가 사망하여 그 상속인이 피상속인의 토지에 대한 지적전산자료를 신청하는 경우에는 승인 및 심사를 받지 아니할 수 있다(법 제76조 제3항).

2) 심사신청서의 제출

지적전산자료를 이용하거나 활용하려는 자는 자료의 이용 또는 활용 목적 및 근거, 자료의 범위 및 내용, 자료의 제공방식 및 보관 기관, 안전관리대책 등을 적은 신청서를 관계 중앙행정기관의 장에게 제출하여 심사를 신청하여야 한다(영 제62조 제1항).

3) 신청결과의 통지

심사 신청을 받은 관계 중앙행정기관의 장은 신청 내용의 타당성, 적합성 및 공익성, 개인의 사생활 침해 여부, 자료의 목적 외 사용 방지 및 안전관리대책 등을 심사한 후 그 결과를 신청인에게 통지하여야 하며(영 제62조 제2항), 지적전산자료의 이용 또는 활용에 관한 승인을 받으려는 자는 승인신청을 할 때에 관계 중앙행정기관의 장의 심

사 결과를 제출하여야 한다(영 제62조 제3항). 다만, 중앙행정기관의 장이 승인을 신청하는 경우에는 심사 결과를 제출하지 아니할 수 있다(영 제62조 제3항 단서).

승인신청을 받은 국토교통부장관, 시·도지사 또는 지적소관청은 신청 내용의 타당성, 적합성 및 공익성, 개인의 사생활 침해 여부, 자료의 목적 외 사용 방지 및 안전관리대책, 신청한 사항의 처리가 전산정보처리조직으로 가능한지 여부, 신청한 사항의 처리가 지적업무수행에 지장을 주지 않는지 여부를 사항을 심사하여야 한다(영 제62조 제4항).

(3) 승인 이후의 조치

국토교통부장관, 시·도지사 또는 지적소관청은 심사를 거쳐 지적전산자료의 이용 또는 활용을 승인하였을 때에는 지적전산자료 이용·활용 승인대장에 그 내용을 기록·관리하고 승인한 자료를 제공하여야 하며(영 제62조 제5항), 지적전산자료의 이용 또는 활용에 관한 승인을 받은 자는 국토교통부령으로 정하는 사용료를 내야 한다(영 제62조 제6항). 다만, 국가나 지방자치단체에 대해서는 사용료를 면제한다(영 제62조 제6항 단서).

이용 또는 활용할 지적전산자료가 국토교통부장관이 제공하는 것일 경우에는 수입인지로 납부하고, 시·도지사 또는 지적소관청이 제공한 것인 경우에는 해당 지방자치단체의 수입증지로 납부하여야 한다(규칙 제115조 제1항·제6항).

6. 지적정보관리체계 담당자의 등록 등

(1) 담당자 등록

국토교통부장관, 시·도지사 및 지적소관청('사용자권한 등록관리청'이라 한다)은 지적공부정리 등을 지적정보관리체계로 처리하는 담당자를 사용자권한 등록파일에 등록하여 관리하여야 한다(규칙 제76조 제1항).

지적정보관리시스템을 설치한 기관의 장은 그 소속공무원을 제1항에 따라 사용자로 등록하려는 때에는 별지 제74호 서식의 지적정보관리시스템 사용자권한 등록신청서를 해당 사용자권한 등록관리청에 제출하여야 하며(규칙 제76조 제2항), 신청을 받은 사용자권한 등록관리청은 신청 내용을 심사하여 사용자권한 등록파일에 사용자의 이름 및 권한과 사용자번호 및 비밀번호를 등록하여야 한다(규칙 제76조 제3항).

사용자권한 등록파일에 등록하는 사용자번호는 사용자권한 등록관리청별로 일련번호로 부여하여야 하며, 한 번 부여된 사용자번호는 변경할 수 없고(규칙 제77조 제1항), 사용자권한 등록관리청은 사용자가 다른 사용자권한 등록관리청으로 소속이 변경되거나 퇴직 등을 한 경우에는 사용자번호를 따로 관리하여 사용자의 책임을 명백히 할 수 있도록 하여야 한다(규칙 제77조 제2항).

또한 사용자의 비밀번호는 6자리부터 16자리까지의 범위에서 사용자가 정하여 사용하며(규칙 제78조 제3항), 이는 다른 사람에게 누설하여서는 아니 되며, 사용자는 비밀번호가 누설되거나 누설될 우려가 있는 때에는 즉시 이를 변경하여야 한다(규칙 제78조 제4항). 사용자권한 등록관리청은 사용자의 근무지 또는 직급이 변경되거나 사용자가 퇴직 등을 한 경우에는 사용자권한 등록내용을 변경하여야 한다(규칙 제76조 제4항).

(2) 운영방법

지적전산업무의 처리, 지적전산프로그램의 관리 등 지적정보관리체계의 관리·운영 등에 필요한 사항은 국토교통부장관이 정한다(규칙 제79조).

V | 지적공부 복구 및 도면 재작성

1. 지적공부의 복구

지적소관청(정보처리시스템을 통하여 기록·저장된 지적공부의 경우에는 시·도지사, 시장·군수 또는 구청장)은 지적공부의 전부 또는 일부가 멸실되거나 훼손된 경우에는 지체 없이 이를 복구하여야 하며(법 제74조), 지적공부를 복구할 때에는 멸실·훼손 당시의 지적공부와 가장 부합된다고 인정되는 관계 자료에 따라 토지의 표시에 관한 사항을 복구하여야 한다(영 제61조 제1항).

다만, 소유자에 관한 사항은 부동산등기부나 법원의 확정판결에 따라 복구하여야 한다(영 제61조 제1항 단서).

(1) 복구 관련 자료

지적공부를 복구할 때에는 멸실·훼손 당시의 지적공부와 가장 부합된다고 인정되는 관계 자료에는 지적공부의 등본, 측량결과도, 토지이동정리 결의서, 부동산등기부 등본 등 등기사실을 증명하는 서류, 지적소관청이 작성하거나 발행한 지적공부의 등록 내용을 증명하는 서류, 복제된 지적공부, 법원의 확정판결서 정본 또는 사본 등이 있다(규칙 제72조).

□ 복구자료(규칙 제72조)

1. 토지표시에 관한 자료 : 지적공부의 등본, 측량결과도, 토지이동정리 결의서 등 멸실될 당시의 자료와 가장 부합되는 자료
2. 소유권 표시에 관한 자료 : 부동산등기부 등본 등 등기사실을 증명하는 서류
3. 법원의 확정판결서 정본 또는 사본
4. 지적소관청이 작성하거나 발행한 지적공부의 등록내용을 증명하는 서류
5. 정보관리체계에 복제된 지적공부

---

(2) 복구절차

1) 복구자료의 조사

지적소관청은 지적공부를 복구하려는 경우에는 '복구자료'를 조사하여야 하며(규칙 제73조 제1항), 조사된 복구자료 중 토지대장·임야대장 및 공유지연명부의 등록 내용을 증명하는 서류 등에 따라 지적복구자료 조사서를 작성하고, 지적도면의 등록 내용을 증명하는 서류 등에 따라 복구자료도를 작성하여야 한다(규칙 제73조 제2항).

작성된 복구자료도에 따라 측정한 면적과 지적복구자료 조사서의 조사된 면적의 증감이 허용범위를 초과하거나 복구자료도를 작성할 복구자료가 없는 경우에는 복구측량을 하여야 하며(규칙 제73조 제3항), 작성된 지적복구자료 조사서의 조사된 면적이 허용범위 이내인 경우에는 그 면적을 복구면적으로 결정하여야 한다(규칙 제73조 제4항).

복구측량 결과가 허용범위를 초과하거나 복구자료도를 작성할 복구자료가 없어 복구측량을 한 결과가 복구자료와 부합하지 아니하는 때에는 토지소유자 및 이해관계인의 동의를 받아 경계 또는 면적 등을 조정할 수 있다. 이 과정에서 경계를 조정한 때

에는 경계점표지를 설치하여야 한다(규칙 제73조 제5항).

2) 지적공부 복구의 게시(→ 복구 전에 개시)

지적소관청은 복구 자료의 조사 또는 복구측량 등이 완료되어 지적공부를 복구하려는 경우에는 복구하려는 토지의 표시 등을 시·군·구 게시판 및 인터넷 홈페이지에 15일 이상 게시하여야 한다(규칙 제73조 제6항). 지적공부 복구의 게시는 복구 전 단계로서, 복구의 효력발생요건은 아님에 유의한다.

3) 이의신청

복구하려는 토지의 표시 등에 이의가 있는 자는 게시기간 내에 지적소관청에 이의신청을 할 수 있고, 이의신청을 받은 지적소관청은 이의사유를 검토하여 이유 있다고 인정되는 때에는 그 시정에 필요한 조치를 하여야 한다(규칙 제73조 제7항).

4) 복구 게시 후의 조치

지적소관청은 절차를 이행한 때에는 지적복구자료 조사서, 복구자료도 또는 복구측량 결과도 등에 따라 토지대장·임야대장·공유지연명부 또는 지적도면을 복구하여야 한다(규칙 제73조 제8항). 다만, 토지대장·임야대장 또는 공유지연명부는 복구되고 지적도면이 복구되지 아니한 토지가 축척변경 시행지역이나 도시개발사업 등의 시행지역에 편입된 때에는 지적도면을 복구하지 아니할 수 있다(규칙 제73조 제9항).

참고 지적공부의 복구절차

① 복구에 필요한 자료조사 → ② 복구자료조사서(대장을 복구하는 경우) 및 복구자료도(도면 복구시)의 작성 → ③ 면적의 결정 및 복구측량 → ④ 면적 또는 경계의 조정 → ⑤ 복구할 사항을 게시(15일 이상) → ⑥ 게시기간 내 이의신청 → ⑦ 지적공부의 복구

---

2. 도면재작성

(1) 의의

장기간 사용 등으로 효용을 다할 수 없는 경우에 다시 작성한다.

(2) 대상

도면재작성이 필요한 경우는 다음과 같다.

① 빈번한 토지이동으로 도면의 경계선 등의 식별이 곤란한 경우

② 장기간 사용으로 도면이 손상된 경우

③ 도곽선(→ 인접도면과 접합을 맞추는 기준선) 신축량이 0.5㎜ 이상인 경우

④ 1장의 도면에 2 이상의 리·동이 등록된 경우(→ 지번부여지역 변경)

⑤ 1장 도면의 일부가 도시개발사업 등의 시행지역에 편입된 경우

(3) 절차

도면재작성 시에는 시·도지사의 승인을 얻어야 한다. 다만, 이 경우 게시나 측량절차는 생략한다.

예/상/문/제

01 지상경계점 등록부의 등록사항으로 옳은 것은? (공인중개사 제22회 기출)

① 지목

② 면적

③ 경계점 위치설명도

④ 토지의 고유번호

⑤ 토지소유자의 성명 또는 명칭

> **해설** ③, 지상경계점 등록부에는 토지의 소재, 지번, 경계점좌표(경계점좌표등록부 시행지역에 한정), 경계점 위치 설명도, 공부상 지목과 실제 토지이용 지목, 경계점의 사진 파일, 경계점 표지의 종류 및 경계점 위치를 등록한다.

02 공간정보의 구축 및 관리 등에 관한 법령상 대지권등록부의 등록사항이 아닌 것은? (공인중개사 제23회 기출)

① 대지권 비율

② 건물의 명칭

③ 소유권 지분

④ 건물의 경계

⑤ 토지소유자가 변경된 날과 그 원인

> **해설** ④, 토지대장이나 임야대장에 등록하는 토지가 부동산등기법에 따라 대지권 등기가 되어 있는 경우에는 대지권등록부에 토지의 소재, 지번, 대지권 비율, 소유자의 성명 또는 명칭, 주소 및 주민등록번호, 토지의 고유번호, 전유부분의 건물표시, 건물의 명칭, 소유권 지분, 토지소유자가 변경된 날과 그 원인 등의 사항을 등록하여야 한다.

03 지적공부 등본수수료의 납부방법은?

① 현금으로 납부한다.

② 수입인지로 납부하는 것이 원칙이다.

③ 현금 또는 수입인지로 납부한다.

④ 보증증권 또는 수표로 납부한다.

⑤ 수입증지로만 납부하여야 한다.

해설 ⑤, 지적공부의 등본교부 수수료는 수입증지로 납부하며, 열람수수료도 동일하다.

04 지적공부에 관한 전산자료를 이용·활용하려는 자는 다음 중 누구의 심사를 거쳐야 하는가? (단, 지방자치단체의 장이 승인을 신청하는 경우는 제외한다)

① 시·도지사

② 관계 중앙행정기관의 장

③ 시장·군수·구청장

④ 지적정보센터장

⑤ 한국전산원장

해설 ⑤, 지적공부의 등본교부 수수료는 수입증지로 납부하며, 열람수수료도 동일하다.

05 공간정보의 구축 및 관리 등에 관한 법령상 지적공부(정보처리시스템을 통하여 기록·저장한 경우는 제외)의 복구에 관한 설명으로 틀린 것은? (공인중개사 제28회 기출)

① 지적소관청은 지적공부의 전부 또는 일부가 멸실되거나 훼손된 경우에는 지체 없이 이를 복구하여야 한다.

② 지적공부를 복구할 때 소유자에 관한 사항은 부동산등기부나 법원의 확정판결에 따라 복구하여야 한다.

③ 토지이동정리 결의서는 지적공부의 복구에 관한 관계 자료에 해당한다.

④ 복구자료도에 따라 측정한 면적과 지적복구자료조사서의 조사된 면적의 증감이 허용 범위를 초과하는 경우에는 복구측량을 하여야 한다.

⑤ 지적소관청이 지적공부를 복구하려는 경우에는 해당 토지이 소유자에게 지적공부의 복구신청을 하도록 통지하여야 한다.

해설 ⑤, 지적소관청이 지적공부를 복구하려는 경우에는 지체 없이 이를 복구하여야 하며, 해당 토지의 소유자에게는 복구를 신청하도록 통지는 하지 아니한다. 다만, 지적공부의 복구 이후에는 복구된 내용을 토지소유자에게 통지하여야 한다.

제4장
토지의 이동 및 지적정리

Ⅰ | 토지이동의 의의

'토지이동'이란 토지의 표시(소재, 지번, 지목, 면적, 경계 또는 좌표)를 새로 정하거나 변경 또는 말소하는 것을 말한다(법 제2조 제28호). 즉, 토지의 부동성(浮動性) 때문에 토지의 이동은 토지 자체가 움직이는 것을 의미하는 것이 아니라, 지번의 변경, 지목의 변경, 면적의 변동, 경계의 변동, 토지표시내용의 신규 등록·변경·말소 등을 말하는 것이다.

예로서, 토지표시의 신규 등록이나 바다로 된 토지의 말소 등이 토지의 이동에 속하지만 소유자의 주소 변경이나 소유자의 변경과 같이 토지소유권의 변동 등은 토지의 이동에 해당하지 않는다.

토지의 이동에 해당하는 것	토지의 이동에 해당하지 않는 것

1. 토지의 표시를 새로이 정하는 것
  : 신규등록
2. 토지의 표시가 변경되는 것
  : 등록전환, 분할, 합병, 지목변경, 축척
   변경, 등록사항 오류정정
3. 토지표시를 말소하는 것
  : 바다로 된 토지의 말소
	1. 소유권의 변경·토지등급·기준 수확량 등급의 수정
	2. 개별공시지가의 변경

Ⅱ | 신규등록

1. 의 의

'신규등록'이란 새로 조성된 토지와 지적공부에 등록되어 있지 아니한 토지를 지적공부에 등록하는 것을 말한다(법 제2조 제29호). 다시 말해, 아직 지적공부에 등록되지 않은 미등록 토지를 최초로 지적공부에 등록하는 것이다.

예로서, 간척사업이나 공유수면매립사업을 통하여 바다에 속한 토지가 새로이 육지로 되는 토지 및 지적공부에 등록되지 아니한 토지를 새로이 등록하는 것을 말한다.

2. 신규등록의 신청

토지소유자는 신규로 등록 할 토지가 있으면 그 사유가 발생한 날부터 60일 이내에 지적소관청에 신규 등록을 신청하여야 한다(법 제77조). 신청 시에는 신규 등록사유를 적은 신청서에 다음의 서류(→ 소유권을 증명하는 서면)를 첨부하여야 한다(영 제63조).

❏ 신규등록 신청 시, 필요서류(규칙 제81조 제1항)

1. 법원의 확정판결서 정본 또는 사본
2. 「공유수면 관리 및 매립에 관한 법률」에 따른 준공검사확인증 사본
3. 도시계획구역의 토지를 그 지방자치단체의 명의로 등록하는 때에는 기획재정부장관과 협의한 문서의 사본
4. 그 밖에 소유권을 증명할 수 있는 서류의 사본

위의 필요서류의 어느 하나에 해당하는 서류를 해당 지적소관청이 관리하는 경우에는 지적소관청의 확인으로 해당 서류의 제출을 갈음할 수 있다(규칙 제81조 제2항).

3. 신규등록의 대상토지

신규등록의 대상이 되는 토지는 바다 속에 속하는 땅이 간척사업이나 공유수면 매립사업으로 육지가 된 경우의 토지 또는 지적공부에 등록되지 아니한 토지나 섬이 해당한다. 후자는 바다 위에 있는 토지나 섬으로 지적의 대상이 되는 것임에도 실수로 지적공부에 등록되지 아니한 것을 새롭게 지적공부에 등록하는 토지가 해당된다.

의의	1. 새로이 토지를 지적공부에 등록하는 것으로서 토지의 이동에 포함됨 2. 신규등록의 효력은 지적공부에 등록한 때에 발생함(공유수면매립지의 소유권취득은 공사 준공시임)
대상	1. 새로이 조성된 토지(공유수면매립지) 2. 등록이 누락된 토지
신청	토지소유자는 신규 등록의 사유가 발생한 날로부터 60일 이내에 지적소관청에 신청해야 함 ※ 해태 시, 과태료 대상이 된다.
첨부서면	1. 신청서 2. 소유권에 관한 증명서면 ※ 신규 등록의 경우, 등기부 또는 등기필증은 소유권에 관한 증명서면이 되지 못한다는 점에 유의한다(아직 등기가 없음 → 등록 후 등기하여야 함).
절차	1. 지번 : 인접 토지의 본번에 부번을 부여하는 것이 원칙 2. 경계, 면적, 좌표 : 새로이 측량하여 정함 3. 지목, 소유자 : 지적소관청이 직권 조사하여 등록 4. 신규등록이 있어도 등기는 촉탁하지 아니함

Ⅲ | 등록전환

1. 의 의

'등록전환'이란 임야대장 및 임야도에 등록된 토지를 토지대장 및 지적도에 옮겨 등록하는 것을 말한다(법 제2조 제30호). 등록전환은 축척이 작은 임야대장 및 임야도의 등록지를 축척이 큰 토지대장 및 지적도에 옮겨 등록함으로써 지적에 대한 정밀도를 높이고 지적관리를 합리화하는 데 그 목적이 있다.

　임야대장이나 임야도에 등록된 토지의 형태나 이용 상태가 토지형질변경, 건축물의 건축 등으로 토지대장이나 지적도에 등록할 토지로 등록 내용자체를 전환시킬 필요가 있게 된 것으로서, 등록전환이 있게 되면 지목은 원칙적으로 변경된다.

2. 등록전환의 신청

　토지소유자는 등록전환할 토지가 있으면 대통령령(영 제64조)으로 정하는 바에 따라 그 사유가 발생한 날부터 60일 이내에 지적소관청에 등록전환을 신청하여야 하며(법 제78조), 이에 따라 토지소유자가 등록전환을 신청할 시에는 다음의 서류를 첨부하여 지적소관청에 제출하여야 한다(영 제64조 제3항).

□ 등록전환 신청 시, 필요서류(규칙 제82조 제1항)

1. 등록전환 사유를 적은 신청서
2. 관계 법령에 따라 토지의 형질변경 등의 공사가 준공되었음을 증명하는 서류의 사본

　위 서류의 어느 하나를 해당 지적소관청이 관리하는 경우에는 지적소관청의 확인으로 그 서류의 제출을 갈음할 수 있다(규칙 제82조 제2항).

3. 등록전환 대상이 되는 토지

　등록전환을 신청의 대상이 되는 토지는「산지관리법」,「건축법」등 관계 법령에 따른 토지의 형질변경 또는 건축물의 사용승인 등으로 인하여 지목을 변경하여야 할 토지로 한다(영 제64조 제1항).

　등록전환되면 종전의 임야대장이나 임야도에 등록되었던 지목을 변경하는 것이 일반적이나, ① 대부분의 토지가 등록전환되어 나머지 토지를 임야도에 계속 존치하는 것이 불합리한 경우, ② 임야도에 등록된 토지가 사실상 형질변경되었으나 지목변경을 할 수 없는 경우, ③ 도시·군관리계획선에 따라 토지를 분할하는 경우에는 지목의 변

경 없이 등록전환을 신청할 수 있다(영 제64조 제2항).

의의	1. 임야대장·임야도에 등록한 토지를 토지대장·지적도에 옮겨 등록하는 것으로 도면의 정밀도를 높이기 위함 2. 지목변경을 반드시 수반하는 것은 아님
대상	1. 산지관리법 등에 의한 토지의 형질변경, 건축물의 사용승인 등으로 지목이 변경되어야 할 토지 2. 동일한 임야도 내의 토지가 대부분 등록전환 된 경우 3. 토지가 실제로 형질 변경되었으나 지목변경을 할 수 없는 경우 4. 도시계획선에 따라 토지를 분할하는 경우 ※ 위의 2, 3 및 4는 지목의 변경을 수반하지 않는다.
신청	사유 발생일부터 60일 이내에 신청해야 함 ※ 해태 시, 과태료 대상이 된다.
첨부서면	형질변경이 완료되었음을 증명하는 서면
절차	1. 지번 : 인접토지 본번에 부번을 부여하는 것이 원칙 2. 경계, 면적, 좌표 : 새로이 측량하여 정함 3. 지목 : 변경되는 경우도, 변경되지 않는 경우도 있음 4. 소유자 : 임야대장상의 소유자를 그대로 옮겨 등록

Ⅳ | 분 할

1. 의 의

'분할'이란 지적공부에 등록된 1필지를 2필지 이상으로 나누어 등록하는 것을 말한다(법 제2조 제31호).

2. 분할의 신청

토지소유자는 토지를 분할하려면 지적소관청에 분할을 신청하여야 하며(법 제79조 제1항), 지적공부에 등록된 1필지의 일부가 형질변경 등으로 용도가 변경된 경우에는 대통령령으로 정하는 바에 따라 용도가 변경된 날부터 60일 이내에 지적소관청에 토지의 분할을 신청하여야 한다(법 제79조 제2항). 다만, 전자의 경우에 신청 기간에 제한은 없다.

　토지소유자가 토지의 분할을 신청할 때에는 분할 사유를 적은 신청서에 분할 허가서 사본을 첨부하여 지적소관청에 제출하여야 하며, 1필지의 일부가 형질변경 등으로 용도가 변경되어 분할을 신청할 때에는 지목변경 신청서를 함께 제출하여야 한다(영 제65조 제2항).

□ 분할 신청 시, 필요서류(영 제65조 제2항)

1. 분할사유가 기재된 신청서
2. 지목변경신청서(1필지의 일부가 토지형질변경 등으로 용도 또는 지목이 변경된 경우)
3. 분할허가서 사본(토지분할허가 대상인 토지의 경우)
　 ※ 다만, 위 3의 서류를 해당 지적소관청이 관리하는 경우에는 지적소관청의 확인으로 그 서류의 제출을 갈음할 수 있다(규칙 제83조 제2항).

---

3. 분할 대상토지

　분할을 신청할 수 있는 경우는 ① 소유권이전, 매매 등을 위하여 필요한 경우, ② 토지 이용상 불합리한 지상경계를 시정하기 위한 경우, ③ 관계 법령에 따라 토지분할이 포함된 개발행위허가 등을 받은 경우이며, 이에 해당하는 토지는 분할의 대상이 된다(영 제65조 제1항).

의의	등록공부에 등록된 1필지를 2필지 이상으로 나누어 등록하는 것을 말함
대상	1. 불합리한 지상경계를 시정하기 위한 경우 2. 1필지 일부의 형질변경으로 용도가 다르게 된 경우 3. 소유권이전, 토지소유자가 매매 등을 위한 경우 　(→ 토지의 일부를 매매하고자 하는 경우를 말함)
신청	1. 원칙 : 제한 없음 2. 예외 : 1필지 일부의 용도가 다르게 된 경우에는 60일 이내에 신청의무발생 　※ 해태 시, 과태료 대상이 된다.
첨부서면	1필지 일부의 형질변경으로 용도가 다르게 된 경우에는 지목변경신청서

절차	1. 지번 : 1필지는 분할 전 지번, 나머지는 본번의 최종 부번 다음부터 부번을 순차적으로 부여함 2. 경계, 면적, 좌표 : 새로이 측량하여 정함 3. 지목 : 원칙적으로 종천 지목 그대로 등록하며, 1필지 일부의 형질변경으로 용도가 다르게 된 경우에는 새로운 지목을 등록

V | 합 병

1. 의 의

'합병'이란 지적공부에 등록된 2필지 이상을 1필지로 합하여 등록하는 것을 말한다(법 제2조 제32호).

2. 합병의 신청

토지소유자는 토지를 합병하려면 합병 사유를 적은 신청서를 작성하여 지적소관청에 합병 신청을 하여야 한다(법 제80조 제1항). 이 경우, 신청기간에 제한은 없다.

「주택법」에 따른 공동주택의 부지, 도로, 제방, 하천, 구거, 유지, 공장용지, 학교용지, 철도용지, 수도용지, 공원, 체육용지 등 합병하여야 할 토지가 있는 경우에는 그 사유가 발생한 날부터 60일 이내에 지적소관청에 합병을 신청하여야 한다(법 제80조 제2항).

3. 합병의 대상이 될 수 없는 토지

다음의 어느 하나에 해당하는 토지는 합병의 대상이 될 수 없다.

❑ 합병의 대상이 될 수 없는 토지(법 제80조 제3항·영 제66조 제3항)

1. 합병하려는 토지의 지번부여지역, 지목 또는 소유자가 서로 다른 경우
2. 합병하려는 토지에 다음 각 목의 등기 외의 등기가 있는 경우
    ① 소유권·지상권·전세권 또는 임차권의 등기
       ※ 지상권 있는 토지와 지상권 없는 토지의 합병은 가능함
    ② 승역지(承役地)에 대한 지역권의 등기
    ③ 합병하려는 토지 전부에 대한 등기원인 및 그 연월일과 접수번호가 같은 저당권의 등기
3. 합병하려는 토지의 지적도 및 임야도의 축척이 서로 다른 경우
4. 합병하려는 각 필지의 지반이 연속되지 아니한 경우
5. 합병하려는 토지가 등기된 토지와 등기되지 아니한 토지인 경우
6. 합병하려는 각 필지의 지목은 같으나 일부 토지의 용도가 다르게 되어 법 제79조 제2항에 따른 분할대상 토지인 경우. 다만, 합병 신청과 동시에 토지의 용도에 따라 분할 신청을 하는 경우는 제외한다.
7. 합병하려는 토지의 소유자별 공유지분이 다르거나 소유자의 주소가 서로 다른 경우
8. 합병하려는 토지가 구획정리, 경지정리 또는 축척변경을 시행하고 있는 지역의 토지와 그 지역 밖의 토지인 경우

의의	지적공부에 등록된 2필지 이상을 1필지로 합하여 등록하는 것
제한	1. 저당권, 처분제한의 등기(→ 가압류, 가처분, 경매, 예고등기 등), 환매특약의 등기가 있는 경우 2. 필지의 도면 축척이 서로 다른 경우 3. 지반이 연속되지 아니한 경우 4. 등기 여부가 일치하지 아니한 경우 5. 공부상 지목은 같으나 현황이 분할대상인 경우 6. 공유지분이 다르거나, 주소가 서로 다른 경우 7. 도시개발사업지역·경지정리·축척변경지역 내와 밖의 토지인 경우 ※ 승역지지역권이 설정된 토지는 합병이 가능하나, 요역지지역권이 설정된 토지는 합병이 불가능하다.
신청	1. 원칙 : 제한 없음 2. 예외 : 공동주택부지, 도로, 구거, 유지, 수도용지, 하천, 체육용지 등의 토지가 서로 2필지 이상이 연접된 경우에는 60일 이내에 신청의무발생 ※ 해태 시, 과태료 대상이 되지 않는다.
첨부서면	신청서

| 절차 | 1. 지번 : 선순위지번을 사용하되, 본번 만의 것 중 선순위지번을 사용하는 것이 원칙
2. 경계 : 필요 없는 부분은 말소
3. 면적 : 각 필지 면적을 합산하여 정함 |

Ⅵ │ 지목변경

1. 의 의

'지목변경'이란 지적공부에 등록된 지목을 다른 지목으로 바꾸어 등록하는 것을 말한다(법 제2조 제33호). 지목변경은 지적공부 상 1필지의 지목이 변동되는 것이기 때문에, 지적공부상 변동은 없으나 토지의 형상만 변하는 것은 지목변경에 해당하지 않는다.

2. 지목변경의 신청

토지소유자는 지목변경을 할 토지가 있으면 그 사유가 발생한 날부터 60일 이내에 지적소관청에 지목변경을 신청하여야 한다(법 제81조).

□ **지목변경의 신청 시, 필요서류**(영 제67조 제2항·규칙 제84조 제1항)

1. 지목변경 사유를 적은 신청서
2. 관계법령에 따라 토지의 형질변경 등의 공사가 준공되었음을 증명하는 서류의 사본
3. 국유지·공유지의 경우에는 용도폐지 되었거나 사실상 공공용으로 사용되고 있지 아니함을 증명하는 서류의 사본
4. 토지 또는 건축물의 용도가 변경되었음을 증명하는 서류의 사본

다만, 개발행위허가·농지전용허가·보전산지전용허가 등 지목변경과 관련된 규제를 받지 아니하는 토지의 지목변경이나 전·답·과수원 상호간의 지목변경인 경우에는 위의 필요서류의 첨부를 생략(지목변경 사유를 적은 신청서 제외)할 수 있다(규칙 제84조

제2항).

또한 위의 필요서류 중 어느 하나에 해당하는 서류를 해당 지적소관청이 관리하는 경우에는 지적소관청의 확인으로 그 서류의 제출을 갈음할 수 있다(규칙 제84조 제3항).

3. 지목변경의 대상이 되는 토지

지목변경은 관계 법령에 따른 토지의 형질변경 등의 공사가 준공된 경우, 토지나 건축물의 용도가 변경된 경우, 또는 도시개발사업 등의 원활한 추진을 위하여 사업시행자가 공사 준공 전에 토지의 합병을 신청하는 경우에 해당하는 토지에 대하여 지목변경을 할 수 있다(영 제67조 제1항).

의의	지적공부에 등록된 지목을 다른 지목으로 바꾸어 등록하는 것
대상	1. 「국토의 계획 및 이용에 관한 법률」 등에 의한 토지의 형질변경 또는 공사가 준공된 토지 2. 토지 또는 건축물의 용도가 변경된 토지 3. 도시개발사업 등의 원활한 사업추진을 위하여 사업시행자가 준공 전에 토지의 합병을 신청하는 경우(→ 사용목적 추정의 원칙)
신청	사유 발생 일부터 60일 이내에 신청해야 함(해태시 과태료 대상)
첨부서면	신청서, 토지의 형질변경이 완료되었음을 증명하는 서면 또는 건축물의 용도가 변경되었음을 증명하는 서면(단, 전·답·과수원 상호 간의 변경은 서류의 제출을 생략할 수 있음)
절차	1. 지번, 경계, 면적, 좌표 : 변동 없음 2. 지목 : 소관청이 직권으로 조사하여 등록

Ⅶ | 바다로 된 토지의 등록말소

1. 의 의

바다로 된 토지란 육지였던 토지가 바다에 속하게 되는 경우를 말한다. 이러한 경우에는 해당 토지의 등록내용을 지적공부에서 말소하여야 한다.

2. 등록말소의 신청

지적소관청은 지적공부에 등록된 토지가 지형의 변화 등으로 바다로 된 경우로서 원상으로 회복될 수 없거나 다른 지목의 토지로 될 가능성이 없는 경우에는 지적공부에 등록된 토지소유자에게 지적공부의 등록말소 신청을 하도록 통지하여야 한다(법 제82조 제1항).

토지소유자가 지적소관청으로부터 지적공부의 등록말소의 신청 통지를 받은 날부터 90일 이내에 등록말소 신청을 하지 아니하면 지적소관청이 직권으로 그 지적공부의 등록사항을 말소하여야 한다(법 제82조 제2항·영 제68조 제1항).

지적소관청은 등록이 말소된 토지가 지형의 변화 등으로 다시 토지가 된 경우에 그 말소된 토지를 토지로 회복등록 할 수 있는데(법 제82조 제3항), 이 경우 지적소관청은 지적측량성과 및 등록말소 당시의 지적공부 등 관계 자료에 따라 회복등록을 하여야 한다(영 제68조 제2항).

또한 지적공부의 등록사항을 말소하거나 회복 등록하였을 때에는 그 정리 결과를 토지소유자 및 해당 공유수면의 관리청에 통지하여야 한다(영 제68조 제3항).

의의	토지가 바다로 되어 등록된 토지를 말소하는 것
대상	1. 바다로 된 토지가 원상회복될 수 없는 경우 2. 바다가 되어 다른 지목으로 될 수 없는 경우
신청	1. 소유자는 통지받은 날부터 90일 이내에 신청. 신청으로 말소하는 경우에는 지적정리수수료, 지적측량수수료는 면제 2. 소유자 신청 없는 경우에는 과태료는 부과하지 않으며, 소관청직권말소 함
회복등록	지형의 변화 등으로 다시 토지가 된 경우에는 말소 당시 자료에 의하여 회복등록
절차	1. 말소·회복등록한 경우에는 공유수면관리청에 통지 2. 말소·회복등록한 경우에는 등기소에 촉탁 3. 1필지 일부가 해면이 된 경우에는 측량에 의해 분할 후 말소

Ⅷ | 축척변경

1. 의 의

'축척변경'이란 지적도에 등록된 경계점의 정밀도를 높이기 위하여 작은 축척을 큰 축척으로 변경하여 등록하는 것을 말한다(법 제2조 제34호). 예로서, 1000분의 1의 축척을 500분의 1로 변경하는 것이다.

축척이 큰 축척에서 작은 축척으로 변경하는 것은 정밀성을 떨어뜨리기 때문에 큰 축척에서 작은 축척으로의 변경은 하지 않는다. 또한 축척의 변경은 지적도상에서만 가능하며, 임야도상에서는 불가하다.

지적소관청은 축척변경에 관한 사항을 심의·의결하기 위하여 지적소관청에 축척변경위원회를 둔다(법 제83조 제1항).

2. 축척변경이 가능한 대상

지적소관청은 지적도가 ① 잦은 토지의 이동으로 1필지의 규모가 작아서 소축척으로는 지적측량성과의 결정이나 토지의 이동에 따른 정리를 하기가 곤란한 경우 ② 하나의 지번부여지역에 서로 다른 축척의 지적도가 있는 경우 ③ 그 밖에 지적공부를 관리하기 위하여 필요하다고 인정되는 경우에 토지소유자의 신청 또는 지적소관청의 직권으로 일정한 지역을 정하여 그 지역의 축척을 변경할 수 있다(법 제83조 제2항).

3. 축척변경의 신청

축척변경을 신청하는 토지소유자는 축척변경 사유를 적은 신청서에 토지소유자 3분의 2 이상의 동의서를 첨부하여 지적소관청에 제출하여야 한다(영 제69조 및 규칙 제85조).

4. 축척변경의 절차

지적소관청은 축척변경을 하려면 축척변경 시행지역의 토지소유자 3분의 2 이상의 동의를 받아 축척변경위원회의 의결을 거친 후 시·도지사 또는 대도시 시장의 승인을 받아야 한다.

참고 **축척변경 절차**

① 축척변경 시행 지역 토지소유자 3분의 2 이상의 동의 → ② 축척변경위원회의 의결 → ③ 시·도지사 또는 대도시시장의 승인 → ④ 지적소관청이 축척변경 시행

다만, ① 합병하려는 토지가 축척이 다른 지적도에 각각 등록되어 있어 축척변경을 하는 경우 또는 ② 도시개발사업 등의 시행지역에 있는 토지로서 그 사업 시행에서 제외된 토지의 축척변경을 하는 경우에는 축척변경위원회의 의결 및 시·도지사 또는 대도시 시장의 승인 없이 축척변경을 할 수 있으며(법 제83조 제3항), 면적만 새로이 정하게 된다.

5. 축척변경의 승인신청

지적소관청은 축척변경을 할 때에는 축척변경 사유를 적은 승인신청서에 다음의 필요서류를 첨부하여 시·도지사 또는 대도시 시장에게 제출하여야 한다. 이 경우, 시·도지사 또는 대도시 시장은 행정정보의 공동이용을 통하여 축척변경 대상지역의 지적도를 확인하여야 한다(영 제70조 제1항).

☐ **축척변경의 승인신청 시, 필요서류**

1. 축척변경의 사유
2. 지번 등 명세
3. 토지소유자의 동의서
4. 축척변경위원회의 의결서 사본
5. 그 밖에 축척변경 승인을 위하여 시·도지사 또는 대도시 시장이 필요하다고 인정하는 서류

축척변경의 승인신청을 받은 시·도지사 또는 대도시 시장은 축척변경 사유 등을 심사한 후 그 승인 여부를 지적소관청에 통지하여야 한다(영 제70조 제2항).

6. 축척변경의 시행공고

지적소관청은 시·도지사 또는 대도시 시장으로부터 축척변경 승인을 받았을 때에는 지체 없이 다음의 내용을 20일 이상 공고하여야 한다(영 제71조 제1항).

□ 축척변경의 시행공고 시, 공고할 내용

1. 축척변경의 목적, 시행지역 및 시행기간
2. 축척변경의 시행에 관한 세부계획
3. 축척변경의 시행에 따른 청산방법
4. 축척변경의 시행에 따른 토지소유자 등의 협조에 관한 사항

축척변경의 시행공고는 시·군·구(자치구가 아닌 구를 포함) 및 축척변경 시행지역 동·리의 게시판에 주민이 볼 수 있도록 게시하여야 하며(영 제71조 제2항), 축척변경 시행지역의 토지소유자 또는 점유자는 시행공고일 부터 30일 이내에 시행공고일 현재 점유하고 있는 경계에 경계점표지를 설치하여야 한다(영 제71조 제3항).

7. 축척변경의 시행지역에서의 토지의 표시

지적소관청은 축척변경 시행지역의 각 필지별 지번·지목·면적·경계 또는 좌표를 새로 정하여야 하며, 이에 따라 지적소관청이 축척변경을 위한 측량을 할 때에는 토지소유자 또는 점유자가 설치한 경계점표지를 기준으로 새로운 축척에 따라 면적·경계 또는 좌표를 정하여야 한다(영 제72조 제1항·제2항).

다만, 축척변경위원회의 의결 및 시·도지사 또는 대도시 시장의 승인 없이 축척변경을 할 수 있는 경우(법 제83조 제3항 단서)에 축척을 변경하는 때에는 각 필지별 지번·지목 및 경계는 종전의 지적공부에 따르고 면적만 새로 정하여야 한다(영 제72조 제3항).

□ 축척변경 절차 및 면적 결정방법(규칙 제87조)

1. 면적을 새로 정하는 때에는 축척변경 측량결과도에 따라야 한다.
2. 축척변경 측량 결과도에 따라 면적을 측정한 결과 축척변경 전의 면적과 축척변경 후의 면적의 오차가 허용범위 이내인 경우에는 축척변경 전의 면적을 결정면적으로 하고, 허용면적을 초과하는 경우에는 축척변경 후의 면적을 결정면적으로 한다.
3. 경계점좌표등록부를 갖춰 두지 아니하는 지역을 경계점좌표등록부를 갖춰 두는 지역으로 축척변경을 하는 경우에는 그 필지의 경계점을 평판(平板) 측량방법이나 전자평판(電子平板) 측량방법으로 지상에 복원시킨 후 경위의(經緯儀) 측량방법 등으로 경계점좌표를 구하여야 한다. 이 경우 면적은 앞의 2에도 불구하고 경계점좌표에 따라 결정하여야 한다.

---

8. 축척변경 지번별 조서의 작성

지적소관청은 축척변경에 관한 측량을 완료하였을 때에는 시행공고일 현재의 지적공부상의 면적과 측량 후의 면적을 비교하여 그 변동사항을 표시한 축척변경 지번별 조서를 작성하여야 한다(영 제73조).

9. 지적공부정리 등의 정지

지적소관청은 축척변경 시행기간 중에는 축척변경 시행지역의 지적공부정리와 경계복원측량(경계점표지의 설치를 위한 경계복원측량은 제외한다)을 축척변경 확정공고일까지 정지하여야 한다. 다만, 축척변경위원회의 의결이 있는 경우에는 그러하지 아니하다(영 제74조).

10. 청 산

지적소관청은 축척변경에 관한 측량을 한 결과 측량 전에 비하여 면적의 증감이 있는 경우에는 그 증감면적에 대하여 청산을 하여야 한다. 다만, 다음의 어느 하나에 해당하는 경우에는 그러하지 아니하다(영 제75조 제1항).

1. 필지별 증감면적이 제19조 제1항 제2호 가목에 따른 허용범위 이내인 경우
   ※ 다만, 축척변경위원회의 의결이 있는 경우는 제외한다.
2. 토지소유자 전원이 청산하지 아니하기로 합의하여 서면으로 제출한 경우

(1) 청산금의 산정

청산을 할 때에는 축척변경위원회의 의결을 거쳐 지번별로 제곱미터당 금액(= 지번별 제곱미터당 금액)을 정하여야 한다. 이 경우 지적소관청은 시행공고일 현재를 기준으로 그 축척변경 시행지역의 토지에 대하여 지번별 제곱미터당 금액을 미리 조사하여 축척변경위원회에 제출하여야 한다(영 제75조 제2항).

청산금은 작성된 축척변경 지번별 조서의 필지별 증감면적에 결정된 지번별 제곱미터당 금액을 곱하여 산정하며, 지적소관청은 청산금을 산정하였을 때에는 청산금 조서(축척변경 지번별 조서에 필지별 청산금 명세를 적은 것을 말함)를 작성하고, 청산금이 결정되었다는 뜻을 15일 이상 공고하여 일반인이 열람할 수 있게 하여야 한다(영 제75조 제3항·제4항).

청산금을 산정한 결과 증가된 면적에 대한 청산금의 합계와 감소된 면적에 대한 청산금의 합계에 차액이 생긴 경우 초과액은 그 지방자치단체의 수입으로 하고, 부족액은 그 지방자치단체가 부담한다(영 제75조 제5항).

(2) 청산금의 납부고지

지적소관청은 청산금의 결정을 공고한 날부터 20일 이내에 토지소유자에게 청산금의 납부고지 또는 수령통지를 하여야 한다(영 제76조 제1항). 납부고지를 받은 자는 그 고지를 받은 날부터 6개월 이내에 청산금을 지적소관청에 내야 하며(영 제76조 제2항), 지적소관청은 수령통지를 한 날부터 6개월 이내에 청산금을 지급하여야 한다(영 제76조 제3항).

또한 지적소관청은 청산금을 지급받을 자가 행방불명 등으로 받을 수 없거나 받기를 거부할 때에는 그 청산금을 공탁할 수 있으며(영 제76조 제4항), 지적소관청은 청산금을 내야 하는 자가 기간 내에 청산금에 관한 이의신청을 하지 아니하고 기간 내에 청산금을 내지 아니하면 지방세 체납처분의 예에 따라 징수할 수 있다(영 제76조 제5항).

(3) 청산금에 관한 이의신청

납부고지되거나 수령통지된 청산금에 관하여 이의가 있는 자는 납부고지 또는 수령 통지를 받은 날부터 1개월 이내에 지적소관청에 이의신청을 할 수 있는데(영 제78조 제 1항), 이에 따른 이의신청을 받은 지적소관청은 1개월 이내에 축척변경위원회의 심의·의결을 거쳐 그 인용 여부를 결정한 후 지체 없이 그 내용을 이의신청인에게 통지하여야 한다(영 제78조 제2항).

(4) 축척변경의 확정공고

청산금의 납부 및 지급이 완료되었을 때에는 지적소관청은 지체 없이 축척변경의 확정공고를 하여야 하며(영 제78조 제1항), 이에 따른 축척변경의 확정공고에는 토지의 소재 및 지역명, 축척변경 지번별 조서, 청산금 조서, 지적도의 축척이 그 내용에 포함되어야 한다(규칙 제92조 제1항).

또한, 지적소관청이 확정공고를 하였을 때에는 지체 없이 축척변경에 따라 확정된 사항을 지적공부에 등록하여야 하는데(영 78조 제2항), 이 경우 토지대장은 확정공고 된 축척변경 지번별 조서에 따라 등록하고, 지적도는 확정측량 결과도 또는 경계점좌표에 따라 등록하여야 하며(규칙 제92조 제2항), 축척변경 시행지역의 토지는 확정공고일에 토지의 이동이 있는 것으로 본다(영 제78조 제3항).

시행공고	소관청과 시행지역 내 리·동의 게시판에 20일 이상 공고
경계의 표시의무	시행공고일부터 30일 이내에 시행공고일 현재의 점유상태의 경계점에 경계점 표지를 설치
토지표시사 항결정	소관청은 새로운 축척에 의하여 필지별 지번·지목·면적·경계·좌표를 새로이 정해야 함
지번별 조서작성	공고일 현재의 면적과 측량 후의 면적을 대비하여 조서를 작성
청산	1. 의의 ① 증감면적에 대하여 금전으로 정산함 ② 증감면적이 허용오차 이내이면 차이면적 정산 없는 것으로 봄 ③ 소유자 전원은 청산하지 아니하기로 합의하여 서면으로 제출할 수 있음

2. 절차
   ① 지번별 ㎡당 금액결정(시행공고일 현재의 기준, 축척변경위원회의결을 거쳐)
        ↓
   ② 청산금결정(증감면적×지번별 ㎡당 금액)
        ↓
   ③ 청산금산출조서작성
        ↓
   ④ 15일 이상 공고·열람(열람기간은 규정이 없음)
        ↓
   ⑤ 납부고지 및 수령통지(청산금결정을 공고한 한 날부터 20일 이내)
        ↓
   ⑥ 납부(납부고지 받은 날부터 3월 이내)
        ↓
   ⑦ 지급(수령통지한 날부터 6월 이내)
3. 청산금 차액처리
   초과액은 지방자치단체의 수입으로, 부족액은 지방자치단체가 부담함
4. 이의
   납부고지 및 수령통지를 받은 날로부터 1월 이내에 지적소관청에 이의신청
   할 수 있으며, 1월 이내에 축척변경위원회가 이익에 대해 결정하고 소관청은
   인용 여부를 결정하여 신청인에게 1월 이내에 통지함
5. 강제 징수
   기간 내에 청산금을 납부하지 아니하면 지방세 체납처분에 의해 강제 징수하
   며, 수령을 거부한 경우에는 공탁함

확정공고	청산금 지급 및 징수가 완료된 때 지체 없이 공고하고, 확정 공고일에 토지의 이동이 있은 것으로 봄

11. 축척변경위원회

축척변경에 관한 사항을 심의·의결하기 위하여 지적소관청에 축척변경위원회를 둔다(법 제83조 제1항).

(1) 위원회의 구성

축척변경위원회는 5명 이상 10명 이하의 위원으로 구성하되, 위원의 2분의 1 이상을 토지소유자로 하여야 한다. 이 경우 그 축척변경 시행지역의 토지소유자가 5명 이하일 때에는 토지소유자 전원을 위원으로 위촉하여야 한다(영 제79조 제1항).

위원장의 경우, 위원 중에서 지적소관청이 지명하며(영 제79조 제2항), 위원은 해당 축척변경 시행지역의 토지소유자로서 지역 사정에 정통한 사람 또는 지적에 관하여

전문지식을 가진 사람 중에서 지적소관청이 위촉한다(영 제79조 제3항).

축척변경위원회의 위원에게는 예산의 범위에서 출석수당과 여비, 그 밖의 실비를 지급할 수 있다. 다만, 공무원인 위원이 그 소관 업무와 직접적으로 관련되어 출석하는 경우에는 그러하지 아니하다(영 제79조 제4항).

(2) 위원회의 기능

축척변경위원회는 지적소관청이 회부하는 ① 축척변경 시행계획에 관한 사항, ② 지번별 제곱미터당 금액의 결정과 청산금의 산정에 관한 사항, ③ 청산금의 이의신청에 관한 사항, ④ 그 밖에 축척변경과 관련하여 지적소관청이 회의에 부치는 사항에 대하여 심의·의결한다(영 제80조).

(3) 위원회의 운영

축척변경위원회의 회의는 지적소관청이 영 제80조에 따른 사항을 축척변경위원회에 회부하거나 위원장이 필요하다고 인정할 때에 위원장이 소집하며(영 제81조 제1항), 축척변경위원회의 회의는 위원장을 포함한 재적위원 과반수의 출석으로 개의하고, 출석위원 과반수의 찬성으로 의결한다(영 제81조 제2항). 또한, 위원장은 축척변경위원회의 회의를 소집할 때에는 회의일시·장소 및 심의안건을 회의 개최 5일 전까지 각 위원에게 서면으로 통지하여야 한다(영 제81조 제3항).

Ⅸ | 오류의 정정

1. 등록사항의 정정

(1) 의의

토지소유자는 지적공부의 등록사항에 잘못이 있음을 발견하면 지적소관청에 그 정정을 신청할 수 있고(법 제84조 제1항), 지적소관청은 지적공부의 등록사항에 잘못이 있음을 발견하면 직권으로 조사·측량하여 정정할 수 있다(법 제84조 제2항).

정정으로 인접 토지의 경계가 변경되는 경우에는 다음의 어느 하나에 해당하는 서류를 지적소관청에 제출하여야 한다(법 제84조 제3항).

☐ **정정에 따른 토지의 경계 변경 시, 제출서류**

1. 인접 토지소유자의 승낙서
2. 인접 토지소유자가 승낙하지 아니하는 경우에는 이에 대항할 수 있는 확정판결서 정본

이에 따라, 지적소관청이 등록사항을 정정할 때 그 정정사항이 토지소유자에 관한 사항인 경우에는 등기필증, 등기완료통지서, 등기사항증명서 또는 등기관서에서 제공한 등기전산정보자료에 따라 정정하여야 한다(법 제84조 제4항). 다만, 미등기 토지에 대하여 토지소유자의 성명 또는 명칭, 주민등록번호, 주소 등에 관한 사항의 정정을 신청한 경우로서 그 등록사항이 명백히 잘못된 경우에는 가족관계 기록사항에 관한 증명서에 따라 정정하여야 한다(법 제84조 제4항 단서).

(2) 등록사항의 직권정정 사유

지적소관청은 다음의 경우에 지적공부의 등록사항에 잘못이 있는지를 직권으로 조사·측량하여 정정할 수 있다(영 제82조 제1항).

1. 토지이동정리 결의서의 내용과 다르게 정리된 경우
2. 지적도 및 임야도에 등록된 필지가 면적의 증감 없이 경계의 위치만 잘못된 경우
3. 1필지가 각각 다른 지적도나 임야도에 등록되어 있는 경우로서 지적공부에 등록된 면적과 측량한 실제면적은 일치하지만 지적도나 임야도에 등록된 경계가 서로 접합되지 않아 지적도나 임야도에 등록된 경계를 지상의 경계에 맞추어 정정하여야 하는 토지가 발견된 경우
4. 지적공부의 작성 또는 재작성 당시 잘못 정리된 경우(→ 처음부터 잘못 정리된 경우)
5. 지적측량성과와 다르게 정리된 경우
6. (지적위원회의 지적적부심사 의결서에 따라) 지적공부의 등록사항을 정정하여야 하는 경우
7. 지적공부의 등록사항이 잘못 입력된 경우
8. 「부동산등기법」에 따른 통지가 있는 경우(지적소관청의 착오로 잘못 합병한 경우만 해당)
9. 법률 제2801호 지적법개정법률 부칙 제3조에 따른 면적 환산이 잘못된 경우(예 : 평 → ㎡)

지적소관청은 위의 직권정정 사유 중 어느 하나에 해당하는 토지가 있을 때에는 지체 없이 관계 서류에 따라 지적공부의 등록사항을 정정하여야 한다(영 제82조 제2항).

지적공부의 등록사항 중 경계나 면적 등 측량을 수반하는 토지의 표시가 잘못된 경우에는 지적소관청은 그 정정이 완료될 때까지 지적측량을 정지시킬 수 있다(영 제82조 제3항). 다만, 잘못 표시된 사항의 정정을 위한 지적측량은 정지시킬 수 없다.

2. 신청에 따른 정정

신청으로 정정하는 사유는 법으로 정하여 있지는 않으나, 다음의 어느 하나에 해당하는 경우에 각 사항별 필요한 서류를 첨부하여 정정을 신청한다.

☐ 신청에 따른 정정 시, 필요한 첨부서류

1. 경계·면적 등의 정정 : 등록사항 정정측량성과도
2. 경계정정으로 인접토지의 경계변경을 가져오는 경우 : 이해관계인승낙서, 대항할 수 있는 판결서
3. 소유권의 정정 : 등기부 등·초본, 등기필증, 등기전산정보자료
4. 미등기토지로서 소유자의 성명·주소·주민등록이 잘못된 경우에는 가족관계등록부·주민등록 등의 관계 서류

---

3. 정정대상토지의 관리

(1) 등기부와 부합 여부 확인

소관청은 지적공부와 등기부와의 부동산표시의 부합 여부를 확인하기 위하여 등기부 등을 열람하여 부합 여부를 확인하여야 하며(열람수수료는 무료), 부합되지 않는 사항이 발견된 때에는 직권으로 정리하거나 토지소유자 또는 그 밖의 이해관계인에게 부합에 필요한 신청 등의 행위를 요구할 수 있다.

(2) 통지

소관청이 토지표시에 잘못 있음을 확인한 때에는 정정대상토지라 기재하고 소유자

또는 이해관계인에게 정정신청을 할 수 있도록 통지하여야 한다.

X | 토지이동의 신청

1. 원 칙

토지이동의 신청은 원칙적으로 토지소유자가 시행한다.

2. 예 외

(1) 도시개발사업 등 시행지역의 토지이동 신청에 관한 특례

도시개발사업, 농어촌정비사업, 그 밖에 대통령령으로 정하는 토지개발사업(= 주택건설사업, 택지개발사업, 산업단지개발사업, 정비사업, 지역개발사업, 체육시설 설치를 위한 토지개발사업, 관광단지 개발사업, 매립사업, 항만개발사업, 공공주택지구조성사업, 「물류시설의 개발 및 운영에 관한 법률」 및 「경제자유구역의 지정 및 운영에 관한 특별법」에 따른 개발사업, 고속철도·일반철도·광역철도 등의 건설사업, 고속국도 및 일반국도 건설사업, 그 밖에 이와 사업과 유사한 경우로서 국토교통부장관이 고시하는 요건에 해당하는 토지개발사업을 말함)의 시행자는 그 사업의 착수·변경 및 완료 사실을 해당 사유가 발생한 날부터 15일 이내에 지적소관청에 신고하여야 한다(법 제86조 제1항).

(2) 제3자의 대위신청

다음의 어느 하나에 해당하는 자는 이 법에 따라 토지소유자가 하여야 하는 신청을 대신할 수 있다. 다만, 등록사항 정정의 대상이 되는 토지는 제외한다(법 제87조).

1. 공공사업 등에 따라 학교용지·도로·철도용지·제방·하천·구거·유지·수도용지 등의 지목으로 되는 토지인 경우 : 해당 사업의 시행자
2. 국가나 지방자치단체가 취득하는 토지인 경우 : 해당 토지를 관리하는 행정기관의 장 또는 지방자치단체의 장

3. 「주택법」에 따른 공동주택의 부지인 경우 : 「집합건물의 소유 및 관리에 관한 법률」에
   따른 관리인(관리인이 없는 경우에는 공유자가 선임한 대표자) 또는 해당 사업의 시행자
4. 「민법」 제404조(채권자대위권)에 따른 채권자(채권자 중에서 채무자로부터 채무자의
   토지를 관리해 달라고 위임받은 채권자를 말함)

3. 토지의 이동시기

도시개발사업 등과 관련하여 토지의 이동이 필요한 경우에는 해당 사업의 시행자가
지적소관청에 토지의 이동을 신청하여야 하며(법 제86조 제2항), 이에 따른 토지의 이동
은 토지의 형질변경 등의 공사가 준공된 때에 이루어진 것으로 본다(법 제86조 제3항).

사업의 착수 또는 변경의 신고가 된 토지의 소유자가 해당 토지의 이동을 원하는
경우에는 해당 사업의 시행자에게 그 토지의 이동을 신청하도록 요청하여야 하며, 요
청을 받은 시행자는 해당 사업에 지장이 없다고 판단되면 지적소관청에 그 이동을 신
청하여야 한다(법 제86조 제4항).

XI | 지적정리

1. 의 의

토지의 표시사항에 변동이 있는 경우, 소유권의 변동이 있는 경우 또는 등록사항에
오류가 있는 경우에 지적공부를 정리하는 것을 말한다.

2. 토지소유자의 정리

(1) 지적공부에 등록된 토지소유자의 변경

지적공부에 등록된 토지소유자의 변경사항은 등기관서에서 등기한 것을 증명하는
등기필증, 등기완료통지서, 등기사항증명서 또는 등기관서에서 제공한 등기전산정보자
료에 따라 정리한다(법 제88조 제1항).

(2) 신규 등록하는 토지소유자의 경우

신규 등록하는 토지의 소유자는 지적소관청이 직접 조사하여 등록한다(법 제88조 제1항 단서).

(3) 지적공부에 토지소유자가 등록되니 아니한 경우(→ 국유재산)

「국유재산법」에 따른 총괄청이나 중앙관서의 장이 동법에 따라 소유자 없는 부동산에 대한 소유자 등록을 신청하는 경우 지적소관청은 지적공부에 해당 토지의 소유자가 등록되지 아니한 경우에만 등록할 수 있다(법 제88조 제2항).

3. 등기부와 지적공부의 불일치

등기부에 적혀 있는 토지의 표시가 지적공부와 일치하지 아니하면 토지소유자를 정리할 수 없으며, 이 경우 토지의 표시와 지적공부가 일치하지 아니하다는 사실을 관할 등기관서에 통지하여야 한다(법 제88조 제3항).

따라서, 지적소관청은 필요하다고 인정하는 경우에는 관할 등기관서의 등기부를 열람하여 지적공부와 부동산등기부가 일치하는지 여부를 조사·확인하여야 하며, 일치하지 아니하는 사항을 발견하면 등기사항증명서 또는 등기관서에서 제공한 등기전산정보자료에 따라 지적공부를 직권으로 정리하거나, 토지소유자나 그 밖의 이해관계인에게 그 지적공부와 부동산등기부가 일치하게 하는 데에 필요한 신청 등을 하도록 요구할 수 있다(법 제88조 제4항).

지적소관청 소속 공무원이 지적공부와 부동산등기부의 부합 여부를 확인하기 위하여 등기부를 열람하거나, 등기사항증명서의 발급을 신청하거나, 등기전산정보자료의 제공을 요청하는 경우 그 수수료는 무료로 한다(법 제88조 제5항).

4. 행정구역 명칭의 변경

행정구역 명칭이 변경되었으면 지적공부에 등록된 토지의 소재는 새로운 행정구역의 명칭으로 변경된 것으로 보며(법 제85조 제1항), 지번부여지역의 일부가 행정구역의 개편으로 다른 지번부여지역에 속하게 되었으면 지적소관청은 새로 속하게 된 지번부여지역의 지번을 부여하여야 한다(법 제85조 제2항).

5. 등록사항의 정정

(1) 토지소유자가 지적공부의 등록사항에 잘못이 있음을 발견한 경우

토지소유자는 지적공부의 등록사항에 잘못이 있음을 발견하면 지적소관청에 그 정정을 신청할 수 있다(법 제84조 제1항). 이에 따라, 토지소유자는 지적공부의 등록사항에 대한 정정을 신청할 때에는 정정사유를 적은 신청서에 ① 등록사항 정정 측량성과도(경계 또는 면적의 변경을 가져오는 경우) 또는 ② 변경사항을 확인할 수 있는 서류(그 밖에 등록사항을 정정하는 경우)를 첨부하여 지적소관청에 제출하여야 한다(규칙 제93조 제1항).

(2) 지적소관청이 지적공부의 등록사항에 잘못이 있음을 발견한 경우

지적소관청은 지적공부의 등록사항에 잘못이 있음을 발견하면 대통령령으로 정하는 바에 따라 직권으로 조사·측량하여 정정할 수 있으며(법 제84조 제2항), 이에 따라 지적소관청이 지적공부의 등록사항에 잘못이 있는지를 직권으로 조사·측량하여 정정할 수 있는 경우는 다음과 같다(영 제82조 제1항).

1. 토지이동정리 결의서의 내용과 다르게 정리된 경우
2. 지적도 및 임야도에 등록된 필지가 면적의 증감 없이 경계의 위치만 잘못된 경우
3. 1필지가 각각 다른 지적도나 임야도에 등록되어 있는 경우로서 지적공부에 등록된 면적과 측량한 실제면적은 일치하지만 지적도나 임야도에 등록된 경계가 서로 접합되지 않아 지적도나 임야도에 등록된 경계를 지상의 경계에 맞추어 정정하여야 하는 토지가 발견된 경우
4. 지적공부의 작성 또는 재작성 당시 잘못 정리된 경우
5. 지적측량성과와 다르게 정리된 경우
6. 지적공부의 등록사항을 정정하여야 하는 경우
7. 지적공부의 등록사항이 잘못 입력된 경우
8. 「부동산등기법」 제37조 제2항에 따른 통지가 있는 경우(지적소관청의 착오로 잘못 합

병한 경우에만 해당)

9. 법률 제2801호 지적법개정법률 부칙 제3조에 따른 면적 환산이 잘못된 경우

지적소관청은 위의 내용 중 어느 하나에 해당하는 토지가 있을 때에는 지체 없이 관계 서류에 따라 지적공부의 등록사항을 정정하여야 한다(영 제82조 제2항).

(3) 등록사항의 정정으로 인접토지의 경계가 변경되는 경우

정정으로 인접 토지의 경계가 변경되는 경우에는 ① 인접 토지소유자의 승낙서 또는 ② 인접 토지소유자가 승낙하지 아니하는 경우에는 이에 대항할 수 있는 확정판결서 정본을 지적소관청에 제출하여야 한다(법 제84조 제3항).

지적공부의 등록사항 중 경계나 면적 등 측량을 수반하는 토지의 표시가 잘못된 경우에는 지적소관청은 그 정정이 완료될 때까지 지적측량을 정지시킬 수 있다. 다만, 잘못 표시된 사항의 정정을 위한 지적측량은 그러하지 아니하다(영 제82조 제3항).

(4) 토지소유자에 관한 정정사항인 경우에 확인할 서류

지적소관청이 등록사항을 정정할 때 그 정정사항이 토지소유자에 관한 사항인 경우에는 등기필증, 등기완료통지서, 등기사항증명서 또는 등기관서에서 제공한 등기전산정보자료에 따라 정정하여야 한다(법 제84조 제4항). 다만, 미등기 토지에 대하여 토지소유자의 성명 또는 명칭, 주민등록번호, 주소 등에 관한 사항의 정정을 신청한 경우로서 그 등록사항이 명백히 잘못된 경우에는 가족관계 기록사항에 관한 증명서에 따라 정정하여야 한다(법 제84조 제4항 단서).

(5) 등록사항 정정 대상토지의 관리

지적소관청은 토지의 표시가 잘못되었음을 발견하였을 때에는 지체 없이 등록사항 정정에 필요한 서류와 등록사항 정정 측량성과도 및 토지이동정리 결의서를 작성한 후 대장의 사유란에 '등록사항 정정 대상토지'라고 적고, 토지소유자에게 등록사항 정정 신청을 할 수 있도록 그 사유를 통지하여야 한다(규칙 제94조 제1항). 다만, 지적소관청이 직권으로 정정할 수 있는 경우에는 토지소유자에게 통지를 하지 아니할 수 있다(규칙 제94조 제1항 단서).

또한 등록사항 정정 대상토지에 대한 대장을 열람하게 하거나 등본을 발급하는 때에는 '등록사항 정정 대상토지'라고 적은 부분을 흑백의 반전(反轉)으로 표시하거나 붉은색으로 적어야 한다(규칙 제94조 제2항).

XII | 등기촉탁 및 지적정리 등의 통지

1. 등기촉탁

(1) 의의

'등기촉탁'이란 지적소관청이 직권으로 지적을 정리한 경우에 지적공부와 등기부의 내용을 일치시키기 위하여 등기관서에 등기를 신청하는 것(→ 등기신청주의의 예외)을 말한다.

(2) 등기촉탁이 필요한 경우

지적소관청은 토지의 표시 변경에 관한 등기를 할·필요가 있는 경우에는 지체 없이 관할 등기관서에 그 등기를 촉탁하여야 하며, 이 경우 등기촉탁은 국가가 국가를 위하여 하는 등기로 본다(법 제89조 제1항). 여기서 토지의 표시 변경에 관한 등기를 할 필요가 있는 경우는 다음과 같다.

1. 신규등록은 제외하고 토지이동의 신청에 따라 지적의 정리를 한 경우(법 제64조 제2항)
2. 지번변경에 따라 지번부여지역의 전부 또는 일부에 대하여 지번을 새로 부여한 경우(법 제66조 제2항)
3. 지적소관청이 바다로 된 토지의 등록을 말소하는 경우(법 제82조 제2항)
4. 축척변경한 경우(법 제83조 제2항)
5. 지적소관청이 지적공부의 등록사항을 직권으로 정정한 경우(법 제84조 제2항)
6. 행정구역의 개편에 따라 지적소관청이 지번을 새로 부여하는 경우(법 제85조 제2항)

(3) 촉탁서 기재 등

지적소관청은 등기관서에 토지표시의 변경에 관한 등기를 촉탁하려는 때에는 토지표시변경등기 촉탁서에 그 취지를 적어야 하고(규칙 제97조 제1항), 토지표시의 변경에 관한 등기를 촉탁한 때에는 토지표시변경등기 촉탁대장에 그 내용을 적어야 한다(규칙 제97조 제2항).

2. 지적정리 등의 통지

지적소관청이 지적공부에 등록하거나 지적공부를 복구 또는 말소하거나 등기촉탁을 하였으면 해당 토지소유자에게 통지하여야 한다(법 제90조). 다만, 통지받을 자의 주소나 거소를 알 수 없는 경우에는 일간신문, 해당 시·군·구의 공보 또는 인터넷홈페이지에 공고하여야 한다(법 제90조 단서).

지적정리에 관한 사항을 토지소유자에게 통지하여야 하는 사항은 다음과 같다.

1. 토지소유자의 신청이 없어 지적소관청이 직권으로 토지의 표시사항을 지적 정리한 경우 (법 제64조 제2항 단서)
2. 지적소관청이 지번변경에 따라 지번부여를 한 경우(법 제66조 제2항)
3. 지적소관청이 지적공부를 복구한 경우(법 제74조)
4. 지적소관청은 지적공부의 등록사항에 잘못이 있음을 발견하여 직권으로 정정하는 경우 (법 제84조 제2항)
5. 지번부여지역의 일부가 행정구역의 개편으로 지적소관청이 지번부여지역의 지번을 새로 부여한 경우(법 제85조 제2항)
6. 도시개발사업 등과 관련하여 시행자 등이 지적소관청에 토지의 이동을 신청하여 지적정리를 한 경우(법 제86조 제2항)
7. 토지소유자의 토지이동 대위신청에 따라 지적소관청이 지적정리를 한 경우(법 제87조)
8. 지적소관청이 토지의 표시변경에 관한 등기를 등기관서에 등기촉탁한 경우(법 제89조)

(1) 지적공부의 정리

지적소관청은 지적공부가 ① 지번을 변경하는 경우, ② 지적공부를 복구하는 경우, ③ 신규등록·등록전환·분할·합병·지목변경 등 토지의 이동이 있는 경우에 지적공부를 정리하여야 한다. 이 경우 이미 작성된 지적공부에 정리할 수 없을 때에는 새로 작성하여야 한다(영 제84조 제1항).

(2) 지적공부를 정리하는 때에 작성하는 서류

지적소관청은 토지의 이동이 있는 경우에는 '토지이동정리 결의서'를 작성하여야 하고, 토지소유자의 변동 등에 따라 지적공부를 정리하려는 경우에는 '소유자정리 결의서'를 작성하여야 한다(영 제84조 제2항).

(3) 지적정리 등의 통지 시기

지적소관청이 토지소유자에게 지적정리 등을 통지하여야 하는 시기는 다음의 구분에 따른다(법 제85조).

> 1. 토지의 표시에 관한 변경등기가 필요한 경우 : 그 등기완료의 통지서를 접수한 날부터 15일 이내
> 2. 토지의 표시에 관한 변경등기가 필요하지 아니한 경우 : 지적공부에 등록한 날부터 7일 이내

(4) 지적공부의 정리방법

토지이동정리 결의서의 작성은 토지대장·임야대장 또는 경계점좌표등록부별로 구분하여 작성하되, 토지이동정리 결의서에는 토지이동신청서 또는 도시개발사업 등의 완료신고서 등을 첨부하여야 하며, 소유자정리 결의서의 작성은 등기필증, 등기부 등본 또는 그 밖에 토지소유자가 변경되었음을 증명하는 서류를 첨부하여야 한다(규칙 제98조 제1항). 다만, 행정정보의 공동이용을 통하여 첨부서류에 대한 정보를 확인할 수 있는 경우에는 그 확인으로 첨부서류를 갈음할 수 있다(규칙 제98조 제1항 단서).

대장 외에 지적공부의 정리와 토지이동정리 결의서 및 소유자정리 결의서의 작성에 필요한 사항은 국토교통부장관이 정한다(규칙 제98조 제2항).

(5) 수수료

지적정리에 따른 수수료는 수입증지로 소관청에 납부하며, 지적공부정리의 신청인

은 해당 수수료를 지방자치단체의 수입증지로 소관청에 압부하여야 한다. 다만, 국가 또는 지방자치단체가 신청하는 경우 또는 바다로 된 토지의 소유자가 해당 토지에 대한 지적공부의 등록말소를 신청하는 경우에는 수수료를 면제한다.

예/상/문/제

01 다음 중 축척변경을 하는 이유로 가장 타당한 것은?

① 지적도의 경계점 정밀도를 높이기 위하여

② 지목을 변경하기 위하여

③ 토지의 지가를 안정시키기 위하여

④ 지적의 정리에 따른 세수입을 높이기 위하여

⑤ 토지의 이용도를 높이기 위하여

해설 ①, 축척변경은 소축척의 지적도로서는 축척을 높일 수 없기 때문에 정밀도를 높이고자 하는 목적에서 축척변경을 한다.

02 다음 중 토지의 이동에 해당하는 것은?

① 1필지의 일부 토지의 용도가 변경되니 경우에 분할

② 토지소유자의 변경

③ 지적공부의 복구

④ 소유자의 주소변경

⑤ 토지소재의 변경

해설 ①, ①은 분할이므로 토지의 이동에 해당하나, ②·③·④·⑤는 지번, 지목, 면적, 경계, 좌표의 변경에 해당하지 않으므로 토지의 이동에 해당하지 않는다.

03 등록전환에 관한 설명으로 틀린 것은? (공인중개사 제22회 기출문제)

① 토지소유자는 등록전환할 토지가 있으면 그 사유가 발생한 날부터 60일 이내에 지적 소관청에 등록전환을 신청하여야 한다.

② 관계 법령에 따른 토지의 형질변경 또는 건축물의 사용승인 등으로 인하여 지목을 변경하여야 할 토지는 등록전환을 신청할 수 있다.

③ 임야도에 등록된 토지가 사실상 형질변경되었으나 지목변경을 할 수 없는 경우에는 지목변경 없이 등록전환을 신청할 수 있다.

④ 등록전환에 따른 면적을 정할 때 임야대장의 면적과 등록전환될 면적의 차이가 오차 허용범위 이내인 경우, 임야대장의 면적을 등록전환 면적으로 결정한다.

⑤ 지적소관청은 등록전환에 따라 지적공부를 정리한 경우, 지체 없이 관할 등기관서에 토지의 표시변경에 관한 등기를 촉탁하여야 한다.

> **해설** ④, 임야대장의 면적과 등록전환될 면적의 차이가 계산식에 따른 허용범위 이내인 경우에는 등록전환될 면적을 등록전환 면적으로 결정하고, 허용범위를 초과하는 경우에는 임야대장의 면적 또는 임야도의 경계를 지적소관청이 직권으로 정정하여야 한다.

04 공간정보의 구축 및 관리 등에 관한 법령상 토지소유자의 정리 등에 관한 설명으로 틀린 것은? (공인중개사 제29회 기출)

① 지적소관청은 등기부에 적혀 있는 토지의 표시가 지적공부와 일치하지 아니하면 토지소유자를 정리할 수 없다.

②「국유재산법」에 따른 총괄청이나 같은 법에 따른 중앙관서의 장이 소유자 없는 부동산에 대한 소유자 등록을 신청하는 경우 지적소관청은 지적공부에 해당 토지의 소유자가 등록되지 아니한 경우에만 등록할 수 있다.

③ 지적공부에 신규등록하는 토지의 소유자에 관한 사항은 등기관서에서 등기한 것을 증명하는 등기필증, 등기완료통지서, 등기사항증명서 또는 등기관서에서 제공한 등기전산정보자료에 따라 정리한다.

④ 지적소관청은 필요하다고 인정하는 경우에는 관할 등기관서의 등기부를 열람하여 지적공부와 부동산등기부가 일치하는지 여부를 조사·확인하여야 한다.

⑤ 지적소관청 소속 공무원이 지적공부와 부동산등기부의 부합 여부를 확인하기 위하여 등기전산정보자료의 제공을 요청하는 경우 그 수수료는 무료로 한다.

> **해설** ③, 지적공부에 등기된 토지(신규등록은 제외함)의 토지소유자에 관한 사항은 등기관서에서 등기한 것을 증명하는 등기필증, 등기완료통지서, 등기사항증명서 또는 등기관서에서 제공한 등기전산정보자료에 따라 정리한다.

05 공간정보의 구축 및 관리 등에 관한 법령상 지적소관청은 토지의 이동 등으로 토지의 표시 변경에 관한 등기를 할 필요가 있는 경우에는 지체 없이 관할 등기관서에 그 등기를 촉탁하여야 한다. 등기촉탁의 대상이 아닌 것은? (공인중개사 제28회 기출)

① 지번부여지역의 전부 또는 일부에 대하여 지번을 새로 부여한 경우

② 바다로 된 토지의 등록을 말소한 경우

③ 하나의 지번부여지역에 서로 다른 축척의 지적도가 있어 축척을 변경한 경우

④ 지적소관청이 신규등록하는 토지의 소유자를 직접 조사하여 등록한 경우

⑤ 지적소관청이 직권으로 조사·측량하여 지적공부의 등록사항을 정정한 경우

해설 ④, 신규등록은 등기촉탁의 대상이 아니다. 등기촉탁은 등기부와 지적공부의 토지의 표시를 일치시키기 위한 절차로서, 신규등록 당시에는 등기부가 존재하지 아니하므로 등기촉탁이라는 것이 그 자체로 성립될 여지가 없다 할 것이다.

제5장
지적측량

Ⅰ | 지적측량

1. 의 의

'지적측량'이란 토지를 지적공부에 등록하거나 지적공부에 등록된 경계점을 지상에 복원하기 위하여 필지의 경계 또는 좌표와 면적을 정하는 측량을 말하며, 지적확정측량 및 지적재조사측량을 포함한다(법 제2조 제4호). 즉, 지적측량은 1필지 토지의 면적이나 경계를 정하기 위하여 하는 측량이다.

> **참고** 토목측량과의 구별
>
> 지적측량은 토목측량과의 관계에 있어 토목측량이 교량, 도로건설 등 토목공사를 지원하는 측량인 반면, 지적측량은 1필지의 면적, 경계를 결정하여 소유권의 범위를 결정하는 데 그 목적이 있다는 점에서 토목측량과는 구별된다.

2. 지적측량의 성격

지적측량은 다음과 같은 성격을 가진다.

(1) 기속측량(법규측량)

지적측량은 법률에서 정한 절차에 의하여 엄격히 구속되기 때문에 법규측량의 성격을 가진다.

(2) 구속측량

지적측량은 법률에서 정한 내용에 구속받기 때문에 구속측량의 성격을 가진다.

(3) 사법측량

지적측량은 토지에 대한 소유권이 미치는 범위와 그 한계 등을 명확히 확정하는 측량이기 때문에 사법측량의 성격을 가진다.

(4) 평면측량(수평측량)

지적측량은 수평면인 토지의 면적과 경계를 결정하여 수평면적의 값만을 등록하기 때문에 수평측량의 성격을 가진다.

(5) 측량성과의 영구성

지적측량은 측량성과를 지적공부에 등록·공시하여 영구적으로 보존하는 것이기 때문에 영구적 성격을 가진다.

(6) 측량성과의 대중성(공시성)

지적측량은 토지의 표시사항을 지적공부에 등록하고 이를 공시하기 위한 측량으로 공시성을 가진다.

(7) 토지표시에 관한 측량

지적측량은 1필지의 면적과 경계를 정하고, 나아가 1필지의 지번 또는 지목의 결정을 지원하기도 한다. 이에 지적측량은 1필지의 토지표시인 면적과 경계 그리고 지번과 지목 등을 결정하게 한다.

3. 지적측량의 대상

지적측량은 다음의 어느 하나에 해당하는 경우에 시행하여야 한다(법 제23조 제1항).

1. 법 제7조 제1항 제3호에 따른 지적기준점을 정하는 경우(기초측량)
2. 법 제25조에 따라 지적측량성과를 검사하는 경우(검사측량)
   ※ 지적측량수행자는 지적측량을 시행한 후, 시·도지사, 대도시 시장(서울특별시, 광역시 및 특별자치시를 제외한 인구 50만 이상의 시의 시장을 말함), 또는 지적소관청으로부터 측량성과에 대한 검사를 받아야 한다(단, 지적공부를 정리하지 아니하는 측량으로서 국토교통부령으로 정하는 측량의 경우는 제외).
3. 다음의 어느 하나에 해당하는 경우로서 측량을 할 필요가 있는 경우
   ① 법 제74조에 따라 지적공부를 복구하는 경우
   ② 법 제77조에 따라 토지를 신규등록하는 경우
   ③ 법 제78조에 따라 토지를 등록전환하는 경우
   ④ 법 제79조에 따라 토지를 분할하는 경우
   ⑤ 법 제82조에 따라 바다가 된 토지의 등록을 말소하는 경우
      ※ 지적공부에 등록된 토지가 지형의 변화 등으로 바다로 된 경우로서 원상회복 될 수 없거나 다른 지목의 토지로 될 가능성이 없는 경우(지적소관청이 등록의 말소 신청을 하도록 토지소유자에게 통지)
   ⑥ 법 제83조에 따라 축척을 변경하는 경우
   ⑦ 법 제84조에 따라 지적공부의 등록사항을 정정하는 경우
   ⑧ 법 제86조에 따른 도시개발사업 등의 시행지역에서 토지의 이동이 있는 경우(→ 지적확정측량)
   ⑨ 「지적재조사에 관한 특별법」에 따른 지적재조사사업에 따라 토지의 이동이 있는 경우
4. 경계점을 지상에 복원하는 경우(→ 경계복원측량)
5. 그 밖에 지상건축물 등의 현황을 지적도 또는 임야도에 등록된 경계와 대비하여 표시하는 데 필요한 경우(→ 지적현황측량)

> · 지적확정측량 : 경계점좌표등록부에 토지의 표시를 새로이 등록하기 위하여 하는 측량
>   (→ 1/500 도면에 표시하기 위한 측량)
> · 경계복원(감정)측량 : 지적공부에 등록된 경계인 구획선을 지상에 표시하는 측량
> · 지적현황측량 : 지상건축물 등의 현황을 지적도 및 임야도에 등록된 경계와 대비하여 표시

Ⅱ | 지적측량의 절차

1. 지적측량의 의뢰

토지소유자 등 이해관계인은 법 제23조 제1항에서 정하고 있는 지적측량의 실시대상에 해당하는 경우(지적재조사사업에 따라 토지의 이동이 있는 경우는 제외)를 사유로 지적측량을 할 필요가 있는 경우에는 다음의 어느 하나에 해당하는 지적측량수행자에게 지적측량을 의뢰하여야 한다(법 제24조 제1항).

> 1. 제44조 제1항 제2호의 지적측량업의 등록을 한 자
> 2. 「국가공간정보 기본법」 제12조에 따라 설립된 한국국토정보공사

지적측량을 의뢰하려는 자는 지적측량 의뢰서(전자문서로 된 의뢰서를 포함)에 의뢰 사유를 증명하는 서류(전자문서를 포함)를 첨부하여 지적측량수행자에게 제출하여야 한다(규칙 제25조 제1항).

지적측량의 의뢰를 받으면 지적측량수행자는 지적측량을 하여 그 측량성과를 결정하여야 하며(법 제24조 제2항), 측량기간, 측량일자 및 측량 수수료 등을 적은 지적측량 수행계획서를 그 다음 날까지 지적소관청에 제출하여야 한다. 제출한 지적측량 수행계획서를 변경한 경우에도 동일하다(규칙 제25조 제2항).

2. 지적측량의 기간

지적측량의 측량기간은 5일로 하며, 측량검사기간은 4일로 한다. 다만, 지적기준점을 설치하여 측량 또는 측량검사를 하는 경우 지적기준점이 15점 이하인 경우에는 4일을, 15점을 초과하는 경우에는 4일에 15점을 초과하는 4점마다 1일을 가산한다(규칙 제25조 제3항).

지적측량 의뢰인과 지적측량수행자가 서로 합의하여 따로 기간을 정하는 경우에는 그 기간에 따르되, 전체 기간의 4분의 3은 측량기간으로, 전체 기간의 4분의 1은 측량

검사기간으로 본다(규칙 제25조 제4항).

3. 지적측량의 수수료

지적측량을 의뢰하는 자는 지적측량수행자에게 지적측량수수료를 내야하며, 이에 지적측량수수료는 국토교통부장관이 매년 12월 말일까지 고시하여야 한다(법 제106조 제2항·제3항).

또한 지적소관청이 직권으로 조사·측량하여 지적공부를 정리한 경우에는 그 조사·측량에 들어간 비용을 지적측량수수료에 준하여 토지소유자로부터 징수하나, 바다로 된 토지에 관하여 지적공부를 등록말소한 경우에는 그러하지 아니하다(법 제106조 제4항).

다만 다음의 경우에는 수수료를 면제할 수 있으며, 지적측량의 신청자가 우리나라 정부와 협정을 체결한 외국정부인 경우에는 협정에서 정하는 바에 따라 면제 또는 경감하게 된다(법 제106조 제5항).

1. 측량성과 등의 복제 또는 사본의 발급 신청자가 공공측량시행자인 경우
2. 수로도서지의 복제 등의 승인 신청자가 국가, 지방자치단체, 학교 등에서 비영리적 목적으로 유사한 제작물을 발행하는 경우
3. 수로도서지의 복제 등의 승인 신청자가 우리나라 정부와 협정을 체결한 외국정부인 경우
4. 지적공부의 열람 및 등본 발급 신청자가 국가, 지방자치단체 또는 지적측량수행자인 경우
5. 부동산종합공부의 열람 및 부동산종합증명서 발급 및 신규등록·등록전환·분할신청·합병신청·지목변경·바다로 된 토지의 등록말소·축척변경·등록사항의 정정·도시개발사업 등 시행지역의 토지이동 신청자가 국가 또는 지방자치단체인 경우

이러한 지적측량 수수료를 기간 내에 내지 아니하면 국세 또는 지방세 체납처분의 예에 따라 징수하게 된다(법 제106조 제6항).

4. 지적측량성과의 검사

지적측량수행자가 지적측량을 하였으면 시·도지사, 대도시 시장(서울특별시·광역

시 및 특별자치시를 제외한 인구 50만 이상의 시의 시장을 말함) 또는 지적소관청으로부터 측량성과에 대한 검사를 받아야 한다. 다만, 지적공부를 정리하지 아니하는 측량으로서 경계복원측량 및 지적현황측량을 하는 경우에는 그러하지 아니하다(법 제25조 제1항).

5. 토지의 이동에 따른 면적 등의 결정방법

(1) 합병에 따른 면적의 결정

합병에 따른 경계·좌표 또는 면적은 따로 지적측량을 하지 아니하고 다음의 구분에 따라 결정한다(법 제26조 제1항).

> 1. 합병 후 필지의 경계 또는 좌표 : 합병 전 각 필지의 경계 또는 좌표 중 합병으로 필요 없게 된 부분을 말소하여 결정
> 2. 합병 후 필지의 면적 : 합병 전 각 필지의 면적을 합산하여 결정

(2) 등록전환 또는 분할에 따른 면적을 정할 때 발생하는 오차의 허용

등록전환이나 분할의 경우에 지적측량을 실시하여 결정하는데, 이 과정에서 등록전환이나 분할에 따른 면적을 정할 때 오차가 발생하는 경우에 오차의 허용범위 및 처리방법은 다음과 같다(영 제19조 제1항).

1) 등록전환을 하는 경우

가. 임야대장의 면적과 등록전환 될 면적의 오차 허용범위는 다음의 계산식에 따른다. 이 경우 오차의 허용범위를 계산할 때 축척이 3천분의 1인 지역의 축척분모는 6천으로 한다.

$$A = 0.026^2 M \sqrt{F}$$
(A는 오차 허용면적, M은 임야도 축척분모, F는 등록전환될 면적)

나. 임야대장의 면적과 등록전환될 면적의 차이가 앞의 계산식에 따른 허용범위 이

내인 경우에는 등록전환될 면적을 등록전환 면적으로 결정하고, 허용범위를 초
과하는 경우에는 임야대장의 면적 또는 임야도의 경계를 지적소관청이 직권으
로 정정하여야 한다.

2) 토지를 분할하는 경우

가. 분할 후의 각 필지의 면적의 합계와 분할 전 면적과의 오차의 허용범위는 제1호
    가목의 계산식에 따른다. 이 경우 A는 오차 허용면적, M은 축척분모, F는 원면
    적으로 하되, 축척이 3천분의 1인 지역의 축척분모는 6천으로 한다.

나. 분할 전후 면적의 차이가 가목의 계산식에 따른 허용범위 이내인 경우에는 그
    오차를 분할 후의 각 필지의 면적에 따라 나누고, 허용범위를 초과하는 경우에
    는 지적공부상의 면적 또는 경계를 정정하여야 한다.

다. 분할 전후 면적의 차이를 배분한 산출면적은 다음의 계산식에 따라 필요한 자리
    까지 계산하고, 결정면적은 원면적과 일치하도록 산출면적의 구하려는 끝자리의
    다음 숫자가 큰 것부터 순차로 올려서 정하되, 구하려는 끝자리의 다음 숫자가
    서로 같을 때에는 산출면적이 큰 것을 올려서 정한다.

$$r = \frac{F}{A} \times a$$

(r은 각 필지의 산출면적, F는 원면적, A는 측정면적 합계 또는 보정면적 합계,
a는 각 필지의 측정면적 또는 보정면적)

3) 경계점좌표등록부가 있는 지역의 토지분할을 위하여 면적을 정할 때에는 앞의 '2)의
   나'에도 불구하고 다음의 기준에 따른다(영 제19조 제2항).

가. 분할 후 각 필지의 면적합계가 분할 전 면적보다 많은 경우에는 구하려는 끝자
    리의 다음 숫자가 작은 것부터 순차적으로 버려서 정하되, 분할 전 면적에 증감
    이 없도록 하여야 한다.

나. 분할 후 각 필지의 면적합계가 분할 전 면적보다 적은 경우에는 구하려는 끝
    자리의 다음 숫자가 큰 것부터 순차적으로 올려서 정하되, 분할 전 면적에 증
    감이 없도록 하여야 한다.

의뢰	1. 소유자 또는 이해관계인이 측량수행자에게 의뢰하거나 소관청이 필요한 경우 직권으로 행함 2. 측량수행자가 지적측량의뢰를 받은 경우에는 지적측량수행계획서를 작성하여 다음 일까지 소관청에 제출하여야 함
측정기간	1. 읍·면지역은 7일, 동지역은 5일 　※ 지적측량기준점표지를 설치하는 경우 15점 이하이면 4일을, 15점을 초과하는 경우에는 4점마다 1일을 가산한다. 2. 계약이나 협의에 의한 경우에는 측량기간은 3/4, 검사기간은 1/4로 함
수수료	1. 측량의뢰인이 지적측량수행자에게 납부해야 함 2. 국토교통부장관은 매년 12월 말까지 측량수수료를 고시해야 함
성과의 검사	1. 지적측량수행자가 지적측량을 실시한 경우 시·도지사 또는 지적소관청의 검사를 받아야 함(다만, 지적공부를 정리하지 아니하는 경계복원측량이나 지적현황측량은 검사를 받지 아니함) 2. 지적삼각점측량성과와 경위의측량법(경계점좌표측량)으로 실시한 지적확정측량성과는 다음의 구분에 따라 검사를 받음(지적측량 시행규칙 제28조 제2항 제1호) 　① 국토교통부장관이 정하여 고시한 면적 규모 이상의 지적확정측량성과 : 시·도지사 또는 대도시 시장(서울특별시·광역시 및 특별시를 제외한 인구 50만 이상 대도시 시장) 　② 국토교통부장관이 정하여 고시한 면적 규모 미만의 측량성과 : 지적소관청 3. 검사기간은 읍·면지역은 5일, 동지역은 4일 4. 지적소관청은 「건축법」 등 관계 법령에 따른 분할제한의 저촉 여부 등을 판단하여 측량성과가 정확하다고 인정되면 지적측량성과도를 지적측량수행자에게 발급하여야 하며, 지적측량수행자는 측량의뢰인에게 그 지적측량성과도를 포함한 지적측량 결과부를 지체 없이 발급하여야 함(검사를 받지 아니한 지적측량성과도는 측량의뢰인에게 발급 불가)

6. 지적기준점성과의 보관 및 열람

'지적기준점성과'란 지적측량을 할 때 기준으로 삼는 점인 지적삼각점, 지적삼각보조점, 지적도근점의 결과(내용 및 상황)을 말한다.

참고 지적기준점

'지적기준점'이란 지적측량을 할 때 기준으로 삼는 점(위치)을 말하며, 지적기준점의 유형에는 지적삼각점, 지적삼각보조점, 지적도근점이 있다(영 제8조 제1항 제3호).
1. 지적삼각점(地籍三角點) : 지적측량 시 수평위치 측량의 기준으로 사용하기 위하여 국

가기준점을 기준으로 하여 정한 기준점
2. 지적삼각보조점 : 지적측량 시 수평위치 측량의 기준으로 사용하기 위하여 국가기준점
   과 지적삼각점을 기준으로 하여 정한 기준점
3. 지적도근점(地籍圖根點) : 지적측량 시 필지에 대한 수평위치 측량 기준으로 사용하기
   위하여 국가기준점, 지적삼각점, 지적삼각보조점 및 다른 지적도근점을 기초로 하여
   정한 기준점

(1) 지적기준점성과의 보관

시·도지사나 지적소관청은 지적기준점성과(지적기준점에 의한 측량성과를 말함)와 그
측량기록을 보관하고 일반인이 열람할 수 있도록 하여야 한다(법 제27조 제1항).

(2) 지적기준점성과의 열람 및 발급

지적기준점성과의 등본이나 그 측량기록의 사본을 발급받으려는 자는 시·도지사나
지적소관청에 그 발급을 신청하여야 한다(법 제27조 제2항). 지적측량기준점성과 또는
그 측량부를 열람하거나 등본을 발급받으려는 자는 지적삼각점성과에 대해서는 특별
시장·광역시장·특별자치시장·도지사·특별자치도지사 또는 지적소관청에 신청하고,
지적삼각보조점성과 및 지적도근점성과에 대해서는 지적소관청에 신청하여야 한다(규
칙 제26조 제1항).

구 분	보존, 관리, 고시	측량기준점 성과의 통보	측량부 열람 및 등본교부
지적기준점성과	시·도지사 또는 지적소관청	시·도지사	시·도지사 또는 지적소관청
지적삼각점성과	시·도지사	지적소관청이 시·도지사에게	시·도지사 또는 지적소관청
지적삼각보조점 및 지적도근점성과	지적소관청	통보하지 않음	지적소관청에 신청

※ 시·도지사는 "특별시장·광역시장·특별자치시장·도지사·특별자치도지사"를 말함.

지적측량기준점성과 또는 그 측량부의 열람이나 등본의 발급 신청을 받은 해당 기관은
이를 열람하게 하거나 지적측량기준점성과 등본을 발급하여야 한다(규칙 제26조 제3항).

Ⅲ | 지적측량의 구분

지적측량은 지적기준점을 정하기 위한 '기초측량'과 1필지의 경계와 면적을 정하는 '세부측량'으로 구분한다.

기초 측량	의의	지적측량의 기준점을 설치하기 위해서 하는 측량

	구분	1. 지적삼각점측량(측량의 제1기초점) : 가장 정밀성을 요하는 측량으로 점 간거리는 2~5km, 삼각형의 협각은 30도 이상 120도가 이내가 되도록 함
		2. 지적삼각보조측량(측량의 제2기초점) : 점간거리는 1~3km간격으로, 삼 각형의 협각은 30도 이상 120도 이내가 되도록 함
		3. 지적도근측량
		  ① 축척변경측량 등으로 지적확정측량을 실시하는 경우
		  ② 도시개발사업지역
		  ③ 「국토의 계획 및 이용에 관한 법률」에 의한 도시지역
		  ④ 당해 지적도 1매 이상인 경우
		  ⑤ 기타 세부측량상 필요한 경우
		4. 지적위성기준점 : 점간 거리는 30~50km 간격

세부 측량	의의	1필지의 경계와 면적을 정하는 측량
	구분	1. 이동측량(신규등록, 등록전환, 분할, 축척변경, 등록정정측량) 2. 경계를 좌표로 등록하는 측량 3. 경계복원측량 : 도면의 경계를 지표상에 복원하기 위한 측량으로 등록당 시의 측량방법이나 지적 측량기준점에 의함 4. 지적현황측량 : 도면에 등록된 경계와 지상의 건물이나 구조물을 대비하 여 표시하기 위해 하는 측량 5. 지적확정측량 : 도시개발사업 등의 지역에서 공사 준공 시, 필지별 경계·면적·좌표를 새로이 정하여 경계점좌표등록부에 등록
	기준	1. 지적도시행지역에서 측판측량법으로 세부측량시 결정거리는 5cm를 단위 로 함 2. 임야도 시행지역에서 측판측량법으로 세부측량을 실시하는 경우, 결정거 리는 50cm를 단위로 함 3. 경위의 측량방법으로 세부 측량시 결정거리는 1cm를 단위로 함

Ⅳ | 지적측량기준점 표지

설치	1. 소관청이 설치(지적공사에 설치를 위탁할 수 있음) 2. 지적공사가 설치한 경우 소관청이 그 성과를 인정하면 지적측량기준점표지로 봄
토지의 수용	지적측량기준점표지를 설치하기 위해 필요한 경우에는 토지를 수용할 수 있음
관리	1. 소관청이 관리, 지적공사에 관리를 위탁할 수 있음(지적위성 기준점표지와 지적삼각점표지는 지적공사에 위탁할 수 없음) 2. 측량기준점표지가 망실되거나 훼손된 경우 소관청 또는 지적공사 재설치하거나 보수 3. 소관청과 지적공사는 연 1회 이상 합동조사 실시
표지이전	1. 공사 등의 시행을 위해 지적측량기준점의 이전을 요구하는 경우에는 비용을 징수 2. 사유토지의 이용을 위해 토지소유자가 이전을 요구하는 경우에는 비용을 징수하지 않음

Ⅴ | 지적기술자

1. 구 분

① 지적기술사(지적측량수행자) : 지적측량기술의 개발 및 지적관리개선 등의 기호기 및 연구에 종사하는 자를 말한다.

② 지적기사 : 지적측량의 종합적 계획을 수립하는 자를 말한다.

③ 지적산업기사 : 지적측량업무에 종사하는 자를 말한다.

④ 지적기능 산업기사 및 지적기능사 : 측량의 보조, 도면의 정리와 등사, 면적의 측정 및 도면의 작성 등을 하는 자를 말한다.

2. 징 계

국토교통부장관은 지적기술자가 ① 근무처 및 경력 등의 신고 또는 변경신고를 거짓으로 한 경우, ② 다른 사람에게 측량기술경력증을 빌려주거나 자기의 성명을 사용하여 측량업무를 수행하게 한 경우, ③ 신의와 성실로써 공정하게 지적측량을 하지 아니하거나 고의 또는 중대한 과실로 지적측량을 잘못하여 다른 사람에게 손해를 입힌 경우, ④ 정당한 사유 없이 지적측량 신청을 거부한 경우의 어느 하나에 해당하는 경우에 2년 이내의 기간을 정하여 측량업무의 수행을 정지시킬 수 있다(법 제42조 제1항).

다만, 이 경우에 중앙지적위원회의 심의·의결을 거쳐야 하며, 국토교통부장관은 지적기술자가 위반한 행위의 횟수, 정도, 동기 및 결과 등을 고려하여 지적기술자가 소속된 한국국토정보공사 또는 지적측량업자에게 해임 등 적절한 징계를 할 것을 요청할 수 있다(법 제42조 제2항).

Ⅵ | 지적측량수행자

구 분	지적측량업자
등록요건	1. 지적측량업자가 법인인 경우 대표자가, 법인이 아닌 경우 지적측량업자가 각각 지적 기술사이어야 함 2. 지적기술사 1인 또는 지적기사 자격을 취득한 자로서 10년 이상의 지적측량경력이 있는 자 2인을 포함한 7인 이상의 지적기술자를 확보할 것 3. 토탈스테이션 1대 이상과 자동제도장치 1대 이상의 측량장비를 확보할 것
등록증의 교부	시·도지사는 14일 이내 지적측량업 등록증을 교부하거나 거부의사를 신청인에게 통지
등록사항의 변경신고 (기간 없음)	측량업자는 등록사항이 변경된 경우, 국토교통부장관 또는 시·도지사에게 변경된 날부터 30일 이내에 변경신고를 하여야 함(법 제44조 제4항) ① 주된 영업소 또는 지점의 소재지가 변경된 때 ② 대표자가 변경된 때 ③ 기술인력 및 장비의 변동이 있을 때 ④ 상호가 변경된 때

결격사유	1. 피성년후견인 또는 피한정후견인 2. 금고 이상의 실형을 선고받고 집행이 종료(집행이 끝난 것으로 보는 경우를 포함)되거나 집행이 면제된 날부터 2년이 경과되지 아니한 자 3. 금고이상의 형의 집행유예기간 중인 자(선고유예는 결격사유 아님) 4. 측량업의 등록이 취소(피성년후견인 또는 피한정후견인의 경우는 제외)후 2년이 경과되지 아니한 자 5. 임원 중 지적측량업 등록의 결격사유에 해당하는 자가 있는 법인
업무범위	1. 토지의 소재, 지번, 좌표 등에 따른 경계점좌표등록부가 비치된 지역에서의 지적 측량 2. 도시개발사업 등 시행지역의 토지이동 신청에 관한 특례조항에 따른 도시개발사업 등이 완료한 지역에서 실시하는 지적확정 측량 3. 지적재조사에 관한 특별법」에 따른 사업지구에서 실시하는 지적재조사측량
휴·폐업 등의 신고	폐업하거나 30일을 초과하는 기간 휴업하는 때 또는 그 휴업 후 업무를 재개한 때에는 해당 측량업자는 30일 이내에 국토교통부장관, 해양수산부장관 또는 시도지사에게 신고하여야 한다. 1. 측량업자인 법인이 파산 또는 합병 외의 사유로 해산한 경우 : 해당 법인의 청산인 2. 측량업자가 폐업한 경우 : 폐업한 측량업자 3. 측량업자가 30일을 넘는 기간 동안 휴업하거나, 휴업 후 업무를 재개한 경우 : 해당 측량업
지적측량업자의 지위승계	1. 지적측량업자가 그 사업을 양도하거나 사망한 경우 또는 법인인 측량업자의 합병이 있는 경우에는 그 사업의 양수인·상속인 또는 합병 후 존속하는 법인이나 합병에 따라 설립된 법인은 종전의 측량업자의 지위를 승계함(법 제46조) 2. 지적측량업자의 지위를 승계한 자는 그 승계사유가 발생한 날부터 30일 이내에 시·도지사에게 신고하여야 함
지적측량업의 등록취소 사유	1. 거짓 그 밖의 부정한 방법으로 측량업의 등록을 한 때 2. 고의 또는 과실로 측량을 부정확하게 한 경우 3. 정당한 사유없이 측량업의 등록을 시작한 날로부터 1년 이내에 영업을 시작하기 아니하거나 계속하여 1년 이상 휴업한 경우 4. 지적측량업의 결격사유에 해당하게 된 때 ※ 다만, 법인의 임원 중 지적측량업의 결격사유에 해당하는 자가 있는 경우, 6월 이내에 그 임원을 해임한 때에는 그러하지 아니하다. 5. 영업정지기간 중에 지적측량업을 영위한 때
지적측량 수행자의 의무	1. 신의, 성실 공정의무, 측량의뢰거부금지의무 2. 본인, 배우자, 또는 직계 존속 및 비속이 소유한 토지에 대한 지적측량 금지 3. 수수료 외 업무와 관련된 대가수수 금지의무

	4. 비밀누설 금지의무 5. 2 이상의 지적측량수행자에게 소속금지의무
손해배상책임	1. 지적측량업자 : 보장기간이 10년 이상이고 보증금액 1억원 이상인 보증보험 2. 「국가공간정보 기본법」 제12조에 따라 설립된 한국국토정보공사 : 보증금액이 20억원 이상인 보증보험 ※ 지적측량업자는 등록증을 교부받은 날부터 10일 이내에 보증보험에 가입하여야 하고, 이를 증명하는 서류를 등록한 시·도지사에게 제출하여야 한다.

예/상/문/제

01 다음 중 지적측량을 하는 경우에 해당하는 것은?

① 분할로 인하여 지목이 변하지 아니하는 때

② 행정구역의 변경으로 인하여 지번을 변경하는 때

③ 토지소유자의 주소변경

④ 지목변경

⑤ 합병

> **해설** ①, ②·③·④·⑤는 면적이나 경계·좌표에 변동을 가져오지 아니하기 때문에 지적측량을 하지 아니한다. ⑤의 경우에는 종전 토지의 면적을 합산하면 된다. 하지만 분할의 경우, 지목이 변하든 변하지 아니하든 관계없이 지적측량을 하여 면적과 경계를 결정하게 된다.

02 지적기준점성과와 그 측량기록의 보관 및 열람 등에 관한 설명으로 틀린 것은? (공인중개사 제23회 기출문제)

① 시·도지사나 지적소관청은 지적기준점성과의 그 측량기록을 보관하여야 한다.

② 지적삼각점성과를 열람하거나 등본을 발급받으려는 자는 시·도지사에게 신청하여야 한다.

③ 지적삼각보조점성과를 열람하거나 등본을 발급받으려는 자는 지적소관청에 신청하여야 한다.

④ 지적도근점성과를 열람하거나 등본을 발급받으려는 자는 지적소관청에 신청하여야 한다.

⑤ 지적기준점성과의 열람 및 등본 발급 신청을 받은 지적측량수행자는 이를 열람하게 하거나 등본을 발급하여야 한다.

> **해설** ⑤, 신청을 받은 해당 기관은 이를 열람하게 하거나 지적측량기준점성과 등본을 발급하여야 한다.

03 「공간정보의 구축 및 관리 등에 관한 법률」상 지적소관청은 지적공부의 등록사항에 잘못이 있음을 발견하면 직권으로 조사·측량하여 정정할 수 있다. 다음 중 지적소관청의 직권으로 조사·측량하여 정정할 수 있는 경우에 해당하지 않는 것은? (공인중개사 제23회 기출문제)

① 지적공부의 등록사항이 잘못 입력된 경우

② 지적측량성과와 다르게 정리된 경우

③ 토지이용계획서의 내용과 다르게 정리된 경우

④ 지적공부의 작성 또는 재작성 당시 잘못 정리된 경우

⑤ 지적도 및 임야도에 등록된 필지가 면적의 증감 없이 경계의 위치만 잘못된 경우

해설 ③, 토지이용계획서의 내용과 다르게 정리된 경우는 지적소관청의 직권조사 및 측량으로 정정할 수 있는 경우에 해당하지 않는다.

04 공간정보의 구축 및 관리 등에 관한 법령상 지적측량의 측량기간 및 검사기간에 관한 설명이다. (   ) 안에 들어갈 내용으로 옳은 것은? (단, 합의하여 따로 기간을 정하는 경우는 제외함) (공인중개사 기출 제29회)

> 지적측량의 측량기간은 5일로 하며, 측량검사기간은 4일로 한다. 다만, 지적기준점을 설치하여 측량 또는 측량검사를 하는 경우 지적기준점이 15점 이하인 경우에는 (㉠)을, 15점을 초과하는 경우에는 (㉡)에 15점을 초과하는 (㉢)마다 1일을 가산한다.

① ㉠: 4일, ㉡: 4일, ㉢: 4점

② ㉠: 4일, ㉡: 5일, ㉢: 5점

③ ㉠: 5일, ㉡: 4일, ㉢: 4점

④ ㉠: 5일, ㉡: 5일, ㉢: 4점

⑤ ㉠: 5일, ㉡: 5일, ㉢: 5점

해설 ①, 공간정보의 구축 및 관리 등에 관한 법률 시행규칙 제25조 제3항 참조.

제6장
지적위원회

Ⅰ | 중앙지적위원회

① 지적 관련 정책 개발 및 업무 개선 등에 관한 사항, ② 지적측량기술의 연구·개발 및 보급에 관한 사항, ③ 제29조 제6항에 따른 지적측량 적부심사(適否審査)에 대한 재심사(再審査), ④ 측량기술자 중 지적분야 측량기술자(= 지적기술자)의 양성에 관한 사항, ⑤ 지적기술자의 업무정지 처분 및 징계요구에 관한 사항을 심의·의결하기 위하여 국토교통부에 중앙지적위원회를 둔다(법 제28조 제1항).

1. 중앙지적위원회의 구성

중앙지적위원회는 위원장 1명과 부위원장 1명을 포함하여 5명 이상 10명 이하의 위원으로 구성하며, 위원장은 국토교통부의 지적업무 담당 국장이, 부위원장은 국토교통부의 지적업무 담당 과장이 된다(영 제20조 제1항·제2항).

위원은 지적에 관한 학식과 경험이 풍부한 사람 중에서 국토교통부장관이 임명하거나 위촉한다(영 제20조 제3항). 간사는 국토교통부의 지적업무 담당 공무원 중에서 국토교통부장관이 임명하며, 회의 준비, 회의록 작성 및 회의 결과에 따른 업무 등 중앙지적위원회의 서무를 담당한다(영 제20조 제5항).

(1) 위원의 제척·기피·회피

중앙지적위원회의 위원이 다음의 어느 하나에 해당하는 경우에는 중앙지적위원회의 심의·의결에서 제척(除斥)된다.

> 1. 위원 또는 그 배우자나 배우자이었던 사람이 해당 안건의 당사자가 되거나 그 안건의 당사자와 공동권리자 또는 공동의무자인 경우
> 2. 위원이 해당 안건의 당사자와 친족이거나 친족이었던 경우
> 3. 위원이 해당 안건에 대하여 증언, 진술 또는 감정을 한 경우
> 4. 위원이나 위원이 속한 법인·단체 등이 해당 안건의 당사자의 대리인이거나 대리인이었던 경우
> 5. 위원이 해당 안건의 원인이 된 처분 또는 부작위에 관여한 경우

해당 안건의 당사자는 위원에게 공정한 심의·의결을 기대하기 어려운 사정이 있는 경우에는 중앙지적위원회에 기피 신청을 할 수 있고, 중앙지적위원회는 의결로 이를 결정한다. 이 경우 기피 신청의 대상인 위원은 그 의결에 참여하지 못한다.

또한 위원이 위의 제척 사유에 해당하는 경우에는 스스로 해당 안건의 심의·의결에서 회피(回避)하여야 한다.

(2) 위원의 해임·해촉

국토교통부장관은 중앙지적위원회의 위원이 다음의 어느 하나에 해당하는 경우에는 해당 위원을 해임하거나 해촉(解囑)할 수 있다.

> 1. 심신장애로 인하여 직무를 수행할 수 없게 된 경우
> 2. 직무태만, 품위손상이나 그 밖의 사유로 인하여 위원으로 적합하지 아니하다고 인정되는 경우
> 3. 다음의 어느 하나에 해당하는 데에도 불구하고 회피하지 아니한 경우
>   ① 위원 또는 그 배우자나 배우자이었던 사람이 해당 안건의 당사자가 되거나 그 안건의 당사자와 공동권리자 또는 공동의무자인 경우
>   ② 위원이 해당 안건의 당사자와 친족이거나 친족이었던 경우

③ 위원이 해당 안건에 대하여 증언, 진술 또는 감정을 한 경우
④ 위원이나 위원이 속한 법인·단체 등이 해당 안건의 당사자의 대리인이거나 대리인
   이었던 경우
⑤ 위원이 해당 안건의 원인이 된 처분 또는 부작위에 관여한 경우 어느 하나에 해당
   하는 데에도 불구하고 회피하지 아니한 경우

2. 위원의 임기

위원장 및 부위원장을 제외한 위원의 임기는 2년으로 한다(영 제20조 제4항).

3. 여비 등의 지급

중앙지적위원회의 위원에게는 예산의 범위에서 출석수당과 여비, 그 밖의 실비를 지급할 수 있다. 다만, 공무원인 위원이 그 소관 업무와 직접적으로 관련되어 출석하는 경우에는 그러하지 아니하다(영 제20조 제6항).

4. 중앙지적위원회의 회의

중앙지적위원회의 회의는 다음과 같이 운영한다(영 제21조).

중앙지적위원회 위원장은 회의를 소집하고 그 의장이 되는데, 위원장이 부득이한 사유로 직무를 수행할 수 없을 때에는 부위원장이 그 직무를 대행하고, 위원장 및 부위원장이 모두 부득이한 사유로 직무를 수행할 수 없을 때에는 위원장이 미리 지명한 위원이 그 직무를 대행한다.

또한 중앙지적위원회의 회의는 재적위원 과반수의 출석으로 개의(開議)하고, 출석위원 과반수의 찬성으로 의결하며, 중앙지적위원회는 관계인을 출석하게 하여 의견을 들을 수 있고, 필요하면 현지조사를 할 수 있다.

위원장이 중앙지적위원회의 회의를 소집할 때에는 회의 일시·장소 및 심의 안건을 회의 5일 전까지 각 위원에게 서면으로 통지하여야 하며, 위원이 재심사 시 그 측량 사안에 관하여 관련이 있는 경우에는 그 안건의 심의 또는 의결에 참석할 수 없다.

5. 현지조사자의 지정

중앙지적위원회가 현지조사를 하려는 경우에는 관계 공무원을 지정하여 지적측량 및 자료조사 등 현지조사를 하고 그 결과를 보고하게 할 수 있으며, 필요할 때에는 지적측량수행자에게 그 소속 측량기술자 중 지적분야 측량기술자(= 지적기술자)를 참여시키도록 요청할 수 있다(영 제22조).

Ⅱ | 지방지적위원회

지방지적위원회에 관한 사항은 중앙지적위원회 관련 규정을 준용한다(영 제23조 전단). 이 경우, "중앙지적위원회"는 "지방지적위원회"로, "국토교통부"는 "시·도"로, "국토교통부장관"은 "특별시장·광역시장·특별자치시장·도지사 또는 특별자치도지사"로, "법 제29조 제6항에 따른 재심사"는 "법 제29조 제1항에 따른 지적측량 적부심사"로 본다(영 제23조 후단).

1. 지방지적위원회의 설치

지적측량에 대한 적부심사 청구사항을 심의·의결하기 위하여 특별시·광역시·특별자치시·도 또는 특별자치도에 지방지적위원회를 둔다(법 제28조 제2항).

2. 지방지적위원회의 구성

지방지적위원회의 구성은 위원장 1명과 부위원장 1명을 포함하여 5명 이상 10명 이하의 위원으로 구성하며, 위원장은 시·도의 지적업무 담당 국장이, 부위원장은 시·도의 지적업무 담당 과장이 된다. 위원은 지적에 관한 학식과 경험이 풍부한 사람 중에서 시·도지사가 임명하거나 위촉한다.

3. 지방지적위원회의 회의

지방지적위원회의 위원장은 회의를 소집하고 그 의장이 되는데, 위원장이 부득이한 사유로 직무를 수행할 수 없을 때에는 부위원장이 그 직무를 대행하고, 위원장 및 부위원장이 모두 부득이한 사유로 직무를 수행할 수 없을 때에는 위원장이 미리 지명한 위원이 그 직무를 대행한다.

또한 회의는 재적위원 과반수의 출석으로 개의(開議)하고, 출석위원 과반수의 찬성으로 의결하며, 지방지적위원회에서는 관계인을 출석하게 하여 의견을 들을 수 있고, 필요하면 현지조사를 할 수 있다.

위원장이 지방지적위원회의 회의를 소집할 때에는 회의 일시·장소 및 심의 안건을 회의 5일 전까지 각 위원에게 서면으로 통지하여야 하며, 지장지적위원회의 위원이 지적측량 적부심사를 하는 때에 그 측량 사안에 관하여 관련이 있는 경우에는 그 안건의 심의 또는 의결에 참석할 수 없다.

4. 현지조사자의 지정

지방지적위원회가 현지조사를 하려는 경우에는 관계 공무원을 지정하여 지적측량 및 자료조사 등 현지조사를 하고 그 결과를 보고하게 할 수 있으며, 필요할 때에는 지적측량수행자에게 그 소속 측량기술자 중 지적분야 측량기술자(= 지적기술자)를 참여시키도록 요청할 수 있다(영 제22조).

5. 위원의 임기

위원장 및 부위원장을 제외한 위원의 임기는 2년으로 한다(영 제20조 제4항).

6. 여비 등의 지급

지방지적위원회의 위원에게는 예산의 범위에서 출석수당과 여비, 그 밖의 실비를 지급할 수 있다. 다만, 공무원인 위원이 그 소관 업무와 직접적으로 관련되어 출석하는 경우에는 그러하지 아니하다(영 제20조 제6항).

Ⅲ | 지적측량의 적부심사 등

1. 지적측량 적부심사의 청구

토지소유자, 이해관계인 또는 지적측량수행자는 지적측량성과에 대하여 다툼이 있는 경우에는 관할 시·도지사를 거쳐 지방지적위원회에 지적측량 적부심사를 청구할 수 있다(법 제29조 제1항).

이에 따라, 지적측량 적부심사(適否審査)를 청구하려는 자는 심사청구서에 ① 토지소유자 또는 이해관계인 : 지적측량을 의뢰하여 발급받은 지적측량성과 또는 ② 지적측량수행자(지적측량수행자 소속 지적기술자가 청구하는 경우만 해당) : 직접 실시한 지적측량성과에 따른 서류를 첨부하여 특별시장·광역시장·특별자치시장·도지사 또는 특별자치도지사를 거쳐 지방지적위원회에 제출하여야 한다(영 제24조 제1항).

지적측량 적부심사청구를 받은 시·도지사는 30일 이내에 ① 다툼이 되는 지적측량의 경위 및 그 성과, ② 해당 토지에 대한 토지이동 및 소유권 변동 연혁, ③ 해당 토지 주변의 측량기준점, 경계, 주요 구조물 등 현황 실측도를 조사하여 지방지적위원회에 회부하여야 한다(법 제29조 제2항). 시·도지사는 앞의 ③의 현황 실측도를 작성하기 위하여 필요한 경우에는 관계 공무원을 지정하여 지적측량을 하게 할 수 있으며, 필요하면 지적측량수행자에게 그 소속 지적기술자를 참여시키도록 요청할 수 있다(영 제24조 제2항).

2. 지적측량 적부심사의 의결

지적측량 적부심사청구를 회부받은 지방지적위원회는 그 심사청구를 회부받은 날부터 60일 이내에 심의·의결하여야 한다. 다만, 부득이한 경우에는 그 심의기간을 해당 지적위원회의 의결을 거쳐 30일 이내에서 한 번만 연장할 수 있다(법 제29조 제3항).

또한 지방지적위원회는 지적측량 적부심사를 의결하였으면 위원장과 참석위원 전원

이 서명 및 날인한 지적측량 적부심사 의결서를 작성하여 시·도지사에게 송부하여야
한다(법 제29조 제4항 및 영 제25조 제1항).

시·도지사는 의결서를 받은 날부터 7일 이내에 지적측량 적부심사 청구인 및 이해
관계인에게 그 의결서를 통지하여야 한다(법 제29조 제5항). 시·도지사가 지적측량 적
부심사 의결서를 지적측량 적부심사 청구인 및 이해관계인에게 통지할 때에는 재심사
를 청구할 수 있음을 서면으로 알려야 한다(영 제25조 제2항).

시·도지사는 지방지적위원회의 의결서를 받은 후 해당 지적측량 적부심사 청구인
및 이해관계인이 재심사를 청구하지 아니하면 그 의결서 사본을 지적소관청에 보내야
하며, 중앙지적위원회의 의결서를 받은 경우에는 그 의결서 사본에 지방지적위원회의
의결서 사본을 첨부하여 지적소관청에 보내야 한다(법 제29조 제9항).

지방지적위원회 또는 중앙지적위원회의 의결서 사본을 받은 지적소관청은 그 내용
에 따라 지적공부의 등록사항을 정정하거나 측량성과를 수정하여야 한다.

특별자치시장은 지방지적위원회의 의결서를 받은 후 해당 지적측량 적부심사 청구
인 및 이해관계인이 재심사를 청구하지 아니하거나 중앙지적위원회의 의결서를 받은
경우에는 직접 그 내용에 따라 지적공부의 등록사항을 정정하거나 측량성과를 수정하
여야 한다(법 제29조 제11항).

지방지적위원회의 의결이 있은 후 재심사를 청구하지 아니하거나 중앙지적위원회의
의결이 있는 경우에는 해당 지적측량성과에 대하여 다시 지적측량 적부심사청구를 할
수 없다(법 제29조 제12항).

3. 지적측량 적부심사의 재심사 청구 및 의결

(1) 재심사 청구

지방지적위원회의 의결서를 받은 자가 지방지적위원회의 의결에 불복하는 경우에는
그 의결서를 받은 날부터 90일 이내에 국토교통부장관을 거쳐 중앙지적위원회에 재심
사를 청구할 수 있다(법 제29조 제6항).

지적측량 적부심사의 재심사 청구를 하려는 자는 재심사청구서에 지방지적위원회의
지적측량 적부심사 의결서 사본을 첨부하여 국토교통부장관을 거쳐 중앙지적위원회에

제출하여야 한다(영 제26조 제1항).

지적측량 적부심사의 재심사를 받은 국토교통부장관은 30일 이내에 중앙지적위원회에 회부하여야 한다(법 제29조 제2항·제7항).

(2) 재심사 의결

지적측량 적부심사청구를 회부받은 중앙지적위원회는 그 재심사청구를 회부받은 날부터 60일 이내에 심의·의결하여야 한다. 다만, 부득이한 경우에는 그 심의기간을 해당 지적위원회의 의결을 거쳐 30일 이내에서 한 번만 연장할 수 있다(법 제29조 제3항·제7항).

중앙지적위원회가 재심사를 의결하였을 때에는 위원장과 참석위원 전원이 서명 및 날인한 의결서를 지체 없이 국토교통부장관에게 송부하여야 한다(영 제26조 제2항).

국토교통부장관은 재심사 의결서를 받은 날부터 7일 이내에 재심사 청구인이나 이해관계인에게 그 의결서를 통지하여야 한다. 이에 따라 중앙지적위원회로부터 의결서를 받은 국토교통부장관은 그 의결서를 관할 시·도지사에게 송부하여야 한다(법 제29조 제5항·제7항·제8항).

시·도지사는 중앙지적위원회의 의결서를 받은 경우에 그 의결서 사본에 지방지적위원회의 의결서 사본을 첨부하여 지적소관청에 보내야 한다(법 제29조 제9항).

대상	지적측량성과에 다툼이 있는 경우
신청인	토지소유자 또는 이해관계인
절차	1. 소유자 또는 이해관계인 　↓ 적부심사 청구서 제출 2. 시·도지사 　↓ 청구서를 받은 날로부터는 30일 이내에 지방지적위원회에 회부 3. 지방지적위원회(30일 이내에 심의·의결) 　↓ 송부 4. 시·도지사 　↓ 통지(신청인에게 7일 이내) 5. 청구인
재심사청구	지방지적위원회 의결에 불복하는 자가 지방지적위원회의결서 정본을 송부받은 날부터 90일 이내에 국토교통부장관을 거쳐 중앙지적위원회에 청구해야 함

구 분	중앙지적위원회	지방지적위원회	축척변경위원회
설치	국토교통부장관(상설기관)	시·도(상설기관)	축척변경시행지역(임시기관)
성격	심의·의결기관 (지적기술자 양성·징계, 지적측량적부재심사)	심의·의결기관 (지적측량적부심사)	심의·의결기관 (축척변경 시행계획, 청산금결정, 청산금 이의신청사항)
구성	5인 이상 10인 이내의 위원	←	5인 이상 10인 이내의 위원(토지소유자가 1/2 이상 포함되어야 함)
위원장	지적업무담당국장	←	위원 중에서 소관청이 지명
임기	2년	←	규정 없음
회의	1. 재적위원 과반수 출석으로 개의 2. 출석위원 과반수 찬성으로 의결 3. 회의 개최 시 각 위원에게 5일 전까지 서면으로 통보		

예/상/문/제

01 지적위원회의 구성위원은 위원장과 부위원장 각 1인을 포함하여 몇 명으로 구성하는가?

① 5인 이상 7인 이내

② 5인 이상 10인 이내

③ 7인 이상 10인 이내

④ 10인 이상 13인 이내

⑤ 10인 이상 15인 이내

해설 ②, 지방지적위원회의 구성은 위원장 1명과 부위원장 1명을 포함하여 5명 이상 10명 이하의 위원으로 구성하며, 위원장은 시·도의 지적업무 담당 국장이, 부위원장은 시·도의 지적업무 담당 과장이 된다.

02 지적공부의 효율적 관리 및 이용을 위하여 지적정보전담 관리기구를 설치하여 운영하는 자는? (공인중개사 제21회 기출문제)

① 읍·면·동장

② 지적소관청

③ 시·도지사

④ 행정자치부장관

⑤ 국토교통부장관

해설 ⑤, 국토교통부장관은 지적공부의 효율적인 관리 및 활용을 위하여 지적정보 전담 관리 기구를 설치·운영한다(법 제70조 제1항).

03 지적측량의 적부심사에 관한 설명으로 다음 중 틀린 것은?

① 지적측량 적부심사를 청구할 수 있는 자는 토지소유자, 이해관계인 또는 지적측량수행자이다.

② 지적측량 적부심사 청구를 받은 시·도지사는 30일 이내에 다툼이 되는 지적측량의 경위 및 성과 등을 조사하여 지방지적위원회에 회부하여야 한다.

③ 지적측량 적부심사를 청구하려는 자는 지적측량을 신청하여 측량을 실시한 후 심사청구서에 그 측량성과와 심사청구 경위서를 첨부하여 시·도지사에게 제출하여야 한다.

④ 지적측량 적부심사청구서를 회부받은 지방지적위원회는 부득이한 경우가 아닌 경우 그 심사청구를 회부받은 날부터 90일 이내에 심의·의결하여야 한다.

⑤ 지적측량 적부심사 청구자가 지방지적위원회의 의결사하에 대하여 불복하는 경우에는 그 의결서를 받은 날부터 90일 이내에 국토교통부장관에게 재심사를 청구할 수 있다.

> **해설** ④, 지적측량 적부심사청구를 회부받은 지방지적위원회는 그 심사청구를 회부받은 날부터 60일 이내에 심의·의결하여야 한다. 다만, 부득이한 경우에는 그 심의기간을 해당 지적위원회의 의결을 거쳐 30일 이내에서 한 번만 연장할 수 있다(법 제29조 제3항).

04 공간정보의 구축 및 관리 등에 관한 법령상 지적위원회 및 지적측량의 적부심사 등에 관한 설명으로 틀린 것은? (공인중개사 제29회 기출)

① 토지소유자, 이해관계인 또는 지적측량수행자는 지적측량성과에 대하여 다툼이 있는 경우에는 관할 시·도지사를 거쳐 지방지적위원회에 지적측량의 적부심사를 청구할 수 있다.

② 지방지적위원회는 지적측량에 대한 적부심사 청구사항과 지적기술자의 징계요구에 관한 사항을 심의·의결한다.

③ 시·도지사는 지방지적위원회의 의결서를 받은 날부터 7일 이내에 지적측량 적부심사 청구인 및 이해관계인에게 그 의결서를 통지하여야 한다.

④ 시·도지사로부터 의결서를 받은 자가 지방지적위원회의 의결에 불복하는 경우에는 그 의결서를 받은 날부터 90일 이내에 국토교통부장관을 거쳐 중앙지적위원회에 재심사를 청구할 수 있다.

⑤ 중앙지적위원회는 관계인을 출석하에 하여 의견을 들을 수 있으며, 필요하면 현지조사를 할 수 있다.

☞ 해설 ②, 지적측량에 대한 적부심사 청구사항은 지방지적위원회에서 하지만 지적기술자의 징계요구에 관한 사항의 심의·의결은 중앙지적위원회이다.

제7장
보칙 · 벌칙

I | 토지 등에의 출입 및 손실보상

1. 토지 등에의 출입

(1) 의의

측량 또는 수로조사를 하거나, 측량기준점을 설치하거나, 토지의 이동을 조사하는 자는 그 측량 또는 조사 등에 필요한 경우에는 타인의 토지·건물·공유수면 등에 출입하거나 일시 사용할 수 있으며, 특히 필요한 경우에는 나무, 흙, 돌, 그 밖의 장애물을 변경하거나 제거할 수 있다(법 제101조 제1항).

(2) 타인 토지 등에의 출입

타인의 토지 등에 출입하려는 자는 관할 특별자치시장, 특별자치도지사, 시장·군수 또는 구청장의 허가를 받아야 하며, 출입하려는 날의 3일 전까지 해당 토지 등의 소유자·점유자 또는 관리인에게 그 일시와 장소를 통지하여야 한다. 다만, 행정청인 자는 허가를 받지 아니하고 타인의 토지 등에 출입할 수 있다(법 제101조 제2항).

다만, 해 뜨기 전이나 해가 진 이후에는 그 토지 등의 점유자의 승낙 없이 택지나 담장 또는 울타리로 둘러싸인 타인의 토지에 출입할 수 없다는 점에 유의하여야 한다 (법 제101조 제6항).

(3) 타인 토지의 일시사용 및 장애물의 변경 또는 제거

타인의 토지 등을 일시 사용하거나 장애물을 변경 또는 제거하려는 자는 그 소유자·점유자 또는 관리인의 동의를 받아야 한다. 다만, 소유자·점유자 또는 관리인의 동의를 받을 수 없는 경우 행정청인 자는 관할 특별자치시장, 특별자치도지사, 시장·군수 또는 구청장에게 그 사실을 통지하여야 하며, 행정청이 아닌 자는 미리 관할 특별자치시장, 특별자치도지사, 시장·군수 또는 구청장의 허가를 받아야 한다(법 제101조 제3항). 이에 따라, 특별자치시장, 특별자치도지사, 시장·군수 또는 구청장은 허가를 하려면 미리 그 소유자·점유자 또는 관리인의 의견을 들어야 한다(법 제101조 제4항).

또한 토지 등을 일시 사용하거나 장애물을 변경 또는 제거하려는 자는 토지 등을 사용하려는 날이나 장애물을 변경 또는 제거하려는 날의 3일 전까지 그 소유자·점유자 또는 관리인에게 통지하여야 한다(법 제101조 제5항). 다만, 토지 등의 소유자·점유자 또는 관리인이 현장에 없거나 주소 또는 거소가 분명하지 아니할 때에는 관할 특별자치시장, 특별자치도지사, 시장·군수 또는 구청장에게 통지하여야 한다(법 제101조 제5항 단서).

(4) 수인의무

토지 등의 점유자는 정당한 사유 없이 앞의 (1)의 내용에 따른 행위를 방해하거나 거부하지 못하며(법 제101조 제7항), 앞의 (1)의 내용에 따른 행위를 하고자 하는 자는 그 권한을 표시하는 허가증을 지니고 관계인에게 이를 내보여야 한다(법 제101조 제8항).

2. 토지의 수용 및 손실보상

(1) 토지의 수용

국토교통부장관 및 해양수산부장관은 기본측량을 실시하기 위하여 필요하다고 인정하는 경우에는 토지, 건물, 나무, 그 밖의 공작물을 수용하거나 사용할 수 있으며(법 제103조 제1항), 이에 따른 수용 또는 사용 및 이에 따른 손실보상에 관하여는 「공익사업을 위한 토지 등의 취득 및 보상에 관한 법률」을 적용한다(법 제103조 제2항).

(2) 손실보상

측량 또는 수로조사를 하거나, 측량기준점을 설치하거나, 토지의 이동을 조사하는
자는 그 측량 또는 조사 등에 필요한 경우에는 타인의 토지·건물·공유수면 등에 출입
하거나 일시 사용할 수 있고, 특히 필요한 경우에는 나무, 흙, 돌, 그 밖의 장애물을
변경하거나 제거할 수 있는데, 이러한 행위로 인하여 손실을 받은 자가 있는 때에는
그 행위를 한 자는 그 손실을 보상하여야 한다(법 제102조 제1항).

또한, 손실보상에 관하여는 손실을 보상할 자와 손실을 받은 자가 협의하여야 하는
데(법 제102조 제2항), 손실보상은 토지, 건물, 나무, 그 밖의 공작물 등의 임대료·거래
가격·수익성 등을 고려한 적정가격으로 하여야 한다(영 제102조 제1항).

(3) 이의신청 및 그에 대한 재결

손실을 보상할 자 또는 손실을 받은 자는 협의가 성립되지 아니하거나 협의를 할
수 없는 경우에는 관할 토지수용위원회에 재결(裁決)을 신청할 수 있다(법 제102조 제3
항). 재결을 신청하려는 자는 재결신청자와 상대방의 성명 및 주소, 측량의 종류, 손실
발생사실, 보상받으려는 손실액과 그 명세, 협의의 내용 등을 적은 재결신청서를 관할
토지수용위원회에 제출하여야 한다(영 제102조 제2항).

또한 중앙토지수용위원회는 이의신청을 받은 경우 재결이 위법하거나 부당하다고
인정할 때에는 그 재결의 전부 또는 일부를 취소하거나 보상액을 변경할 수 있고, 이
에 따라 보상금이 늘어난 경우, 사업시행자는 재결의 취소 또는 변경의 재결서 정본을
받은 날부터 30일 이내에 보상금을 받을 자에게 그 늘어난 보상금을 지급하여야 한다
(「공익사업을 위한 토지 등의 취득 및 보상에 관한 법률」 제84조).

재결에 불복하는 자는 재결서 정본(正本)을 송달받은 날부터 30일 이내에 중앙토지
수용위원회에 이의를 신청할 수 있다. 이 경우 그 이의신청은 해당 지방토지수용위원
회를 거쳐야 한다(영 제102조 제3항).

(4) 행정소송의 제기

사업시행자, 토지소유자 또는 관계인은 재결에 불복할 때에는 재결서를 받은 날부

터 60일 이내에, 이의신청을 거쳤을 때에는 이의신청에 대한 재결서를 받은 날부터 30일 이내에 각각 행정소송을 제기할 수 있다. 이 경우 사업시행자는 행정소송을 제기하기 전에 늘어난 보상금을 공탁하여야 하며, 보상금을 받을 자는 공탁된 보상금을 소송이 종결될 때까지 수령할 수 없다.

출입	출입권자	측량종사자와 토지이동 조사하는 관계 공무원
	목적	지적측량실시, 수로조사, 측량기준점의 설치, 토지의 이동조사
	요건	미리 통지하고, 증표를 휴대 제시
	출입 시 행위	소유자 등의 동의를 얻어 1. 장애물의 제거 2. 형상의 일시 변경 3. 토지·죽목 또는 공작물을 일시 사용할 수 있음
손실 보상	요건	1. 타인의 토지 등에 지적측량기준점표지를 설치한 경우 2 타인 토지에 장애물을 제거하거나 일시적인 형상 변경 3. 토지나 죽목 등을 일시 사용한 경우 4. 지적측량이나 토지이동조사를 위해 타인 토지에 출입한 경우 ※ 측량이 특정인을 위한 경우 발생된 손실은 그 특정인이 보상해야 한다.

	절차	1. 협의(지적측량수행자 또는 소관청과 손실을 받은 자)
		  ↓ 협의 불성립 시 또는 할 수 없는 경우
		2. 토지수용위원회
		  ※ 토지수용위원회의 재결에 관하여는 「공익사업을 위한 토지 등의 취득 및 보상에 관한 법률」 제84조부터 제88조까지의 규정을 준용한다.

Ⅱ | 수수료 등

1. 수수료 납부 대상

다음의 어느 하나에 해당하는 신청을 하는 자는 수수료를 내야 한다(법 제106조).

1. 제14조 제2항 및 제19조 제2항에 따른 측량성과 등의 복제 또는 사본의 발급 신청
2. 제15조에 따른 기본측량성과·기본측량기록 또는 같은 조 제1항에 따라 간행한 지도등의 활용 신청
3. 제15조 제3항에 따른 지도등 간행의 심사 신청
4. 제16조 또는 제21조에 따른 측량성과의 국외 반출 허가 신청
5. 제18조에 따른 공공측량성과의 심사 요청
6. 제27조에 따른 지적기준점성과의 열람 또는 그 등본의 발급 신청
7. 제33조에 따른 수로조사성과의 심사 신청
8. 제36조에 따른 수로도서지의 복제 등의 승인 신청
9. 제44조 제2항에 따른 측량업의 등록 신청
10. 제44조 제3항에 따른 측량업등록증 및 측량업등록수첩의 재발급 신청
11. 제54조 제1항에 따른 수로사업의 등록 신청
12. 제54조 제3항에 따른 수로사업등록증 및 수로사업등록수첩의 재발급 신청
13. 제75조에 따른 지적공부의 열람 및 등본 발급 신청
14. 제76조에 따른 지적전산자료의 이용 또는 활용 신청
14의2. 제76조의4에 따른 부동산종합공부의 열람 및 부동산종합증명서 발급 신청
15. 제77조에 따른 신규등록 신청, 제78조에 따른 등록전환 신청, 제79조에 따른 분할 신청, 제80조에 따른 합병 신청, 제81조에 따른 지목변경 신청, 제82조에 따른 바다로 된 토지의 등록말소 신청, 제83조에 따른 축척변경 신청, 제84조에 따른 등록사항의 정정 신청 또는 제86조에 따른 도시개발사업 등 시행지역의 토지이동 신청
16. 제92조 제1항에 따른 측량기기의 성능검사 신청
17. 제93조 제1항에 따른 성능검사대행자의 등록 신청
18. 제93조 제2항에 따른 성능검사대행자 등록증의 재발급 신청

2. 수수료의 면제 사유

다음의 어느 하나에 해당하는 경우에는 수수료를 면제할 수 있다(법 제106조 제5항).

1. 제1항 제1호 또는 제2호의 신청자가 공공측량시행자인 경우
2. 제1항 제8호의 신청자가 국가, 지방자치단체, 「초·중등교육법」 및 「고등교육법」에 따른 학교 등에서 비영리적 목적으로 유사한 제작물을 발행하는 경우
3. 제1항 제8호의 신청자가 우리나라 정부와 협정을 체결한 외국정부인 경우
4. 제1항 제13호의 신청자가 국가, 지방자치단체 또는 지적측량수행자인 경우
5. 제1항 제14호의2 및 제15호의 신청자가 국가 또는 지방자치단체인 경우

· 수수료를 지적공부를 정리한 날부터 30일 내에 내지 아니하면 국세 또는 지방세 체납처분의 예에 따라 징수한다(법 제106조 제5항·규칙 제117조).

Ⅲ | 벌칙 등

1. 행정형벌

(1) 3년 이하의 징역 또는 3천만원 이하의 벌금(법 제107조)

측량업자나 수로사업자로서 속임수, 위력(威力), 그 밖의 방법으로 측량업 또는 수로사업과 관련된 입찰의 공정성을 해친 자는 3년 이하의 징역 또는 3천만원 이하의 벌금에 처한다.

(2) 2년 이하의 징역 또는 2천만원 이하의 벌금(법 제108조)

다음의 어느 하나에 해당하는 자는 2년 이하의 징역 또는 2천만원 이하의 벌금에 처한다.

1. 제9조 제1항(측량기준점표지의 보호)을 위반하여 측량기준점표지를 이전 또는 파손하거나 그 효용을 해치는 행위를 한 자
2. 고의로 측량성과 또는 수로조사성과를 사실과 다르게 한 자
3. 국가안보나 그 밖에 국가의 중대한 이익을 해칠 우려가 있다고 인정되거나 다른 법령에 따라 비밀로 유지되거나 열람이 제한되는 등 비공개사항으로 규정된 기본측량성과를 국외로 반출한 자(단, 국토교통부장관이 국가안보와 관련된 사항에 대하여 미래창조과학부장관, 외교부장관, 통일부장관, 국방부장관, 행정자치부장관, 산업통상자원부장관 및 국가정보원장 등 관계 기관의 장과 협의체를 구성하여 국외로 반출하기로 결정한 경우 제외)
4. 측량업의 등록을 하지 아니하거나 거짓이나 그 밖의 부정한 방법으로 측량업의 등록을 하고 측량업을 한 자
5. 수로사업의 등록을 하지 아니하거나 거짓이나 그 밖의 부정한 방법으로 수로사업의 등록을 하고 수로사업을 한 자
6. 트랜싯, 레벨 등의 측량기기에 대한 성능검사를 부정하게 한 성능검사대행자

7. 제93조 제1항을 위반하여 성능검사대행자의 등록을 하지 아니하거나 거짓이나 그 밖의 부정한 방법으로 성능검사대행자의 등록을 하고 성능검사업무를 한 자

(3) 1년 이하의 징역 또는 1천만원 이하의 벌금(법 제109조)

다음의 어느 하나에 해당하는 자는 1년 이하의 징역 또는 1천만원 이하의 벌금에 처한다.

1. 기본측량성과나 기본측량기록을 복제하거나 그 사본을 발급받으려는 자 또는 공공측량 성과 또는 공공측량기록을 복제하거나 그 사본을 발급받으려는 자 중 무단으로 측량성 과 또는 측량기록을 복제한 자
2. 기본측량성과, 기본측량기록 또는 그 밖의 간행한 지도 등을 활용한 지도 등을 간행하 여 판매하거나 배포하려는 자 중 국토교통부장관의 심사를 받지 아니하고 지도 등을 간행하여 판매하거나 배포한 자
3. 해양수산부장관이 간행한 수로도서지를 복제하거나 변형하여 수로도서지와 비슷한 제 작물로 발행하려는 자 중 해양수산부장관의 승인을 받지 아니하고 수로도서지를 복제 하거나 이를 변형하여 유사한 제작물을 발행한 자
4. 측량기술자가 아니면서 측량을 한 자
5. 정당한 사유 없이 업무상 알게 된 비밀을 누설한 자
6. 둘 이상의 측량업자에게 소속된 측량기술자 또는 수로기술자
7. 다른 사람에게 자기의 측량업등록증 또는 측량업등록수첩을 빌려 주거나 자기의 성명 또는 상호를 사용하여 측량 업무를 하게 한 자
8. 다른 사람의 등록증 또는 등록수첩을 빌려서 사용하거나 다른 사람의 성명 또는 상호를 사용하여 측량업무를 한 자
9. 측량성과 등의 복제 또는 사본의 발급, 간행한 지도 등의 활용신청이나 심사신청, 측량 성과의 국외 반출 허가 신청, 공공측량성과의 심사요청, 지적기준점성과의 열람 또는 그 등본의 발급 신청, 수로조사성과의 심사 신청, 수로도서지의 복제 등의 승인 신청 등 법에 정해진 지적측량수수료 이외에 업무와 관련하여 대가를 받은 자
10. 신규등록, 등록전환, 분할, 합병, 지목변경, 바다로 된 토지의 등록말소, 축척변경, 등 록사항의 정정, 도시개발사업 등 시행지역의 토지이동 등의 신청을 거짓으로 한 자
11. 다른 사람에게 자기의 성능검사대행자 등록증을 빌려 주거나 자기의 성명 또는 상호를 사용하여 성능검사대행업무를 수행하게 한 자
12. 다른 사람의 성능검사대행자 등록증을 빌려서 사용하거나 다른 사람의 성명 또는 상호 를 사용하여 성능검사대행업무를 수행한 자

(4) 양벌규정

법인의 대표자나 법인 또는 개인의 대리인, 사용인, 그 밖의 종업원이 그 법인 또는 개인의 업무에 관하여 위의 행정형벌 중 어느 하나에 해당하는 위반행위를 하면 그 행위자를 벌하는 외에 그 법인 또는 개인에게도 해당 조문의 벌금형을 과한다(법 제110조). 다만, 법인 또는 개인이 그 위반행위를 방지하기 위하여 해당 업무에 관하여 상당한 주의와 감독을 게을리하지 아니한 경우에는 그러하지 아니하다(법 제110조 단서).

2. 과태료

(1) 과태료의 부과기준

위반행위의 횟수에 따른 과태료의 부과기준은 최근 5년간 같은 위반행위로 과태료를 부과받은 경우에 적용한다. 이 경우 위반횟수는 같은 위반행위에 대하여 과태료를 부과받은 날과 다시 같은 위반행위로 적발된 날을 기준으로 하여 계산한다.

하나의 위반행위가 둘 이상의 과태료 부과기준에 해당하는 경우에는 그 중 금액이 큰 과태료 부과기준을 적용한다(영 [별표13]).

(2) 과태료의 부과권자

과태료는 국토교통부장관, 해양수산부장관, 시·도지사 또는 지적소관청이 부과·징수한다(법 제111조). 부과권자는 ① 위반의 내용·정도가 중대하여 이해관계인 등에게 미치는 피해가 크다고 인정되는 경우 또는 ② 법 위반상태의 기간이 6개월 이상인 경우의 어느 하나에 해당하는 경우에 과태료 금액의 2분의 1범위에서 그 금액을 늘릴 수 있다. 다만, 늘리는 경우에도 과태료의 총액은 법 제111조 제1항에 따른 과태료 금액의 상한을 넘을 수 없다.

(3) 항목별 부관되는 과태료 금액의 상한

1) 300만원 이하의 과태료

다음의 어느 하나에 해당하는 자에게는 300만원 이하의 과태료를 부과한다.

1. 정당한 사유 없이 측량을 방해한 자
2. 고시된 측량성과에 어긋나는 측량성과를 사용한 자
3. 항만공사(어항공사 포함) 또는 항로준설, 해저에서의 흙·모래·광물 등의 채취, 바다에 흙·모래·준설토 등을 버리는 행위, 매립, 방파제·인공안벽의 설치나 철거 등으로 기존 해안선이 변경되는 공사, 인공어초 등 구조물의 설치 또는 투입, 항로상의 교량 및 공중전선 등의 설치 또는 변경 등 해양수산부장관이 발행한 수로도서지의 내용을 변경하게 하는 공사 등을 완료한 후 수로조사를 하지 아니한 자
4. 수로조사기본계획 및 연도별 시행계획에 따라 선박, 부표, 관측시설, 위성 등을 이용하는 수로조사, 수로조사를 하려는 자나 수로도서지의 제작 또는 변경을 요청하기 위하여 수로조사를 하려는 자의 신고를 받은 수로조사, 다른 관계기관으로부터 수로조사계획을 받은 수로조사, 국토교통부장관 및 해양수산부장관으로부터 위탁받은 수로조사 등 해양수산부장관이 공고한 수로조사를 정당한 사유 없이 방해한 자
5. 법 제35조 제5항을 위반하여 판매가격을 준수하지 아니하고 수로도서지를 판매하거나 최신 항행통보에 따라 수정되지 아니한 수로도서지를 보급한 자
6. 근무처 및 경력 등을 거짓으로 하여 측량기술자 또는 수로기술자의 신고를 하거나 측량업 등록사항의 변경신고를 하지 아니한 자
7. 측량업자의 지위를 승계한 자가 그 승계사유가 발생한 날부터 30일 이내에 국토교통부장관, 해양수산부장관 또는 시·도지사에게 신고하지 아니하는 경우
8. 측량업 또는 수로사업의 휴업·폐업 등의 신고를 하지 아니하거나 거짓으로 신고한 자
9. 본인, 배우자 또는 직계 존속·비속이 소유한 토지에 대한 지적측량을 한 자
10. 수로사업 등록사항의 변경신고를 하지 아니한 자
11. 측량기기에 대한 성능검사를 받지 아니하거나 부정한 방법으로 성능검사를 받은 자
12. 성능검사대행자의 등록사항 변경을 신고하지 아니한 자 또는 성능검사대행업무의 폐업신고를 하지 아니한 자
13. 정당한 사유 없이 다음의 사항에 대하여 보고를 하지 아니하거나 거짓으로 보고한 자 및 조사를 거부·방패 또는 기피한 자
    ① 측량업자, 지적측량수행자 또는 수로사업자가 고의나 중대한 과실로 측량 또는 수로 조사를 부실하게 하여 민원을 발생하게 한 경우
    ② 판매대행업자가 판매망·기술·인력·설비 등의 지정요건을 갖추지 못하였다고 인정되거나 수로도서지의 판매가격을 준수하지 않거나 최신 항행통보에 따라 수로 도서지를 수정·보급하지 아니한 경우
    ③ 측량업자 또는 수로사업자가 측량업의 등록기준 또는 수로사업의 등록기준에 미달된다고 인정되는 경우
    ④ 성능검사대행업자가 성능검사를 부실하게 하거나 등록기준에 미달된다고 인정되는 경우
14. 정당한 사유 없이 토지 등에의 출입 등을 방해하거나 거부한 자

2) 50만원 이하의 과태료

다음의 어느 하나에 해당하는 자에게는 50만원 이하의 과태료를 부과한다.

1. 지적측량업의 등록자가 규정을 위반하여 등록사항 변경신고를 하지 아니한 자
2. 지적측량업의 등록자가 규정을 위반하여 휴·폐업 등의 신고를 하지 아니한 자
3. 지적측량수행자가 자기·배우자 또는 직계 존·비속의 소유토지에 대해 지적측량을 행한 경우
4. 토지이동조사 또는 지적측량을 하는 자의 타인 토지 출입이나 장애물 제거 등의 업무를 정당한 사유 없이 거부·방해 한 경우

3) 10만원 이하의 과태료

다음의 어느 하나에 해당하는 자에게는 10만원 이하의 과태료를 부과한다.

1. 신규등록신청을 60일 이내에 하지 아니한 경우
2. 등록전환신청을 60일 이내에 하지 아니한 경우
3. 1필지 일부의 형질변경으로 인한 분할 신청을 60일 이내에 하지 아니한 경우
4. 지목변경 신청을 60일 이내에 하지 아니한 경우

(4) 부과·징수절차

1) 위반행위의 조사·확인

위반행위의 조사 3일 전까지 조사 일시·목적내용 등에 관한 계획을 조사 대상자에게 알려야 한다. 다만, 긴급한 경우나 사전에 조사계획이 알려지면 조사 목적을 달성할 수 없다고 인정하는 경우는 제외한다.

조사공무원은 그 권한을 표시하는 증표를 지니고 관계인에게 이를 내보여야 한다.

2) 과태료 금액의 결정

부과권자는 과태료 부과기준에 따라 당해 위반행위의 동기와 결과 등을 참작하여 과태료 금액을 결정한다.

3) 과태료 금액의 통지

부과권자는 과태료 금액을 과태료 부과 대상자에게 통지하고, 10일 이상의 기간을 정하여 구술 또는 서면에 의한 의견진술의 기회를 주어야 한다.

4) 이의신청

부과된 과태료 금액에 불복하는 자는 부과·고지를 받은 날부터 60일 이내에 국토교통부장관 또는 당해 소관청에 이의를 신청할 수 있고, 이의신청을 받은 국토교통부장관 또는 당해 소관청은 지체 없이 관할 법원에 통지하여야 한다. 통지를 받은 관할 법원은 「비송사건절차법」에 의한 과태료의 재판을 진행한다.

기간 내에 이의신청을 하지 아니하고 과태료를 납부하지 아니한 경우에는 국세 및 지방세 체납처분 예에 의거 강제 징수한다.

예/상/문/제

01 「공간정보의 구축 및 관리 등에 관한 법률」상의 수수료에 관한 다음 설명 중 바르지 않은 것은?

① 수수료 납부는 수입인지, 수입증지, 또는 현금으로 내야 한다.

② 정보통신망을 이용한 전자화폐·전자결제 등의 방법으로 수수료를 내게 할 수도 있다.

③ 토지이동에 따른 지적공부정리 및 부동산종합공부의 열람과 부동산종합증명서 발급의 신청인이 국가 또는 지방자치단체인 경우에는 수수료를 2분의 1 범위 내에서 면제할 수 있다.

④ 지적측량을 의뢰하는 자는 지적측량수행자에게 지적측량수수료를 지급하여야 한다.

⑤ 부동산종합공부의 열람 및 부동산종합증명서의 발급 신청 시, 수수료를 납부하여야 한다.

> **해설** ③, 토지이동에 따른 지적공부정리 및 부동산종합공부의 열람과 부동산종합증명서 발급의 신청인이 국가 또는 지방자치단체인 경우에는 수수료를 면제할 수 있다.

02 「공간정보의 구축 및 관리 등에 관한 법률」상의 벌칙에 관한 설명으로 다음 중 옳지 않은 것은?

① 고의로 측량성과를 사실과 다르게 한 자는 2년 이하의 징역 또는 2천만원 이하의 벌금에 처한다.

② 측량기술자가 아님에도 불구하고 측량을 한 자는 1년 이하의 징역 또는 1천만원 이하의 벌금에 처한다.

③ 법인의 대표자나 법인 또는 개인의 대리인, 사용인, 그 밖의 종업원이 그 법인 또는 개인의 업무에 관하여 위반행위를 하면 그 행위자를 벌하는 외에 그 법인 또는 개인

에게도 해당 조문의 징역형 또는 벌금형을 과한다.

④ ③의 경우, 법인 또는 개인이 그 위반행위를 방지하기 위하여 해당 업무에 관하여 상당한 주의와 감독을 게을리하지 아니한 경우에는 그러하지 아니하다.

⑤ 과태료 처분에 불복하는 자는 그 처분의 고지를 받은 날부터 60일 이내에 국토교통부장관 또는 당해 지적소관청에 이의를 제기할 수 있다.

> **해설** ③, 법인의 대표자나 법인 또는 개인의 대리인, 사용인, 그 밖의 종업원이 그 법인 또는 개인의 업무에 관하여 위반행위를 하면 그 행위자를 벌하는 외에 그 법인 또는 개인에게도 해당 조문의 벌금형을 과한다.

제2편
부동산등기법

제1장
부동산등기제도 총론

I | 부동산등기

1. 의 의

'부동산등기'란 국가기관인 등기관이 등기부에 부동산의 표시와 그에 대한 일정한 권리관계를 법정절차에 따라 기록하는 것 또는 기록 그 자체를 말한다.

다시 말해, 등기관이 부동산등기법에서 정한 절차에 따라 등기부에 부동산에 관한 권리관계나 부동산의 표시내용을 기재하거나 이미 기재한 내용을 말한다. 그러므로 등기관이 등기신청서를 접수는 하였으나 등기부에 기재하지 아니하면 등기가 되지 아니하며, 등기관의 날인이나 이전 등기부에서 등기내용을 새로운 등기부에 이기(移記)하는 것도 등기에 해당하지 아니한다.

법률행위로 인해 발생하는 부동산 물권변동은 물권적 법률행위 외에 '등기'라는 요건을 갖추어야 한다(민법 제186조). 물론 상속, 공용징수, 판결, 경매 등 법률행위와 관계없이 발생하는 부동산 물권변동은 등기 없이도 발생하지만, 그 물권을 처분하려면 우선 등기를 하여야 한다(민법 제187조). 이와 같이, 부동산등기는 모든 부동산 물권변동에 있어 필수적 요건 또는 처분을 위한 요건이 된다.

'부동산의 표시'는 부동산에 관한 물리적 현황(소재, 지번, 지목, 구조, 면적 등)을 말하며, 권리관계란 법에 의하여 등기할 수 있는 권리로 규정된 소유권, 지상권, 지역권, 전세권, 저당권, 권리질권, 채권담보권, 임차권 등 권리의 보존, 이전, 설정, 변경, 처분의 제한, 소멸 등을 말한다(법 제3조).

2. 현행 우리나라의 부동산등기제도

우리나라의 현행 부동산등기제도의 특징은 등기부의 조직에 있어 물적편성주의를 취하고 있고, 등기절차에 있어서는 공동신청주의와 등기관의 형식적 심사주의에 의하고 있다는 것이다. 또한 등기의 효력에 관하여는 성립요건주의를 취하고 있으나, 공신력은 인정되지 않고 등기관의 책임에 관하여는 국가배상책임이 인정된다는 특징을 가지고 있다.

관 장	원칙	예외
	사법부에서 관장	
등기부의 편성	1. 물적편성주의 채택 2. 1부동산 1등기용지원칙 3. 대장과 등기부 이원화 4. 토지등기부와 건물등기부의 이원화	구분건물의 등기용지
등기의 신청	1. 출석주의 원칙(진정성 보장을 위함) 2. 신청주의 원칙(사적자치의 존중) 3. 당사자신청주의 원칙 4. 공동신청주의 원칙(진정성보장) 5. 서면신청주의(등기의 명확성을 위함)	1. 관공서촉탁, 인터넷 신청 2. 등기관 직권 또는 법원명령에 의한 등기 3. 제3자 대위신청 4. 단독신청 5. 인터넷에 의한 신청
등기의 심사	형식적 심사주의	실질적 심사주의(구분건물의 구조상·이용상 독립성 보장 여부를 심사 가능)
등기의 효력	1. 물권변동의 형식주의 2. 등기의 공신력 부인	

표 1 등기관의 책임

구 분	국가배상	구상권	개인책임
고의		인정	인정
중과실	인정		
경과실		불인정	불인정

3. 등기의 기능

"부동산에 관한 법률행위로 인한 물권의 득실변경은 등기하여야 그 효력이 생긴다."
고 규정하고 있는 민법 제186조에 근거하여 등기는 법률행위에 의한 부동산물권변동
의 효력발생요건이 된다. 동시에 등기는 "상속·공용징수·판결·경매 기타 법률의 규
정에 의한 부동산에 관한 물권의 취득은 등기를 요하지 아니하지만 등기를 하지 아니
하면 이를 처분하지 못한다."고 규정하고 있는 민법 제187조에 근거하여 법률규정에
의한 부동산물권변동의 처분요건이 된다.

또한 신청서상의 임의적 기재사항(특약, 약정, 존속기간, 지료 등)과 환매권, 임차
권, 신탁계약 등은 등기를 하지 않아도 당사자 간의 채권적 효력은 발생하지만 제
3자에 대한 대항력은 갖추지 못하는데, 이때에 등기는 제3자에 대한 대항요건이
된다.

표 2 등기의 기능 요약

성립·효력요건	처분요건	제3자에 대한 대항요건
1. 법률행위(계약 등)에 의한 부동산물권변동 2. 시효취득 3. 이행, 확인판결에 의한 등기	1. 상속, 포괄유증, 합병 2. 매각(경매), 공매 3. 형성판결 4. 공용징수, 수용 5. 건물의 신축, 공유수면매립지의 소유권취득	1. 부동산임차권, 환매권 등의 채권 2. 「신탁법」에 의한 신탁 3. 재단법인의 재산 출연 4. 각종 등기의 임의적 기재사항(특약·약정·존속기간·지료 등)

4. 등기의 구분

(1) 기능에 따른 분류

부동산표시에 관한 등기와 권리에 관한 등기로 분류할 수 있다.

1) 부동산표시의 등기(= 사실의 등기, 권리의 등기, 표제부의 등기)

표제부에 하는 토지와 건물의 현황, 즉 소재·지번·면적·지목·건물의 구조 등의 등기를 말한다. 이를 「사실의 등기」라고도 한다. 이 표시의 등기는 부동산의 현황을 먼저 대장(토지대장·건물대장)에 등록하고 이에 일치시키기 위하여 하는 등기이다. 구분건물에 있어서는 권리의 등기와는 독립적으로 표시의 등기만이 인정된다.

즉, 규약상 공용부분의 표시의 등기와 구분건물의 표시의 등기(일부의 구분건물만을 소유권보존등기를 하는 경우 나머지 구분건물의 표시의 등기를 동시에 하여야 함)이다. 이외에는 보존등기를 하지 아니한 채 표시에 관한 등기만을 하는 경우는 인정하지 아니한다.

2) 권리의 등기(= 보존등기, 권리변동의 등기)

등기용지 중 사항 란에 하는 각종 권리에 관한 사항을 등기하는 것을 말한다. 즉 소유권의 보존·이전 등과 소유권 이외의 제한물권의 등기를 말한다. 권리의 성정·보존·이전·변경·처분의 제한·소멸에 관한 등기를 말한다.

(2) 등기의 효력에 따른 분류

어떤 등기를 하면 권리변동의 효력이 발생하는 등기를 「종국등기」라고 하고, 다른 등기에 대해 예비적으로 하는 등기를 「예비등기」하고 한다. 「예비등기」의 종류에는 「가등기」와 「예고등기」가 있다. 그러나, '예고등기'는 "본래 등기의 공신력이 인정되지 아니하는 법제에서 거래의 안전을 보호하기 위하여 인정되는 제도였으나, 이로 인하여 등기명의인이 거래상 받는 불이익이 크고 집행방해의 목적으로 소를 제기하여 예고등기가 행하여지는 사례가 있는 등 그 폐해가 크다."는 이유로 부동산등기법 개정([시행 2011.10.13.] [법률 제10580호, 2011.4.12., 전부개정])을 통해 폐지되었다.

1) 종국등기

'종국등기'란 부동산 물권변동의 효력을 발생시키거나 변경·소멸시키는 효력을 가진 등기를 말한다. 예컨대, 소유권이전등기, 각종 권리의 설정등기, 전세권의 변경·말소등기 등이다. 여기서 "권리변동의 효력을 발생시킨다."라는 의미는 그 효력이 실제로 발생한다는 의미는 아니고 형식적 의미일 뿐이다. 즉, 소유권보존등기나 피담보채권의 변제에 의한 저당권말소등기, 존속기간의 만료에 의한 용익물권의 말소등기 등은 물권변동의 효력은 발생하지 아니하기 때문이다.

종국등기를 예비등기에 대하여 「본등기」라고도 하며, 이는 기입등기, 경정등기, 변경등기, 말소등기, 회복등기, 멸실등기로 구분할 수 있다.

2) 예비등기(가등기)

'예비등기'란 장차 종국등기의 준비로 하는 등기를 말하는데, 즉 장래 발생할 권리변동에 대비해서 우선 그 「권리의 순위만」을 확보할 목적으로 하는 등기이다.

부동산물권변동청구권을 보전하거나(소유권이전청구권 등) 또는 그 청구권이 시기부이거나 정지조건부인 때, 장래 그 청구권이 확정될 때(예약완결권)에 예비적으로 하는 등기이다. 장래에 그 권리의 발생요건이 충족된 때(권리의 발생 및 그 시기와 도래, 정지조건의 성취 등)에 본등기를 하여야 물권변동의 효력이 발생한다. 나중에 본등기를 하게 되면 "본등기한 권리의 순위는 먼저 가등기를 한 순위"에 의하는데, 이는 가등기가 「본등기의 순위보전」의 효력을 가지고 있기 때문이다.

다만, 가등기에 기하여 본등기를 하면 그 순위가 가등기의 순위에 의할 뿐이고, 물권변동의 효력은 가등기시로 소급하지 아니하고 본등기시에 일어난다.

(3) 등기의 내용에 따른 분류

1) 기입등기

'기입등기'란 새로운 등기원인에 의하여 권리의 발생이 있는 경우에 등기부에 새로 기입하는 등기로서, 일반적으로 등기라고 하면 이 '기입등기'를 의미한다. 기입등기의 예로서는 소유권보존등기, 소유권이전등기, 저당권설정등기 등이 있다. 기입등기는 「새로이」 기입하는 등기이므로 기존의 등기사항을 변경·소멸·회복시키는 등기와는 다르다.

2) 변경등기

넓은 의미에서 변경등기를 「협의의 변경등기」와 「경정등기」로 구분할 수 있는데, 이는 등기의 실체를 맞추어 나가는 절차이다.

가. 협의의 변경등기

'협의의 변경등기'란 등기를 한 이후에 등기사항의 「일부」에 변경이 생기게 되어 하는 등기이다. 다시 말해, 실체관계와 등기내용의 사이에 「후발적 불일치」가 발생하였을 때(주소변경, 거래금액의 변경, 계약날짜의 변동 등) 이를 일치시키기 위한 등기로서, 가장 빈번하게 발생하는 등기이다.

나. 경정등기

'경정등기'란 등기 당시에 착오나 누락(유루)이 있는데 이를 등기한 후에 발견한 때에 이를 시정하기 위한 등기이다. 즉 「원시적 불일치」(주소의 오기, 이름의 오기 등)를 시정하기 위한 등기이다.

3) 말소등기

'말소등기'란 기존 등기의 「전부」를 소멸시키기 위한 등기이다. 예컨대, 원인무효의 소유권이전등기를 말소하거나, 채무변제로 인하여 저당권말소등기를 하는 경우이다. 기존 등기가 원시적(위조 등) 또는 후발적 이유(기간만료로 인한 전세권소멸 등)로 인하여 「전부」가 부적법하게 된 때(실제와 대장이 다르게 된 때)에 이 전부를 소멸시키기 위한 등기이다. 이러한 '말소등기'는 등기사항의 전부의 부적법을 이유로 「전부」를 말소한다는 점에서 일부의 부적법을 이유로 「일부」만을 말소하는 변경등기나 경정등기와는 다르다.

또한 말소등기의 말소등기는 허용되지 아니하고 말소회복등기를 하여야 하는데, 이는 말소등기를 착오 등으로 부적법하게 한 경우에 그 말소등기를 다시 말소하는 것이 아니라 잘못 말소된 그 등기를 되살리기 위한 말소회복등기를 하여야 한다는 것을 말한다.

4) 회복등기

'회복등기'에는 「말소회복등기」와 「멸실회복등기」가 있는데, 소멸된 등기를 회복하는 것으로 말소된 등기를 회복하는 것이 전자인 '말소회복등기'이며, 멸실된 등기용지를 다시 작성하는 것이 후자인 '멸실회복등기'이다.

부적법하게 말소된 등기를 회복등기하면 그 말소등기는 말소 이전으로 회복(회복등기의 순위는 종전 등기의 순위에 의함)되고, 멸실된 등기용지는 대법원장(지방법원장에게 위임)의 고시에 따라 종전의 권리자가 멸실회복등기를 신청하면 신등기용지를 작성하여 이에 기재하게 된다.

5) 멸실등기

부동산이 전부 멸실된 경우에 멸실등기를 하고 등기용지를 폐쇄하게 되는데, 예로서 건물이 철거된 경우에 하는 등기이다. 부동산의 일부만 멸실된 경우에는 멸실등기를 하지 않고, 표시변경등기를 한다.

(4) 등기의 방식 또는 형식에 따른 분류

1) 주등기(= 독립등기)

'주등기'란 「독립된 순위번호」를 붙여서 하는 등기를 말하며, 이를 「주등기 또는 독립등기」라고도 한다. 등기는 원칙적으로 주등기의 형식으로 행하여진다. 독립등기는 등기를 할 때마다 순위번호가 바뀌게 된다.

2) 부기등기

'부기등기'란 기존 등기에 부기하는 것을 말하는데, 즉 부기등기는 독립된 번호 없이 기존 주등기의 번호 아래에 부기를 붙여서 하는 등기를 말한다. 이러한 '부기등기'는 독립된 순위번호를 갖지 아니하고 기존 등기의 순위를 그대로 유지하게 되는데, 이에 따라 부기등기는 기존 등기의 동일성을 유지하고 그 권리와 동일한 순위나 효력을 보유하기 위하여 하는 등기가 된다.

부기등기의 순위번호는 주등기의 번호를 사용하고 그 번호의 아래쪽에 부기 제 몇 호라고 기재하게 되는데, 「변경등기, 경정등기, 환매특약, 소유권 이외의 권리의 이전등기, 권리질권등기, 전대차 등」은 부기등기로 행하여진다.

그러나 권리변경등기나 경정등기에서 등기상 이해관계인이 있는 때에는 그의 승낙서나 이에 대항할 수 있는 재판 등본을 첨부하지 못하면 부기등기로 하지 못하고 주등기로 하여야 한다.

주등기 (독립된 순위번호에 의해)	부기등기 (기존 등기에 부기하여 하는 등기)
1. 소유권목적의 등기 ① 소유권이전등기 ② 소유권이전청구권기등기 ③ 소유권에 대한 처분제한의 등기 ④ 저당권의 목적이 소유권인 경우 ⑤ 소유권보존, 지상권·전세권·임차권설 정등기	1. 소유권 이외 권리목적의 등기 ① 권리질권 ② 권리이전청구권 가등기 ③ 처분제한의 등기 ④ 저당권의 목적이 소유권 이외의 권리인 경우 ※ 양도할 수 있는 재산권을 목적으로 하 는 질권을 권리질권이라 한다. 다만, 사용·수 익을 목적으로 하는 소유권, 지상권, 전세권, 지역권, 어업권 및 광업권은 대상으로 하지 않 는다.
2. 변경, 경정등기 ① 부동산표시변경·경정등기 ② 이해관계인의 승낙서나 판결서를 첨부하 지 못한 권리변경이나 경정	2. 변경, 경정등기 ① 등기명의인의 표시변경, 경정등기 ② 이해관계인이 없거나 이해관계인의 승낙 서 등을 첨부한 권리변경, 경정등기 ③ 일부말소의미의 경정
3. 전부말소회복	3. 일부말소회복등기
4. 말소등기	4. 가등기, 특약등기 ① 가등기상의 권리의 이전등기, 가등기상 의 권리에 대한 처분제한의 등기 ② 특약에 관한 등기 : 환매특약, 권리소멸 의 약정, 공유물분할 특약
	5. 저당채권에 대한 질권과 부기등기 : 저당권 으로 담보한 채권을 질권의 목적으로 한 때 에는 그 저당권등기에 질권의 부기등기를 하여야 그 효력이 저당권에 미침(민법 제 348조)

(5) 등기절차에 따른 분류

등기절차에 따라 신청에 의한 등기, 관공서의 촉탁·등기관의 직권·법원의 명령에 의한 등기로 나눌 수 있다. 여기에서의 등기는 당사자의 신청에 의한 등기가 원칙적인 모습이다.

1) 신청에 의한 등기

등기는 사적자치의 원칙에 의하여 당사자의 신청이 있을 때에 해 주는 것이 원칙이며, 직권에 의한 등기는 법률에 규정이 있는 경우에만 예외적으로 인정된다. 이를 「신청주의원칙」이라고 하는데, 대부분의 등기는 관할등기소에 신청하는 것으로 등기절차가 개시된다.

또한 권리에 관한 등기는 등기권리자와 등기의무자가 「공동신청」하는 것을 원칙으로 하고 있으나, 예외적으로 등기권리자나 등기명의인이 단독으로 신청하는 경우(채권, 주식, 무체재산권)도 있다.

2) 촉탁에 의한 등기

관공서가 등기권리자나 등기의무자인 경우에는 관공서가 공권력 행사의 주체로서 등기를 촉탁하는 경우가 있다. 이러한 촉탁등기절차에 관해서는 거의 신청에 의한 등기절차를 준용한다. 다만 촉탁등기에서는 출석이 면제되며, 인감증명을 첨부할 필요가 없다.

3) 직권에 의한 등기

법률에 특별한 규정이 있는 경우에 예외적으로 등기관이 등기를 하는 경우가 있는데, 이에 해당하는 예로서 직권경정등기, 직권말소등기, 직권말소회복등기, 직권소유권보존등기 등이 있다.

4) 법원의 명령에 의한 등기

'법원의 명령에 의한 등기'란 등기관의 처분에 대한 이의신청 시에 지방법원에서 그 이의신청의 내용이 타당하지 않다고 각하한 등기에 대한 기재명령이나 이미 등기가 된 경우는 말소명령(법 제55조에 해당하는 등기), 이의에 대해 결정하기 전에 가등기의 명령으로 이루어지는 등기 등을 말한다.

참고 **법 제55조(사망 등으로 인한 권리의 소멸과 말소등기)**

등기명의인인 사람의 사망 또는 법인의 해산으로 권리가 소멸한다는 약정이 등기되어 있는 경우에 사람의 사망 또는 법인의 해산으로 그 권리가 소멸하였을 때에는, 등기권리자는 그 사실을 증명하여 단독으로 해당 등기의 말소를 신청할 수 있다.

Ⅱ | 등기의 효력

1. 등기의 일반적 효력

부동산등기를 하면 권리변동의 효력, 대항력, 권리순위확정력, 추정력, 점유적 효력 등이 발생하는데, 공신력은 우리나라에서 인정되지 않고 있다. 가등기에는 권리순위보전의 효력이 있다.

2. 물권변동의 효력

본등기는 부동산 물권의 변동을 발생시키는 효력을 가진다. 즉, 부동산의 물권인 소유권, 지상권, 전세권, 저당권 등이 변동된 때에는 당사자 간의 의사의 합치가 있게 되고「등기를 하게 되면」그 부동산의 권리가 변경되게 된다. 예를 들어, 부동산의 매매계약에 따라 소유권이전등기를 하면 소유권이 이전되는데, 여기서 등기는 물권변동의「효력발생요건 또는 성립요건」이 된다(민법 제186조). 이를 법률행위를 하고 등기라는 형식을 취한다는 점에서「형식주의」라고도 부른다.

이에 반하여「의사주의」를 취하는 나라에서는 물권변동의 효력은 당사자 간의 의사표시의 합치만으로 발생하고, 이를 제3자에게 대항하기 위하여 등기가 필요하다고 본다. 이러한「의사주의 내지 대항요건주의」를 취하는 나라는 프랑스, 일본, 우리의 (구)민법(1960년 이전) 등이 있다. 다만 우리 법제에서도 임차권등기나 환매권등기, 각종 특약사항은 등기가 성립요건이 아니라 대항요건에 해당할 뿐이다.

또한 법률의 규정에 따라 이미 권리변동이 발생하고 난 후에 이를 공시하기 위해 하는 등기는 등기 시에 물권변동의 효력이 생기지 아니한다. 이에 등기를 한 후에 물권변동의 효력이 발생하는 경우는 그 등기의 원인이 '법률행위'에 해당하는 경우만을 가리킨다.

법률행위로 인한 물권변동인 경우 물권변동의 효력이 발생하는 시기는 등기를 한 때인데, 정확히 말하면 등기부에 등기사항을 기재하여 등기를 완료한 때가 된다. 따라

서 등기신청이 적법하게 접수되어 수리되고 등기필증을 교부한 경우라도 등기부에 기
재가 누락되었다면 등기의 효력은 발생하지 아니한다.

3. 대항력

'대항력'이란 등기를 하면 제3자에게 대항할 힘이 발생한다는 것을 말한다. 예를 들
면, 지상권, 지역권, 전세권, 저당권 등의 존속기간이나 지료, 이자, 지급시기 등에 대
하여 등기하지 아니하면 당사자 간에 채권적 효력만이 있을 뿐이지만 이를 등기함으
로써 당사자뿐만 아니라 제3자에 대해서도 대항할 수 있는 효력이 있게 된다.

예로서, 부동산환매권은 환매권의 보류약정을 하고 이를 등기하면 제3자에게 효력
이 발생하게 되고(민법 제592조), 부동산의 임대차는 등기를 한 때부터 제3자에게 효력
이 발생한다(민법 제621조 제2항). 또한 신탁은 등기를 함으로써 제3자에게 대항할 수
있다. 환매권의 약정이나 임차권의 약정은 당사자 간의 계약만으로 효력이 있으나, 그
약정을 등기하지 아니하면 제3자에게 대항할 수 없다는 의미이다.

그 외에 존속기간, 이자, 위약금, 보증금, 전세권양도금지특약 등도 등기를 함으로써
그 내용을 제3자에게 주장할 수 있게 된다.

4. 순위확정적 효력

'순위확정적 효력'이란 등기를 하면 등기를 한 시기에 따라 권리의 순위가 정해지는
효력을 말한다. 즉, 동일한 부동산에 대하여 등기된 권리 사이의 순위는 법률에 다른
규정이 없는 한 등기한 순서에 따라야 하며(법 제4조 제1항), 그 등기의 순서는 등기기
록 중 같은 구(區)에서 한 등기 상호 간에는 순위번호에 따르고, 다른 구에서 한 등기
상호 간에는 접수번호에 따라야 한다(법 제4조 제2항). 예를 들면, 동일한 부동산에 어
떤 채권자가 먼저 저당권설정등기를 하고 그 후에 다른 채권자가 동일한 부동산에 대
하여 저당권설정등기를 하면 먼저 한 자가 1번 저당권자가 되고, 후에 한 자가 2번 저
당권자가 된다는 뜻이다.

등기의 순서는 동구에서 한 등기에 대하여는 순위번호에 의하고, 별구에서 한 등기
에 대하여는 접수번호에 의하는데, 이는 갑구와 을구에 등기한 권리의 순위는 접수번

호에 따른다는 것을 의미한다. 또한 부기등기의 순위는 주등기의 순위에 따르는데, 단 같은 주등기에 관한 부기등기 상호 간의 순위는 그 등기 순서에 따른다(법 제5조).

또한 대지권을 등기한 후 건물등기용지에 한 등기로서 대지권에도 미치는 등기와 대지권의 목적인 토지등기용지 중 해당구 사항란에 한 등기의 순서는 접수번호에 의 하는데, 이는 구분건물에 관하여 건물등기용지에 한 등기와 대지권의 목적인 토지에 한 등기의 순위를 말하는 것이다. 그런데 저당권의 등기에서는 선순위의 저당권이 소 멸한 때에는 후순위의 순위가 상승하게 되는 「순위상승」의 원칙이 적용된다.

5. 추정력

'등기의 추정력'이란 어떤 등기가 되어 있으면 이에 부합하는 실체적 권리관계가 존 재하는 것으로 추정하는 것을 말하는데, 즉 등기된 내용은 그 등기가 말소될 때까지는 실체적인 권리관계가 존재하는 것으로 추정된다는 것이다. 이에 그 등기된 사항에 대 하여 무효를 주장하는 자는 스스로 그 무효를 입증하여야 할 책임을 진다.

등기의 추정력은 통설로서 판례 역시 이를 인정하고 있다. 예를 들면, 이는 갑의 명 의로 소유권 이전등기가 되어 있으면 갑이 소유자로 확정되지는 않지만 추정된다는 뜻이다. 등기의 추정력은 말소확정판결 등에 의하여 깨어지나 당사자의 단순 주장만으 로는 추정력이 깨어지지 아니한다. 따라서 처분금지가처분의 등기가 있는 후에도 다른 처분이 여전히 가능하다.

다만 가처분권자가 본안 소송에서 승소하면 가처분 이후 처분등기는 실효되므로 가 처분권자가 그 승소에 따른 등기신청시 실효된 등기의 말소등기를 동시에 신청하여 등기를 말소할 수 있다.

6. 가등기의 효력

가등기는 소유권, 지상권, 지역권, 전세권, 저당권, 권리질권, 채권담보권, 임차권의 어느 하나에 해당하는 권리의 설정, 이전, 변경 또는 소멸의 청구권을 보전하려는 때 에 하는데, 그 청구권이 시기부(始期附) 또는 정지조건부(停止條件附)일 경우나 그 밖에 장래에 확정될 것인 경우에도 같다(법 제88조). 이에 가등기는 청구권보전 효력을 가진다.

또한, 가등기에 의한 본등기를 한 경우 본등기의 순위는 가등기의 순위에 따르는데 (법 제91조), 이는 가등기가 본등기 순위의 보전적 효력을 가지기 때문이다.

Ⅲ | 등기한 권리의 순위

1. 등기한 권리의 순위

같은 부동산에 관하여 등기한 권리의 순위는 법률에 다른 규정이 없으면 등기한 순서에 따른다(법 제4조 제1항).

2. 등기의 선후

등기의 순서는 등기기록 중 같은 구(區)에서 한 등기 상호 간에는 순위번호에 따르고, 다른 구에서 한 등기 상호 간에는 접수번호에 따른다(법 제4조 제2항).
① 동구(같은 구)에서 한 등기 : 순위번호
② 별구(다른 구)에서 한 등기 : 접수번호

3. 부기등기의 순위

부기등기(附記登記)의 순위는 주등기(主登記)의 순위에 따른다. 다만, 같은 주등기에 관한 부기등기 상호 간의 순위는 그 등기 순서에 따른다(법 제5조).

참고 부기등기의 번호 기록(규칙 제2조)

등기관이 부기등기를 할 때에는 그 부기등기가 어느 등기에 기초한 것인지 알 수 있도록 주등기 또는 부기등기의 순위번호에 가지번호를 붙여서 하여야 한다.

---

4. 가등기에 의한 본등기의 순위

가등기에 의한 본등기(本登記)를 한 경우에 본등기의 순위는 가등기의 순위에 따르며(법 제91조), 가등기를 한 후 본등기의 신청이 있을 때에는 가등기의 순위번호를 사용하여 본등기를 하여야 한다(규칙 제146조).

5. 말소회복이나 멸실회복등기의 순위

말소 또는 멸실 전의 순위에 따른다.

Ⅳ | 등기의 유효요건

등기가 유효하기 위해서는 등기에 부합하는 실체관계가 존재하여야 하고 또 부동산등기법이 정하는 절차에 따라 행하여져야 한다.

1. 실체적 유효요건

(1) 등기에 부합하는 실체관계가 존재할 것

등기에 부합하는 부동산이 존재하고 등기명의인이 허무인이 아니어야 하며 등기에 부합하는 실체적 권리변동 내지 물권행위가 존재하여야 한다.

(2) 등기와 실체관계의 부합의 정도

부동산의 표시와 등기가 일치하여야 한다. 소재나 지번이 실체와 다른 등기는 무효이다. 등기는 권리변동이나 물권행위와 일치하여야 하는데 불일치가 있는 경우 그 불일치의 범위가 동일성의 범위 내이면 경정등기나 변경등기에 의하여 시정이 가능하지만, 동일성이 없을 정도로 일치되지 아니할 때에는 그 등기는 무효이다. 권리의 객체, 권리의 종류가 실체관계와 불일치하는 경우는 등기와 실체가 동일성을 인정할 수 없으므로 그 등기는 무효이다.

중간생략등기도 실체관계와는 불일치한 등기이지만 판례는 그 유효성을 인정하는데 다만 최근의 판례에서는 토지거래허가지역에서 거래허가를 적법하게 얻지 아니하고 이루어진 중간생략등기를 무효로 본 것이 있다.

2. 형식적 유효요건

관할위반등기 사건이 등기할 것이 아닌 때에 해당하는 등기는 무효이다. 이를 등기 관이 발견하였을 때에는 이의의 기회를 부여한 후 직권 말소한다.

무효인 등기	유효인 등기
1. 권리의 주체, 객체, 권리의 종류가 불일치	1. 지목, 면적이 불일치
2. 소재나 지번이 불일치	2. 지번이 불일치해도 이해관계인이 없고 동일성 인정(건물의 경우)
3. 등기량 < 물권량 (등기범위 내에서 인정)	3. 등기량 > 물권량 (물권 범위 내에서 인정)
4. 사실등기(표제부)로서 멸실건물에 대한 신축건물을 유한 등기로 합의	4. 이해관계인이 없는 권리등기를 유용으로 합의
5. 토지거래허가 받은 중간생략등기	5. 중간생략등기, 모두생략등기
6. 관할위반의 등기, 사건이 등기할 것 아닌 때	6. 원인은 달라도 동일한 결과가 귀속 (소유권 → 이전, 매매 → 증여, 유증 → 상속)
7. 등기사무정지기간(천재지변 등) 중에 실행된 등기	7. 절차상의 하자 있으나(무권대리인에 의한 신청, 위조문서에 의한 등기, 본인사망 후 대리인 신청 등) 동일 결과가 귀속
8. 명의신탁약정에 의한 등기	8. 제척규정을 위반한 등기관의 등기
	9. 후순위 접수된 등기를 먼저 실행한 등기 (표제부 등기의 유용 ×)

V | 등기사항

1. 의 의

부동산등기는 권리변동에 대해서 등기를 하지만 부동산의 표시(현황)에 대해서도 등기를 하고 이미 권리변동이 된 사실을 공시하기 위하여 등기를 하는 경우가 있다. 또한, 등기가 부동산물권변동의 「성립요건(효력발생요건)」이 되는 경우가 대부분이지만 「대항요건」이 되는 경우도 있다.

(1) 실체법상의 등기사항

등기를 하지 않으면 권리변동의 효력이 생기지 아니하는 것으로 민법 제186조의 「법률행위」에 의한 등기를 말한다. 즉 등기가 물권변동의 효력발생요건인 경우이다. 실체법상의 등기사항은 모두 뒤의 절차법상의 등기사상이 된다.

(2) 절차법상의 등기사항

부동산등기법상 등기할 수 있는 사항을 말하는 것으로 「법률행위」로 인한 물권변동뿐만 아니라(민법 제186조), 「법률의 규정」 기타에 의한 물권변동(민법 제187조)도 등기할 수 있는데, 여기까지를 포함하여 하는 말이다. 즉 상속·공용징수·판결·경매·피담보채권의 소멸로 인한 저당권의 소멸, 용익물권의 존속기간의 만료로 인한 소멸, 혼동에 의한 물권의 소멸 등은 등기를 하지 아니하여도 물권변동이 생기므로 실체법(민법)상의 등기사항은 되지 아니하나 절차법(부동산등기법)상의 등기사항은 된다는 뜻이다. 또 부동산의 표시·경정, 대지권의 등기 및 그 변경, 등기명의인의 표시 변경·경정 등도 실체법상의 등기사항은 아니나 절차법상의 등기사항은 된다.

표 3 등기와 내용의 불일치 유형에 따른 효력발생 여부

1. 소재지, 지번의 불일치	① 토지 : 무효 ② 건물 : (원칙) 무효, (예외) 유효 (구조, 면적 등을 종합적으로 판단하여 동일성 인정될 시)
2. 지목, 면적	기본적으로 대장이 우선함
3. 권리종류가 내용에 부합하지 않는 경우	① 전세권 계약 후, 임차권을 등기하는 경우 → 등기 무효 ② 실제는 저당권이면서 근저당권을 설정하는 경우 → 등기 무효
4. 권리주체가 다른 경우	'이상훈'을 '석호영'으로 잘못 기재하여 등기하는 경우 → 등기 무효

5. 실체와 등기가 결과적으로 동일하나, 과정이 다른 경우	① 실제와 다른 원인에 의한 등기 → 매매계약 후, 증여로 등기 (유효) ② 중간생략등기 → 사법상 등기는 유효하나, 공법상 규정에 따라 처벌 ③ 모두 생략등기 → 양수인 명의로 보존등기하는 경우(최초의 건축 명의자로 등기 없이 양수인 명의로 보존등기하는 경우) → 공법상 규정에 따라 처벌

2. 등기의 대상인 물건

등기는 부동산에 대하여 그 권리변동을 공시하시 위하여 하는 것이다. 즉 토지와 그 정착물이 부동산이므로 이것이 등기의 대상이 되는 물건이다. 다만 토지의 정착물 중에는 건물·입목 등만이 등기의 대상이 된다. 즉 교량·제방·담장·철탑 등은 등기의 대상이 될 수 없다. 토지와 건물이라도 사권의 목적이 되는 것에 한해서 등기가 가능하다. 예로 하천은 국유로 사권의 목적이 되지 아니하므로 등기를 할 수 없다.

(1) 토지

토지는 1필지마다 등기의 대상이 된다. 토지의 「일부」에 대해서는 등기를 할 수 없으나, 지상권·전세권·지역권 등 용익물권은 등기할 수 있다.

(2) 건물

1동의 건물마다 등기의 대상이 된다. 1동의 건물을 수 개로 구분한 구분건물은 그 자체로 구조상 및 이용상 독립성이 있으므로 등기의 대상이 된다. 건물의 일부에 대해서는 등기의 대상이 되지 아니하나, 전세권은 등기의 대상은 된다.

표 4 등기대상인 물건 또는 대상이 아닌 물건의 요약

등기대상인 물건	등기대상이 아닌 물건
1. 토지 ① 「하천법」이 적용되지 않는 하천(지방2급) 「하천법」상의 하천(지방1급 하천) ② 「도로법」상의 도로, 방조제 ③ 유류저장 탱크, 송유관, 지하상가, 고가	1. 사권의 목적이 아닌 것 ① 「하천법」상의 하천(국가하천) ② 공유수면하의 토지, 공해상의 수중암초 및 구조물 ③ 구조상 공용인 부분(계단, 복도 등)

도로, 모노레일(→ 구분지상권 등기)
2. 건물
　① 농업용고정식 온실, 비각, 싸이로
　② 규약상 공용인 부분, 증축인 부분
　③ 구분건물의 전유부분 또는 부속 건물
　④ 조적조 및 컨테이너 구조 슬레이트 지붕 건물
　⑤ 아파트의 지하실
　⑥ 공용주택의 지하주차장(전유부분의 부속 건물로 가능)
　⑦ 개방형 축사(→ 근저당권 설정 목적)

2. 공작물인 것
　① 방조제의 부속시설(배수갑문 등)
　② 농지개량시설의 공작물(방수문, 잠관, 권양기)
　③ 지붕 없는 공작물
3. 동산인 것 : 견본주택, 가설건축물, 모델하우스, 구조 및 건물이 컨테이너인 건물, 비닐하우스
4. 토지 및 건물의 일부인 것
　① 토굴, 터널, 교량, 축대
　② 건물의 부대설비 : 건물의 승강기, 보일러실, 급유탱크

3. 등기할 수 있는 권리

　등기는 원칙적으로 부동산물권에 대해서 그 물권변동을 공시하는 것이므로 등기의 대상이 되는 권리는 「부동산에 관한 물권」이다. 다시 말해, 부동산소유권, 용익물권, 저당권, 권리질권 등이 대상이고 채권으로는 부동산임차권의 등기가 가능하다.

　임차권은 등기를 하면 그 임차권을 임대인 외의 제3자에게도 행사할 수 있는 대항력이 생긴다. 권리질권은 저당권부채권을 목적으로 하여 질권을 설정하는 것으로 저당권에 부기등기의 방식으로 이루어지며, 그 등기의 효력이 저당권에 미친다.

　유치권·점유권은 등기를 할 수 없는 물권으로 유치권이나 점유권은 점유 그 자체가 그 권리의 공시방법이기 때문에 별도로 등기를 요하지 아니하고 점유를 잃으면 그 권리는 소멸하게 된다.

4. 등기의 대상인 권리변동

　민법 제186조 규정에 따라 등기할 사항은 물권의 득실변경에 관한 것인데, 부동산등기법은 등기사항은 권리의 설정·보존·이전·변경 및 처분의 제한·소멸이라고 규정하고 있다.

(1) 권리의 설정(→ 소유권 이외 권리의 창설)

소유권 외의 권리를 당사자 간 계약에 의해 성립하도록 하는 것을 설정이라 한다. 예로서, 저당권설정, 전세권설정 등을 말하며 이는 설정등기를 하여야만 권리가 성립한다.

(2) 권리의 보존(→ 등기용지를 처음으로 개설하는 것)

소유권보존등기를 말하는 것으로 원시 취득한 소유권(건물의 신축, 바다의 매립 등)을 공시하기 위하여 등기를 하는 것으로, 이 보존등기가 소유권의 효력발생요건은 아니다. 어쨌든 보존등기는 미등기부동산에 대하여 최초로 하는 등기이다. 보존등기를 할 수 있는 물권은 소유권뿐이다.

(3) 권리의 이전(→ 권리를 넘겨받는 등기)

권리를 승계 취득하였을 때 하는 등기이다. 예컨대, 소유권이전등기, 저당권이전등기, 지상권이전등기, 전세권이전등기, 임차권이전등기 등이 있다. 시효취득, 수용, 공유자 중 그 1인이 지분을 포기하거나 상속인 없이 사망한 경우 등은 소유권을 원시취득하는 경우이지만 등기는 보존등기가 아니라 이전등기의 방식을 취하고 있다. 진정한 등기명의의 회복인 경우에는 무권리자의 등기를 말소하는 방법뿐만 아니라 회복자 앞으로 이전등기를 하는 방식으로 회복시킬 수 있다는 것이 판례이다.

(4) 권리나 표시의 변경

전세권의 변경, 소유권의 변경(소유자 이름 변경, 주소변경 등) 등에 대해서 등기를 하는 경우와 지목변경, 면적의 증감 등과 같이 부동산의 표시변경을 등기하는 것을 말한다.

(5) 권리처분의 제한

압류, 가압류, 가처분, 경매기입등기 등이 있으면 소유권 기타의 권리처분을 제한받는데, 이를 등기하는 것을 말한다. 그런데 실은 이러한 권리의 처분제한등기가 되어 있어도 여전히 처분할 수 있다. 다만 처분제한권자가 본안소송에서 승소하거나 결락이 이루어지면 처분제한등기 후의 처분된 권리는 실효된다.

(6) 권리의 소멸

원인무효·취소계약해제로 인한 소유권이전등기의 말소나 채무변제, 계약해제로 인한 저당권의 말소 등을 등기할 수 있는 것을 말한다.

5. 법률의 규정에 의한 물권변동

(1) 민법 제187조

민법 제187조에서는 "상속, 공용징수, 판결, 경매, 기타 법률의 규정에 의한 부동산에 관한 물권의 취득은 등기를 요하지 아니한다(여기서 취득만이 아니라 다른 권리변동도 포함하는 것으로 해석함). 그러나 등기를 하지 아니하면 이를 처분하지 못한다."고 규정하고 있다. 즉 관련 법률의 규정이나 관습법에 의한 경우 또는 이론상 등기가 필요 없는 경우에는 등기를 요하지 아니하고, 이렇게 취득한 물권을 처분할 때에는 취득을 먼저 등기하고 처분등기를 하여야 한다는 것이다.

상속의 경우에는 피상속인의 사망 시에 상속인에게 권리가 포괄적으로 이전되고, 수용의 경우는 보상금을 지급하는 조건으로 등기 없이 기업자(수용자)가 권리를 취득하며, 형성판결에서는 판결확정 시에 권리변동이 생기며, 경매의 경우는 경락인이 경락대금을 완납한 때에 권리를 취득한다. 다만 처분하려고 하면 등기를 한 후에 처분하여야 한다. 그러나 판례는 상속등기 없이 피상속인으로부터 직접 양수인에게로 이전등기를 한 경우나, 미등기건물을 양수인 명의로 보존등기를 한 경우를 유효하다고 한다.

판결에 의한 경우에 등기 없이 권리변동의 효력이 생기는 것은 형성판결의 경우를 의미하고, 이행판결 또는 확인판결에는 그 판결확정만으로는 권리변동이 되지 아니한다. 여기서 이행판결은 피고에게 일정한 사항을 명하는 판결인데, 이 판결에 따라 등기를 하여야 권리변동의 효력이 생기며, 확인판결은 기존의 법률관계를 확인하는 것에 불과하므로 권리변동의 효력이 생기지 아니한다.

형성판결은 권리변동의 형성을 목적으로 하는 판결로 등기와 관계없이 그 판결확정으로서 선언한 법률관계의 발생·변경·소멸이 이루어진다. 형성판결의 예로는 공유물

분할판결, 사해판결확정시이다. 확정판결과 동일한 효력이 있는 재판상의 화해, 청구의 포기, 수락조서에 기재한 때에는 그 내용이 법률관계의 형성에 관한 것이면 역시 등기 없이도 권리변동의 효력이 생긴다.

또한 민법 제187조에서 경매는 공매와 공경매만을 의미하며 사경매는 포함하지 아니한다. 참고로 공매(입찰 또는 경매의 방법에 의한다)에 있어서는 매수인이 매수대금을 납부한 때에 매각 재산의 권리를 취득한다고 규정한다.

(2) 민법 제187조의 예외(→ 법률규정에 의한 취득의 예외)

점유취득시효에 의한 물권의 취득은 법률의 규정에 의한 물권변동이나, 20년 이상 소유의 의사로 평온, 공연하게 부동산을 점유하고 등기를 하여야 취득한다(민법 제245조 제1항).

예/상/문/제

01 우리나라의 등기제도에 관한 특징을 연결한 것으로 가장 타당한 것은?

① 의사주의-인적 편성주의-실질적 심사주의

② 의사주의-인적 편성주의-단독 신청주의

③ 형식주의-물적 편성주의-형식적 심사주의

④ 물적 편성주의-공동신청주의-구두주의

⑤ 인적 편성주의-단독신청주의-서면주의

해설 ③, 우리나라 등기사무의 관장은 사법부에서 관장하고 있으며, 원칙적으로 1부동산 1등기용지를 갖춰야 한다. 등기신청에 있어서는 신청주의·당사자신청·공동신청주의를 택하고 있으며, 등기관의 심사권은 형식적 심사주의를 따르고 있다.

02 등기된 권리의 순위에 관한 다음 설명 중 옳지 않은 것은?

① 등기의 전후는 등기용지 중 같은 구에서 한 등기에 대하여는 접수번호에 의하며, 다른 구에서 한 등기에 대하여는 순위번호에 의한다.

② 동일한 부동산에 관하여 등기한 권리의 순위는 법률에 다른 규정이 없는 때에는 등기의 전후에 의한다.

③ 부기등기의 순위는 주등기의 순위에 따른다.

④ 가등기에 기한 본등기의 순위는 가등기의 순위에 의한다.

⑤ 환매등기는 소유권이전등기와 동시에 하지 않으면 각하사유에 해당하며, 소유권이전등기에 부기하여 이루어지므로 그 순위는 소유권이전등기의 순위에 의한다.

해설 ①, 등기의 전후는 등기용지 중 같은 구에서 한 등기에 대하여는 순위번호에 의하며, 다른 구에서 한 등기에 대하여는 접수번호에 의한다.

03 다음 중 등기능력이 있는 것은? (공인중개사 제21회 기출)

① 방조제의 부대시설물 중 배수갑문

② 컨테이너

③ 옥외풀장

④ 개방형 축사

⑤ 주유소 등에서 설치한 캐노피

☞해설 ④, 등기능력이 있다는 것은 등기할 수 있는 등기의 대상이 될 수 있는지 여부이며, 등기의 대상이 되기 위해서는 기둥·지붕·주벽 등이 있어야 한다.

04 등기의 유효요건에 관한 다음 기술 중 옳지 못한 것은?

① 등기는 원칙적으로 당사자의 적법한 신청이 있어야 한다.

② 법인 아닌 사단 명의의 소유권이전등기는 유효하다.

③ 절차상 적법하게 실행된 등기는 실체관계에 관계없이 유효하다.

④ 등기는 관할등기소에서 하여야 한다.

⑤ 등기능력이 있는 사항에 관한 것이어야 한다.

☞해설 ③, 절차상 적법하게 행해진 등기일지라도 실체관계에 부합하지 않는 등기는 무효이다.

05 다음 중 부기등기할 사항이 아닌 것은? (공인중개사 제28회 기출)

① 저당권이전등기

② 전전세권설정등기

③ 부동산의 표시변경등기

④ 지상권을 목적으로 하는 저당권설정등기

⑤ 소유권 외의 권리에 대한 처분제한의 등기

☞해설 ③, ③을 제외한 나머지는 부기등기로 기록한다.

제2장
등기의 기관과 설비

Ⅰ | 등기소

'등기소'란 등기사무 업무를 담당하는 관청 또는 등기사무를 행하는 권한을 가진 국가기관을 말하는데, 우리나라의 등기 관련 사무는 법원이 관장하고 있으며(법원조직법 제2조 제3항), 구체적으로 등기관련 사무를 담당하는 기관은 부동산의 소재지를 관할하는 지방법원, 그 지원 또는 등기소에서 담당하고 있다(법 제7조 제1항).

▶ 우리나라는 등기 관련 사무를 행정부가 아닌 사법부가 관장하도록 하고 있다.

또한 등기부의 조직에 있어 우리나라는 물적 편성주의를 취하고 있는데, 이는 등기부를 편성할 때에는 1필의 토지 또는 1개의 건물에 대하여 1개의 등기기록(1부동산 1등기기록주의)을 둔다는 것이다. 다만, 1동의 건물을 구분한 건물에 있어서는 1동의 건물에 속하는 전부에 대하여 1개의 등기기록을 사용한다(법 제15조 제1항).

1. 관할의 지정

우리나라는 부동산이 여러 등기소의 관할구역에 걸쳐 있을 때에는 부동산등기규칙

제5조에서 정하는 바에 따라 각 등기소를 관할하는 상급법원의 장이 관할 등기소를 지정하도록 하고 있다(법 제7조 제2항).

(1) 의의

부동산이 여러 등기소의 관할구역에 걸쳐 있는 경우 그 부동산에 대한 최초의 등기신청을 하고자 하는 자는 각 등기소를 관할하는 상급법원의 장에게 관할등기소의 지정을 신청하여야 한다(규칙 제5조 제1항).

(2) 관할의 지정이 필요한 경우

관할이 중복되는 경우에는 관할의 지정이 필요한데, ① 소유권보존등기의 신청 당시에 특정 건물이 여러 등기소의 관할 구역에 걸쳐 있는 경우, ② 건물의 합병으로 인하여 관할이 중복되는 경우, ③ 단지를 구성하는 여러 동의 건물 중 일부 건물의 대지가 다른 등기소의 관할에 속하는 경우 등이 이에 해당한다.

단, 건물대지 일부의 행정구역 변경 등으로 인하여 1개의 건물이 2개 이상의 등기소의 관할에 걸치게 되는 경우에는 종전의 관할 등기소에서 등기업무를 담당한다.

(3) 관할의 지정 신청권자 등

부동산이 여러 등기소의 관할구역에 걸쳐 있는 경우 그 부동산에 대한 최초의 등기신청을 하고자 하는 자는 해당 부동산의 소재지를 관할하는 등기소 중 어느 한 등기소에 신청서를 제출하여야 하며, 신청서를 받은 등기소는 그 신청서를 지체 없이 상급법원의 장에게 송부하여야 하고, 상급법원의 장은 부동산의 소재지를 관할하는 기소 중 어느 한 등기소를 관할등기소로 지정하여야 한다(규칙 제5조 제2항·제3항).

이때 지정권자로는 ① 각 등기소가 동일 지방법원 관할 내이면 그 지방법원장이, ② 그 각 등기소가 다른 지방법원에 속하나 동일 고등법원 관할 내이면 고등법원장이, ③ 고등법원을 달리하는 관할구역에 걸쳐 있을 때에는 대법원장이 상급법원의 장이 된다.

또한 관할 등기소의 지정을 신청한 자가 지정된 관할등기소에 등기신청을 할 때에는 관할등기소의 지정이 있었음을 증명하는 정보를 첨부정보로서 등기소에 제공하여야 하며, 등기관이 등기를 하였을 때에는 지체 없이 그 사실을 다른 등기소에 통지하여야 한다(규칙 제5조 제4항·제5항). 이때 통지를 받은 등기소는 전산정보처리조직으로 관리되고 있는 관할지정에 의한 등기부목록에 통지받은 사항을 기록하여야 한다(규칙 제5조 제6항).

(4) 등기사무의 위임

대법원장은 어느 등기소의 관할에 속하는 사무를 다른 등기소에 위임하게 할 수 있다(법 제8조).

(5) 관할 위반의 효과

관할이 아닌 등기소에 등기신청을 하는 경우에 등기관은 그 신청을 각하하여야 하며(법 제29조 제1호), 등기관이 그 등기를 마친 후 그 등기가 관할을 위반한 신청이었다는 것을 발견하였을 때에는 당연 무효의 등기로서 그 등기를 직권으로 말소할 수 있다(법 제58조 제4항).

2. 관할변경(= 관할전속)

'관할변경'이란 어느 부동산의 소재지가 다른 등기소의 관할로 바뀌었을 때에는 종전의 관할 등기소는 전산정보처리조직을 이용하여 그 부동산에 관한 등기기록과 신탁원부, 공동담보(전세)목록, 도면 및 매매목록의 처리권한을 다른 등기소로 넘겨주는 조치를 하여야 한다(법 제9조, 규칙 제6조 제1항).

관할변경은 관할위임이나 그 해지가 있는 경우, 관할변경을 수반하는 행정구역이 있는 경우 등에 발생하는데, 관할변경이 발생한 경우에 종전의 관할등기소는 전산정보처리조직을 이용하여 그 부동산에 관한 등기기록과 신탁원부, 공동담보(전세)목록, 도면 및 매매목록의 처리권한을 다른 등기소로 넘겨주는 조치를 하여야 한다(규칙 제6조 제1항). 이러한 조치가 완료된 때에 등기관은 등기기록의 표제부 등기원인 및 기타사항란에 관할변경의 사유와 그 연월일을 기록하고 등기사무를 처리한 등기관이 누구인지 알 수 있도록 하는 조치로서 각 등기관이 미리 부여받은 식별부호를 기록하여야 한다.

3. 등기사무의 정지

대법원장은 등기소에서 등기사무를 정지하여야 하는 사유(화재, 수난 등 천재지변의 발생을 말함)가 발생하면 기간을 정하여 등기사무의 정지를 명령할 수 있다(법 제10조). 이러한 등기사무의 정지기간 중 행하여진 등기는 형식적 요건을 갖추지 못하였기 때문에 당연 무효이며, 이는 등기할 것이 아닌 경우에 해당(법 제29조 제2호)하여 등기관이 그 등기를 직권말소할 수 있다.

II | 등기관

'등기관'이란 지방법원장 또는 지원장의 지정에 따라 등기소에서 자기의 이름으로 자기의 책임하에 등기사무를 처리하는 독립된 관청으로서의 지위를 가지는 자를 말한다.

1. 등기관의 지정

등기사무는 등기소에 근무하는 법원서기관·등기사무관·등기주사 또는 등기주사보(법원사무관·법원주사 또는 법원주사보 중 2001년 12월 31일 이전에 시행한 채용시험에 합격하여 임용된 사람을 포함) 중에서 지방법원장이나 지원장이 지정하는 자가 처리한다(법 제11조 제1항). 이에 등기관의 지정을 받지 아니한 자는 등기소에서 근무하는 자라 하더라도 등기관이 아니다.

2. 등기사무의 처리

등기관은 등기사무를 전산정보처리조직을 이용하여 등기부에 등기사항을 기록하는 방식으로 처리하여야 하며, 접수번호의 순서에 따라 등기사무를 처리하여야 한다(법 제11조 제2항·제3항). 또한 등기관이 등기사무를 처리한 때에는 등기사무를 처리한 등기관이 누구인지 알 수 있는 조치를 하여야 한다(법 제11조 제4항).

3. 등기관의 업무처리의 제한

등기관은 자기, 배우자 또는 4촌 이내의 친족이 등기신청인인 때에는 그 등기소에서 소유권등기를 한 성년자로서 등기관의 배우자 등이 아닌 자 2명 이상의 참여가 없으면 등기를 할 수 없고, 이는 배우자 등의 관계가 끝난 후에도 동일하다(법 제12조 제1항).

다시 말해, 이는 등기소에서 소유권등기를 한 성년자로서 등기관의 배우자 등이 아닌 자 2명 이상의 참여가 있다면 등기를 할 수 있다는 것이나, 다만 이 경우에 등기관은 조서를 작성하여 참여인과 같이 기명날인 또는 서명을 하여야 한다(법 제12조 제2항).

4. 등기관의 책임

등기관이 직무를 집행하면서 고의 또는 과실로 타인에게 재산상 손실을 발생하도록 한 책임이 있을 때에는 국가가 그 손해에 대한 배상을 하도록 하고 있고, 국가 또는 지방자치단체는 그 손해배상액을 그 등기관에게 구상할 수 있다(국가배상법 제2조). 또한 민법 제750조에서도 고의 또는 과실로 인한 위법행위로 타인에게 손해를 가한 자는 그 손해를 배상할 책임이 있기 때문에 등기관 역시 그에 대한 손해배상책임을 지게 되는 것이다. 법원행정처장은 등기관의 재정보증에 관한 사항을 정하여 운용할 수 있다(법 제13조).

등기관의 과실인정기준에 대하여 판례는 "등기관의 과실유무는 평균적 등기관이 보통 갖추어야 할 통상의 주의의무를 기울였는지 여부"를 기준으로 판단하여야 한다고 판시한 바 있다.

대법원 2005.2.25., 2003다13048 판결(손해배상)

"등기관은 등기신청에 대하여 부동산등기법상 그 등기신청에 필요한 서면이 제출되었는지 여부 및 제출된 서면이 형식적으로 진정한 것인지 여부를 심사할 권한을 갖고 있으나 그 등기신청이 실체법상의 권리관계와 일치하는지 여부를 심사할 실질적인 심사권한은 없으므로, 위조된 서면에 의한 등기신청이라고 인정될 경우 이를 각하하여야 할 직무상의 의무가 있다고 할 것이지만, 등기관은 다른 한편으로 대량의 등기신청사건을 신속하고 적정하게 처리할 것을 요구받기도 하므로 제출된 서면이 위조된 것임을 간과하고 등기신청을 수리한 모든 경우에 등기관의 과실이 있다고는 할 수 없고, 위와 같은 방법의 심사 과정에서 등기업무를 담당하는 평균적 등기관이 보통 갖추어야 할 통상의 주의의무만 기울였어도 제출 서면이 위조되었다는 것을 쉽게 알 수 있었음에도 이를 간과한 채 적법한 것으로 심사하여 등기신청을 각하하지 못한 경우에 그 과실을 인정할 수 있다."

Ⅲ | 등기부

'등기부'란 전산정보처리조직에 의하여 입력·처리된 등기정보자료를 대법원규칙으로 정하는 바에 따라 편성한 것을 말하며(법 제2조 제1호), 그 종류에는 등기대상 목적물에 따라 토지등기부와 건물등기부가 있다(법 제14조 제1항).

'등기부부본자료(登記簿副本資料)'란 등기부와 동일한 내용으로 보조기억장치에 기록된 자료를 말하고, '등기기록'이란 1필의 토지 또는 1개의 건물에 관한 등기정보자료를 말한다(법 제2조 제2호·제3호).

1. 편성(물적편성주의 채택)

우리나라는 법 제15조 제1항에서 "등기부를 편성할 때에는 1필의 토지 또는 1개의 건물에 대하여 1개의 등기기록을 둔다."라고 물적편성주의의 원칙을 명확히 규정하고 있는데, 이를 구체화하기 위하여 우리나라는 1부동산 1등기기록주의를 적용하고 있다.

2. 등기기록의 폐쇄

등기관이 등기기록에 등기된 사항을 새로운 등기기록에 옮겨 기록한 때에는 종전 등기기록을 폐쇄하여야 하며, 폐쇄한 등기기록은 영구히 보존하여야 한다(법 제20조 제1항·제2항). 또한 등기관이 같은 토지에 관하여 중복하여 마쳐진 등기기록을 발견한 경우에는 대법원규칙으로 정하는 바에 따라 중복등기기록 중 어느 하나의 등기기록을 폐쇄하여야 한다(법 제21조 제1항).

폐쇄된 등기기록의 소유권의 등기명의인 또는 등기상 이해관계인은 대법원규칙으로 정하는 바에 따라 그 토지가 폐쇄된 등기기록의 소유권의 등기명의인의 소유임을 증명하여 폐쇄된 등기기록의 부활을 신청할 수 있다(법 제21조 제2항).

3. 등기기록의 구성 등

(1) 등기기록의 구성 일반

1) 등기기록의 의의
'등기기록'이란 1필의 토지 또는 1개의 건물에 관한 등기정보자료를 말한다(법 제2조 제3호).

2) 부동산고유번호의 부여
등기기록을 개설할 때에는 1필의 토지 또는 1개의 건물마다 부동산고유번호를 부여하고 이를 등기기록에 기록하여야 하며, 구분건물에 대하여는 전유부분마다 부동산고유번호를 부여하여야 한다(규칙 제12조).

(2) 토지 및 건물의 등기기록 양식

1) 토지의 등기기록 양식
토지등기기록의 표제부에는 표시번호란, 접수란, 소재지번란, 지목란, 면적란, 등기원인 및 기타사항란을 두고, 갑구와 을구에는 순위번호란, 등기목적란, 접수란, 등기원인란, 권리자 및 기타사항란을 둔다(규칙 제13조 제1항·제2항).

또한 토지의 표제부 등기사항은 권리관계에 영향을 미치지 않기 때문에 접수번호와 등기목적은 기재하지 않는다.

그림 1 토지등기기록[12]

[별지 제1호 양식] 토지등기기록

[토지] 0000시 00구 00동 00　　　　　　　　　　　　　　　　　　고유번호 0000-0000-000000

[표 제 부]		(토지의 표시)			
표시번호	접 수	소재지번	지목	면적	등기원인 및 기타사항

[갑 구]		(소유권에 관한 사항)		
순위번호	등기목적	접 수	등기원인	권리자 및 기타사항

[을 구]		(소유권 외의 권리에 관한 사항)		
순위번호	등기목적	접 수	등기원인	권리자 및 기타사항

2) 건물의 등기기록 양식

건물등기기록의 표제부에는 표시번호란, 접수란, 소재지번 및 건물번호란, 건물내역란, 등기원인 및 기타사항란을 두고, 갑구와 을구에는 순위번호란, 등기목적란, 접수란, 등기원인란, 권리자 및 기타사항란을 둔다(규칙 제13조 제1항·제2항).

건물등기기록의 표제부에 도면의 번호를 기록하는데, 이는 동일한 지번 위에 여러 개의 건물이 있는 경우 또는 구분건물(구분소유권의 목적이 되는 건물)인 경우로 한정한다(법 제40조 제1항 제6호).

---

12) 규칙 별지 제1호 서식.

그림 2 건물등기기록[13]

[별지 제2호 양식] 건물등기기록

[건물] 0000시 00구 00동 00   고유번호 0000-0000-000000

[표 제 부]		(건물의 표시)		
표시번호	접 수	소재지번 및 건물번호	건물내역	등기원인 및 기타사항

[갑 구]		(소유권에 관한 사항)		
순위번호	등기목적	접 수	등기원인	권리자 및 기타사항

[을 구]		(소유권 외의 권리에 관한 사항)		
순위번호	등기목적	접 수	등기원인	권리자 및 기타사항

(3) 구분건물등기기록 양식

구분건물등기기록에는 1동의 건물에 대한 표제부를 두고 전유부분마다 표제부, 갑구, 을구를 둔다(규칙 제14조 제1항). 이때에 등기기록 중 1동의 건물의 표제부에는 표시번호란, 접수란, 소재지번·건물명칭 및 번호란, 건물내역란, 등기원인 및 기타사항란을 두고, 전유부분의 표제부에는 표시번호란, 접수란, 건물번호란, 건물내역란, 등기원인 및 기타사항란을 둔다(규칙 제14조 제2항).

다만, 구분한 각 건물 중 대지권이 있는 건물이 있는 경우에는 1동의 건물의 표제부에는 대지권의 목적인 토지의 표시를 위한 표시번호란, 소재지번란, 지목란, 면적란, 등기원인 및 기타사항란을 두고, 전유부분의 표제부에는 대지권의 표시를 위한 표시번호란, 대지권종류란, 대지권비율란, 등기원인 및 기타사항란을 둔다(규칙 제14조 제2항 단서).

---

13) 규칙 별지 제2호 서식.

그림 3 구분건물등기기록

[별지 제3호 양식] 구분건물등기기록

[구분건물] 0000시 00구 00동 00 제0층 제0호　　　　　　　　　　　고유번호 0000-0000-000000

[표 제 부]　　　　　　(1동의 건물의 표시)

표시번호	접 수	소재지번, 건물명칭 및 번호	건물내역	등기원인 및 기타사항

(대지권의 목적인 토지의 표시)

표시번호	소재지번	지목	면적	등기원인 및 기타사항

[표 제 부]　　　　　　(전유부분의 건물의 표시)

표시번호	접 수	건물번호	건물내역	등기원인 및 기타사항

(대지권의 표시)

표시번호	대지권종류	대지권비율	등기원인 및 기타사항

[갑 구]　　　　　　(소유권에 관한 사항)

순위번호	등기목적	접 수	등기원인	권리자 및 기타사항

[을 구]　　　　　　(소유권 외의 권리에 관한 사항)

순위번호	등기목적	접 수	등기원인	권리자 및 기타사항

4. 폐쇄등기부(= 폐쇄등기기록)

'폐쇄등기부'란 다음의 내용을 원인으로 등기능력을 상실한 등기부를 별도로 편철하여 보관하는 장부이다.

(1) 등기기록의 폐쇄원인

1) 새 등기기록에의 이기 등

등기기록에 기록된 사항이 많아 취급하기에 불편하게 되는 등 합리적 사유로 등기기록을 옮겨 기록할 필요가 있는 경우에 등기관은 현재 효력이 있는 등기만을 새로운 등기기록에 옮겨 기록할 수 있다(법 제33조).

2) 토지의 합필등기

갑 토지를 을 토지에 합병한 경우에 등기관이 합필등기를 할 때에는 을 토지의 등기기록 중 표제부에 합병 후의 토지의 표시와 합병으로 인하여 갑 토지의 등기기록에서 옮겨 기록한 뜻을 기록하고 종전의 표시에 관한 등기를 말소하는 표시를 하여야 한다(규칙 제79조 제1항).

이러한 절차를 마치면 갑 토지의 등기기록 중 표제부에 합병으로 인하여 을 토지의 등기기록에 옮겨 기록한 뜻을 기록하고, 갑 토지의 등기기록 중 표제부의 등기를 말소하는 표시를 한 후 그 등기기록을 폐쇄하여야 한다(규칙 제79조 제2항).

3) 건물의 합병

갑 건물을 을 건물 또는 그 부속건물에 합병하거나 을 건물의 부속건물로 한 경우에 등기관이 합병등기를 할 때에는 토지의 합필등기 규정(규칙 제79조·제80조)을 준용하여, 갑 건물의 등기기록을 폐쇄하여야 한다(규칙 제100조 제1항).

합병으로 인하여 을 건물이 구분건물이 아닌 것으로 된 경우에 그 등기를 할 때에는 합병 후의 건물에 대하여 등기기록을 개설하고, 그 등기기록의 표제부에 합병 후의 건물의 표시와 합병으로 인하여 갑 건물과 을 건물의 등기기록에서 옮겨 기록한 뜻을 기록하여야 한다. 이를 마치면 갑 건물과 을 건물의 등기기록 중 표제부에 합병으로 인하여 개설한 등기기록에 옮겨 기록한 뜻을 기록하고, 갑 건물과 을 건물의 등기기록 중 표제부의 등기를 말소하는 표시를 한 후 그 등기기록을 폐쇄하여야 한다(규칙 제100조 제2항·제3항).

구분건물이 건물합병 외의 사유로 비구분건물로 된 경우, 비 구분건물에 대한 등기기록을 개설하고 구분건물의 등기기록은 폐쇄한다(규칙 제101조 후단).

4) 건물의 구분

구분건물이 아닌 갑 건물을 구분하여 갑 건물과 을 건물로 한 경우에 등기관이 구분등기를 할 때에는 구분 후의 갑 건물과 을 건물에 대하여 등기기록을 개설하고, 각 등기기록 중 표제부에 건물의 표시와 구분으로 인하여 종전의 갑 건물의 등기기록에서 옮겨 기록한 뜻을 기록하여야 한다. 이러한 절차를 마치면 종전의 갑 건물의 등기기록 중 표제부에 구분으로 인하여 개설한 갑 건물과 을 건물의 등기기록에 옮겨 기록한 뜻을 기록하고, 표제부의 등기를 말소하는 표시를 한 후 그 등기기록을 폐쇄하여야 한다(규칙 제97조 제1항·제2항).

5) 토지·건물의 멸실 등

등기관이 토지의 멸실등기를 할 때에는 등기기록 중 표제부에 멸실의 뜻과 그 원인을 기록하고 표제부의 등기를 말소하는 표시를 한 후 그 등기기록을 폐쇄하여야 한다(규칙 제84조 제1항). 이는 건물의 멸실등기를 할 때에도 동일하다(규칙 제103조 제1항). 다만, 멸실한 건물이 구분건물인 경우에는 그 등기기록을 폐쇄하지 아니한다(규칙 제103조 제1항 단서).

6) 중복등기기록의 정리

등기관이 같은 토지에 관하여 중복하여 마쳐진 등기기록을 발견한 경우에는 중복등기기록 중 어느 하나의 등기기록을 폐쇄하여야 한다(법 제21조 제1항). 즉, 존치할 등기기록 이외의 등기기록은 폐쇄한다. 중복등기기록의 정리는 실체의 권리관계에 영향을 미치지 아니한다(규칙 제33조 제2항).

(2) 폐쇄된 등기기록의 효력 및 그 보존(→ 공시가능, 효력상실)

등기관이 등기기록에 등기된 사항을 새로운 등기기록에 옮겨 기록한 때에는 종전 등기기록을 폐쇄(閉鎖)하여야 하며, 이 때에 폐쇄한 등기기록은 영구히 보존하여야 한다(법 제20조 제1항·제2항).

폐쇄한 등기기록을 영구히 보존하는 것은 폐쇄된 등기기록은 대항력이나 권리추정력, 물권변동의 효력을 상실하여 현재 효력은 없지만, 폐쇄된 등기기록에 기재된 내용은 새 등기에 이기된 내용이 불명확하거나 종전의 권리관계에 관한 분쟁 발생 시 이를 해결하는데 중요한 의미가 있기 때문이다.

(3) 폐쇄된 등기기록의 열람 및 증명서의 발급

누구든지 수수료를 내고 대법원규칙으로 정하는 바에 따라 등기기록에 기록되어 있는 사항의 전부 또는 일부의 열람과 이를 증명하는 등기사항증명서의 발급을 청구할 수 있다(법 제19조 제1항).

(4) 폐쇄된 등기기록의 부활

폐쇄된 등기기록의 소유권의 등기명의인 또는 등기상 이해관계인은 그 토지가 폐쇄된 등기기록의 소유권의 등기명의인의 소유임을 증명하여 폐쇄된 등기기록의 부활을 신청할 수 있다(법 제21조 제2항).

토지·건물의 멸실을 원인으로 하여 대장의 등록이 말소된 사실이 없음에도 등기관의 착오로 등기기록이 폐쇄된 경우, 대장상 합병된 사실이 없음에도 착오로 합필·합병의 등기가 되면서 해당 부동산의 등기기록이 폐쇄된 경우, 도시개발법 등에 의한 환지등기의 촉탁에 착오가 있어 등기기록이 잘못 폐쇄된 경우 등에는 등기상 이해관계인의 신청(등기관의 착오에 의한 경우에는 직권으로)에 따라 등기기록을 부활시키게 된다.

중복등기기록의 정리에 따라 폐쇄된 등기기록은 폐쇄된 등기기록의 소유권의 등기명의인 또는 등기상 이해관계인은 폐쇄되지 아니한 등기기록의 최종 소유권의 등기명의인과 등기상 이해관계인을 상대로 하여 그 토지가 폐쇄된 등기기록의 소유권의 등기명의인의 소유임을 확정하는 판결(판결과 동일한 효력이 있는 조서를 포함)이 있음을 증명하는 정보를 등기소에 제공하여 폐쇄된 등기기록의 부활을 신청할 수 있다.

5. 등기부 이외의 장부

(1) 등기소에 갖추어 두어야 하는 장부

등기소에는 다음의 장부를 갖추고 있어야 한다(규칙 제21조 제1항).

1) 부동산등기신청서 접수장(= 등기신청정보 접수장)

'부동산등기신청서 접수장'은 등기신청의 접수사항을 기록하며 등기순위를 확정하기 위한 장부로서, 등기관은 등기신청이 있는 경우에 접수번호의 순서에 따라 등기사무를 처리하여야 한다(법 제11조 제3항).

같은 부동산에 관하여 등기한 권리의 순위는 법률에 다른 규정이 없으면 등기한 순서에 따르며(법 제4조 제1항), 그 등기의 순서는 등기기록 중 같은 구에서 한 등기 상호간에는 순위번호에 따르고, 다른 구에서 한 등기 상호 간에는 접수번호에 따른다(법 제4조 제2항). 접수번호는 1년마다 새로 부여하며, '부동산등기신청서 접수장'의 보존기간은 5년이다.

2) 기타 문서 접수장

'기타 문서 접수장'이란 등기신청 외 등기사무에 관한 문서를 접수한 때에 이를 등재하는 장부이며, 기타 문서 접수장의 보존기간은 10년이다.

3) 결정원본 편철장

'결정원본 편철장'이란 등기신청에 대한 각하결정, 이의에 대한 인용결정이나 각하결정 등의 각 원본을 편철하는 장부이며, 보존기간은 10년이다.

4) 이의신청서류 편철장

'이의신청서류 편철장'은 이의신청 서류를 편철하는 장부로서, 그 보존기간은 10년이다.

5) 사용자등록신청서류 등 편철장

'사용자등록신청서류 등 편철장'은 전자신청을 하기 위해 신청인이 제출한 사용자등록신청서, 주소증명정보, 인감증명서 등을 편철하여 두는 장부로서, 그 보존기간은 10년이다.

6) 신청서 기타 부속서류 편철장

'신청서 기타 부속서류 편철장'은 신청서, 촉탁서, 통지서, 허가서, 참여조서, 확인조서, 취하서 그 밖의 부속서류를 접수번호의 순서에 따라 편철한 장부(규칙 제23조)로서, 그 보존기간은 5년이다.

등기부의 부속서류는 전쟁·천재지변이나 그 밖에 이에 준하는 사태를 피하기 위한 경우 외에는 등기소 밖으로 옮기지 못하지만, 신청서나 그 밖의 부속서류에 대하여는 법원의 명령 또는 촉탁이 있거나 법관이 발부한 영장에 의하여 압수하는 경우에는 그러하지 아니하다(법 제14조 제4항).

7) 신청서 기타 부속서류 송부부

'신청서 기타 부속서류 송부부'는 법원의 송부명령이나 송부촉탁이 있어 신청서 기타 부속서류를 법원에 송부한 경우 그에 관한 사항을 기재하는 장부이며, 보존기간은 신청서 그 밖의 부속서류가 반환된 날부터 5년이다.

8) 각종 통지부

각종 통지부에는 법 및 이 규칙에서 정하고 있는 통지사항, 통지를 받을 자 및 통지서를 발송하는 연월일을 적어야 한다(규칙 제24조).

9) 열람신청서류 편철장

'열람신청서류 편철장'은 등기부의 열람신청서를 편철하는 장부로서, 그 보존기간은 1년이다.

10) 제증명신청서류 편철장

'제증명신청서류 편철장'은 제증명발급신청서를 편철하는 장부로서, 그 보존기간은 1년이다.

(2) 장부의 작성 및 폐기

등기소에 갖추어 두어야 하는 장부는 매년 별책으로 하여야 하며, 전자적으로 작성할 수 있다(규칙 제21조 제2항·제3항). 다만, 필요에 따라 분책할 수 있다(규칙 제21조 제2항 단서).

위 장부의 보존기간은 해당 연도의 다음 해부터 기산하며, 보존기간이 만료된 장부 또는 서류는 지방법원장의 인가를 받아 보존기간이 만료되는 해의 다음 해 3월 말까지 폐기한다(규칙 제25조 제2항·제3항).

(3) 등기부의 이동 등

1) 등기부의 이동금지

등기부는 중앙관리소에 보관·관리하여야 하며, 전쟁·천재지변이나 그 밖에 이에 준하는 사태를 피하기 위한 경우 외에는 그 장소 밖으로 옮기지 못한다(법 제14조 제3항·규칙 제10조). 여기서 등기부란 넓은 의미의 등기부로서, 신탁원부, 폐쇄등기부, 공동인명부, 공동담보목록, 도면 등을 포함하는 등기부를 말한다.

2) 등기부의 부속서류의 이동금지

등기부의 부속서류는 전쟁·천재지변이나 그 밖에 이에 준하는 사태를 피하기 위한 경우 외에는 등기소 밖으로 옮기지 못한다(법 제14조 제4항). 다만, 신청서나 그 밖의 부속서류에 대하여는 법원의 명령 또는 촉탁이 있거나 법관이 발부한 영장에 의하여 압수하는 경우에는 그러하지 아니하다(법 제14조 제4항 단서).

여기서 등기부의 부속서류에는 등기신청서, 등기신청서의 부속서류, 등기신청취하서 등이 있다. 다만, 도면이나 신탁원부, 공동담보목록, 공장 및 광업재단목록, 매매목록은 등기부 부속서류에 해당하지 아니한다.

등기관이 법원으로부터 신청서나 그 밖의 부속서류의 송부명령 또는 촉탁을 받았을 때에는 그 명령 또는 촉탁과 관계가 있는 부분만 법원에 송부하여야 하며(규칙 제11조 제2항), 그 서류가 전자문서로 작성된 경우에는 해당 문서를 출력한 후 인증하여 송부하거나 전자문서로 송부한다(규칙 제11조 제3항).

(4) 등기부의 손상 등

1) 등기부의 손상과 복구

등기부의 전부 또는 일부가 손상되거나 손상될 염려가 있을 때에는 전산운영책임관은 지체 없이 그 상황을 조사한 후 처리방법을 법원행정처장에게 보고하여야 한다(규칙 제17조 제1항). 또한 등기부의 전부 또는 일부가 손상된 경우에 전산운영책임관은 등기부부본자료에 의하여 그 등기부를 복구하여야 하며(규칙 제17조 제2항), 이 경우에 전산운영책임관은 지체 없이 그 경과를 법원행정처장에게 보고하여야 한다(규칙 제17조 제3항).

▶ 여기서 법원행정처장은 등기부의 복구·손상방지 등 필요한 처분의 명령에 관한 권한을 대법원장으로부터 위임받은 자이며, 대법원장은 이처럼 처분명령에 관한 권한을 법원행정처장 또는 지방법원장에게 위임할 수 있다(법 제17조 제2항).

신탁원부, 공동담보목록, 도면, 매매목록 등 등기기록의 일부로 취급되는 서류의 손상이나 손상이 염려될 때에도 그 복구절차는 등기부의 손상과 복구에 관한 규정을 준용한다.

2) 부속서류의 손상 등 방지처분

등기부의 부속서류가 손상·멸실의 염려가 있을 때에는 대법원장은 그 방지를 위하여 필요한 처분을 명령할 수 있으며(법 제18조 제1항), 대법원장은 전자문서로 작성된 등기부 부속서류의 멸실방지 등의 처분명령에 관한 권한은 법원행정처장에게, 신청서나 그 밖의 부속서류의 멸실방지 등의 처분명령에 관한 권한은 지방법원장에게 위임한다(규칙 제16조 제2항).

(5) 등기부의 공개 등

1) 등기사항증명서 및 등기기록 등의 열람 및 발급

누구든지 수수료를 내고 등기기록에 기록되어 있는 사항의 전부 또는 일부의 열람과 이를 증명하는 등기사항증명서의 발급을 청구할 수 있다(법 제19조 제1항). 다만, 등기기록의 부속서류에 대하여는 이해관계 있는 부분만 열람을 청구할 수 있다(법 제19조 제1항 단서). 이러한 등기기록의 열람 및 등기사항증명서의 발급 청구는 관할 등기소가 아닌 등기소에 대하여도 할 수 있다(법 제19조 제2항).

➡ (등기사항 등의 공시제한) 등기사항증명서를 발급하거나 등기기록을 열람하게 할 때에는 등기명의인의 표시에 관한 사항 중 주민등록번호 또는 부동산등기용등록번호의 일부를 공시하지 아니할 수 있으며, 법원행정처장은 등기기록의 분량과 내용에 비추어 무인발급기나 인터넷에 의한 열람 또는 발급이 적합하지 않다고 인정되는 때에는 이를 제한할 수 있다(규칙 제32조).

2) 등기사항증명서의 발급

등기사항증명서를 발급할 때에는 등기사항증명서의 종류를 명시하고, 등기기록의 내용과 다름이 없음을 증명하는 내용의 증명문을 기록하며, 발급연월일과 중앙관리소 전산운영책임관의 직명을 적은 후 전자이미지관인을 기록하여야 한다. 이 경우 등기사항증명서가 여러 장으로 이루어진 경우에는 연속성을 확인할 수 있는 조치를 하여 발급하고, 그 등기기록 중 갑구 또는 을구의 기록이 없을 때에는 증명문에 그 뜻을 기록하여야 한다(규칙 제30조 제1항).

이때 신탁원부, 공동담보목록, 도면 또는 매매목록은 그 사항의 증명도 함께 신청하는 뜻의 표시가 있는 경우에만 등기사항증명서에 이를 포함하여 발급한다(규칙 제30조 제2항).

또한, 등기신청이 접수된 부동산에 관하여는 등기관이 그 등기를 마칠 때까지 등기 사항증명서를 발급하지 못한다. 다만, 그 부동산에 등기신청사건이 접수되어 처리 중에 있다는 뜻을 등기사항증명서에 표시하여 발급할 수 있다(규칙 제30조 제4항 단서).

❏ 등기사항증명서의 종류(규칙 제29조)

등기사항증명서의 종류는 다음과 같다. 다만, 폐쇄한 등기기록 및 대법원예규로 정하는 등기 기록에 대하여는 제1호로 한정한다.
   1. 등기사항전부증명서(말소사항 포함)
   2. 등기사항전부증명서(현재 유효사항)
   3. 등기사항일부증명서(특정인 지분)
   4. 등기사항일부증명서(현재 소유현황)
   5. 등기사항일부증명서(지분취득 이력)
   6. 그 밖에 대법원예규로 정하는 증명서

가. 방문신청

등기소를 방문하여 등기사항의 전부 또는 일부에 대한 증명서(＝등기사항증명서)를 발급받거나 등기기록 또는 신청서나 그 밖의 부속서류를 열람하고자 하는 사람은 신청서를 제출하여야 한다(규칙 제26조 제1항).

나. 무인발급기

법원행정처장은 신청인이 발급에 필요한 정보를 스스로 입력하여 등기사항증명서를 발급받을 수 있게 하는 장치(＝무인발급기)를 이용하여 등기사항증명서의 발급업무를 처리하게 할 수 있으며, 무인발급기는 등기소 이외의 장소에도 설치할 수 있다(규칙 제27조 제1항·제2항).

다. 인터넷

등기사항증명서의 발급 또는 등기기록의 열람업무는 법원행정처장이 정하는 바에 따라 인터넷을 이용하여 처리할 수 있으며, 이에 관한 업무는 중앙관리소에서 처리하며, 전산운영책임관이 그 업무를 담당한다(규칙 제28조 제1항·제2항).

3) 등기기록의 열람

가. 방문열람

등기소를 방문하여 등기기록 또는 신청서나 그 밖의 부속서류를 열람하고자 하는 사람은 신청서를 제출하여야 하며(규칙 제26조 제1항), 등기기록의 열람청구는 관할 등기소가 아닌 등기소에 대하여도 할 수 있다(법 제19조 제2항).

신청서나 그 밖의 부속서류의 열람은 등기관이 보는 앞에서 하여야 한다(규칙 제31조 제2항). 다만, 신청서나 그 밖의 부속서류가 전자문서로 작성된 경우에는 등기기록에 기록된 등기사항을 전자적 방법으로 그 내용을 보게 하거나 그 내용을 기록한 서면을 교부하는 방법으로 할 수 있다(규칙 제31조 제2항 단서).

나. 인터넷

등기기록의 열람업무는 법원행정처장이 정하는 바에 따라 인터넷을 이용하여 처리할 수 있으며(규칙 제28조 제1항), 이에 따른 업무는 중앙관리소에서 처리하며, 전산운영책임관이 그 업무를 담당한다(규칙 제28조 제2항).

다만, 법원행정처장은 등기기록의 분량과 내용에 비추어 무인발급기나 인터넷에 의한 열람 또는 발급이 적합하지 않다고 인정되는 때에는 이를 제한할 수 있다(규칙 제32조 제2항).

표 5 등기사항증명서 등의 발급과 열람 정리

구 분	등기기록	폐쇄등기기록	신청서나 그 밖의 부속서류
발급	가능	가능	불가능
열람	가능	가능	가능
범위	모든 사항	(발급) 등기사항전부증명서 　　　 (말소사항 포함)만 가능 (열람) 모든 사항	이해관계 있는 사항

예/상/문/제

01 전산정보처리조직에 의한 등기신청(전자신청)에 관련된 설명으로 다음 중 틀린 것은?
(공인중개사 제20회 기출)

① 최초로 사용자등록을 신청하는 당사자 또는 자격자대리인은 등기소에 출석하여야 한다.

② 전자신청을 위한 사용자등록은 전국 어느 등기소에서나 신청할 수 있다.

③ 법인 아닌 사단은 전자신청을 할 수 없다.

④ 사용자등록 신청서에는 인감증명을 첨부하여야 한다.

⑤ 사용자등록을 한 법무사에게 전자신청에 관한 대리권을 수여한 등기권리자도 사용자
등록을 하여야 법무사가 대리하여 전자신청을 할 수 있다.

해설 ⑤, 사용자등록을 하지 아니한 당사자도 사용자등록을 한 자격자대리인에게 위임하여 전자신청에
의하여 등기를 신청할 수 있다.

02 다음 중 갑구 및 을구란에 기록할 등기사항이 아닌 것은?

① 신청정보의 접수번호 및 접수연월일

② 등기권리자가 법인 아닌 재단인 경우 그 대표자의 성명·주소·주민등록번호

③ 대위신청에 의한 경우에는 채권자의 표시와 대위원인

④ 건물의 등기기록에 대지권의 등기를 한 경우, 그 권리의 목적인 토지에 하는 대지권
인 취지

⑤ 구분건물에 대지권이 있는 경우, 그 권리의 표시에 관한 사항

해설 ⑤, 대지권의 표시는 전유부분의 등기기록 중 표제부의 하단에 기록한다.

03 등기에 관한 다음 설명 중 틀린 것은?

① 1동의 건물을 구분한 구분건물에 있어서는 1동의 건물에 속하는 전부에 대하여 1개의 등기기록을 사용한다.

② 전유부분의 표제부에는 대지권의 표시를 위한 표시번호란이 있다.

③ 규약상 공용부분은 표제부 등기기록만을 두며 공용부분이라는 뜻을 기록하여야 한다.

④ 규약상 공용부분에 대해서는 등기할 수 없고, 규약상 공용부분에 대해서는 표제부만 설치한다.

⑤ 부동산등기신청서는 5년, 기타 문서접수장은 10년 동안 보존하여야 한다.

해설 ④, 구조상 공용부분에 대해서는 등기할 수 없고, 규약상 공용부분에 대해서는 표제부만 설치한다.

제3장

등기의 일반적 절차

Ⅰ | 등기절차의 개시

등기는 법률에 다른 규정이 있는 경우를 제외하고는 당사자의 신청 또는 관공서의 촉탁이 없으면 이를 하지 못한다고 하여 '신청주의'를 원칙으로 하고 있다(법 제22조 제1항). 관공서의 촉탁도 사실상 신청의 한 형태이기 때문에 촉탁등기의 절차에 대해서는 신청에 의한 등기절차를 준용한다.

신청주의를 원칙으로 하는 근거는 등기하는 것이 권리변동을 공시하는 것이므로 사적자치의 원칙에 따라 그 부동산에 관계되는 당사자의 등기신청이 있어야 등기를 할 수 있다는 것을 의미한다. 다만, 개인의 부동산의 권리에 대한 등기신청은 '임의신청'을 원칙으로 하고 강제할 수 없음이 원칙이다.

신청주의 원칙	당사자 신청	등기신청은 사적자치의 원칙에 의해 그 신청이 강제되지 않는 것이 원칙
	관공서 촉탁	법률에 규정된 경우에 한해 인정, 관공서의 일방의 신청으로 하는 등기, 출석주의의 예외 인정, 인감증명, 검인계약서, 의무자의 등기필증의 첨부가 면제 ※ 관공서가 부동산을 매입·처분 시 　1. 체납처분에 의한 압류 및 압류말소

신청주의 예외	등기관 직권	2. 공매처분으로 인한 권리이전 3. 처분제한(가압류, 압류, 경매신청, 가처분 등)의 등기(→ 법원에 소송) 4. 주택임차권등기 명령에 의한 임차권 등기
		다른 등기의 전제조건이나 부수적인 절차로 하는 등기 1. 보존등기 : 미등기부동산에 처분제한등기 신청시 보존등기 2. 취지의 등기 : 대지권 취지의 등기, 건물만의 취지의 등기, 종전 등기에 공동 담보가 추가되었다는 취지의 등기 3. 변경등기 　① 행정구역의 명칭의 변경에 따른 부동산표시변경등기 　② 소유권이전등기 시 첨부서면에 주소변경사실이 명백한 경우 등기명의인 표시 변경등기(→ 소유권이전등기만, 그 외 등기는 신청주의) 4. 말소등기 　① 원고유리로 재판 끝난 경우 예고등기말소 　② 환매권 행사에 따른 환매특약 말소 　③ 장기간 방치된 저당권의 말소(1980년 12월 31일 이전의 저당권·가처분 등) 　④ 수용으로 소유권이전 후 요역지지역권 이외의 권리말소 　⑤ 법 제29조 제1호, 제2호 위반의 등기 말소 　⑥ 등기사무 정지기간 중에 행해진 등기의 말소 　⑦ 가등기에 기한 본등기시 제3자 명의의 중간처분등기의 말소등기 　⑧ 권리를 말소하는 경우 말소하는 권리의 존재하는 제3의 권리말소 5. 승역지에 지역권설정등기 시 요역지에 지역권의 표시등기
	법원의 명령	등기관의 처분에 대한 이의 제기 시, 지방법원에서 이의를 심사하고 이의가 타당하다고 인정할 때 등기관에게 등기를 명령한다. 이 명령에 의한 등기에는 각하한 등기를 실행, 말소명령에 의해 이미 경료된 등기의 말소, 가등기 명령에 의한 가등기가 있다.

Ⅱ | 등기신청인

1. 등기당사자 능력(→ 등기부에 기록할 수 있는 능력)

'등기당사자 능력'은 등기절차상 등기권리자나 등기의무자가 될 수 있는 일반적 능력을 말하는 것으로, 부동산등기법은 자연인과 법인, 그리고 법인 아닌 사단이나 재단에 대해서도 등기에 관한 당사자능력을 인정하고 있다(법 제26조 제1항).

(1) 자연인(외국인 포함)와 태아

민법 제3조에 따라 자연인은 출생한 때부터 권리와 의무의 주체가 되어 권리능력을 취득하기에 자연인은 당연히 등기신청에 관한 당사자적격을 가진다 할 것이다. 이에 따라, 3세 유아의 명의로 상속된 부동산에 대하여 소유권등기를 할 수 있음은 당연하다 할 것이다.

다만 등기능력과 관련하여 태아와 제한능력자가 문제시된다. 원칙적으로 태아에게 권리능력이 인정되지는 않지만 상속의 순위와 관련하여 민법 규정은 상속순위와 관련하여 태아는 이미 출생한 것으로 보고 있다(민법 제1000조 제3항). 이에 대하여 판례는 권리능력의 취득시기에 있어 정지조건설의 입장에서 태아인 동안에는 등기신청의 당사자능력을 인정하지 않고 있다. 하지만 태아가 출생하면 그 권리능력을 소급하여 인정하기 때문에 출생한 태아는 상속등기가 경료 된 이후에도 상속등기 경정의 방법으로 권리를 되찾을 수 있다.

외국인의 경우, 법령이나 조약에 따른 제한이 없는 한 등기에 관한 당사자능력이 인정된다.

(2) 법인 등

1) 법인

법인의 설립등기를 함으로써 권리능력을 취득하므로 회사와 같은 영리법인이나 학교법인처럼 비영리법인 소유의 부동산에 대해서 각종 권리의 등기를 법인 명의로 당연히 할 수 있다. 학교법인의 소유부동산에 대해서는 학교 명의로 등기를 하는 것이 아니라 권리능력자는 법인이므로 그 학교의 재단법인의 명의로 등기를 하여야 한다.

2) 권리능력 없는 사단 또는 재단

종중, 문중, 동창회, 정당 등과 같이 법인 아닌 사단이나 장학재단, 학술문화재단 등과 같은 법인이 아닌 재단은 민법상 권리능력자에 해당하지 않는다. 그러나 법 제26조 제1항에서 그 사단이나 재단을 등기권리자나 등기의무자로 한다고 규정하여 등기당사자능력을 인정하고 있으므로, 이러한 단체들의 명의로 그 소유 부동산에 대하여 등기할 수 있다.

3) 청산법인

청산법인의 경우, 청산종결등기가 된 경우라 하더라도 청산사무가 아직 종결되지 아니한 경우에는 청산법인으로서 청산사무와 관련하여 부동산에 관하여 등기능력이 여전히 인정된다 할 것이다.

> **참고**   대법원 1980.4.8., 79다2036(소유권이전등기말소)
>
> "청산종결등기가 경료된 경우에도 청산사무가 종료되었다 할 수 없는 경우에는 청산법인으로 존속한다."

(3) 민법상 조합

법인이 아닌 단순한 조합, 예로서 2인 이상이 공동출자한 동업단체는 법인격이 없으므로 민법상 조합 명의로는 등기를 할 수 없고, 조합원 전원의 합유로 등기하여야 한다. 이 경우, 지분은 기재하지 않으며 조합 자체를 채무자로 표시하여 근저당권설정등기를 할 수 없다.

다만, 특별법에 따라 설립된 농업협동조합, 수산업협동조합, 신용협동조합, 정비사업조합 등은 법인격이 인정되기 때문에 등기에 관한 당사자능력이 인정된다.

(4) 국가 또는 지방자치단체

국가 또는 지방자치단체(읍·면·리·동 제외)는 법인에 해당하며, 이에 등기당사자능력이 인정된다.

(5) 학교

교육기본법에 따라 설립된 학교의 경우, 권리능력이 없기 때문에 등기당사자능력이 없다. 이에 국립학교의 등기명의인은 국가가 되고 지방자치단체가 설립한 공립학교의 등기명의인은 지방자치단체가 된다.

사인이 설립하여 경영하는 사립학교 역시 권리능력이 인정되지 않아 등기당사자능력이 인정되지 않으므로, 설립자 법인 또는 개인 명의로 등기하여야 한다.

2. 등기신청능력

'등기신청능력'이란 등기소에 등기를 해 줄 것을 요구하는 절차법상의 의사표시, 즉 신청을 할 수 있는 공법상 능력이라 할 수 있는데, 등기소에 등기를 신청하기 위하여 등기권리자와 등기의무자는 원칙적으로 의사능력과 행위능력을 가지고 있어야 한다.

등기를 신청할 때에 당사자나 그 대리인이 출석하지 아니한 경우, 신청인의 출석이 없는 것으로 보아 등기관은 그 신청을 각하하여야 한다. 하지만 이를 간과하고 등기관이 이미 등기한 경우라 하더라도 그 등기가 실체관계와 부합하는 한 그 등기는 유효하다 할 것이다.

3. 등기당사자 적격

'등기당사자 적격'이란 등기를 신청함에 있어 그 등기에 대한 정당한 등기신청인이 될 수 있는 자격, 즉 등기신청권을 가지는 자를 말한다. 이에 신청할 권한이 없는 자가 등기를 신청한 경우, 등기관은 그 신청을 각하하여야 한다.

Ⅲ | 등기신청인 등

1. 등기권리자와 등기의무자(공동신청의 원칙)

등기는 법률에 다른 규정이 없는 경우에는 등기권리자와 등기의무자가 공동으로 신청하도록 하고 있는데(법 제23조 제1항), 이는 등기관에게 형식적인 심사권만을 인정하는 현행 제도하에서 부실등기를 방지하고 등기의 진정성을 확보하기 위한 것이다. 다만, 표시변경등기와 같이 권리변동을 수반하지 아니하는 등기, 등기의무자가 존재하지 않는 등기, 판결에 따른 등기 등이 있는 경우에는 단독신청이 가능하다.

법 제23조에서의 등기권리자와 등기의무자는 절차법상 개념으로서 민법 등 기타 실체법상의 등기권리자(등기청구권자)·등기의무자(등기청구권자의 협력의무자)의 개념과는 구별하여야 한다.

(1) 절차법상 등기권리자와 등기의무자

'절차법(부동산등기법)상의 등기권리자'란 신청된 등기가 실행됨으로써 등기기록상의 권리 또는 기타의 이익을 취득하는 것으로 기록되는 자를 말하며, '등기의무자라'란 반대로 신청된 등기가 실행됨으로써 등기기록상 권리 또는 기타 이익을 상실하게 되는 자를 말한다.

(2) 실체법상 등기권리자와 등기의무자

'실체법상의 등기권리자'란 매수인의 등기청구권, 시효취득자의 등기청구권 등의 등기청구권을 갖는 자를 말하며, '등기의무자'란 등기청구권에 협력할 의무를 부담한자를 말한다.

표 6 등기권리자 및 등기의무자 정리

구 분	등기권리자	등기의무자
매매로 인한 소유권이전	매수인	매도인
매매의 무효·취소로 인한 소유권말소	매도인	매수인
전세권 설정	전세권자	전세권 설정자
전세권 말소	전세권 설정자	전세권자
전세권 이전	전세권의 양수인	전세권의 양도인
저당권 설정	저당권자	저당권 설정자
저당권 말소	저당권 설정자	저당권자

2. 등기청구권과 등기신청권의 비교

'등기청구권'은 등기를 원하는 일방 당사자가 타방 당사자에 대하여 등기신청에 협력할 것을 요구할 수 있는 실체법상의 권리를 말하며, '등기신청권'은 신청인이 국가기관인 등기소에 등기하여 줄 것을 신청하는 공법상 권리를 말한다.

표 7 등기청구권과 등기신청권 요약

구 분	등기청구권	등기신청권
의의	권리자 ↔ 의무자(사법상의 권리) ※ 등기의무자에게 인정되는 등기청구권을 등기 　인수청구권이라 함	국민 → 국가(공법상 권리)
발생	공동신청의 경우에만 해당 (단독신청의 경우에는 발생하지 않음)	단독·공동신청 모두
권리행사	소송의 방법으로 실현	이의신청의 방법으로 실현

3. 단독신청(공동신청주의의 예외)

등기는 등기권리자와 등기의무자의 공동신청이 원칙이지만, 공동신청에 의하지 아니하여도 등기권리자나 등기의무자 또는 등기명의인에 의한 단독신청을 허용하는데, ① 등기의 성질상 등기의무자가 존재하지 않는 경우, ② 양 당사자는 존재하지만 판결에 의한 등기와 같이 공동신청하지 않더라도 등기의 진정성이 보장되는 경우, ③ 예외적으로 법률의 규정에 따라 단독신청을 허용하는 경우 등이 이에 해당한다.

표 8 단독신청과 공동신청의 구별

구 분	단독신청	공동신청
판결	1. 확정된 이행판결 　(승소한 권리자·의무자의 단독신청이 가능) 2. 공유물분할판결 　(승소한 자나 패소한 자 단독신청이 가능)	1. 확인판결 2. 형성판결 3. 공정증서에 의한 등기
상속	상속등기	1. 유증에 의한 등기 2. 상속인에 의한 등기
변경·경정	1. 부동산변경·경정 2. 부동산표시변경·경정 3. 등기명의인 표시변경·경정	권리변경·경정등기
멸실·말소	멸실등기	말소등기
회복	멸실회복등기	말소회복등기
가등기 말소	1. 가등기명의인 스스로 2. 가등기의무자의 승낙서를 첨부한 경우, 이해관계인	일반적인 가등기 말소

▣ 단독신청의 경우에는 등기청구권이 발생되지 않으므로 가등기의 신청이 불가능
하며, 또한 등기의무자가 존재하지 않으므로 원칙적으로 의무자의 인감증명이나
등기필증, 등기상 이해관계인이 없어 제3자의 승낙서나 대항할 수 있는 판결서
의 첨부를 필요로 하지 않는다.

4. 포괄승계인에 의한 등기신청

등기원인이 발생한 후에 등기권리자 또는 등기의무자에 대하여 상속이나 그 밖의
포괄승계가 있는 경우에 상속인이나 그 밖의 포괄승계인이 그 등기를 신청하는 것을
말하는데(법 제27조), 포괄승계인에 의한 등기는 공동신청의 원칙이 유지되기 때문에
단독신청을 하는 상속이나 합병 또는 분할등기와는 다르다.

등기관은 신청정보의 등기의무자의 표시가 등기기록과 일치하지 아니하는 경우에
그 등기의 신청을 각하하여야 하나 포괄승계인이 등기신청을 하는 경우는 예외로 하
고 있다(법 제29조 제7호).

5. 대위등기신청 및 대리인에 의한 신청

(1) 대위등기신청

등기는 등기권리자와 등기의무자가 공동으로 신청하는 것이 원칙이지만 ① 관공서
가 체납처분으로 인한 압류등기를 촉탁하는 경우, ② 수용으로 인한 소유권이전등기
등에 따라 예외적으로 등기신청권자를 대위하여 자기 이름으로 등기를 신청할 수 있
는데, 이를 대위등기신청이라 한다.

1) 채권자대위권에 의한 등기신청(→ 채권자, 매도인 공동신청)

채권자는 자기의 채권을 보전하기 위하여 채무자를 대위하여 등기를 신청할 수 있
는데(법 제28조 제1항), 대위신청에 의하여 등기를 할 때에 등기관은 대위자의 성명 또
는 명칭, 주소 또는 사무소 소재지 및 대위원인을 기록하여야 한다(법 제28조 제2항).
이러한 대위신청이 필요한 이유는 특정채권의 경우에 실체법상의 등기청구권자와 절
차법상의 등기권리자가 일치하지 아니하는 경우가 있기 때문이며, 대위신청 할 수 있

는 등기의 종류에는 원칙적으로 제한이 없다.

2) 부동산등기법에서 인정되는 대위등기

가. 구분건물로서 그 대지권의 변경이나 소멸이 있는 경우에는 구분건물의 소유권의 등기명의인은 1동의 건물에 속하는 다른 구분건물의 소유권의 등기명의인을 대위하여 그 등기를 신청할 수 있다(법 제41조 제3항).

나. 건물멸실의 경우, 그 소유권의 등기명의인이 1개월 이내에 멸실등기를 신청하지 아니하면 그 건물대지의 소유자가 건물 소유권의 등기명의인을 대위하여 그 등기를 신청할 수 있고(법 제43조 제2항), 구분건물로서 그 건물이 속하는 1동 전부가 멸실된 경우에는 그 구분건물의 소유권의 등기명의인은 1동의 건물에 속하는 다른 구분건물의 소유권의 등기명의인을 대위하여 1동 전부에 대한 멸실등기를 신청할 수 있다(법 제43조 제3항).

다. 구분건물의 소유자는 1동에 속하는 다른 구분건물의 소유자를 대위하여 그 건물의 표시에 관한 등기를 신청할 수 있다(법 제46조 제2항).

라. 구분건물이 아닌 건물로 등기된 건물에 접속하여 구분건물을 신축한 경우에 그 신축건물의 소유권보존등기를 신청할 때에는 구분건물이 아닌 건물을 구분건물로 변경하는 건물의 표시변경등기를 대위하여 신청하여야 한다(법 제46조 제3항).

마. 신탁등기의 신청은 해당 부동산에 관한 권리의 설정등기, 보존등기, 이전등기 또는 변경등기의 신청과 동시에 하여야 하는데, 수익자나 위탁자는 수탁자를 대위하여 신탁등기를 신청할 수 있다(법 제82조 제1항·제2항).

바. 등기권리자는 수용으로 인한 소유권이전등기를 하는 경우에 등기명의인이나 상속인, 그 밖의 포괄승계인을 갈음하여 부동산의 표시 또는 등기명의인의 표시의 변경, 경정 또는 상속, 그 밖의 포괄승계로 인한 소유권이전의 등기를 신청할 수 있다(제99조 제2항).

(2) 대리인에 의한 신청

등기는 법률에 다른 규정이 없는 경우에는 등기권리자와 등기의무자가 공동으로 신청하여야 하나, 신청인의 대리인도 등기소에 출석하여 신청정보 및 첨부정보를 적은 서면을 제출할 수 있다(법 제24조 제1항 제1호). 대리인에 의한 신청은 공동신청의 경우에만 해당하는 것이 아니라 단독신청이나 대위신청 또는 촉탁의 경우에도 대리인에 의한 신청이 허용되며, 여기서 대리인은 법정대리인과 임의대리인 모두를 포함한다.

방문신청 대리인의 경우 특별한 제한이 없으므로 변호사 또는 법무사가 아니라도 등기신청의 대리인이 될 수 있다. 그러나 변호사 또는 법무사가 아닌자 는 등기신청의 대리행위를 업으로 하지 못한다.

전자신청을 하는 경우에도 자격자대리인(법무사 또는 변호사)이 당사자를 대리하여 할 수 있으며(규칙 제67조 제1항), 다만 법인 아닌 사단이나 재단은 전자신청을 할 수 없으며, 외국인의 경우에는 외국인등록이나 국내거소신고가 되어 있어야 한다(규칙 제67조 제1항 단서).

또한 대리인에 의한 신청의 경우, 자기계약이나 쌍방대리금지의 민법상 규정이 적용되지 않는다.

Ⅳ | 등기신청의 방법

등기신청의 방법에는 신청인 또는 그 대리인이 등기소에 출석하여 신청정보 및 첨부정보를 적은 서면을 제출하는 방법(방문신청)과 전산정보처리조직을 이용하여 신청정보 및 첨부정보를 보내는 방법(전자신청)이 있다(법 제24조 제1항).

1. 신청정보 등의 제공방법

등기의 신청은 1건당 1개의 부동산에 관한 신청정보를 제공하는 방법으로 하여야 한다(법 제25조 본문). 다만, ① 등기목적과 등기원인이 동일한 경우, ② 같은 채권의 담보를 위하여 소유자가 다른 여러 개의 부동산에 대한 저당권설정등기를 신청하는 경우, ③ 관공서가 공매처분을 한 경우, 등기권리자의 청구에 의해 공매처분으로 인한 권리이전의 등기 등을 촉탁하는 경우, ④ 부동산 강제경매의 경우 매각대금이 지급된 뒤에 법원사무관 등이 매수인 앞으로의 소유권이전등기 등을 촉탁하는 경우에 같은 등기소의 관할 내에 있는 여러 개의 부동산에 관한 신청정보를 일괄하여 제공하는 방법으로 할 수 있다(법 제25조 단서, 규칙 제47조 제1항).

(1) 방문신청

방문신청의 경우, 신청정보 및 첨부정보를 적은 서면을 일정한 형식을 갖추어(요식행위, 서면주의) 제출하는데, 제출하는 서면에는 일반적으로 요구되는 내용(규칙 제43조)과 특정 경우에 따라 요구되는 내용(규칙 제46조)이 있다.

관공서가 촉탁정보 및 첨부정보를 적은 서면을 제출하는 방법으로 등기촉탁을 하는 경우에는 우편으로 그 촉탁서를 제출할 수 있으며, 이때에 소속 공무원이 직접 등기소에 출석하여 촉탁서를 제출할 때에는 그 소속 공무원임을 확인할 수 있는 신분증명서를 제시하여야 한다(규칙 제155조).

또한 방문신청을 하고자 하는 신청인은 신청서를 등기소에 제출하기 전에 전산정보처리조직에 신청정보를 입력하고, 그 입력한 신청정보를 서면으로 출력하여 등기소에 제출하는 방법으로 할 수 있다(규칙 제64조).

방문신청을 하는 경우라도 등기소에 제공하여야 하는 도면은 전자문서로 작성하여야 하며, 그 제공은 전산정보처리조직을 이용하여 등기소에 송신하는 방법으로 하여야 한다. 그러나 ① 자연인 또는 법인 아닌 사단이나 재단이 직접 등기신청을 하는 경우, ② 자연인 또는 법인 아닌 사단이나 재단이 자격자대리인이 아닌 사람에게 위임하여 등기신청을 하는 경우에는 그 도면을 서면으로 작성하여 등기소에 제출할 수 있다(규칙 제63조).

(2) 전자신청

1) 신청인

전자신청을 당사자가 직접 하거나 자격자대리인이 당사자를 대리하여 하는 경우(법인 아닌 사단이나 재단은 전자신청 불가)에는 신청정보의 내용으로 또는 첨부정보로서 등기소에 제공하여야 하는 정보를 전자문서로 등기소에 송신하여야 하며, 이 경우 사용자등록번호도 함께 송신하여야 한다(규칙 제67조 제2항·제3항).

전자문서를 송신할 때에는 신청인 또는 문서작성자의 전자서명정보(= 공인인증서 등)를 함께 송신하여야 한다.

□ **공인인증서 등(규칙 제67조 제4항)**

1. 개인 : 「전자서명법」의 공인인증서
2. 법인 : 「상업등기법」의 전자증명서
3. 관공서 : 대법원예규로 정하는 전자인증서

---

2) 사용자등록

당사자 또는 자격자대리인은 신청서에는 신고한 인감을 날인하고 그 인감증명과 함께 주소를 증명하는 서면을 첨부하여 등기소에 출석하여 신청서를 제출하며, 신청인이 자격자대리인인 경우에는 그 자격을 증명하는 서면의 사본도 추가로 첨부하여야 한다(규칙 제68조 제2항·제3항).

사용자등록의 유효기간은 3년으로 하고, 유효기간이 경과한 경우에는 사용자등록을 다시 하여야 한다. 사용자등록의 유효기간 만료일 3개월 전부터 만료일까지는 그 유효기간의 연장을 신청(전자문서로 신청 가능)할 수 있으며, 그 기간은 3년으로 한다(규칙 제69조).

사용자등록을 한 사람은 사용자등록의 효력정지, 효력회복 또는 해지를 신청할 수 있으며, 그 신청은 사용자등록의 효력정지 및 해지의 신청은 전자문서로 할 수 있다(규칙 제70조 제1항·제2항).

2. 등기신청정보의 작성방법

신청서나 그 밖의 등기에 관한 서면을 작성할 때에는 자획(字劃)을 분명히 하여야 하며, 서면에 적은 문자의 정정, 삽입 또는 삭제를 한 경우에는 그 글자 수를 난외(欄外)에 적으며 문자의 앞뒤에 괄호를 붙이고 이에 날인 또는 서명하여야 한다. 이 경우 삭제한 문자는 해독할 수 있게 글자체를 남겨 두어야 한다(규칙 제57조).

또한 부동산의 소재지나 등기명의인의 주소를 기재할 때에는 행정구역의 명칭을 줄여서 기재하지 아니하고 명칭 전부를 그대로 기재하여야 한다. 면적의 경우에는 ㎡를 사용하고, 금액의 표시는 아라비아 숫자로 기재한다.

3. 필요적 신청정보의 내용

등기를 신청하는 경우에는 다음의 사항을 신청정보의 내용으로 등기소에 제공하여야 한다.

(1) 부동산의 표시에 관한 사항(규칙 제43조 제1항 제1호)

1) 토지

토지의 소재, 지번, 지목과 면적을 제공한다.

2) 건물

소재, 지번 및 건물번호(같은 지번 위에 1개의 건물만 있는 경우는 제외)를 제공한다. 건물의 종류, 구조와 면적, 부속건물이 있는 경우에는 부속건물의 종류, 구조와 면적도 함께 기록한다.

3) 구분건물

1동의 건물의 표시로서 소재지번·건물명칭 및 번호·구조·종류·면적, 전유부분의 건물의 표시로서 건물번호·구조·면적, 대지권이 있는 경우 그 권리의 표시(소유권인지 지상권인지 여부)를 제공한다. 다만, 1동의 건물의 구조·종류·면적은 건물의 표시에 관한 등기나 소유권보존등기를 신청하는 경우로 한정한다.

(2) 신청인에 관한 사항(규칙 제43조 제1항 제2호·제3호)

1) 자연인

신청인의 성명, 주소 및 주민등록번호를 제공한다.

2) 법인

법인의 명칭, 사무소 소재지, 부동산등기용등록번호, 대표자의 성명과 주소를 제공한다.

3) 법인 아닌 사단이나 재단

법인 아닌 사단이나 재단이 신청인인 경우에는 그 대표자나 관리인의 성명, 주소 및 주민등록번호를 신청정보의 내용으로 등기소에 제공하여야 한다(규칙 제43조 제2항).

4) 대리인

대리인에 의하여 등기를 신청하는 경우에는 그 성명과 주소를 제공한다(규칙 제43조 제1항 제4호).

(3) 등기사항의 표시에 관한 사항

1) 등기원인과 그 연월일

등기신청 시에는 등기원인과 그 연월일을 제공하여야 하는데, '등기원인'이란 매매, 교환, 상속, 경매, 판결, 건물의 신축, 토지의 분할 등 부동산에 관한 권리변동의 원인 또는 표시 등의 변경원인을 말하며, '연월일'이란 매매계약체결일과 같이 법률행위 기타 법률사실의 성립 내지 효력이 발생한 날을 말한다.

판결에 의한 등기신청의 경우에, 판결주문에 등기원인과 연월일이 명시되어 있지 않다면, 등기원인은 확정판결로 그 연월일은 판결선고일로 표기한다.

2) 등기목적

등기신청 시에는 신청하는 등기의 내용, 종류 등 그 등기의 목적을 제공하여야 한다.

(4) 등기필정보에 관한 사항(→ 신청인과 권리자 동일시, 필증 교부)

1) 등기필정보의 제공이 필요한 경우

등기관이 새로운 권리에 관한 등기를 마쳤을 때에는 등기필정보를 작성하여 등기권리자에게 통지하여야 한다(법 제50조 제1항 본문). 다만, 다음의 어느 하나에 해당하는 경우에는 그러하지 아니하다(법 제50조 제1항 단서).

---

1. 등기권리자가 등기필정보의 통지를 원하지 아니하는 경우
2. 국가 또는 지방자치단체가 등기권리자인 경우
3. 대법원규칙으로 정하는 경우(규칙 제109조 제2항)
    ① 등기필정보를 전산정보처리조직으로 통지받아야 할 자가 수신이 가능한 때부터 3개월 이내에 전산정보처리조직을 이용하여 수신하지 않은 경우
    ② 등기필정보통지서를 수령할 자가 등기를 마친 때부터 3개월 이내에 그 서면을 수령하지 않은 경우

③ 법 제23조 제4항에 따라 승소한 등기의무자가 등기신청을 한 경우
④ 법 제28조에 따라 등기권리자를 대위하여 등기신청을 한 경우
⑤ 법 제66조 제1항에 따라 등기관이 직권으로 소유권보존등기를 한 경우

등기권리자와 등기의무자가 공동으로 권리에 관한 등기를 신청하는 경우에 신청인은 그 신청정보와 함께 통지받은 등기의무자의 등기필정보를 등기소에 제공하여야 한다. 승소한 등기의무자가 단독으로 권리에 관한 등기를 신청하는 경우에도 등기필정보를 등기소에 제공하여야 한다(법 제50조 제2항).

2) 등기필정보가 없는 경우

등기의무자의 등기필정보가 없을 때에는 등기의무자 또는 그 법정대리인(= 등기의무자등)이 등기소에 출석하여 등기관으로부터 등기의무자등임을 확인받아야 한다(법 제51조 본문). 이 경우에 등기관은 주민등록증, 외국인등록증, 국내거소신고증, 여권 또는 운전면허증에 의하여 본인 여부를 확인하고 조서를 작성하여 이에 기명날인하여야 하며, 주민등록증 등의 사본을 조서에 첨부하여야 한다(규칙 제111조 제1항).

3) 등기필정보를 작성 또는 통지할 필요가 없는 경우

등기관이 새로운 권리에 관한 등기를 마쳤을 때에는 등기필정보를 작성하여 등기권리자에게 통지하여야 하지만 ① 등기필정보를 전산정보처리조직으로 통지받아야 할 자가 수신이 가능한 때부터 3개월 이내에 전산정보처리조직을 이용하여 수신하지 않은 경우, ② 등기필정보통지서를 수령할 자가 등기를 마친 때부터 3개월 이내에 그 서면을 수령하지 않은 경우, ③ 승소한 등기의무자가 등기신청을 한 경우, ④ 등기권리자를 대위하여 등기신청을 한 경우, ⑤ 등기관이 직권으로 소유권보존등기를 한 경우에는 등기필정보를 제공할 필요가 없다(규칙 제109조 제2항).

(5) 기타 표시에 관한 사항

1) 등기소의 표시

등기신청은 부동산 소재지를 관할하는 등기소에 하여야 하므로 관할 등기소를 신청정보로 제공하여야 한다.

2) 신청연월일

등기신청연월일을 신청정보의 내용으로 제공하여야 한다.

3) 거래가액

등기관이 「부동산 거래신고 등에 관한 법률」에서 정하는 계약을 등기원인으로 한 소유권이전등기를 하는 경우에는 거래가액을 기록하여야 하는데(법 제68조), 여기서 '거래가액'이란 「부동산 거래신고 등에 관한 법률」에 따라 신고한 금액을 말한다(규칙 제124조 제1항).

이에 따라, 거래가액을 신청정보의 내용으로 등기소에 제공하고, 시장·군수 또는 구청장으로부터 제공받은 거래계약신고필증정보를 첨부정보로서 등기소에 제공하여야 한다. 이 경우 거래부동산이 2개 이상인 경우 또는 거래부동산이 1개라 하더라도 여러 명의 매도인과 여러 명의 매수인 사이의 매매계약인 경우에는 매매목록도 첨부정보로서 등기소에 제공하여야 한다(규칙 제124조 제2항).

4) 납부할 세액 및 과세표준액

등기를 신청하는 경우, 취득세나 등록면허세 등 등기와 관련하여 납부하여야 할 세액 및 과세표준액을 신청정보의 내용으로 등기소에 제공하여야 한다(법 제44조 제1항).

4. 임의적 신청정보의 내용

법령의 규정에 따라 당사자가 임의적으로 약정한 사항으로 등기기록에 기록하는 것이 허용되는 사항을 말한다. 이러한 임의적 신청정보에 해당하는 사항이 등기원인으로 기재되어 있는 경우에는 이를 등기소에 제공하여야 하고 이를 제공하지 아니하면 신청정보의 제공이 대법원규칙으로 정한 방식에 맞지 아니한 경우(법 제29조 제5호)에 해당하여 등기관은 그 등기신청을 각하하여야 한다.

□ 임의적 신청정보에 해당하는 사항

1. 매매계약과 동시에 한 환매특약에 관한 사항(법 제53조)
2. 등기원인에 권리의 소멸에 관한 약정이 있을 경우(법 제54조)
3. 지상권의 존속기간, 지료와 그 지급시기(법 제69조 단서)
4. 전세권의 존속기간, 위약금 또는 배상금, 전세권의 양도·임대 금지(법 제72조 단서)
5. 저당권의 변제기, 이자 및 그 발생기·지급시기, 원본 또는 이자의 지급장소, 채무불이행으로 인한 손해배상에 관한 약정, 저당권의 효력범위에 대한 약정, 채권의 조건(법 제75조 단서)
6. 저당권부채권에 대한 질권(법 제76조 제1항)
7. 담보권(법 제76조 제2항)

표 9 등기신청방법 정리

제출	1. 원칙 : 1건 1신청주의 원칙 2. 예외 : 일괄신청 등기목적과 등기원인이 동일한 경우에는 같은 등기소의 관할 내에 있는 여러 개의 부동산에 관한 신청정보를 일괄하여 제공하는 방법으로 할 수 있음
작성 및 기재문자	1. 일정 사항을 기재하고 기명·날인 또는 서명하여야 함 2. 신청서가 여러 장인 경우에는 간인을 하여야 함(1인만 간인함) 3. 신청서의 기재문자를 정정하는 경우 전원의 날인을 요함 4. 신청서에는 한글과 아라비아 숫자로 기재 5. 소재나 주소는 행정구역의 명칭을 기재하며, 지번의 경우 번지라는 말을 기재하지 않으며, 면적은 ㎡로 표시 6. 신청인이 2인 이상인 경우에는 지분(필요적 기재사항)을 기재, 합유인 경우에는 취지를 기재 7. 소유권보존등기의 경우에는 등기원인과 등기원인일자는 기재하지 않으며, 진정명의 회복의 경우에는 등기원인일자는 기재하지 않음 8. 구분건물에 소유권이전이나 저당권설정의 경우에는 대지권을 기재하여야 하나, 건물만의 취지의 등기나 구분건물만의 전세권이나 임차권설정의 경우에는 대지권을 기재하지 않음 9. 법인 아닌 사단이나 재단인 경우 대표자의 성명, 주소, 주민등록번호를 병기
필요적 기재사항	1. 부동산표시에 관한 사항 : 부동산의 소재·지번·지목(구조)·면적, 대지권의 표시 2. 신청인 표시에 관한 사항 : 신청인의 성명·주소·주민등록번호 3. 등기사항의 표시 : 등기원인과 그 연월일, 등기목적 4. 기타 표시사항 : 등기소의 표시, 신청연월일, 등록세액, 시가표준액 등

임의적 기재사항	1. 매매계약과 동시에 한 환매특약에 관한 사항(법 제53조) 2. 등기원인에 권리의 소멸에 관한 약정이 있을 경우(법 제54조) 3. 지상권의 존속기간, 지료와 그 지급시기(법 제69조 단서) 4. 전세권의 존속기간, 위약금 또는 배상금, 전세권의 양도·임대 금지(법 제72조 단서) 5. 저당권의 변제기, 이자 및 그 발생기·지급시기, 원본 또는 이자의 지급장소, 채 무불이행으로 인한 손해배상에 관한 약정, 저당권의 효력범위에 대한 약정, 채 권의 조건(법 제75조 단서) 6. 저당권부채권에 대한 질권(법 제76조 제1항) 7. 담보권(법 제76조 제2항)

V | 등기원인을 증명하는 정보(= 등기원인증서)

1. 등기원인증명정보

(1) 의의

'등기원인을 증명하는 정보'란 등기할 권리변동의 원인인 법률행위 또는 기타의 법률사실의 성립을 증명하는 정보를 말한다. 예를 들어, 매매를 원인으로 한 소유권이전등기에서 매매계약정보나 분필(합필)등기에서의 대장정보 등이 등기원인을 증명하는 정보가 된다.

(2) 등기원인을 증명하는 정보의 내용

1) 부동산표시사항의 기재

토지의 경우에 소재, 지번, 지목과 면적을 기재하며, 건물인 경우에는 소재, 지번 및 건물번호, 건물의 종류, 구조와 면적. 부속건물이 있는 경우에는 부속건물의 종류, 구조와 면적 등도 함께 기재하여야 한다.

구분건물과 대지권이 함께 등기의 목적이 되는 경우에는 그 계약서에 대지권에 대한 구체적인 표시는 아니더라도 최소한 포함되어 있다는 정도는 표시되어 있어야 등기관이 등기신청을 처리할 수 있다. 또한 상속을 원인으로 한 소유권이전등기신청의 경우에 있어 부동산의 표시가 없는 가족관계사항별증명서는 종전과는 달리 현재에는 등기원인을 증명할 수 있는 정보에 해당한다.

2) 등기할 사항의 기재

법률행위에 의한 물권의 변동이 있는 경우에 등기원인을 증명하는 정보에는 등기목적, 등기원인, 등기연월일 및 등기할 사항으로서 필수적 또는 임의적 기록사항이 포함되어야 한다.

3) 당사자의 표시와 날인

등기원인증명정보에는 당사자(등기권리자, 등기의무자)의 표시(성명, 주소, 주민등록번호)와 날인이 있어야 하고, 등기의무자는 등기기록상의 등기명의인과 일치하여야 한다.

표 10 등기원인증명정보가 되는 증서의 정리

등기원인 증서인 것	등기원인 증서가 아닌 것
1. 계약 : 매매계약서, 증여계약서, 설정계약서, 아파트분양계약서, 공유물분할계약서, 재산분할협의서, 변경계약서 2. 판결 : 확정판결서 정본 3. 수용 : 협의성립확인서 또는 재결서 ※ 이에 해당하는 서류는 원본을 제출한다 (사본 ×).	1. 부동산표시가 없는 것 : 가족관계등록부 2. 당사자표시가 없는 것 : 상속재산분할협의서, 아파트분양사실증 명원, 대장등본, 주민등록등초본 3. 등기원인 및 원인일자가 없는 것 : 사인증여증서, 유언증서

2. 검인계약서

계약을 원인으로 소유권이전등기를 신청할 때에는 계약서에 시장, 군수 또는 그 권한의 위임을 받은 자의 검인을 받아 관할등기소에 이를 제출하여야 하는데(부동산등기특별조치법 제3조 제1항), 계약의 종류는 불문한다. 이러한 규정을 두고 있는 것은 부동산거래에 대한 실체적 권리관계에 부합하는 등기를 신청하게 함으로써 건전한 거래질서를 확립하기 위함이다.

표 11 검인대상과 면제대상 요약

검인을 받아야 하는 경우	검인을 받지 않아도 되는 경우
1. 매매, 교환, 증여, 신탁 및 신탁해지계약서, 공유물분할계약서, 양도담보 2. 판결서 및 화해조서, 조정조서, 청구인낙조서 등 판결과 동일한 효력을 갖는 조서 3. 가등기에 기한 본등기 신청시 원인증서 4. 재산분할판결에 의한 등기신청시 5. 공공용지취득협의에 의한 소유권이전 6. 아파트분양권을 전매하는 경우 7. 무허가건물 8. 증여계약서	1. 공용수용, 상속, 경매, 공매, 시효취득, 권리포기, 진정명의 회복 등 2. 입목, 공장재단, 광업재단 매매계약서 3. 소유권이전청구권 보존의 가등기 4. 국가, 지자체가 계약의 당사자인 경우 5. 토지거래허가증을 교부받은 경우 6. 주택거래신고필증을 교부받은 경우

(1) 검인신청자 및 검인권자

검인은 계약을 체결한 당사자 중 1인이나 그 위임을 받은 자(계약서를 작성한 변호사, 법무사, 개업공인중개사)가 신청할 수 있으며, 계약서에 검인신청인을 표시하여야 한다. 검인권자는 부동산 소재지를 관할하는 시장·군수·구청장 또는 그 권한을 이들로부터 위임받은 자(읍·면·동)이며, 2개 이상의 시·군·구에 있는 수개의 부동산의 소유권이전을 내용을 하는 계약서 또는 판결서 등을 검인받고자 하는 경우에는 그 중 1개의 시·군·구를 관할하는 시장 등에게 검인을 요청할 수 있다.

(2) 검인의 교부

검인신청을 받은 시장·군수·구청장은 계약서 또는 판결서 등의 형식적 요건의 구비 여부만을 확인하고 그 기재에 흠결이 없다고 인정한 때에는 지체 없이 검인을 하고 검인신청인에게 교부하여야 한다.

3. 등기신청에 관한 기타 서류

(1) 등기원인에 대한 제3자의 허가, 동의 또는 승낙을 요하는 서면

등기원인에 대하여 제3자의 허가, 동의 또는 승낙이 필요한 경우에는 이를 증명하는 정보를 제공하여야 한다. 여기서, 등기원인에 대하여 제3자의 허가, 동의 또는 승낙이 필요한 경우라 함은 다음과 같다.

---

1. 토지거래허가지역에서의 시장, 군수, 구청장의 토지거래허가증
2. 농지 취득 시, 농지취득자격증명
3. 임차권의 양도나 전대시 임대인의 동의서
4. 무능력자의 부동산 처분시 법정대리인의 동의서
5. 공익법인이나 민법상재단법인 처분시 주무관청의 허가서(단, 영리법인이나 사단법인 제외)

등기원인에 대하여 제3자의 허가, 동의 또는 승낙이 필요한 경우라 하더라도 등기원인을 증명하는 정보가 집행력 있는 판결인 경우에는 등기원인을 증명하는 정보를 제공할 필요가 없다. 다만, 등기원인에 대하여 행정관청의 허가, 동의 또는 승낙을 받을 것이 요구되는 때에는 그러하지 아니하다(규칙 제46조 제3항 단서).

(2) 주소증명서면

등기기록에 새롭게 기록되는 등기권리자로서 등기신청을 하는 경우에는 신청인의 주소를 증명하는 정보로 주민등록표정보나 법인등기사항증명정보를 첨부정보로서 등기소에 제공하여야 하며(규칙 제46조 제1항 제6호), 주소증명정보를 제공하여야 하는 등기신청은 다음과 같다.

❏ 주소증명정보의 제공이 필요한 경우

---

1. 새롭게 등기명의인이 되는 자가 등기권리자로서 등기신청을 하는 경우
2, 판결에 따라 소유권이전등기를 단독으로 신청하는 경우
3. 판결에 따른 대위보존등기를 신청하는 경우
4. 판결에 의하여 소유권이전등기를 순차로 대위 신청하는 경우
5. 지상권 설정등기나 이전등기를 신청하는 경우

---

(3) 대리인에 의하여 등기를 신청하는 경우에는 그 권한을 증명하는 정보

대리인에 의하여 등기를 신청하는 경우에는 그 권한을 증명하는 정보를 첨부정보로서 등기소에 제공하여야 한다(규칙 제46조 제5호). 대리인이 임의대리인인 경우에는 위임장이 대리인의 권한을 증명하는 정보가 되며, 법정대리인인 경우에는 본인의 기본증

명서, 가족관계증명서, 후견인 선임심판서 등이 대리인으로서의 권한을 증명하는 정보 가 된다.

(4) 주민등록번호(부동산등기용등록번호)의 증명정보

등기부에 새롭게 등기명의인으로 되는 자가 등기권리자로서 등기를 신청하는 경우 에 등기권리자(새로 등기명의인이 되는 경우로 한정)의 주소(또는 사무소 소재지) 및 주민등 록번호(또는 부동산등기용등록번호)를 증명하는 정보를 등기소에 제공하여야 한다(규칙 제 46조 제1항 제6호). 이러한 정보를 제공하는 것은 부동산 자료의 전산화를 통하여 다양 한 행정목적의 수행이 용이하도록 하고, 등기신청인의 동일성 확인을 위한 자료로서 활용하기 위함이다.

(5) 기타 부동산의 표시를 증명하는 정보(= 대장정보)

'대장정보'란 부동산의 현황을 기록하여 조세의 부과라는 행정목적을 달성하기 위한 것으로 부동산의 표시를 증명하는 정보에는 토지대장, 임야대장, 건축물대장 및 지적 도, 도면과 건물의 소재도 등이 있다. 대장정보를 제공하여야 하는 경우는 다음과 같다.

❑ 대장정보의 제공이 필요한 경우

1. 소유권보존등기를 신청하는 경우(규칙 제121조 제2항)
2. 소유권이전등기를 신청하는 경우(규칙 제46조 제1항 제7호)
3. 토지의 분합·멸실·면적의 증감 또는 지목변경등기신청을 하는 경우(규칙 제72조)
4. 건물이나 토지의 일부에 대한 전세권설정등기 등을 신청하는 경우(규칙 제126조 제2항)
5. 건물의 멸실이나 부존재로 멸실등기를 신청하는 경우(규칙 제102조)

---

(6) 규약이나 공정증서

구분건물에 대하여 대지권의 등기를 신청할 때 다음의 어느 하나에 해당되는 경우 에는 해당 규약이나 공정증서를 첨부정보로서 등기소에 제공하여야 한다(규칙 제46조 제2항).

☐ 규약이나 공정증서의 제공이 필요한 경우

1. 대지권의 목적인 토지가 구분건물의 규약상 대지인 경우
2. 구분소유자가 2개 이상의 전유부분을 가지는 경우, 규약으로 각 전유부분의 대지권의 비율을 전유부분의 면적비율과 다르게 정한 경우
3. 건물의 소유자가 그 건물이 속하는 1동의 건물이 있는 건물의 대지에 대하여 가지는 대지사용권이 대지권이 아닌 경우

---

(7) 인감증명(→ 등기의무자가 소유권 이외의 권리자인 경우에는 제출하지 않음)

방문신청의 방법으로 등기신청을 하는 경우에 인감증명을 제출하여야 하고, 해당 신청서(위임에 의한 대리인이 신청하는 경우에는 위임장)나 첨부서면에는 그 인감을 날인하도록 하고 있는데(규칙 제60조 제1항), 이는 날인한 당사자의 등기 의사의 진정성을 확인하기 위함이다. 인감증명의 제출이 필요한 경우는 다음과 같다.

제출이 필요한 경우	제출이 필요하지 않은 경우
1. 소유권의 등기명의인이 등기의무자로서 등기를 신청하는 경우 등기의무자의 인감증명 2. 소유권에 관한 가등기명의인이 가등기의 말소등기를 신청하는 경우 가등기명의인의 인감증명 3. 소유권 외의 권리의 등기명의인이 등기의무자로서 법 제51조 단서에 따라 등기를 신청하는 경우 등기의무자의 인감증명 4. 제81조 제1항에 따라 토지소유자들의 확인서를 첨부하여 토지합필등기를 신청하는 경우 그 토지소유자들의 인감증명 5. 제74조에 따라 권리자의 확인서를 첨부하여 토지분필등기를 신청하는 경우 그 권리자의 인감증명 6. 협의분할에 의한 상속등기를 신청하는 경우 상속인 전원의 인감증명 7. 등기신청서에 제3자의 동의 또는 승낙을 증명하는 서면을 첨부하는 경우 그 제3자의 인감증명 8. 법인 아닌 사단이나 재단의 등기신청에서 대법원 예규로 정한 경우 9. 법정대리인 등기신청 시, 법정대리인 인감	1. 소유권 외의 권리인 지상권, 전세권, 저당권의 이전등기 2. 소유권 외의 권리인 지상권, 전세권 목적의 저당권 설정등기, 저당권목적의 권리질권설정등기·채권담보설정등기 3. 환매특약등기 4. 소유권보존등기를 신청하는 경우 5. 건물의 멸실등기 신청 시, 등기명의인의 표시변경등기 6. 등기의무자가 관공서인 경우 7. 전자신청에 있어 인감증명을 제출하여야 하는 자가 공인인증서정보를 송신한 경우

등기신청서에 첨부하는 인감증명은 발행일부터 3개월 이내의 것이어야 한다(규칙 제62조).

VI | 등기신청에 대한 심사

등기관은 등시신청에 대한 심사권을 가지고 있는데, 이는 거짓된 등기의 신청을 방지하고 실체에 부합하도록 등기가 이루어지도록 하기 위한 것이다. 이에 등기관은 등기신청서를 수령하면 지체 없이 그 등기신청에 관한 사항을 조사하고 그 결과에 따라 등기신청의 각하 여부를 결정하여야 한다(법 제29조).

1. 등기신청의 심사에 관한 부동산등기법의 입법적 태도

'형식적 심사주의'는 등기신청에 대한 절차법상 요건의 적법 여부만 심사하면 되고, 실체법상의 권리관계나 유효요건에 대해서는 심사할 수 없다. 이 때문에 형식적 심사주의에는 등기가 신속하게 처리되는 장점은 있으나 등기의 진정성 확보 면에서는 미흡한 점이 있다 할 수 있다.

그 반면에 '실질적 심사주의'는 절차법상의 적법요건 그리고 실체법상의 권리관계 및 유효요건까지도 심사할 수 있기 때문에 실질적 심사주의는 등기의 정확성을 확보할 수 있다는 장점이 있으나 형식적 심사주의에 비하여 신속한 등기처리가 어렵다는 단점이 있다.

부동산등기법은 법 제29조에서 등기관이 등기신청을 각하할 수 있는 각하사유를 열거하고 있는데, 등기관은 각각의 등기신청이 이에 해당하는지 여부를 심사하여 그 등기신청을 각하할 수 있도록 하고 있다. 이처럼 등기관에게 형식적 심사권한만이 주어진 것으로 보아 현행 부동산등기법은 형식적 심사주의를 채택하고 있다.

대법원 판례나 학설의 경우에도 부동산등기법이 형식적 심사주의를 채택하고 있는 것으로 보고 있다. 이는 등기 자체의 공신력이 인정되지 못하는 근거로 제시되기도 한다.

> **참고** 대법원 2007.6.14., 2007다4295(손해배상)
>
> "등기관은 등기신청에 대하여 부동산등기법상 그 등기신청에 필요한 서면이 제출되었는지 여부 및 제출된 서면이 형식적으로 진정한 것인지 여부를 심사할 권한을 갖고 있으나 그 등기신청이 실체법상의 권리관계와 일치하는지 여부를 심사할 실질적인 심사권한은 없다."

2. 심사의 기준시점

등기관이 법 제29조에 따라 등기신청의 적법 여부를 결정하는 심사의 기준시점은 등기신청정보 및 첨부정보가 등기소에 제공된 시점이 아니라 등기기록에 기록하려고 하는 때이다(대법원 1989.5.29., 87마820).

> **참고** 대법원 1989.5.29., 87마820(등기공무원 처분에 대한 이의기각결정)
>
> "등기공무원이 부동산등기법 제55조에 의하여 등기신청서류에 대한 심사를 하는 경우 심사의 기준시는 바로 등기부에 기재(등기의 실행)하려고 하는 때인 것이지 등기신청서류의 제출시가 아니다."

Ⅶ | 등기신청의 각하 및 취하

1. 등기신청의 각하(→ 등기의 실행을 거절하는 처분)

등기신청 시에 등기관은 등기신청정보와 첨부정보를 심사하여 적법한 때에는 그 등기를 수리하여 실행하지만 부적법하면 등기기록에의 등재를 거부할 수 있는데, 이 경우 거부하는 처분행위를 각하라고 한다. 등기관은 다음의 어느 하나에 해당하는 경우에만 이유를 적은 결정으로 신청을 각하하여야 하며, 각하사유는 제한적으로 열거된 사항으로 이에 해당하지 아니하면 각하할 수 없다.

(1) 각하사유(법 제29조)

1) 사건이 그 등기소의 관할이 아닌 경우

등기사무는 부동산의 소재지를 관할하는 지방법원 또는 등기소에서 담당하는데(법 제7조 제1항), 이에 관할을 위반한 등기신청에 대하여 등기관은 이를 각하하여야 한다. 이를 간과하고 실행된 등기는 1개월 이내의 이의진술기간을 거쳐 이의를 진술한 자가 없거나 이의를 각하한 경우, 등기관의 직권에 의해 말소된다(법 제58조 제4항).

2) 사건이 등기할 것이 아닌 경우

등기신청이 그 자체로 법률상 명백히 허용될 수 없는 경우를 말하는데, 등기관은 이러한 등기신청을 각하하여야 하며, 이에 위반하여 실행된 등기는 1개월 이내의 이의진술기간을 거쳐 이의를 진술한 자가 없거나 이의를 각하한 경우, 등기관의 직권에 의해 말소된다(법 제58조 제4항).

① 등기능력 없는 물건

　㉠ 토지일부로 취급되는 것 : 교량, 터널, 축대, 담, 수문시설 등

　㉡ 동산으로 취급되는 것 : 모델하우스, 견본주택, 가설 건축물 등

　㉢ 공작물로 취급되는 것 : 고압송전철탑, 배수갑문 등

　㉣ 구조상 공용인 부분 : 아파트의 복도나 계단 등

② 등기할 권리가 아닌 경우 : 유치권, 점유권, 질권, 분묘기지권

③ 등기할 권리변동이 아닌 경우

　㉠ 가등기에 기한 본등기의 기입금지가처분의 등기

　　▶ 가등기에 기한 본등기는 가등기에 기한 순위보전권리를 취득하는 것이지 가등기상 권리자체의 처분이라 볼 수는 없다.

　㉡ 공유자 중의 1인이 신청하는 자기지분만의 소유권보존등기

　㉢ 공동상속인 중 1인이 신청하는 자기지분만의 상속등기

　㉣ 부동산특정일부에 대한 소유권보존, 소유권이전, 저당권설정

　㉤ 농지목적의 전세권설정

　㉥ 수인의 합유자 중 1인의 사망으로 그 사망자의 지분을 상속인에게 이전하는 상속등기

④ 저당권을 채권과 같이 이전하지 아니하고 그 순위만을 양도하는 경우

⑤ 기존의 등기에 저촉되는 경우 : 2중의 소유권보존등기, 2중의 지상권설정등기

⑥ 동시에 하여야 할 등기를 하지 아니한 경우 : 구분건물의 등기신청 시에 다른 구분건물의 표시등기를 동시에 신청하지 아니한 경우

⑦ 대지권이 등기된 경우 : 대지권이 소유권인 경우 대지권 또는 구분건물만을 분리하여 소유권이전등기를 신청하거나 저당권설정등기를 신청하는 경우

3) 신청할 권한이 없는 자가 신청한 경우

학교, 민법상 조합 등 등기당사자능력(등기당사자적격)이 없는 자가 등기신청을 한 경우를 말한다. 예로서, 법인의 경우에 대표권이 없는 자 또는 법인 아닌 사단·재단의 경우 그 대표자나 관리인 아닌 자의 등기신청, 등기신청의 대리권한이 없는 자의 등기신청 등을 들 수 있다.

4) 방문신청의 경우, 등기신청의 당사자 또는 대리인이 출석하지 아니한 경우

당사자 또는 그 대리인이 등기관의 면전에 직접 나타나는 것을 말하는데, 당사자 일방 또는 쌍방이 출석하지 않은 경우, 의사능력 또는 행위능력이 없는 당사자가 출석한 경우 등이 이에 해당한다.

5) 신청정보의 제공이 대법원규칙으로 정한 방식에 맞지 아니한 경우

등기신청에 있어 필수적 기재사항 또는 등기원인증명정보상의 임의적 신청정보가 흠결된 등기신청, 등기원인증명정보와 신청정보가 소극적으로 불일치하는 경우(양식이 상이한 신청서, 날인이 생략된 경우, 기재문자가 잘못인 경우 포함)가 이에 해당한다.

6) 신청정보의 부동산 또는 등기의 목적인 권리의 표시가 등기기록과 일치하지 아니한 경우

신청정보의 부동산 또는 등기의 목적인 권리의 표시가 등기기록과 일치하지 아니한 경우에 등기신청을 등기관이 각하하도록 한 것은 부실등기의 방지를 위하여 등기의 목적인 부동산이나 권리를 명확하게 하기 위한 것이다. 다만, 내용적으로 불일치한 사항이 있어도 동일성이 인정되면 그 등기신청을 수리해도 상관없다.

7) 신청정보의 등기의무자의 표시가 등기기록과 일치하지 아니한 경우(포괄승계인이 등
   기신청을 하는 경우는 제외)

① 근저당권설정등기나 지상권설정등기를 신청하고자 하는 경우에 설정자인 등기의
무자의 현주소가 등기부상의 주소와 다른 경우, ② 부동산을 매도하는 경우에 신청서
상의 의무자와 현재 등기부상의 소유자가 다른 경우, ③ 분필등기 신청 시에 등기명의
인의 현주소와 등기기록의 주소와 다른 상태에서 등기신청정보에 등기명의인의 현주
소를 기재한 등기신청이 있는 경우 등이 이에 해당한다.

8) 신청정보와 등기원인을 증명하는 정보가 일치하지 아니한 경우

신청정보의 내용이 등기원인증명정보상의 등기원인 등의 실체관계에 관한 내용과
일치하지 않는 경우로서, 이는 신청정보의 내용을 기준으로 판단한다.

9) 등기에 필요한 첨부정보를 제공하지 아니한 경우

등기신청의 진의를 형식적으로 확인하기 위한 것으로, ① 유효기간 3개월을 경과한
주민등록정보, 대장정보, 인감증명, 법인등기사항증명정보, 가족관계등록사항별증명정
보 등을 제공하여 등기를 신청한 경우(규칙 제62조), ② 검인의 대상이 되는 계약서에
검인을 받지 아니한 경우, ③ 제공한 첨부정보에 대한 서면이 명백하게 위조(변조)된
경우 등이 이에 해당한다.

10) 취득세, 등록면허세 또는 수수료를 내지 아니하거나 등기신청과 관련하여 다른 법
    률에 따라 부과된 의무를 이행하지 아니한 경우

등기신청 시에 취득세, 등록면허세, 지방교육세, 농어촌특별세, 국민주택채권의 매
입, 등기신청수수료 및 인지세를 납부하지 아니하거나 납부액에 부족이 있는 경우가
이에 해당한다.

11) 신청정보 또는 등기기록의 부동산의 표시가 토지대장·임야대장 또는 건축물대장
    과 일치하지 아니한 경우

① 토지대장등본, 임야대장등본, 건축물대장등본 등의 대장상의 부동산 표시와 신청
정보의 내용이 일치하지 아니한 경우, ② 등기기록상의 부동산 표시가 토지대장, 임야
대장 또는 건축물대장과 일치하지 아니한 경우 등이 이에 해당한다.

(2) 등기신청 흠결의 보정(→ 전화, 구두, 전자우편 등으로 통지)

등기관은 다음 각 호의 어느 하나에 해당하는 경우에만 이유를 적은 결정으로 신청을 각하하여야 한다. 다만, 신청의 잘못된 부분이 보정될 수 있는 경우로서 신청인이 등기관이 보정을 명한 날의 다음 날까지 그 잘못된 부분을 보정하였을 때에는 그러하지 아니하다(법 제29조 단서).

등기관이 등기신청정보 등을 심사하여 흠결을 발견하였을 경우에 신청당사자에게 이를 보정하도록 권장하는 것은 바람직하다 할 것이지만 등기관이 보정명령의무를 가지는 것은 아니다(대법원 1969.11.6., 67마243).

> **참고** 대법원 1969.11.6., 67마243(등기신청각하결정에 대한 재항고)
>
> "등기의 협동신청을 재정한 법률의 지시로 보아 출도하여야 할 대리인은 등기사무를 위임받은 동법서사 자신을 말하고 그의 사무원을 포함한다고 할 수 없고 등기공무원이 등기신청서류를 심사하여 흠결을 발견하였을 경우 이를 보정하도록 당사자에게 권장함은 바람직한 일이나 보정명령이나 의무가 있다고 석명할 의무가 있다고는 볼 수 없으며 그 흠결이 즉일 보정되지 않는 한 각하하여야 한다."

(3) 각하 사유를 간과하고 실행한 등기의 효력

등기소의 관할을 위반한 경우, 사건이 등기할 것이 아닌 경우를 간과하고 한 등기는 당연 무효로서 1월 이내의 기간을 정하여 이의진술의 기회를 부여하고 이의진술이 없을 시에 등기관은 직권으로 말소할 수 있다.

법 제29조 제1호와 제2호를 제외한 나머지 각하사유를 위반한 등기신청에 대하여 등기가 마쳐진 경우에는 그 등기가 명백히 무효인 경우에 해당하는 것은 아니므로 직권말소나 이의진술의 대상이 되지 아니한다. 이처럼 마쳐진 등기에 대해서는 등기관의 처분에 대한 이의진술로는 그 등기의 말소를 구할 수 없기 때문에, 그 등기의 말소를 구하기 위해서는 소를 제기하여 그 등기의 말소를 명하는 이행판결을 받아야 한다.

"부동산등기법 제55조 제3호 이하에 해당하는 사유로서는 이를 직권으로 말소할 수 없고 이 등기에 대하여는 등기공무원의 처분에 대한 이의의 방법으로 그 등기의 말소를 구할 수 없다."

2. 등기신청의 취하

'등기신청의 취하'란 등기신청인이 신청한 등기를 그 등기가 완료되거나 등기신청이 각하되기 전에 스스로 등기신청의 의사표시를 철회하는 것을 말한다(규칙 제51조 제1항).

(1) 취하의 신청(→ 전자신청의 경우, 전자적으로 취하됨)

등기신청인 또는 그 대리인은 등기신청을 취하할 수 있는데, 등기신청이 등기권리자와 등기의무자의 공동신청에 의한 경우에는 공동으로 취하하여야 하고, 등기를 일괄신청한 경우에는 그중 일부만을 취하할 수도 있다. 대리인이 등기신청을 취하하는 경우에 그 위임장에 취하에 관한 기재가 없다면 별도로 취하에 대한 특별수권이 있어야 하며, 등기권리자 및 등기의무자 쌍방으로부터 위임받은 대리인에 의한 경우에도 등기권리자 및 등기의무자 쌍방으로부터 취하에 대한 특별수권이 있어야 한다.

(2) 취하의 시기와 그 방법

등기신청의 취하는 등기관이 등기를 마치기 전까지 할 수 있으며(규칙 제51조 제1항), 그 방법은 ① 신청인 또는 그 대리인이 등기소에 출석하여 취하서를 제출하는 방법(방문신청) 또는 ② 전산정보처리조직을 이용하여 취하정보를 전자문서로 등기소에 송신하는 방법(전자신청)으로 한다(규칙 제51조 제2항). 방문신청의 경우, 취하는 서면주의에 의거 취하서를 제출하여야 한다.

(3) 취하 후의 조치

등기신청을 취하하는 경우, 접수장에 취하되었음을 표시하고 신청서와 부속서류 일체를 환부한다.

표 12 각하와 취하의 비교

구 분	각 하	취 하
의의	신청행위를 거절하는 처분	신청행위를 스스로 철회하는 행위
근거	각하사유는 법률로 규정	판례, 예규로 규정
사유	법정	흠결이 보정될 수 없는 때 취하 기회를 고지
방식	결정의 형식에 의한 서면	방문신청 시에는 서면으로 제출 일괄 신청 시에는 일부만의 취하도 가능
조치	신청서를 제외한 모든 서류 환부	신청서를 포함한 모든 서류 환부

Ⅷ | 등기완료 후 절차

1. 등기필정보의 작성 및 통지

(1) 등기필정보(등기필증)

'등기필정보'란 등기부에 새로운 권리자가 기록되는 경우에 그 권리자를 확인하기 위하여 등기관이 작성한 정보를 말한다.

1) 등기필정보를 작성하는 경우

① 등기할 수 있는 권리로 규정하고 있는 권리를 보존, 설정, 이전하는 등기

② 위 ①의 권리의 설정 또는 이전청구권 보전을 위한 가등기

③ 권리자를 추가하는 경정 또는 변경등기

2) 등기필정보의 기재사항과 구성

'등기필정보'는 권리자, 등록번호, 부동산고유번호, 부동산소재, 접수일자, 접수번호, 등기목적, 일련번호 및 비밀번호를 기재하며, 일련번호 및 비밀번호는 아라비아 숫자와 그 밖의 부호의 조합으로 구성한다. 또한 등기필정보의 일련번호는 영문 또는 아라비아 숫자를 조합한 12개로 구성하고 비밀번호는 50개를 부여한다.

3) 등기필정보를 작성·통지하지 않는 경우

① 등기권리자가 등기필정보의 토지를 원하지 않는 경우

② 국가 또는 지방자치단체가 등기권리자인 경우

③ 관공서가 등기를 촉탁한 경우, 다만 관공서가 등기권리자를 위해 등기를 촉탁한 경우에는 등기필정보 작성 및 통지

④ 등기필정보를 전산정보처리조직으로 통지받아야 할 자가 수신이 가능한 때부터 3개월 이내에 그 서면을 수령하지 않은 경우

⑤ 등기필정보통지서를 수령할 자가 등기를 마친 때부터 3개월 이내에 그 서면을 수령하지 않는 경우

⑥ 승소한 등기의무자가 등기신청을 한 경우

⑦ 등기권리자를 대위하여 등기신청을 한 경우

⑧ 등기관이 직권으로 소유권보존등기를 한 경우

4) 등기필정보의 통지방법

방문신청의 경우에는 등기필정보통지서를 적은 서면을 교부하고, 전자신청의 경우에는 전산정보처리조직을 이용하여 송신하는 방법으로 등기필정보를 통지한다(규칙 제107조 제1항).

5) 등기필정보 통지의 상대방

등기관은 등기를 마치면 등기필정보를 등기명의인이 된 신청인에게 통지한다. 다만, 관공서가 등기권리자를 위하여 등기를 촉탁한 경우에는 대법원예규로 정하는 바에 따라 그 관공서 또는 등기권리자에게 등기필정보를 통지한다.

법정대리인이 등기를 신청한 경우, 그 법정대리인에게, 법인의 대표자나 지배인이 신청한 경우에는 그 대표자나 지배인에게, 법인 아닌 사단이나 재단의 대표자나 관리인이 신청한 경우에는 그 대표자나 관리인에게 등기필정보를 통지한다(규칙 제108조 제2항).

(2) 소유권변경 사실의 통지 및 과세자료의 제공

1) 소유권변경 사실의 통지

등기관이 다음의 등기를 하였을 때에는 지체 없이 그 사실을 토지의 경우 지적소관

청에 건물의 경우에는 건축물대장 소관청에 각각 알려야 한다.

① 소유권의 보존 또는 이전

② 소유권의 등기명의인표시의 변경 또는 경정

③ 소유권의 변경 또는 경정

④ 소유권의 말소 또는 말소 회복

2) 과세자료의 제공

등기관이 소유권보존 또는 이전등기를 하였을 때에는 대법원규칙으로 정하는 바에 따라 지체 없이 그 사실을 부동산 소재지 관할 세무서장에게 통지하여야 하며, 이 때에 소유권변경사실의 통지나 과세자료의 제공은 전산정보처리조직을 이용할 수 있다.

예/상/문/제

01 다음 중 등기신청적격이 인정되지 않는 경우는?

① 자연인(외국인 포함)

② 권리능력 없는 사단 또는 재단으로 대표자가 있는 경우

③ 공립학교

④ 지방자치단체

⑤ 민법상 조합

해설 ⑤, 민법상 조합은 등기신청적격이 부인된다.

02 다음 중 등기당사자능력에 관한 설명으로 옳은 것은? (단, 다툼이 있으면 판례에 따름) (공인중개사 제28회 기출)

① 태아로 있는 동안에는 태아의 명의로 대리인이 등기를 신청한다.

②「민법」상 조합은 직접 자신의 명의로 등기를 신청한다.

③ 지방자치단체와 같은 공법인은 직접 자신의 명의로 등기를 신청할 수 없다.

④ 사립학교는 설립주체가 누구인지를 불문하고 학교 명의로 등기를 신청한다.

⑤ 법인 아닌 사단은 그 사단의 명의로 대표자나 관리인이 등기를 신청한다.

해설 ⑤, 태아는 등기신청적격 또는 당사자 능력이 인정되지 아니하며, 민법상 조합은 조합원 전원 명의의 합유등기를 한다. 또한 지방자치단체와 같은 공법인은 직접 자신의 명의로 등기를 신청할 수 있고, 사립학교는 학교재단법인 명의로 등기를 하여야 한다.

03 다음 중 등기권리자의 단독신청이 가능하지 않은 것은?

① 포괄유증으로 인한 소유권이전등기

② 교환에 의한 등기

③ 소유권포기를 원인으로 하는 소유권이전등기

④ 토지의 수용으로 인한 소유권이전등기

⑤ 권리의 변경등기

> **해설** ④, 토지의 수용으로 인한 소유권이전등기, 멸실회복등기, 가등기의 말소등기, 등기명의인의 표시변경 등기, 판결에 의한 등기 등은 단독신청이 가능하다.

04 등기신청의 각하에 관한 다음 기술 중 틀린 것은?

① 등기신청의 흠결이 보정될 수 없는 사항이어야 한다.

② 보정을 명한 다음날까지 보정할 수 있음에도 보정하지 않은 경우에도 각하된다.

③ 관할 위반의 등기신청의 경우에도 보정을 명할 수 있다.

④ 각하결정은 사유를 기재한 서면으로 하여야 한다.

⑤ 일부지분에 대한 소유권보존등기를 신청한 경우, 그 신청은 각하사유에 해당한다.

> **해설** ③, 관할을 위반한 등기신청은 보정 불가능한 흠결에 해당한다.

05 전산정보처리조직에 의한 등기절차(전자신청)에 대한 다음 설명 중 틀린 것은?

① 등기신청의 당사자 또는 대리인은 등기소를 방문하지 않고 전산정보처리조직을 이용하여 등기를 신청할 수 있다.

② 전자신청을 하기 위해서는 사용자등록번호와 공인인증서 정보를 입력하여 사용자인증을 받아야 한다.

③ 전자신청을 하고자 하는 당사자 또는 변호사나 법무사는 공인인증서를 발급받아 최초의 전자신청 전에 등기소에 직접 출석하여 미리 사용자등록을 하여야 한다.

④ 전자신청을 위한 최초의 사용자등록은 반드시 주소지나 사무소 소재지 관할의 등기소에서 하여야 한다.

⑤ 외국인도 출입국관리법에 따라 외국인등록을 하면 전자신청을 할 수 있다.

> **해설** ④, 사용자등록은 주소지나 사무소 소재지 관할 이외의 등기소에서도 할 수 있다.

제4장
각종 권리에 관한 등기절차

Ⅰ | 소유권에 관한 등기

1. 소유권보존등기

'소유권보존등기'란 미등기 부동산에 대하여 새로이 등기기록을 개설하는 최초의 기입등기를 말한다. 「1물 1권주의 및 1부동산 1등기기록주의」의 원칙상 소유권보존등기는 1부동산 전부에 대하여 소유권 전부를 등기하여야 하기 때문에 특정 부동산의 일부 또는 공유지분에 대해서는 소유권보존등기를 할 수 없다.

또한 ① 건물의 신축이나 공유수면매립 등 부동산을 원시취득한 경우, ② 규약상 공용부분이라는 뜻을 정한 규약을 폐지한 경우(법 제47조 제2항), ③ 등기관이 미등기부동산에 대하여 법원의 촉탁에 따라 소유권의 처분제한의 등기를 하는 경우(법 제66조 제1항)에는 소유권보존등기를 하여야 한다.

(1) 신청인

1) 원칙
원칙적으로 소유권보존등기의 신청인은 소유자임을 증명하는 자의 단독신청에 의한다.

① 토지대장, 임야대장 또는 건축물대장에 최초의 소유자로 등록되어 있는 자 또는 그 상속인, 그 밖의 포괄승계인

② 확정판결(형성, 이행, 확정판결 포함)에 의하여 자신의 소유권을 증명하는 자

③ 수용으로 인하여 소유권을 취득하였음을 증명하는 자

④ 특별자치도지사, 시장, 군수 또는 구청장(자치구의 구청장을 말함)의 확인에 의하여 자기의 소유권을 증명하는 자(건물의 경우로 한정)

위의 ①에서 ③까지의 신청인은 토지와 건물 모두에 해당하나, ④의 신청인은 건물에 한하여 신청인이 된다.

소유자임을 증명하는 서면에는 "건물의 소재와 지번, 건물의 종류, 구조 및 면적, 건물의 소유자 성명(명칭), 주소나 사무소의 소재지 표시" 등이 반드시 기재되어 있어야 한다. 다만, 납세증명서 및 세목별과세증명서, 건축물사용승인서, 임시사용승인서, 건축허가서 등은 소유자임을 증명하는 서면에 해당하지 아니한다.

2) 예외

① 등기관 직권 : 미등기부동산에 처분제한등기의 법원 촉탁 시

② 사업시행자 : 도시개발사업으로 환지 처분 시, 도시재개발사업으로 분양 처분 시

(2) 첨부정보

소유권보존등기의 신청 시에 첨부하여야 하는 서면에는 각종 대장등본(토지대장, 임야대장, 건축물대장 등), 소유자임을 증명하는 서면, 주소증명서면, 신청서부본, 건물의 소재도(대지 위에 여러 개의 건물이 있는 경우), 인감증명 등이 있다.

▶ 인감증명의 경우, 원칙적으로는 제공할 필요가 없으나 공유부동산에 대한 소유권보존등기 신청 시에는 실제지분보다 적은 지분을 등기신청정보로 제공한 자의 인감증명을 첨부정보로 제공하여야 한다.

(3) 필요적 기재사항

소유권보존등기를 신청하는 경우에는 등기를 신청한다는 뜻을 신청정보의 내용(신청근거)으로 등기소에 제공하여야 하는데, 이 경우 등기원인과 그 연월일은 신청정보의

내용으로 등기소에 제공할 필요가 없다(규칙 제121조 제1항).

(4) 실행에 관한 특칙

표제부와 갑구 쌍방 모두를 기재하며, 등기원인과 원인일자는 기재하지 않는다.

(5) 구분건물의 특칙

구분건물에 대한 보존등기는 원칙적으로 1동의 건물에 속하는 구분건물 중 일부만에 관하여 소유권보존등기를 신청하는 경우에는 나머지 구분건물의 표시에 관한 등기를 동시에 신청하여야 한다(법 제46조 제1항). 이 경우, 구분건물의 소유자는 1동에 속하는 다른 구분건물의 소유자를 대위하여 그 건물의 표시에 관한 등기를 신청할 수 있다(법 제46조 제2항).

(6) 직권보존등기의 특례

등기관이 미등기부동산에 대하여 법원의 촉탁에 따라 소유권의 처분제한의 등기를 할 때에는 직권으로 소유권보존등기를 하고, 처분제한의 등기를 명하는 법원의 재판에 따라 소유권의 등기를 한다는 뜻을 기록하여야 한다(법 제66조 제1항).

이에 따라, 등기관이 건물에 대한 소유권보존등기를 하는 경우에는 소유권보존등기의 신청인에 관한 규정을 적용하지 아니한다. 다만, 그 건물이 건축법상에 사용승인을 받아야 할 건물임에도 사용승인을 받지 아니하였다면 그 사실을 표제부에 기록하여야 한다.

2. 소유권이전등기

(1) 의의

'소유권이전등기'는 법률행위 또는 법률의 규정에 의하여 소유권이 이전하는 것을 공시하기 위한 등기를 말한다. 소유권이전등기는 항상 주등기로 실행하고 종전의 소유자를 말소하지 않는다는 점에서 소유권 이외의 권리의 이전이 부기등기에 의하고 종전 권리자를 말소하는 것과 구별된다.

(2) 소유권이전등기 유형

1) 법률행위를 원인으로 한 소유권이전등기

'법률행위를 원인으로 한 소유권이전등기'에는 매매, 증여, 교환 등의 계약이나 유증, 계약의 해제, 환매특약에 의한 환매권의 행사 등을 원인으로 한 소유권이전등기가 있다.

등기관이 소유권이전등기를 할 때에 등기명의인의 주소변경으로 신청정보상의 등기의무자의 표시가 등기기록과 일치하지 아니하는 경우라도 첨부정보로서 제공된 주소를 증명하는 정보에 등기의무자의 등기기록상의 주소가 신청정보상의 주소로 변경된 사실이 명백히 나타나면 직권으로 등기명의인표시의 변경등기를 하여야 한다(규칙 제122조).

2) 소유권의 일부이전등기

소유권의 일부에 대한 이전등기를 신청하는 경우에는 이전되는 지분을 신청정보의 내용으로 등기소에 제공하여야 하는데, 이 경우 등기원인에 어떠한 약정이 있을 때에는 그 약정에 관한 사항도 신청정보의 내용으로 등기소에 제공하여야 한다.

3) 수용으로 인한 소유권이전등기

「공익사업을 위한 토지 등의 취득 및 보상에 관한 법률」 규정에 따른 토지소유권의 강제적 취득방법은 원시취득에 해당하는데, 이미 등기된 부동산인 경우에는 권리의 변동과정을 모두 공시하기 위해 소유권이전등기의 형식을 취하고 미등기 부동산인 경우에 사업시행자는 직접 자기명의로 소유권보존등기를 신청하여야 한다.

수용으로 인한 소유권이전등기는 등기권리자(= 사업시행자)가 단독으로 신청할 수 있는데(법 제99조 제1항), 이 경우에 등기권리자는 등기명의인이나 상속인, 그 밖의 포괄승계인을 갈음하여 부동산의 표시 또는 등기명의인의 표시의 변경, 경정 또는 상속, 그 밖의 포괄승계로 인한 소유권이전의 등기를 신청할 수 있다. 또한 국가 또는 지방자치단체가 등기권리자인 경우에는 국가 또는 지방자치단체는 지체 없이 등기를 등기소에 촉탁하여야 한다(법 제99조 제3항).

등기관이 수용으로 인한 소유권이전등기를 하는 경우 그 부동산의 등기기록 중 소유권, 소유권 외의 권리, 그 밖의 처분제한에 관한 등기가 있으면 그 등기를 직권으로 말소하여야 한다. 다만, 그 부동산을 위하여 존재하는 지역권의 등기 또는 토지수용위원회의 재결로써 존속이 인정된 권리의 등기는 그러하지 아니하다(법 제99조 제4항).

4) 상속으로 인한 소유권이전등기

상속, 법인의 합병, 법인의 분할로 인하여 분할 전 법인이 소멸하는 경우 또는 법령에 따라 법인이나 단체의 권리·의무를 포괄 승계하는 경우 등 포괄승계에 따른 등기는 등기권리자(＝ 상속인)가 단독으로 신청한다(법 제23조 제3항).

상속으로 인한 등기는 피상속인의 사망을 원인으로 하는 법정상속등기와 협의분할에 의한 상속이 있고, 이러한 법정상속등기나 협의분할에 의한 상속등기 후에 하는 협의분할로 인한 상속등기가 있다.

5) 유증으로 인한 소유권이전등기

'유증'이란 유언자가 유언으로 자기 재산의 전부 또는 일부를 수증자에게 무상으로 양도하는 상대방 없는 단독행위를 말하는데(민법 제1074조), 포괄적 유증과 특정적 유증이 있다. 포괄적 유증은 상속의 경우와 같이 법률의 규정에 의한 물권의 변동에 해당하므로 부동산 등기 없이도 소유권이 이전하나, 특정적 유증은 법률행위로 인한 물권의 변동에 해당한다.

유증의 유형과 관계없이 유증으로 인한 소유권이전등기는 유언집행자가 등기의무자, 수증자가 등기권리자가 되어 함께 공동으로 신청하여야 한다.

6) 진정명의회복을 등기원인으로 한 소유권이전등기

'진정명의회복을 등기원인으로 한 소유권이전등기'란 이미 자기 앞으로 등기가 되어 있었거나 법률의 규정에 따라 소유권을 취득한 자가 현재의 등기명의자를 상대로 진정명의회복을 등기원인으로 한 소유권이전등기절차의 이행을 명령하는 판결을 받아 소유권이전등기를 하는 것으로 판례와 학설 모두 이를 인정하고 있다. 다시 말해, 진정한 소유자가 실체관계와 부합하지 아니한 무권리자 명의의 등기에 대해 진정한 등기명의로의 회복을 위해 말소등기의 방법에 의하지 않고 무권리자로부터 직접 소유권이전등기를 하는 것이다.

참고 **대법원 1990.11.27., 89다카12398, 전원합의체(부동산소유권확인 등)**

"이미 자기 앞으로 소유권을 표상하는 등기가 되어 있었거나 법률에 의하여 소유권을 취득한 자가 진정한 등기명의를 회복하기 위한 방법으로는 현재의 등기명의인을 상대로 그 등기의 말소를 구하는 외에 진정한 등기명의의 회복을 원인으로 한 소유권이전등기절차의 이행을 직접 구하는 것도 허용되어야 한다."

유형	의의	첨부정보	신청인	실행
계약으로 이전	특조법에 의해 60일 이내 신청의무 있음 (등기법은 규정 없음)	1. 검인계약서 2. 등기의무자의 인감 3. 등기의무자의 등기필정보, 대장등본 4. 주소증명서면	공동신청	갑구에 주등기로 실행하며, 소유권이전등기 후에 종전의 소유권은 말소되지 않음
수용	원시취득이나 등기된 부동산은 이전등기	1. 재결서나 협의서 (기업자가 관공서인 경우에는 촉탁) 2. 보상 또는 공탁증명서면	기업자 단독신청	등기 후에는 수용일 이전의 소유권이전등기, 수용되는 토지에 존재하는 요역지의 지역권 등기를 제외한 권리는 등기관의 직권으로 말소 가능
상속	법률규정에 의한 물권변동이나 처분요건으로 등기	1. 가족관계등록부 2. 상속분할협의서	상속인 단독신청	법정상속분에 의한 상속등기 후 상속재산을 협의분할하는 경우, 상속등기를 경정등기함
유증	상속등기전이면 유증자로부터 수증자에게 상속등기절차 없이 소유권이전등기	등기의무자의 등기필정보	공동신청	유증에 의한 소유권이전등기는 원인일자로 유증자가 사망한 날을 기재하나 유증이 정지조건일 때에는 조건이 성립한 날을 원인일자로 기재
진정명의회복	무권리자로부터 말소 없이 소유권이전등기하여 소유권을 회복하는 경우	1. 공동 신청 시 : 인감, 등기필정보 2. 판결의 경우 : 원인 증서로 판결서첨부	공동신청	공동신청이나 판결에 의한 단독신청의 경우, 모두 원인일자는 기재하지 않음

3. 대지권이 소유권인 경우 소유권이전등기 금지

금지되는 등기	1. 구분건물 또는 대지권만을 분리하여 소유권이전이나 저당권설정등기 2. 대지권이 등기된 토지에 저당권설정, 소유권이전 3. 소유권이전을 전제로 한 가등기나 처분제한 등기는 금지
허용되는 등기	1. 대지권이 등기된 토지에 지상권, 전세권, 지역권, 임차권설정 2. 건물만의 전세권, 임차권등기 3. 대지권 발생 이전의 저당권 실행으로 인한 압류나 경매신청등기 4. 토지나 건물만의 분쟁으로 인한 처분금지가처분 등기

4. 환매특약등기

'환매'란 매도인이 매매계약과 동시에 환매할 권리를 보류한 때에는 그 영수한 대금 및 매수인이 부담한 매매비용을 반환하고 그 목적물을 환매할 수 있는 것을 말한다. 이 때에 환매대금에 관하여 특별한 약정이 있으면 그 약정에 의하여야 한다(민법 제590조 제1항·제2항). 부동산에 대한 환매특약등기는 매매의 목적물이 부동산인 경우에 매매등기와 동시에 환매권의 보류를 등기한 때에는 제3자에 대하여 그 효력이 있다(민법 제592조).

환매특약의 등기를 신청하는 경우에는 매수인이 지급한 대금, 매매비용, 환매기간을 신청정보의 내용으로 등기소에 제공하여야 하며(법 제53조·규칙 제113조), 환매에 따른 권리취득의 등기를 하였을 때에는 환매특약의 등기를 말소하여야 한다(규칙 제114조 제1항).

신청	소요권이전등기와 동시에 신청하여야 하며, 신청서는 각기 제출
신청인	매도인이 등기권리자, 매수인이 등기의무자가 되어 공동신청이 원칙
첨부정보	계약서에 환매특약을 약정한 경우 신청서부본
필요적 기재사항	매매대금, 매매비용(환매기간은 임의적 기재사항임)
등기 실행	소유권이전등기에 부기등기
환매권말소	1. 환매권실행(원 매도인에게 소유권이전등기)인 경우 : 등기관직권 2. 환매권실행 외(환매기간의 도과, 환매권의 무효 등) : 당사자 신청으로 말소

표 13 환매특약 및 환매등기의 정리

구 분	환매특약 등기	환매권 이전등기	환매특약등기의 말소등기 (환매권 소멸 시)	환매특약등기의 말소등기 (환매권 실행 시)	환매특약등기의 말소등기 (환매권의 혼동으로 소멸 시)
등기권리자	매도인	환매권 양수인	매수인	직권말소	환매권자의 단독말소 신청(→ 환매권자가 소유권을 가진 경우)
등기의무자	매수인	환매권 양도인 (매도인)	매도인		
등기형식	부기등기	부기등기		주등기	

5. 신탁등기

신탁법상 "신탁"이란 신탁을 설정하는 자(＝위탁자)와 신탁을 인수하는 자(＝수탁자) 간의 신임관계에 기하여 위탁자가 수탁자에게 특정의 재산(영업이나 저작재산권의 일부를 포함한다)을 이전하거나 담보권의 설정 또는 그 밖의 처분을 하고 수탁자로 하여금 일정한 자(＝수익자)의 이익 또는 특정의 목적을 위하여 그 재산의 관리, 처분, 운용, 개발, 그 밖에 신탁 목적의 달성을 위하여 필요한 행위를 하게 하는 법률관계를 말한다(신탁법 제2조).

➡ 신탁에는 신탁법에 규정된 신탁과 민법에 규정된 명의신탁이 있는데, 부동산등기법에서 규정하고자 하는 신탁은 신탁법상 규정에 따른 신탁을 말한다.

(1) 신탁의 공시와 대항

등기 또는 등록할 수 있는 재산권에 관하여는 신탁의 등기 또는 등록을 함으로써 그 재산이 신탁재산에 속한 것임을 제3자에게 대항할 수 있으며, 이때 재산권에 대한 등기부 또는 등록부가 아직 없을 때에는 그 재산권은 등기 또는 등록할 수 없는 재산권으로 본다(신탁법 제4조 제1항·제3항).

또한 등기 또는 등록할 수 없는 재산권에 관하여는 다른 재산과 분별하여 관리하는 등의 방법으로 신탁재산임을 표시함으로써 그 재산이 신탁재산에 속한 것임을 제3자에게 대항할 수 있으며, 이때 신탁재산임을 표시할 때에는 대통령령으로 정하는 장부에 신탁재산임을 표시하는 방법으로도 할 수 있다(신탁법 제4조 제2항·제4항).

(2) 신탁 목적의 제한

1) 선량한 풍속이나 그 밖의 사회질서에 위반하는 사항을 목적으로 하는 신탁이나 목적이 위법하거나 불능인 신탁은 무효로 한다.

2) 신탁 목적의 일부가 위의 1)에 해당하는 경우 그 신탁은 1)에 해당하지 아니한 나머지 목적을 위하여 유효하게 성립한다.

➡ 다만, 1)에 해당하는 목적과 그렇지 아니한 목적을 분리하는 것이 불가능하거나 분리할 수 있더라도 1)에 해당하지 아니한 나머지 목적만을 위하여 신탁을 유지하는 것이 위탁자의 의사에 명백히 반하는 경우에는 그 전부를 무

효로 한다.

3) 수탁자로 하여금 소송행위를 하게 하는 것을 주된 목적으로 하는 신탁은 무효로 한다.

4) 법령에 따라 일정한 재산권을 향유할 수 없는 자는 수익자로서 그 권리를 가지는 것과 동일한 이익을 누릴 수 없다.

(3) 신탁등기

등기관이 신탁등기를 할 때에는 신탁원부(信託原簿)를 작성하고, 등기기록에는 그 신탁원부의 번호를 기록하여야 한다(법 제81조). 신탁원부에 기록하여야 할 사항은 다음과 같다.

1. 위탁자, 수탁자 및 수익자의 성명 및 주소(법인인 경우, 그 명칭 및 사무소 소재지를 말함)
2. 수익자를 지정하거나 변경할 수 있는 권한을 갖는 자를 정한 경우에는 그 자의 성명 및 주소(법인인 경우, 그 명칭 및 사무소 소재지를 말함)
3. 수익자를 지정하거나 변경할 방법을 정한 경우에는 그 방법
4. 수익권의 발생 또는 소멸에 관한 조건이 있는 경우에는 그 조건
5. 신탁관리인이 선임된 경우에는 신탁관리인의 성명 및 주소(법인인 경우, 그 명칭 및 사무소 소재지를 말함)
6. 수익자가 없는 특정의 목적을 위한 신탁인 경우에는 그 뜻
7. 수탁자가 타인에게 신탁을 설정하는 경우에는 그 뜻
8. 유언대용신탁인 경우에는 그 뜻
9. 수익자연속신탁인 경우에는 그 뜻
10. 수익증권발행신탁인 경우에는 그 뜻
11. 공익신탁인 경우에는 그 뜻
12. 유한책임신탁인 경우에는 그 뜻
13. 신탁의 목적
14. 신탁재산의 관리, 처분, 운용, 개발, 그 밖에 신탁 목적의 달성을 위하여 필요한 방법
15. 신탁종료의 사유
16. 그 밖의 신탁 조항

(4) 신청방법

1) 신탁등기의 신청은 해당 부동산에 관한 권리의 설정등기, 보존등기, 이전등기 또

는 변경등기의 신청과 동시에 하여야 하며, 수익자나 위탁자는 수탁자를 대위하여 신탁등기를 신청할 수 있다(법 제82조 제1항·제2항). 대위등기의 신청에 관하여는 채권자대위에 의한 등기신청(법 제28조 제2항)에 관한 규정을 따른다.

2) 신탁의 합병 또는 분할로 인하여 하나의 신탁재산에 속하는 부동산에 관한 권리가 다른 신탁의 신탁재산에 귀속되는 경우 신탁등기의 말소등기 및 새로운 신탁등기의 신청은 신탁의 합병 또는 분할로 인한 권리변경등기의 신청과 동시에 하여야 한다(법 제82조의2).

신청인	1. 원칙 : 위탁자가 등기의무자, 수탁자가 등기권리자가 되어 공동신청 2. 예외 　① 단독신청 : 신탁 재산의 처분이나 신탁재산의 회복인 경우 수탁자 단독 　② 대위신청 : 수탁자변경등기의 경우 수탁자를 대위하여 위탁자·수익자가 신청 　　　가능
신청 방법	1. 소유권이전등기와 동시에 신청하며, 소유권이전등기 신청서에 함께 기재 2. 신탁법에 의한 신탁은 소유권이전과 동시 또는 이시에 신청이 가능하며, 소유권이전등기 신청서에 함께 표시하여 신청하거나 각각 별개의 신청서로 신청이 가능
첨부 정보	신탁계약에 의한 신탁은 검인받은 신탁계약서, 신탁원부(부동산이 수개이면 신탁원부도 각각 제출)
실행	소유권이전등기와 동일 순위번호 사용(별도의 순위번호는 기재하지 아니함)

Ⅱ | 소유권 이외 권리에 관한 등기

1. 지상권

'지상권'이란 건물 기타 공작물이나 수목을 소유하기 위하여 타인의 토지를 사용하는 물권을 말한다. 이에 지상권자는 타인의 토지에 건물 기타 공작물이나 수목을 소유하기 위하여 그 토지를 사용하는 권리가 있다(민법 제279조).

지상권설정의 등기를 신청하는 경우에는 지상권의 설정목적과 그 범위, 존속기간, 지료와 지급시기, 지상권설정의 범위가 토지의 일부인 경우에는 그 부분을 표시한 도면의 번호 등의 등기사항을 신청정보의 내용으로 등기소에 제공하여야 하며(규칙 제126

조 제1항), 지상권설정의 범위가 부동산의 일부인 경우에는 그 부분을 표시한 지적도를 첨부정보로서 등기소에 제공하여야 한다(규칙 제126조 제2항).

필요적 기재사항	1. 설정목적 　※ 설정목적은 반드시 구체적으로 기재하여야 한다. 2. 설정범위
임의적 기재사항	지료, 존속기간(확정기간 또는 불확정기간, 영구인 존속기간도 가능)
등기실행	을구에 '주등기' 방법으로 실행
구분 지상권	1. 의의 : 지하나 공중공간을 상하의 범위를 정하여 사용하는 지상권 1필지에도 범위만 중복되지 않는다면 2 이상의 설정등기 가능 2. 대상물건 : 지하철, 지하주차장, 유류저장탱크, 송유관 등(수목이나 계층적 구분건물의 일부를 소유하기 위한 경우에는 불가) 3. 첨부서면 : 용익물권자가 있거나 임차권자가 있는 경우에는 그의 승낙서 4. 범위의 표시 : 부동점을 중심으로 범위를 표시 5. 보통지상권으로의 변경 : 부기등기로 가능

2. 지역권

'지역권'이란 일정한 목적을 위하여 타인의 토지(승역지)를 자기 토지(요역지)의 편익에 이용하고자 하는 물권으로, 토지와 토지의 이용관계라 할 수 있다(민법 제291조).

▶ '승역지(承役地)'란 지역권의 편익에 이용되는 토지를 말하며, '요역지(要役地)'란 지역권에 의하여 편익을 얻는 토지를 말하는데, 이때 요역지는 반드시 1필의 토지이어야 한다. 승역지의 경우에는 무관하다.

지역권설정의 등기를 신청하는 경우에는 지역권설정의 목적과 그 범위, 요역지, 승역지의 일부에 지역권설정의 등기를 할 때에는 그 부분을 표시한 도면의 번호 등의 등기사항을 신청정보의 내용으로 등기소에 제공하여야 한다(규칙 제127조).

또한 지역권 설정의 범위가 승역지의 일부인 경우에는 그 부분을 표시한 지적도를 첨부정보로서 등기소에 제공하여야 한다.

신청인	요역지 소유자가 권리자, 승역지 소유자가 의무자가 되어 공동신청
관할등기소	승역지를 관할하는 등기소
필요적 기재사항	1. 설정범위 : 승역지의 전부 또는 일부 2. 설정목적 : 통행, 관망, 인수 등의 승역지가 제공하는 편익 3. 요역지·승역지의 표시
임의적 기재사항	지료, 지급시기, 용수승역지의 경우 수량공급을 달리하는 특약
실행	승역지 을구에 주등기로 실행(요역지 을구에도 직권으로 그 취지를 표시)

3. 전세권

'전세권'이란 전세권자가 전세금을 지급하고 타인의 부동산을 점유하여 그 부동산의 용도에 좇아 사용·수익하며, 그 부동산 전부에 대하여 후순위권리자 기타 채권자보다 전세금의 우선변제를 받을 권리가 있는 용익물권을 말한다(민법 제303조).

전세권설정 또는 전전세의 등기를 신청하는 경우에는 전세금 또는 전전세금, 범위, 존속기간, 위약금 또는 배상금, 전세권설정이나 전전세의 범위가 부동산의 일부인 경우에는 그 부분을 표시한 도면의 번호 등의 등기사항을 신청정보의 내용으로 등기소에 제공하여야 한다(법 제72조 제1항·규칙 제128조 제1항).

필요적 기재사항	전세금, 설정범위
임의적 기재사항	존속기간, 위약금, 양도 또는 담보제공금지 특약
첨부서면	1. 전세권의 목적이 5개 이상인 경우면 공동전세목록 2. 전세권이 부동산의 일부인 경우면 그 범위를 표시한 도면
실행	을구에 주등기 방법으로
전세권의 말소등기	1. 원칙 : 공동신청 2. 예외 : 전세권자 행방불명인 경우에는 단독신청 가능 ① 공시최고절차에 의해 제권판결로 ② 전세권설정계약서, 전세금반환영수증을 첨부하여

또한 전세권설정 또는 전전세의 범위가 부동산의 일부인 경우에는 그 부분을 표시한 지적도나 건물도면을 첨부정보로서 등기소에 제공하여야 하며, 여러 개의 부동산에 관한 전세권의 등기에는 공동담보에 관한 규정을 준용한다.

4. 저당권

(1) 의의

'저당권'이란 채무자 또는 제3자가 채무의 담보로 제공한 부동산에 대하여 채권자가 그 목적물을 관념상으로만 지배하여 채무의 변제가 없는 경우에 그 목적물로부터 우선변제를 받는 담보물권을 말한다. 저당권은 특정 부동산의 일부에는 설정하지 못하지만 부동산의 전부 또는 공유지분이나 권리 일부에는 2중 설정이 가능하다.

(2) 필요적 기재사항

① 채권액 또는 피담보채권액, 채무자의 표시
   ■➡ 설정자와 채무자가 동일인이라 하더라도 채무자는 반드시 표시하여야 한다.
② 저당권의 목적이 소유권 이외의 권리인 경우 권리의 표시

(3) 등기실행

① 을구에 실행
② 저당권의 목적이 소유권이면 주등기로, 저당권의 목적이 소유권 이외의 권리이면 부기등기로 실행한다.

(4) 저당권의 이전등기

① 부기등기로 실행하며 채무자에 대한 통지나 저당권설정자의 승낙서는 첨부할 필요가 없다.
② 피담보채권과 함께 이전한다는 뜻을 기재하여야 한다.

(5) 저당권의 말소

① 원칙 : 공동신청
② 예외 : 단독신청(저당권자 행방불명인 경우, 혼동인 경우 단독말소)

(6) 근저당

'근저당'이란 계속적인 거래관계에서 발생하여 변동이 가능한 다수의 불특정 채권을 장래 그 결산기에 일정한 한도까지 담보하려는 물권을 말하는데, 이에 근저당설정계약에서는 채권최고액을 정하여야 한다.

이때 근저당권은 그 담보할 채무의 최고액만을 정하고 채무의 확정을 장래에 보류하여 이를 설정할 수 있기 때문에, 이 경우 그 확정될 때까지의 채무의 소멸 또는 이전은 저당권에 영향을 미치지 아니한다(민법 제357조 제1항). 즉, 채권액이 채권최고액의 범위 내에서 수시로 증감하고 일시적으로 채권이 소멸하거나 그 일부 또는 전부가 이전되더라도 근저당권은 소멸하지 아니하며, 이를 "근저당권에서 부종성이 완화된다."고 한다.

근저당권과 저당권은 효력면에서는 차이가 없으나, 부종성이 완화되는지 여부에서 그 차이가 있다.

1) 필요적 기재사항
① 근저당이라는 취지
② 채무자(연대채무자는 단순히 채무자로, 연대보증인은 기재하지 않음)
③ 채권 최고액(채무자 1인 또는 채무자가 수인이어도 채권최고액은 반드시 단일하게 기재되어야 함)

2) 근저당권의 이전
근저당권은 부종성이 완화되므로 피담보채권이 확정되기 전에는 ① 기본 계약상 채권자의 지위가 제3자에게 이전된 경우 그리고 ② 피담보채권이 확정된 경우 확정채권의 양도 또는 대위변제가 있는 경우에 근저당권이전등기를 할 수 있다.
① 채권액이 확정되기 전(계약인수를 원인으로)
② 채권액이 확정된 후(채권양도를 원인으로 하여 부기등기로 이전 가능)
③ 채무자 변경
　㉠ 면책적 채무인수(채무자 교체)
　㉡ 중첩적 채무인수(채무자 추가)인 경우 근저당변경등기를 신청할 수 있음(근저당 이전등기를 신청하는 것이 아님)

5. 임차권

임차권의 설정 또는 임차물 전대의 등기를 신청하는 경우에는 차임, 차임지급시기, 존속기간, 임차보증금, 임차권의 양도 또는 임차물의 전대에 대한 임대인의 동의, 임차권설정 또는 임차물전대의 범위가 부동산의 일부인 때에는 그 부분을 표시한 도면의 번호 등의 등기사항을 신청정보의 내용으로 등기소에 제공하여야 하며, 임차권설정 또는 임차물 전대의 범위가 부동산의 일부인 경우에는 그 부분을 표시한 지적도나 건물도면을 첨부정보로서 등기소에 제공하여야 한다(규칙 제130조 제1항·제2항).

또한 임차권의 양도 또는 임차물의 전대에 대한 임대인 동의가 있다는 뜻의 등기가 없는 경우에 임차권의 이전 또는 임차물의 전대의 등기를 신청할 때에는 임대인의 동의가 있음을 증명하는 정보를 첨부정보로서 등기소에 제공하여야 한다(규칙 제130조 제3항).

필요적 기재사항	1. 차임(채권적 전세는 임차보증금) 2. 임대차를 하는 자가 처분 능력 없는 때(단기임대차)는 그 취지
실행	을구에 주등기 방법으로 실행
이전등기	원칙적으로 임대인의 동의서를 첨부하여야 하며, 부기등기에 의함 ※ 보증금은 임의적 기재사항이다.

예/상/문/제

01 환매등기에 관한 다음 기술 중 옳지 않은 것은?

① 환매특약의 등기는 매매로 인한 소유권이전등기신청과 동시에 신청하여야 한다.

② 환매기간의 약정이 없는 때에는 환매등기신청서에 이를 기재하지 않아도 되나, 이 경우 환매기간은 5년이다.

③ 환매특약의 등기신청 시, 등기필정보는 신청정보의 내용을 제공하지 아니한다.

④ 환매기간의 약정이 없는 때에는 이를 신청정보의 내용으로 제공하지 않아도 되나, 이 경우 환매기간은 5년이다.

⑤ 환매권 행사 시 등기의무자는 환매특약 등기 당시의 소유권등기명의인이며, 환매권 등기 후 제3자가 취득한 경우에도 마찬가지이다.

해설 ⑤, 환매권의 등기 후, 제3의 취득자가 있는 경우에는 그 취득자가 등기의무자가 된다.

02 지역권의 등기에 관한 다음 설명 중 틀린 것은?

① 지역권설정등기는 승역지의 등기기록 을구에 한다.

② 승역지의 일부에 대한 지역권은 허용되지 않지만, 요역지의 일부에 대한 지역권은 허용된다.

③ 지역권설정등기는 요역지 소유자와 승역지 소유자가 공동신청한다.

④ 지역권등기의 관할 등기소는 승역지를 관할하는 등기소이다.

⑤ 요역지를 취득한 자는 별도로 지역권이전등기를 신청하지 않아도 지역권을 취득한다.

해설 ②, 승역지의 일부에 대한 지역권은 허용되나, 요역지의 일부를 위한 지역권은 허용되지 않는다.

03 저당권에 대한 다음 설명 중 틀린 것은?

① 저당권설정등기가 된 건물을 증축한 경우, 증축부분에 대하여도 저당권의 효력이 미친다.

② 저당권이전등기는 항상 주등기에 의한다.

③ 공동저당의 등기신청 시, 공동담보목록을 첨부할 필요 없다.

④ 근저당권의 등기에 있어서 채권액이 증감 변동하더라도 따로 채권액의 변경을 등기할 필요가 없다.

⑤ 저당권으로 담보한 채권을 질권의 목적으로 한 때에는 그 저당권등기에 질권의 부기등기를 하여야 질권의 효력이 저당권에 미친다.

🖙**해설** ②, 저당권이전등기는 항상 부기등기에 의한다.

04 부동산임차권 등기의 효력에 관한 다음 설명 중 틀린 것은?

① 부동산임차권등기를 한 경우, 부동산임차권은 제3자에 대한 대항력만이 인정된다.

② 주택(상가건물)임차권의 경우, 대항력과 그 보증금에 대해 우선변제권이 인정된다.

③ 임차권은 채권이므로 계약만으로도 그 효력이 발생한다.

④ 임차권은 등기를 하지 않아도 제3자에게 대항할 수 있는 권리이다.

⑤ 건물소유를 목적으로 한 토지임대차는 이를 등기하지 아니한 경우에도 임차인이 그 지상건물을 등기한 때에는 제3자에 대하여 임대차의 효력이 발생한다.

🖙**해설** ④, 등기가 임차권의 효력발생요건은 아니나 등기를 함으로써 제3자에게 대항할 수 있는 권리이다.

제5장
각종 등기의 절차

I | 변경등기

1. 변경등기 절차

'변경등기'란 등기의 일부가 실체관계와 부합하지 않는 경우, 그 등기를 실체관계와 부합하도록 하는 등기이며, 이를 흔히 '광의의 변경등기'라 한다. 광의의 변경등기는 '협의의 변경등기'와 경정등기로 구분할 수 있는데, 이들에 대한 구별은 등기의 일부가 실체관계와 부합하지 않게 된 것이 원시적 또는 후발적 사유에 의한 것인지에 따라 구별된다(법 제35조). 즉, 협의의 변경등기는 등기 후에 발생한 사유에 의하여 변경하는 등기를 말하며, 경정등기는 등기 당시 등기에 착오가 있거나 빠진 부분이 있는 등 등기 전에 이미 발생한 사유에 의하여 변경하는 등기를 말한다(법 제32조).

변경등기의 종류에는 부동산의 표시변경등기, 등기명의인 표시변경등기, 권리변경등기가 있으며, 그 내용은 다음과 같다.

권리의 변경	1. 의의 : 권리자체에 변경 발생(권리기간의 연장이나 단축, 금액의 증감 등) 2. 신청기간 : 제한없음 3. 신청인 : 공동신청 4. 첨부서면 : 변경된 계약서 5. 등기실행 : 원칙적으로 부기등기 방법으로 실행하나, 등기상 이해관계인이 있는 경우 승낙서나 대항할 수 있는 판결서를 첨부하지 못하면 주등기에 의함
부동산 표시변경	1. 의의 : 토지의 소재나 지번의 변경, 건물의 번호가 변경되는 경우 2. 신청인 : 소유권의 명의인 단독신청이 원칙 3. 신청기간 : 건물 번호의 변경은 1월 이내에 신청의무 발생 4. 등기실행 : 원칙적으로 주등기 5. 특칙 : 행정구역의 명칭변경(울산시가 울산광역시로의 변경 등)은 등기부의 명칭도 당연히 변경된 것으로 보며, 직권으로 변경등기를 실행 ※ 행정구역명칭변경으로 직권에 의해 부동산표시 변경등기를 실행한다.
부동산 변경	1. 의의 : 지목이나 구조의 변경, 면적의 증감, 분합 등으로 부동산의 실체에 변경 있는 경우로서 부동산변경은 대장을 먼저 정리함 2. 신청인 : 소유권의 명의인이 단독신청 3. 신청기간 : 1월 이내에 신청의무 발생 4. 첨부서면 : 정리된 대장등본, 신청서부본 5. 등기실행 : 표제부에 주등기로 실행
대지권 변경	1. 의의 : 대지권의 발생·변경·소멸, 대지권의 변경 등기는 분류상 부동산표시변경등기에 속함 2. 신청인 　① 원칙 : 구분소유권의 명의인이 단독으로 신청 　② 대위신청 : 대지권의 변경·경정·소멸 : 구분건물의 소유자가 나머지 구분건물소유자를 대위(「부동산등기법」이 인정하는 특별한 대위권)하여 일괄하여 신청 3. 신청기간 　① 대지권의 발생·경정 : 신청기간에 제한 없음 　② 대지권변경이나 소멸 : 사유발생한 날부터 1월 이내 4. 첨부서면 : 대지권의 변경·경정 또는 소멸은 규약이나 공정증서를 첨부하며, 「부동산등기법」이 인정하는 대위신청의 경우에는 건축물대장등본이나 등기부등본을 첨부 5. 등기실행 : 구분건물 표제부에 주등기로 실행
등기 명의인 표시변경	1. 의의 : 등기명의인의 개명이나 주소변경, 법인의 명칭이 변경된 경우 ※ 현재소유명의인의 주민등록번호를 추가하는 것도 등기명의인표시변경 등기를 한다. 2. 신청인 : 명의인 단독신청 3. 신청기간 : 제한 없음

	4. 첨부서면 : 변경을 증명하는 서면 5. 등기실행 : 부기등기 6. 특칙 　① 등기명의인 주소가 수차례 변경된 경우에는 중간변경은 생략하고 최종주소 　　로 직접 변경 　② 소유권 이전 시 첨부서면에 주소변경사실이 명백한 경우에는 등기관이 직관 　　으로 변경 　③ 가등기말소, 소유권 이외의 권리말소, 멸실등기신청시 첨부서면에 주소변경 　　사실이 명백한 경우에는 변경절차를 생략하고 말소 및 멸실등기 가능
부동산 멸실등기	1. 의의 : 부동산전부가 물리적으로 멸실된 경우(일부만이 멸실된 경우는 변경등기 　대상), 등기부를 폐쇄하는 사실의 등기 2. 신청인 　① 원칙 : 소유권의 명의인 단독신청 　② 대위신청 : 건물소유자가 1월 이내 멸실등기신청 해태시 토지소유자가 건물 　　의 멸실등기를 대위 신청할 수 있음(대위신청하는 경우에는 기간의 규정은 　　없음) 3. 신청의무 : 사유발생일 부터 1개월 이내 4. 첨부서면 : 토지의 경우에는 대장등본을 건물의 경우에는 멸실을 증명하는 서 　면, 이해관계인의 승낙서는 첨부하지 않음

2. 분합등기

(1) 토지의 분합

1) 유형

① 분필 : 1필지를 2필지 이상으로 등기(등기용지 신설)

② 합필 : 2필지 이상을 1필지로 등기(등기용지 폐쇄)

③ 합병 : 1필지 일부를 분할하여 다른 토지에 합필(등기용지 신설과 폐쇄 없음)

2) 합필등기 제한과 합필 가능

합필 제한	합필 가능
1. 소유권에 관한 가등기, 예고등기, 처분제한의 등기, 환매특 　약의 등기, 대지권 취지가 등기된 토지, 신탁등기가 된 토지 2. 저당권이 설정된 토지, 추가적 공동저당이 있는 토지 3. 공유자의 지분이 상이한 토지, 등기된 토지와 등기되지 아니 　한 토지	1. 지상권, 승역지 지역권, 　전세권, 임차권이 등기된 　토지 2. 창설적 공동저당

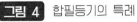

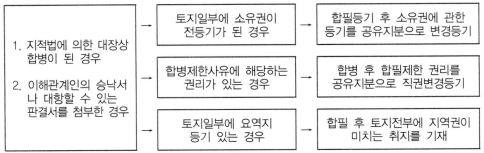

그림 4 합필등기의 특례

```
┌─────────────────────┐      ┌─────────────────────┐      ┌─────────────────────┐
│ 1. 지적법에 의한 대장상   │ →   │ 토지일부에 소유권이      │ →   │ 합필등기 후 소유권에 관한 │
│    합병이 된 경우        │      │ 전등기가 된 경우         │      │ 등기를 공유지분으로 변경등기│
│                     │      └─────────────────────┘      └─────────────────────┘
│ 2. 이해관계인의 승낙서   │      ┌─────────────────────┐      ┌─────────────────────┐
│    나 대항할 수 있는    │ →   │ 합병제한사유에 해당하는   │ →   │ 합병 후 합필제한 권리를  │
│    판결서를 첨부한 경우   │      │ 권리가 있는 경우         │      │ 공유지분으로 직권변경등기  │
│                     │      └─────────────────────┘      └─────────────────────┘
│                     │      ┌─────────────────────┐      ┌─────────────────────┐
│                     │ →   │ 토지일부에 요역지       │ →   │ 합필 후 토지전부에 지역권이│
│                     │      │ 등기 있는 경우         │      │ 미치는 취지를 기재       │
└─────────────────────┘      └─────────────────────┘      └─────────────────────┘
```

(2) 건물의 분합

1) 유형

① 분할 : 건물일부를 분할하여 독립된 건물(등기용지 신설)로 하는 것

② 구분 : 단독건물을 구분건물로 하는 것(등기용지 신설과 폐쇄)

③ 합병 : 甲 건물을 乙 건물에 합병 또는 乙 건물의 부속건물로 하는 것(등기용지의 폐쇄)

④ 분할합병 : 부속건물을 분할하여 다른 건물에 합병(등기용지의 신설이나 폐쇄 없음)

⑤ 구분합병 : 단독건물을 구분하여 그 일부를 다른 구분건물에 합병(등기용지의 신설과 폐쇄 없음)

Ⅱ | 경정등기

등기관이 등기를 마친 후 그 등기에 착오(錯誤)나 빠진 부분이 있음을 발견하였을 때에는 지체 없이 그 사실을 등기권리자와 등기의무자에게 알려야 하고, 등기권리자와 등기의무자가 없는 경우에는 등기명의인에게 알려야 한다(법 제32조 제1항).

이때 등기관이 등기의 착오나 빠진 부분이 등기관의 잘못으로 인한 것임을 발견한 경우에는 지체 없이 그 등기를 직권으로 경정하여야 한다. 다만, 등기상 이해관계 있는 제3자가 있는 경우에는 제3자의 승낙이 있어야 한다. 등기관이 이에 따라 경정등기를 하였을 때에는 그 사실을 등기권리자, 등기의무자 또는 등기명의인에게 알려야 한다(법 제32조 제2항).

등기권리자 등에게 하는 통지는 등기권리자, 등기의무자 또는 등기명의인이 각 2인 이상인 경우에는 그중 1인에게 통지하면 되고(법 제32조 제1항 단서), 채권자대위권에 의하여 등기가 마쳐진 때에는 그 채권자에게도 통지를 하여야 한다(법 제32조 제4항).

경정등기 요건	1. 등기에 관한 착오나 오류가 있을 것, 등기사항 일부에 관한 착오나 오류가 있을 것 2. 불일치는 등기관이나 당사자의 잘못 여부 불문 3. 불일치가 원시적으로 발생한 것일 것, 등기 완료 후에 경정하려는 것일 것 4. 경정으로 등기의 동일성을 해하지 않을 것
직권경정의 특칙	1. 착오나 유루가 등기관의 과오에 의한 것일 것 2. 경정으로 이해관계 있는 제3자가 없을 것 3. 경정 후 지방법원장에게 통지하고, 그 취지를 등기권리자와 의무자에게 통지
등기실행	1. 부기등기 : 등기명의인표시경정, 이해관계인 없거나 그의 승낙서, 대항할 수 있는 판결서 첨부한 권리 경정 2. 주등기 : 권리경정의 경우 이해관계 있는 제3자가 있는 경우 승낙서나 판결서를 첨부하지 못한 경우, 부동산경정, 부동산표시 경정(→ 표제부는 항상 주등기함)
일부말소 의미의 경정	1. 인정되는 경우 ① 갑과 을의 공유부동산을 단독명의로 등기한 경우 ② 소유권전부이전을 착오로 일부 이전한 경우 ③ 공유자들의 지분이 잘못된 경우 2. 요건 ① 등기의 일부가 원시적으로 무효일 것 ② 등기의 일부가 무효일 것 ③ 등기상 이해관계인의 승낙서 등을 첨부할 것 3. 신청인 : 원칙은 공동신청이지만 판결에 의해 단독신청도 가능 4. 등기실행 : 언제나 부기등기 형식으로만 실행 └ 등기의 일부가 원시적으로 실체관계와 부합하지 아니하여 무효인 경우 그 무효인 부분만을 말소하고자 하는 등기

Ⅲ | 말소등기

1. 의 의

실체와 등기의 전부가 부적법하여 기존 등기사항을 소멸하고자 하는 등기로서, 말소등기의 대상에는 제한이 없으나(폐쇄등기부에 등기된 사항은 말소신청 할 수 없다), 말소등기는 말소의 대상이 되지 못한다(이 경우 말소회복등기를 하여야 함).

2. 말소등기의 요건

① 등기의 전부가 부적법할 것, 원시적 불일치든 후천적 불일치든 묻지 않음
② 말소로 이해관계 있는 제3자의 승낙을 얻을 것

3. 첨부서면

이해관계인 있는 경우 그의 승낙서나 대항할 수 있는 판결서를 첨부하여야 한다 (판결에 의해 등기를 말소하는 때에도 이해관계인의 승낙서나 대항할 수 있는 판결서를 첨부해야 함).

4. 신청인

(1) 원칙

말소등기의 신청은 공동신청이 원칙이다.

(2) 예외

1) 단독신청
① 판결, 상속으로 인한 말소, 소유권보존등기 말소, 사망으로 인한 권리소멸

② 등기의무자 행방불명인 경우 전세권·저당권 말소, 가등기 말소(특칙)

2) 직권

환매권실행으로 인한 환매특약 말소, 가등기에 기한 본등기시 중간처분등기의 말소, 장기간 방치된 저당권 말소(1980.12.31, 이전의 저당권, 가압류 등의 말소), 수용으로 소유권이전등기 시 수용되는 토지를 위해 존재하는 지역권을 제외한 소유권 이외의 권리의 말소는 직권으로 말소할 수 있다.

3) 촉탁

① 체납처분에 의한 압류등기의 말소, 매각으로 매수인이 인수하지 아니하는 권리의 말소
② 공매처분에 의한 권리이전시 권리에 관한 말소

5. 등기실행

① 말소등기는 주등기에 의함. 종전 등기는 붉은 선으로 그음
② 말소할 권리를 목적으로 하는 제3자의 권리에 관한 등기가 있는 때에는 그 제3자의 권리도 등기관이 직권으로 말소
③ 저당권설정등기 후 소유권이 이전된 경우 그 말소는 저당권설정 당시의 소유자나 현재의 소유자와 공동신청으로 말소
④ 저당권이 이전된 경우 원저당권을 말소한 때에는 이전된 저당권은 별도의 말소절차 없음

Ⅳ | 말소회복등기

'말소회복등기'란 등기의 전부나 일부가 부적법하게 말소된 경우 이를 회복하고자 하는 등기를 말한다.

요건	1. 등기가 부적법하게 말소되었을 것 2. 말소된 등기를 회복하려는 것 3. 말소회복으로 제3자에게 불측의 손해를 줄 염려가 없을 것
신청인	1. 원칙 : 공동신청(회복등기 함으로써 권리를 얻는 자가 권리자, 불이익 발생 = 의무자) 2. 예외 　① 등기관 직권 : 직권 말소할 수 없는 등기를 직권 말소한 경우 　② 촉탁 : 촉탁으로 불법 말소된 경우
등기실행	1. 전부에 대한 말소회복 : 주등기 방법 2. 일부에 대한 말소회복 : 부기등기 방법
첨부정보	이해관계 있는 제3자가 있는 경우에는 그의 승낙서나 판결서
회복등기 효력	말소전의 종전 순위와 효력을 보유하게 됨

V | 멸실회복등기

'멸실회복등기'란 등기부의 전부나 일부가 물리적으로 멸실된 경우 이를 회복하기 위한 등기를 말한다.

요건	1. 등기용지가 화재 등으로 멸실된 경우 2. 등기용지가 분실된 경우
기간의 특칙	1. 대법원장이 정하여 고시하는 기간(3월 이상 되어야 함) 내에 신청해야 하며, 기간이 도과한 경우 멸실 회복등기는 신청할 수 없음 2. 대장의 소유자가 보존등기 신청함
신청인	멸실된 등기부의 명의인 단독신청(단, 상속이 있는 경우에는 상속인이 신청 가능)
첨부서면	등기필정보(대장등본으로 갈음이 가능)
멸실 회복등기 기간 중 새로운 등기신청	1. 신청서편철부에 편철 후 등기부가 복구되면 복구된 등기부에 이기함 2. 신청서편철부에 편철하면 등기와 동일한 효력발생 3. 신청서편철부에 편철한 경우에는 편철필증을 교부

VI | 부기등기

'부기등기'란 그 자체로는 독립된 순위번호를 갖지 않고 주등기 또는 부기등기의 순위번호에 가지번호를 붙여서 하는 등기를 말하며, 이렇게 가지번호를 붙임으로써 그 부기등기가 어느 등기에 기초한 것인지 알 수 있다.

1. 요 건

① 법률이 부기할 것을 규정하는 경우, 기존의 등기와 동일한 순위나 효력을 명백히 하려는 경우
② 기존의 등기와 동일성 내지는 그 연장임을 표시하려는 경우

2. 실 행

소유권을 목적으로 하는 등기는 주등기 방법에 의하며, 소유권이외 권리 목적이거나 특약·약정에 관한 등기는 부기등기 방식에 의한다.
① 실행 시 앞에 주등기 순위번호를 기재하며, 뒤에 부기등기 호수를 기재한다.
② 권리의 변경을 부기등기로 하는 경우 종전 등기는 붉은 선으로 지워야 하나, 주등기로 하는 경우에는 지우지 않는다.

VII | 가등기

가등기는 즉시 본등기를 실행할 수 있는 실체법적 요건을 갖추지 못한 경우에 장차 행해질 본등기의 순위의 확보를 위해 실행하며, 다시 말해 가등기는 본등기의 청구권을 보전하기 위해 하는 예비등기이다.

1. 가등기의 대상

가등기는 등기할 수 있는 권리의 설정, 이전, 변경 또는 소멸의 청구권을 보전하려는 때에 하며, 그 청구권이 시기부(始期附) 또는 정지조건부(停止條件附)일 경우나 그 밖에 장래에 확정될 것인 경우에도 순위보전을 위하여 가등기를 한다(법 제88조).

2. 가등기의 요건

가등기는 ① 본등기를 할 수 있는 권리일 것, ② 채권적 청구권일 것, ③ 청구권보전의 필요성이 있을 것을 그 요건으로 한다.

(1) 본등기를 할 수 있는 권리일 것

가등기는 장래에 본등기할 청구권의 보전을 위해 하는 등기이므로 등기할 수 있는 모든 권리(소유권, 지상권, 지역권, 전세권, 저당권, 권리질권 등)에 대하여 할 수 있다.

(2) 채권적 청구권일 것

매매계약 당시에 계약이 해제되면 매수인이 매도인에게 소유권이전등기를 하여 주기로 약정한 경우, 장차 계약의 해제 시의 매도인의 소유권이전등기청구권은 물권변동을 목적으로 하는 채권적 청구권이므로 가등기에 의하여 보전할 수 있다. 반면에, 방해제거청구권과 같은 물권적 청구권은 그 효력을 누구에게나 주장할 수 있는 대세적 효력을 가지므로 가등기에 의한 순위의 보전이 필요하지 않다. 이에 물권적 청구권의 보전을 위한 가등기는 인정되지 않는다.

(3) 청구권 보전의 필요성이 있을 것

가등기는 권리의 설정, 이전, 변경 또는 소멸의 청구권을 보전하려는 때에 하며, 시기부·정지조건부 청구권은 장래 그 시기의 도래 또는 조건의 성취 전에 장래에 발생할 청구권을 보전하기 위한 등기이다. 또한 가등기는 동일한 부동산에 대하여 내용이 충돌하는 여러 개의 가등기도 가능하며, 사인증여의 경우에도 사인증여가 생전의 계약으로서 증여자의 생전에 미리 그 청구권을 보전하여야 할 필요성이 인정되기 때문에 가등기를 인정하고 있다. 그러나 유증의 경우, 유증자의 생전에는 유증의 가등기를 할 수 없다고 본다.

(4) 가등기의 절차

가등기도 다른 등기신청의 경우와 마찬가지로 법률에 다른 규정이 없는 한 가등기권리자와 가등기의무자가 공동으로 신청한다. 다만, 가등기권리자는 가등기의무자의 승낙이 있거나 가등기를 명하는 법원의 가처분명령(가등기가처분)이 있을 때에는 공동신청이 아니라 단독으로 가등기를 신청할 수 있다(법 제89조).

가등기를 신청하는 경우에는 그 가등기로 보전하려고 하는 권리를 신청정보의 내용으로 등기소에 제공하여야 하며, 가등기권리자가 단독으로 가등기를 신청하는 경우에는 가등기의무자의 승낙이나 가처분명령이 있음을 증명하는 정보를 첨부정보로서 등기소에 제공하여야 한다(규칙 제145조 제1항·제2항).

(5) 가등기의 실행

가등기는 가등기의 목적인 보전되는 권리의 종류에 따라 등기기록 중 해당구에 이를 기록하고, 가등기를 한 후 본등기의 신청이 있을 때에는 가등기의 순위번호를 사용하여 본등기를 하여야 한다(규칙 제146조). 가등기의 형식은 가등기에 기한 본등기의 형식에 따라 주등기 또는 부기등기로 할 수 있다.

(6) 가등기의 효력

1) 가등기의 본등기 전

가등기는 본등기 전 가등기만 된 상태에서는 실체법적 효력을 가지지 아니하며, 가등기에 의한 본등기를 하여도 물권변동의 효력은 소급하지 않고 그 순위만 가등기의 순위에 의하므로 가등기 자체에 의해 물권은 변동되지 않는다.

2) 가등기의 본등기 후

가등기를 한 경우에 본등기의 순위는 가등기의 순위에 의하며(법 제91조), 권리변동의 효력은 본등기 시에 발생하기 때문에 권리변동의 효력발생시기는 가등기 시로 소급하는 것이 아니라 본등기의 순위만 가등기의 순위로 소급하게 된다. 즉, 가등기는 순위보전의 효력을 가지며, 물권변동의 효력발생시기의 불소급을 가진다.

(7) 가등기 이후 등기의 직권말소

등기관은 가등기에 의한 본등기를 하였을 때에는 가등기 이후에 된 등기로서 가등기에 의하여 보전되는 권리를 침해하는 등기를 직권으로 말소하여야 한다(법 제92조 제1항).

1) 등기관이 소유권이전등기청구권보전 가등기에 의하여 소유권이전의 본등기를 한 경우

등기관이 소유권이전등기청구권보전 가등기에 의하여 소유권이전의 본등기를 한 경우에는 가등기 후 본등기 전에 마쳐진 등기 중 다음의 등기를 제외하고는 모두 직권으로 말소한다(규칙 제147조 제1항).

1. 해당 가등기상 권리를 목적으로 하는 가압류등기나 가처분등기
2. 가등기 전에 마쳐진 가압류에 의한 강제경매개시결정등기
3. 가등기 전에 마쳐진 담보가등기, 전세권 및 저당권에 의한 임의경매개시결정등기
4. 가등기권자에게 대항할 수 있는 주택임차권등기, 주택임차권설정등기, 상가건물임차권등기, 상가건물임차권설정등기

2) 등기관이 지상권, 전세권 또는 임차권의 설정등기청구권보전 가등기에 의하여 지상권, 전세권 또는 임차권의 설정의 본등기를 한 경우

가. 직권말소 가능한 경우

등기관이 지상권, 전세권 또는 임차권의 설정등기청구권보전 가등기에 의하여 지상권, 전세권 또는 임차권의 설정의 본등기를 한 경우 가등기 후 본등기 전에 마쳐진 다음의 등기는 직권으로 말소한다(규칙 제148조 제1항).

1. 지상권설정등기
2. 지역권설정등기
3. 전세권설정등기
4. 임차권설정등기
5. 주택임차권등기 등
   ※ 다만, 가등기권자에게 대항할 수 있는 임차인 명의의 등기는 그러하지 아니하다. 이

경우 가등기에 의한 본등기의 신청을 하려면 먼저 대항력 있는 주택임차권등기 등을 말소하여야 한다.

나. 직권말소 불가능한 경우(→ 가등기와 관계없는 것)

지상권, 전세권 또는 임차권의 설정등기청구권보전 가등기에 의하여 지상권, 전세권 또는 임차권의 설정의 본등기를 한 경우 가등기 후 본등기 전에 마쳐진 다음의 등기는 직권말소의 대상이 되지 아니한다(법 제148조 제2항).

1. 소유권이전등기 및 소유권이전등기청구권보전 가등기
2. 가압류 및 가처분 등 처분제한의 등기
3. 체납처분으로 인한 압류등기
4. 저당권설정등기
5. 가등기가 되어 있지 않은 부분에 대한 지상권, 지역권, 전세권 또는 임차권의 설정등기 와 주택임차권등기 등

표14 가등기 정리

의의	장래의 본등기를 위한 청구권이나 순위를 보전하기 위해 예비적인 수단으로 하는 등기
가등기 요건	1. 권리의 설정·이전·변경·소멸에 관한 청구권을 보전하려는 경우 : 채권적 청구권에 한함 2. 청구권이 시기부 또는 정지조건부인 경우 : 청구권이 해제조건부인 경우는 불가 3. 장래 확정될 청구권을 보전하려는 경우 : 현재 청구권이 없는 경우에도 가 등기는 가능
가등기가 문제되는 경우	1. 소유권보존 : 의사주의에서는 가능하나, 형식주의에서는 불가능 2. 말소등기 : 채권적 청구권이면 가능하나, 물권적 청구권이면 불가능 3. 처분제한의 가등기 : 청구권이 없으므로 불가능 4. 가등기의 가등기 : 가능 5. 이중의 가등기 : 1개의 부동산에 2 이상의 가등기는 설정 가능
가등기 절차	1. 신청인 : 공동신청이 원칙(가동기 의무자의 승낙서나 법원의 가등기 가처분 명령서를 첨부하는 경우에는 단독신청가능) 2. 실행 ① 해당구 사항란(갑구 또는 을구)에 ② 주등기(본등기할 것이 주등기인 경우) 내지는 부기등기(본등기할 것이 부기등기인 경우)로 실행함

가등기 기한 본등기	1. 수인의 가등기권리자 중 1인의 자기지분만의 본등기신청도 가능 2. 본등기 시 별도의 순위번호는 기재하지 않음 3. 가등기 후 권리가 제3자에게 이전된 경우에도 본등기의무자는 가등기 시의 의무자가 됨 4. 가등기에 기한 본등기가 있으면 제3자의 명의중간처분등기는 등기관 직권으로 말소함 ※ 가등기에 기한 본등기 시 직권말소가 불가능한 등기 ① 가등기상의 권리의 처분을 금지하는 가처분등기 ② 당해 가등기의 말소 예고등기 ③ 당해 가등기에 대한 가압류 및 압류등기 ④ 가등기권리자에게 대항할 수 있는 임차권등기
가등기 효력	1. 실체법상 효력에 관한 규정 없음 2. 본등기 전의 가등기 : 청구권을 보전하는 효력 3. 가등기에 기한 본등기 시 : 순위를 보전하는 효력 4. 기타 : 처분제한의 효력, 물권변동의 효력 및 권리추정력 없음
가등기 이전	부기등기로 가능, 가등기의 가등기도 가능
가등기 말소	1. 원칙 : 공동신청 2. 예외 : 단독신청(가등기등기명의인 스스로, 등기의무자의 승낙서 첨부 시 이해관계인)

Ⅷ | 대지권에 관한 등기

1. 대지의 종류

(1) 법정대지

전유부분이 속하는 1동 건물이 소재하는 1필토지 전부 또는 수필의 토지에 대한 대지이다.

(2) 규약대지

통로나 주차장 등 집합건물 또는 그 건물이 속하는 토지의 일체로서 관리되거나 사용되는 토지이다.

2. 대지사용권

(1) 의의

구분건물의 소유자가 전유부분을 소유하기 위하여 가지는 권리로서, 소유권, 지상권·전세권·임차권 등의 권리를 말한다.

(2) 대지사용권의 일체성

전유부분과 대지사용권은 원칙적으로 일체성 또는 불가분성을 가진다. 다만, 규약으로 전유부분과 분리처분도 가능하다.

3. 대지권

대지사용권 중 전유부분과 분리처분이 금지되는 것을 말한다.

(1) 대지권의 요건

토지상 집합건물이 존재할 것, 일체성 또는 불가분성, 구분소유자가 당해 토지에 관하여 대지사용권을 취득해야 한다.

(2) 대지권의 비율

각 전유부분의 면적 비율에 의하며, 규약으로 달리 약정 가능하다.

(3) 구분건물에 대한 등기신청

구분건물에 대지권이 있으면 신청서에 대지권을 기재한다. 단, 구분건물만의 등기를 신청하거나 구분건물에 전세권이나 임차권설정등기를 신청하는 경우 기재하지 않는다.

(4) 대지권등기의 효과

대지권이 등기된 경우 구분건물에 관한 등기는 건물만에 관한 것이라는 취지가 없는 한 대지권에도 동일한 효력을 가진다. 따라서 토지에 대한 권리도 토지등기부에 등기하지 아니하고 건물등기부에만 등기한다.

4. 규약상 공용부분(규약상 공용부분은 아파트 단지 내 노인정이나 관리사무소)에 관한 등기

(1) 신청

규약상 공동 소유자의 신청에 의한다.

(2) 첨부서면

규약이나 공정증서를 첨부한다.

(3) 등기실행

전유부분 표제부에 실행, 갑구나 을구에는 기재하지 않고, 규약상 공용부분에 관한 등기는 표제부에만 실행한다. 그러나 갑구나 을구가 이미 존재하는 경우에는 권리를 말소하고 갑·을구를 폐쇄하지 않는다.

예/상/문/제

01 다음 중 부기등기로 하여야 하는 경우에 해당하지 않는 것은?

① 등기명의인표시의 변경 또는 경정등기

② 소유권 보존·이전등기

③ 공유물 분할금지의 약정등기

④ 일부 말소등기의 회복등기

⑤ 지상권, 저당권, 전세권 등 소유권 외의 권리의 이전등기

☞해설 ②, 소유권 보존·이전등기, 부동산표시의 경정·변경등기, 전부말소회복등기, 전세권설정등기, 환매특약등기의 말소등기 등은 주등기로 하여야 하는 경우에 해당한다.

02 가등기에 관한 다음 설명 중 틀린 것은? (공인중개사 제25회 기출)

① 가등기 후 본등기의 신청이 있는 경우, 가등기의 순위번호를 사용하여 본등기를 하여야 한다.

② 소유권이전등기청구권보전 가등기에 의한 본등기를 한 경우, 등기관은 그 가등기 후 본등기 전에 마친 등기 전부를 직권으로 말소한다.

③ 임차권설정등기청구권보전 가등기에 의한 본등기를 마친 경우, 등기관은 가등기 후 본등기 전에 가등기와 동일한 부분에 마친 부동산용익권 등기를 직권으로 말소한다.

④ 저당권설정등기청구권보전 가등기에 의한 본등기를 마친 경우, 등기관은 가등기 후 본등기 전에 마친 제3자 명의의 부동산용익권 등기를 직권으로 말소할 수 없다.

⑤ 가등기명의인은 단독으로 그 가등기의 말소를 신청할 수 있다.

☞해설 ②, 소유권이전등기청구권보전 가등기에 의한 본등기를 한 경우, 등기관은 그 가등기 후 본등기 전에 마친 등기 전부를 직권으로 말소할 수 없다.

03 다음 중 가등기를 할 수 없는 경우에 해당하는 것은?

① 소유권보존청구권

② 소유권이전청구권

③ 전세권설정청구권

④ 저당권설정청구권

⑤ 환매권이전청구권

☞해설 ①, 소유권보존등기는 보전할 청구권이 존재하지 않으므로 가등기를 할 수 없다.

04 말소등기에 관한 다음 설명으로 틀린 것은? (단, 다툼이 있으면 판례에 따름) (공인중개사 제28회 기출)

① 말소되는 등기의 종류에는 제한이 없으며, 말소등기의 말소등기도 허용된다.

② 말소등기는 기존의 등기가 원시적 또는 후발적인 원인에 의하여 등기사항 전부가 부적법할 것을 요건으로 한다.

③ 농지를 목적으로 하는 전세권설정등기가 실행된 경우, 등기관은 이를 직권으로 말소할 수 있다.

④ 피담보채무의 소멸을 이유로 근저당권설정등기가 말소되는 경우, 채무자를 추가한 근저당권 변경의 부기등기는 직원으로 말소된다.

⑤ 말소등기신청의 경우에 '등기상 이해관계 있는 제3자'란 등기의 말소로 인하여 손해를 입을 우려가 있다는 것이 등기기록에 의하여 형식적으로 인정되는 자를 말한다.

☞해설 ①, 말소되는 등기의 종류에는 제한이 없으며, 말소등기의 말소등기도 허용되지 아니한다.

제6장
이의제도 및 벌칙

I | 이의제도

등기관의 결정 또는 처분에 이의가 있는 자는 관할 지방법원에 이의신청을 할 수 있으며, 그 신청은 대법원규칙으로 정하는 바에 따라 등기소에 이의신청서를 제출하는 방법으로 한다(법 제100조·제101조).

1. 등기관의 조치

등기관은 이의가 이유 있다고 인정하면 그에 해당하는 처분을 하여야 하고, 등기관은 그 이의가 이유 없다고 인정되면 이의신청일부터 3일 이내에 의견을 붙여 이의신청서를 관할 지방법원에 보내야 한다(법 제103조).

등기를 마친 후에 이의신청이 있는 경우에는 3일 이내에 의견을 붙여 이의신청서를 관할 지방법원에 보내고 등기상 이해관계 있는 자에게 이의신청 사실을 알려야 한다.

2. 이의에 대한 결정과 항고

관할 지방법원은 이의에 대하여 이유를 붙여 결정을 하여야 하며, 이 경우 이의가 이유 있다고 인정하면 등기관에게 그에 해당하는 처분을 명령하고 그 뜻을 이의신청인과 등기상 이해관계 있는 자에게 알려야 한다(법 제105조 제1항). 이에 따른 결정은 항고할 수 있다.

표 15 이의신청제도 정리

요건	1. 등기관의 결정 또는 처분일 것. 부당한 결정 또는 처분일 것 2. 등기상 이해 있는 자의 신청일 것
신청기간	규정은 없으나 등기법 제55조 제3호에서 제14호는 등기실행 후에는 말소하라는 이의신청 불가
기관	관할등기소에 신청서를 제출하여 신청함
방법	1. 새로운 사실이나 증거 방법으로는 신청하지 못함 2. 이의신청은 서면으로 하여야 하며, 전화나 구두로는 할 수 없음
효력	등기관의 직무는 정지되지 않음
이의신청에 따른 조치	1. 등기관의 조치 　① 이의가 이유 있는 경우 상당한 처분을 하여야 함 　② 이유 없는 경우에는 사건을 3일 이내에 지방법원에 송부 　③ 등기된 사항에 이의신청 있는 경우면 3일 이내 지방법원에 송부 2. 지방법원의 조치 : 이의에 관하여 이유를 붙여 결정해야 함 　① 이의가 이유 있다고 결정 : 등기소에 상당한 처분을 명함 　② 이의가 이유 없다고 결정 : 신청인 및 등기소에 통지 　③ 지방법원의 결정 전 : 등기소에 가등기를 명할 수 있음

Ⅱ | 과태료

「부동산등기 특별조치법」은 ① 미등기부동산을 처분하는 경우 60일 이내에 소유권보존등기의 신청을 하여야 하는데 이를 해태한 경우, ② 계약을 원인으로 한 소유권이전등기를 60일 이내에 신청하지 아니한 경우를 과태료 부과 대상으로 한다(동법 제2조 각 항 참조).

이때에 과태료는 행정안전부령으로 정하는 바에 따라 그 부동산의 소재지를 관할하는 시장 등이 부과·징수하며(동법 제12조 제1항), 과태료의 금액을 정함에 있어서는 해태기간, 해태사유, 목적부동산의 가액 등을 참작하여야 한다(동법 제11조 제2항). 등기관은 과태료에 처할 사유가 있다고 인정된 때에는 지체 없이 목적부동산의 소재지를 관할하는 시장 등에게 이를 통지하여야 한다(동법 제12조 제7항).

참고로 「부동산등기 특별조치법」은 법률 제15491호로 일부 개정이 있기 전까지는 동법 제12조 제2항부터 제6항에서 "과태료 부과에 대한 의견진술 기회, 이의제기, 과태료에 대한 재판 등의 절차에 대하여 규정"을 두고 있었지만 "과태료 부과·징수, 재판 및 집행 등의 절차에 관한 다른 법률의 규정 중 같은 법의 규정에 저촉되는 것은 같은 법을 따른다."라는 「질서위반행위규제법」 제5조의 규정에 따라 삭제된 바 있다.

Ⅲ | 「부동산 실권리자명의 등기에 관한 법률」

1. 제정 목적

「부동산 실권리자명의 등기에 관한 법률」의 부동산에 관한 소유권과 그 밖의 물권을 실체적 권리관계와 일치하도록 실권리자의 명의로 등기하게 함으로써 부동산등기 제도를 악용하여 각종 투기, 탈세, 탈법행위 등 반사회적 행위를 방지하고 부동산 거래의 정상화와 부동산 가격의 안정을 도모하여 국민경제의 건전한 발전에 이바지함을 그 제정 목적으로 하고 있다. 흔히 「부동산실명법」이라고도 한다.

2. 명의신탁약정

(1) 의의

「부동산 실권리자명의 등기에 관한 법률」에서 금지되고 있는 '명의신탁약정'이란 부동산에 관한 소유권이나 그 밖의 물권(이하 "부동산에 관한 물권"이라 한다)을 보유한 자 또는 사실상 취득하거나 취득하려고 하는 자(이하 "실권리자"라 한다)가 타인과의 사이에서 대내적으로는 실권리자가 부동산에 관한 물권을 보유하거나 보유하기로 하고 그에 관한 등기(가등기를 포함한다. 이하 같음)는 그 타인의 명의로 하기로 하는 약정(위임·위탁매매의 형식에 의하거나 추인(追認)에 의한 경우를 포함한다)을 말한다(부동산실명법 제2조 제1호)

1) 명의신탁자

'명의신탁자'란 명의신탁약정에 따라 자신의 부동산에 관한 물권을 타인의 명의로 등기하게 하는 실권리자를 말한다(동법 제2조 제2호).

2) 명의수탁자

'명의수탁자'란 명의신탁약정에 따라 실권리자의 부동산에 관한 물권을 자신의 명의로 등기하는 자를 말한다(동법 제2조 제3호).

3) 실명등기

'실명등기'란 이 법의 시행 전에 명의신탁약정에 따라 명의수탁자의 명의로 등기된 부동산에 관한 물권을 이 법의 시행일 이후 명의신탁자의 명의로 등기하는 것을 말한다 (동법 제2조 제4호).

(2) 명의신탁약정에 해당되지 아니하는 것

1) 담보가등기와 양도담보

채무의 변제를 담보하기 위하여 채권자가 부동산에 관한 물권을 이전받거나 가등기 하는 경우에는 이 법에 위반되는 명의신탁에 해당하지 아니한다.

2) 구분소유자의 공유로 등기

부동산의 위치와 면적을 특정하여 2인 이상이 구분소유하기로 하는 약정을 하고 그 구분소유자의 공유로 등기하는 경우, 이 법에 위반되는 명의신탁에 해당하지 아니한다.

3) 신탁재산의 등기

「신탁법」 또는 「자본시장과 금융투자업에 관한 법률」에 따른 신탁재산인 사실을 등 기한 경우에는 이 법에 위반되는 명의신탁에 해당하지 아니한다.

3. 명의신탁의 예외적 허용

다음에 해당하는 경우로서 조세 포탈, 강제집행의 면탈 또는 법령상 제한의 회피를 목적으로 하지 아니하는 경우의 명의신탁약정이나 물권의 변동은 유효하며, 이 경우

명의신탁약정의 효력이나 과징금, 이행강제금, 벌칙, 실명등기의무 위반의 효력 등의 규정이 적용되지 아니한다(동법 제8조).

① 종중(宗中)이 보유한 부동산에 관한 물권을 종중(종중과 그 대표자를 같이 표시하여 등기한 경우를 포함한다) 외의 자의 명의로 등기한 경우

② 배우자 명의로 부동산에 관한 물권을 등기한 경우

③ 종교단체의 명의로 그 산하 조직이 보유한 부동산에 관한 물권을 등기한 경우

4. 실권리자명의 등기의무

누구든지 부동산에 관한 물권을 명의신탁약정에 따라 명의수탁자의 명의로 등기하여서는 아니 되면(동법 제3조 제1항), 채무의 변제를 담보하기 위하여 채권자가 부동산에 관한 물권을 이전받는 경우에는 채무자, 채권금액 및 채무변제를 위한 담보라는 뜻이 적힌 서면을 등기신청서와 함께 등기관에게 제출하여야 한다(동법 제3조 2항).

5. 명의신탁약정의 효력

① 명의신탁약정은 무효로 함

② 명의신탁약정에 따른 등기로 이루어진 부동산에 관한 물권변동은 무효로 한다.

　➡ 다만, 부동산에 관한 물권을 취득하기 위한 계약에서 명의수탁자가 어느 한쪽 당사자가 되고 상대방 당사자는 명의신탁약정이 있다는 사실을 알지 못한 경우에는 그러하지 아니하다.

③ 앞의 ① 및 ②의 무효는 제3자에게 대항하지 못함

6. 명의신탁약정의 유형

(1) 이전형 명의신탁(2자 간 명의신탁)

1) 유형

'이전형 명의신탁'이란 명의신탁자 갑과 명의수탁자 을이 명의신탁약정에 의하여 명

의신탁자 갑의 부동산을 명의수탁자 을에게 이전시켜 놓는 것을 말한다.

2) 효력

가. 명의신탁자 갑와 명의수탁자 을간의 명의신탁약정은 무효이며, 을의 명의로 경료된 소유권이전등기 역시 무효이기에 소유권은 명의신탁자 갑에게 귀속된다.

나. 명의신탁자 갑은 명의수탁자 을에게 신탁부동산의 반환을 청구할 수 있으나, 명의신탁약정의 해지를 원인으로 한 소유권이전증기를 청구할 수 없고, 을 명의의 등기말소를 구하거나 진정 명의회복을 원인으로 하는 소유권이전등기를 할 수 있다.

다. 명의수탁자 을이 신탁부동산을 제3자인 병에게 양도한 경우, 병은 선의 또는 악의를 불문하고 소유권을 취득할 수 있다.

   ▣ 다만, 제3자인 병이 을의 배임행위에 적극적으로 가담한 경우에는 을과 병 사이의 계약은 사회질서에 반하는 법률행위로서 무효이고, 따라서 제3자 병은 소유권을 취득할 수 없다.

라. 명의수탁자인 을이 신탁부동산을 제3자에게 임의로 처분한 경우에 을은 횡령죄가 성립한다.

(2) 중간생략형 명의신탁(2자 간 명의신탁)

1) 유형

명의신탁자 갑이 매도인 병과 매매계약을 체결하여 매도인 병에게 매매대금을 지급하고 매도인 병의 부동산을 취득한다. 이때 명의신탁자 갑은 본인 명의로 소유권이전을 받아야 함에도 불구하고 그에 기한 등기를 명의수탁자 을과의 명의신탁약정에 의하여 명의수탁자 을의 명의로 소유권이전등기를 받는 것을 말한다.

2) 효력

가. 명의신탁자 갑과 명의수탁자 을간의 명의신탁약정은 무효이며, 을의 명의로 경료된 소유권이전등기 역시 무효이기에 소유권은 명의신탁자 병에게 귀속된다.

나. 매도인 병과 매수인 갑(명의신탁자) 사이의 매매계약은 유효하며, 이에 명의신탁자 갑은 매도인 병을 대위하여 명의수탁자 을 명의의 등기말소를 청구한 후 매도인 병을 상대로 매매계약에 따른 소유권이전등기를 청구할 수 있다.

다. 명의수탁자인 을은 신탁부동산을 제3자인 정에게 양도한 경우 제3자 정은 선의 또는 악의를 불문하고 소유권을 취득할 수 있으나, 정이 을의 배임행위에 적극적으로 가담한 경우 을과 정 사이의 계약은 사회질서에 반하는 법률행위로서 무효가 된다. 따라서 제3자 정은 이 경우 소유권을 취득할 수 없다.

라. 명의수탁자 을이 신탁부동산을 제3자에게 임의로 처분한 경우, 을은 횡령죄가 성립한다.

(3) 위임형 명의신탁(계약명의신탁)

1) 유형

명의신탁자 갑과 명의수탁자 을이 명의신탁약정을 체결하고 명의신탁자 갑이 명의수탁자 을에게 자금을 지원하여 명의수탁자 을이 명의신탁약정 사실을 모르는 매도인 병과 매매계약을 체결하여 명의수탁자 을 명의로 소유권이전등기를 받는 것을 말한다.

2) 효력

가. 명의신탁자 갑과 명의수탁자 을 간의 명의신탁약정은 무효이나, 을의 명의로 경료된 소유권이전등기 역시 유효하기에 소유권은 명의수탁자 을에게 귀속된다.

나. 매도인 병과 매수인 을(명의수탁자) 사이의 매매계약은 유효하기에 명의신탁자 갑은 명의수탁자 을에게 신탁부동산의 반환을 청구할 수 없고 부당이득반환청구권만을 행사할 수 있다.

다. 명의수탁자인 을이 신탁부동산을 제3자인 정에게 양도한 경우에 제3자인 정은 선의 또는 악의를 불문하고 소유권을 취득할 수 있고, 명의수탁자인 을이 신탁부동산을 제3자에게 임의로 처분하더라도 을은 횡령죄가 성립하지 않는다.

7. 기존 명의신탁약정에 따른 등기의 실명등기의무

(1) 실명등기 의무의 부과

부동산실명법의 시행 전에 명의신탁약정에 따라 부동산에 관한 물권을 명의수탁자의 명의로 등기하거나 등기하도록 한 명의신탁자(= 기존 명의신탁자)는 이 법의 시행일부터 1년의 기간(= 유예기간) 이내에 실명 등기하여야 한다(법 제11조 제1항).

다만, 공용징수, 판결, 경매 또는 그 밖에 법률에 따라 명의수탁자로부터 제3자에게 부동산에 관한 물권이 이전된 경우(상속에 의한 이전은 제외)와 종교단체, 향교 등이 조세 포탈, 강제집행의 면탈을 목적으로 하지 아니하고 명의신탁한 부동산의 경우에는 그러하지 아니하다(법 제11조 제1항 단서).

참고 부동산실명법 제5조(종교단체 및 향교 등의 실명등기 등)

법 제11조 제1항 단서에서 말하는 "종교단체, 향교 등"이란 ① 법인 또는 부동산등기법에 따라 등록번호를 부여받은 법인 아닌 사단·재단으로서 종교의 보급 기타 교화를 목적으로 설립된 종단·교단·유지재단 또는 이와 유사한 연합종교단체(= 종단) 및 개별단체, ② 종단에 소속된 법인 또는 단체로서 종교의 보급 기타 교화를 목적으로 설립된 것(= 소속종교단체), ③ 향교재단법인 및 개별 향교와 문화재로 지정된 서원을 말한다.

또한 이 법의 시행 전 또는 유예기간 중에 부동산물권에 관한 쟁송이 법원에 제기된 경우에는 그 쟁송에 관한 확정판결(이와 동일한 효력이 있는 경우를 포함)이 있는 날부터 1년 이내에 제1항 및 제2항에 따른 실명등기 또는 매각처분 등을 하여야 한다(법 제11조 제4항).

(2) 실명등기의무의 의제

법 제11조 제1항에 따른 기존 명의신탁약정에 따른 등기의 실명등기 의무에도 불구하고 ① 기존 명의신탁자가 해당 부동산에 관한 물권에 대하여 매매나 그 밖의 처분행위를 하고 유예기간 이내에 그 처분행위로 인한 취득자에게 직접 등기를 이전한 경우, ② 기존 명의신탁자가 유예기간 이내에 다른 법률에 따라 해당 부동산의 소재지를 관할하는 특별자치도지사·특별자치시장·시장·군수 또는 구청장에게 매각을 위탁하거나 한국자산관리공사에 매각을 의뢰한 경우. 다만, 매각위탁 또는 매각의뢰를 철회한 경우에는 그러하지 아니하다.

(3) 실명등기의무 위반의 효력

기존의 명의신탁자가 실명등기의 유예기간 이내에 실명등기 또는 매각처분 등을 하지 아니한 경우 그 기간이 지난날 이후의 명의신탁약정이나 명의신탁등기의 효력은 무효이다.

8. 벌칙 등

(1) 이 법 위반에 대한 제재

① 명의신탁자, 명의수탁자 등 이 법에서 정하고 있는 실권리자명의 등기의무를 위반한 자, ② 이 법의 시행 전 명의신탁으로서 유예기간 내에 실권리자 명의로 등기를 하지 아니한 자 등에 대해서는 벌칙, 이행강제금 등을 부과할 수 있다.

(2) 양벌규정

법인 또는 단체의 대표자나 법인·단체 또는 개인의 대리인·사용인 및 그 밖의 종업원이 그 법인·단체 또는 개인의 업무에 관하여 ① 실권리자 명의등기의무를 위반한 명의신탁자, 명의수탁자 및 채권자 및 같은 항에 따른 서면에 채무자를 거짓으로 적어 제출하게 한 실채무자, ② 장기미등기자, ③ 이 법의 시행 전에 명의신탁약정에 따른 등기를 한 사실이 없는 자가 실명등기를 가장하여 등기한 경우에 해당하는 자에 대해서는 그 행위자를 벌하는 외에 그 법인·단체 또는 개인에게도 해당 조문의 벌금형을 과한다.

다만, 법인·단체 또는 개인이 그 위반행위를 방지하기 위하여 해당 업무에 관하여 상당한 주의와 감독을 게을리하지 아니한 경우에는 그러하지 아니하다.

예/상/문/제

01 등기관이 행한 처분에 이의신청이 있는 경우, 그 처분의 집행 효력은?

① 그 집행이 즉시 취소된다.

② 그 집행이 즉시 철회된다.

③ 그 집행의 취소가 가능하다.

④ 그 집행이 정지되지 아니한다.

⑤ 결정이 있을 때까지 일시적으로 그 집행이 정지된다.

해설 ②, 등기관이 행한 부당한 처분에 대한 이의신청을 한 경우에도 등기관의 처분은 그 집행이 정지되지 아니한다.

02 등기관의 부당한 처분에 대한 이의신청에 관하여 최종 결정을 할 수 있는 자는?

① 관할 등기소장

② 등기관

③ 관할 지방법원

④ 시장 및 군수

⑤ 대통령

해설 ③, 관할지방법원은 이의신청에 대한 이유를 붙여 결정을 하며, 등기관은 그에 상당한 처분을 하도록 명령할 수 있다.

03 등기관의 처분에 대한 이의신청에 관한 다음 설명 중 틀린 것은? (제17회 기출)

① 저당권자가 저당권설정자의 동의 없이 저당권이전등기를 경료한 경우 저당권설정자는 이의신청을 할 수 있다.

② 상속인이 아닌 자는 상속등기가 위법하다 하여 이의신청을 할 수 없다.

③ 등기의 말소에 관하여 이해 관계있는 제3자의 승낙서가 첨부되지 아니한 경우에도 말소등기의무자는 이의신청을 할 수 없다.

④ 채권자대위에 의하여 경료된 등기가 채무자의 신청에 의하여 말소된 경우 채권자는 이의신청을 할 수 있다.

⑤ 각하결정에 대한 이의신청은 등기신청인인 등기권리자 및 등기의무자가 할 수 있다.

해설 ①, 등기신청자는 새로운 저당권자와 종래의 저당권자이다. 종전의 저당권설정자의 권리를 해하지 않고 동일성을 유지하는 경우 저당권자는 동의 없이 저당권이전등기를 할 수 있다.

04 명의신탁약정에 대한 다음 설명 중, 바르지 않은 것은?

① 이전형 명의신탁이란 명의신탁자 갑과 명의수탁자 을이 명의신탁약정에 의하여 명의신탁자 갑의 부동산을 명의수탁자 을에게 이전시켜 놓는 것을 말한다.

② 위임형 명의신탁에서 명의신탁자 갑과 명의수탁자 을 간의 명의신탁약정은 무효이나, 을의 명의로 경료된 소유권이전등기 역시 유효하기에 소유권은 명의수탁자 을에게 귀속된다.

③ 이전형 명의신탁에서 명의수탁자 을이 신탁부동산을 제3자인 병에게 양도한 경우, 병은 선의 또는 악의를 불문하고 소유권을 취득할 수 있다.

④ 명의신탁약정은 무효이나, 이에 따른 등기로 이루어진 부동산에 관한 물권변동은 유효하다.

⑤ 중간생략형 명의신탁에서 명의수탁자 을이 신탁부동산을 제3자에게 임의로 처분한 경우, 을은 횡령죄가 성립한다.

해설 ④, 명의신탁약정은 무효로서 이에 따른 등기로 이루어진 부동산에 관한 물권변동 역시 무효이나 그 효력은 제3자에게 영향을 미치지 아니한다.

부 록

공간정보의 구축 및 관리 등에 관한 법률
공간정보의 구축 및 관리 등에 관한 법률 시행령
부동산등기법

공간정보의 구축 및 관리 등에 관한 법률
(약칭: 공간정보관리법)

[시행 2020. 6. 11] [법률 제16807호, 2019. 12. 10, 일부개정]

국토교통부(공간정보제도과) 044 − 201 − 3485
해양수산부(해양영토과) 044 − 200 − 5358, 5357

제1장 총칙

제1조(목적) 이 법은 측량 및 수로조사의 기준 및 절차와 지적공부(地籍公簿)·부동산종합공부(不動産綜合公簿)의 작성 및 관리 등에 관한 사항을 규정함으로써 국토의 효율적 관리와 해상교통의 안전 및 국민의 소유권 보호에 기여함을 목적으로 한다. <개정 2013. 7. 17.>

제1조(목적) 이 법은 측량의 기준 및 절차와 지적공부(地籍公簿)·부동산종합공부(不動産綜合公簿)의 작성 및 관리 등에 관한 사항을 규정함으로써 국토의 효율적 관리 및 국민의 소유권 보호에 기여함을 목적으로 한다. <개정 2013. 7. 17., 2020. 2. 18.>
[시행일 : 2021. 2. 19.] 제1조

제2조(정의) 이 법에서 사용하는 용어의 뜻은 다음과 같다. <개정 2012. 12. 18., 2013. 3. 23., 2013. 7. 17., 2015. 7. 24.>

1. "측량"이란 공간상에 존재하는 일정한 점들의 위치를 측정하고 그 특성을 조사하여 도면 및 수치로 표현하거나 도면상의 위치를 현지(現地)에 재현하는 것을 말하며, 측량용 사진의 촬영, 지도의 제작 및 각종 건설사업에서 요구하는 도면작성 등을 포함한다.

2. "기본측량"이란 모든 측량의 기초가 되는 공간정보를 제공하기 위하여 국토교통부장관이 실시하는 측량을 말한다.

3. "공공측량"이란 다음 각 목의 측량을 말한다.

가. 국가, 지방자치단체, 그 밖에 대통령령으로 정하는 기관이 관계 법령에 따른 사업 등을 시행하기 위하여 기본측량을 기초로 실시하는 측량

나. 가목 외의 자가 시행하는 측량 중 공공의 이해 또는 안전과 밀접한 관련이 있는 측량으로서 대통령령으로 정하는 측량

4. "지적측량"이란 토지를 지적공부에 등록하거나 지적공부에 등록된 경계점을 지상에 복원하기 위하여 제21호에 따른 필지의 경계 또는 좌표와 면적을 정하는 측량을 말하며, 지적확정측량 및 지적재조사측량을 포함한다.

4의2. "지적확정측량"이란 제86조제1항에 따른 사업이 끝나 토지의 표시를 새로 정하기 위하여 실시하는 지적측량을 말한다.

4의3. "지적재조사측량"이란 「지적재조사에 관한 특별법」에 따른 지적재조사사업에 따라 토지의 표시를 새로 정하기 위하여 실시하는 지적측량을 말한다.

5. "수로측량"이란 해양의 수심 · 지구자기(地球磁氣) · 중력 · 지형 · 지질의 측량과 해안선 및 이에 딸린 토지의 측량을 말한다.

6. "일반측량"이란 기본측량, 공공측량, 지적측량 및 수로측량 외의 측량을 말한다.

7. "측량기준점"이란 측량의 정확도를 확보하고 효율성을 높이기 위하여 특정 지점을 제6조에 따른 측량기준에 따라 측정하고 좌표 등으로 표시하여 측량 시에 기준으로 사용되는 점을 말한다.

8. "측량성과"란 측량을 통하여 얻은 최종 결과를 말한다.

9. "측량기록"이란 측량성과를 얻을 때까지의 측량에 관한 작업의 기록을 말한다.

10. "지도"란 측량 결과에 따라 공간상의 위치와 지형 및 지명 등 여러 공간정보를 일정한 축척에 따라 기호나 문자 등으로 표시한 것을 말하며, 정보처리시스템을 이용하여 분석, 편집 및 입력 · 출력할 수 있도록 제작된 수치지형도[항공기나 인공위성 등을 통하여 얻은 영상정보를 이용하여 제작하는 정사영상지도(正射映像地圖)를 포함한다]와 이를 이용하여 특정한 주제에 관하여 제작된 지하시설물도 · 토지이용현황도 등 대통령령으로 정하는 수치주제도(數値主題圖)를 포함한다.

11. "수로조사"란 해상교통안전, 해양의 보전 · 이용 · 개발, 해양관할권의 확보 및 해양재해 예방을 목적으로 하는 수로측량 · 해양관측 · 항로조사 및 해양지명조사를 말한다.

12. "수로조사성과"란 수로조사를 통하여 얻은 최종 결과를 말하며, 수로조사 자료를 분석하여 얻은 예측정보를 포함한다.

12의2. "해양관측"이란 해양의 특성 및 그 변화를 과학적인 방법으로 관찰 · 측정하고 관련 정보를 수집하는 것을 말한다.

12의3. "항로조사"란 선박의 안전항해를 위하여 수로와 수로 주변의 항해목표물, 장애물, 항만시설, 선박편의시설, 항로 특이사항 및 유빙(流氷) 등에 관하여 조사하고,

관련 자료 또는 정보를 수집하는 것을 말한다.

13. "수로도지(水路圖誌)"란 다음 각 목의 도면을 말한다.

　가. 항해용으로 사용되는 해도(海圖)

　나. 해양영토 관리, 해양경계 획정 등에 필요한 정보를 수록한 영해기점도

　다. 연안정보를 수록한 연안특수도

　라. 해저지형과 해저지질의 특성을 나타낸 해저지형도

　마. 해저지층분포도, 지구자기도, 중력도 등 해양 기본도(基本圖)

　바. 조류(潮流)와 해류(海流)의 정보를 수록한 조류도 및 해류도

　사. 해양재해를 줄이기 위한 해안침수 예상도

　아. 그 밖에 수로조사성과를 수록한 각종 주제도(主題圖)

14. "수로서지(水路書誌)"란 다음 각 목의 서지류(書誌類)를 말한다.

　가. 연안 및 주요 항만의 항해안전정보를 수록한 항로지

　나. 주요 항만 등에 대한 조석(潮汐) 및 조류 자료를 수록한 조석표

　다. 항로표지의 번호, 명칭, 위치, 등질(燈質), 등고(燈高), 광달거리(光達距離) 등을 수록한 등대표

　라. 천문항해(天文航海) 시 원양에서 선박의 위치를 결정하는 데에 필요한 정보를 수록한 천측력(天測曆)

　마. 해양위기 발생 시 선박의 안전에 관한 신호방법을 수록한 국제신호서

　바. 주요 항 사이의 거리를 수록한 해상거리표

　사. 그 밖에 수로조사성과를 수록한 각종 서지류

15. "수로도서지"란 해양에 관한 각종 정보와 그 밖에 이와 관련된 사항을 수록한 인쇄물과 수치제작물(해양에 관한 여러 정보를 수치화한 후 정보처리시스템에서 사용할 수 있도록 제작한 것을 말한다. 이하 같다)로서 수로도지와 수로서지를 말한다.

16. "항행통보"란 해양수산부장관이 수로도서지의 수정, 항해에 필요한 경고, 그 밖에 해상교통안전과 관련된 사항을 해양수산부령으로 정하는 바에 따라 항해자 등 관련 정보가 필요한 자에게 제공하는 인쇄물과 수치제작물을 말한다.

17. "해양지명"이란 자연적으로 형성된 해양·해협·만(灣)·포(浦) 및 수로 등의 이름과 초(礁)·퇴(堆)·해저협곡·해저분지·해저산·해저산맥·해령(海嶺)·해구(海溝) 등 해저지형의 이름을 말한다.

18. "지적소관청"이란 지적공부를 관리하는 특별자치시장, 시장(「제주특별자치도 설치 및 국제자유도시 조성을 위한 특별법」 제10조제2항에 따른 행정시의 시장을 포함하며, 「지방자치법」 제3조제3항에 따라 자치구가 아닌 구를 두는 시의 시장은 제외한다)·군수 또는 구청장(자치구가 아닌 구의 구청장을 포함한다)을 말한다.

19. "지적공부"란 토지대장, 임야대장, 공유지연명부, 대지권등록부, 지적도, 임야도 및 경계점좌표등록부 등 지적측량 등을 통하여 조사된 토지의 표시와 해당 토지의 소유자 등을 기록한 대장 및 도면(정보처리시스템을 통하여 기록·저장된 것을 포함한다)을 말한다.

19의2. "연속지적도"란 지적측량을 하지 아니하고 전산화된 지적도 및 임야도 파일을 이용하여, 도면상 경계점들을 연결하여 작성한 도면으로서 측량에 활용할 수 없는 도면을 말한다.

19의3. "부동산종합공부"란 토지의 표시와 소유자에 관한 사항, 건축물의 표시와 소유자에 관한 사항, 토지의 이용 및 규제에 관한 사항, 부동산의 가격에 관한 사항 등 부동산에 관한 종합정보를 정보관리체계를 통하여 기록·저장한 것을 말한다.

20. "토지의 표시"란 지적공부에 토지의 소재·지번(地番)·지목(地目)·면적·경계 또는 좌표를 등록한 것을 말한다.

21. "필지"란 대통령령으로 정하는 바에 따라 구획되는 토지의 등록단위를 말한다.

22. "지번"이란 필지에 부여하여 지적공부에 등록한 번호를 말한다.

23. "지번부여지역"이란 지번을 부여하는 단위지역으로서 동·리 또는 이에 준하는 지역을 말한다.

24. "지목"이란 토지의 주된 용도에 따라 토지의 종류를 구분하여 지적공부에 등록한 것을 말한다.

25. "경계점"이란 필지를 구획하는 선의 굴곡점으로서 지적도나 임야도에 도해(圖解) 형태로 등록하거나 경계점좌표등록부에 좌표 형태로 등록하는 점을 말한다.

26. "경계"란 필지별로 경계점들을 직선으로 연결하여 지적공부에 등록한 선을 말한다.

27. "면적"이란 지적공부에 등록한 필지의 수평면상 넓이를 말한다.

28. "토지의 이동(異動)"이란 토지의 표시를 새로 정하거나 변경 또는 말소하는 것을 말한다.

29. "신규등록"이란 새로 조성된 토지와 지적공부에 등록되어 있지 아니한 토지를 지적공부에 등록하는 것을 말한다.

30. "등록전환"이란 임야대장 및 임야도에 등록된 토지를 토지대장 및 지적도에 옮겨 등록하는 것을 말한다.

31. "분할"이란 지적공부에 등록된 1필지를 2필지 이상으로 나누어 등록하는 것을 말한다.

32. "합병"이란 지적공부에 등록된 2필지 이상을 1필지로 합하여 등록하는 것을 말한다.

33. "지목변경"이란 지적공부에 등록된 지목을 다른 지목으로 바꾸어 등록하는 것을 말한다.

34. "축척변경"이란 지적도에 등록된 경계점의 정밀도를 높이기 위하여 작은 축척을 큰

축척으로 변경하여 등록하는 것을 말한다.

제2조(정의) 이 법에서 사용하는 용어의 뜻은 다음과 같다. <개정 2012. 12. 18., 2013. 3. 23., 2013. 7. 17., 2015. 7. 24., 2020. 2. 18.>

1. "측량"이란 공간상에 존재하는 일정한 점들의 위치를 측정하고 그 특성을 조사하여 도면 및 수치로 표현하거나 도면상의 위치를 현지(現地)에 재현하는 것을 말하며, 측량용 사진의 촬영, 지도의 제작 및 각종 건설사업에서 요구하는 도면작성 등을 포함한다.
2. "기본측량"이란 모든 측량의 기초가 되는 공간정보를 제공하기 위하여 국토교통부장관이 실시하는 측량을 말한다.
3. "공공측량"이란 다음 각 목의 측량을 말한다.
   가. 국가, 지방자치단체, 그 밖에 대통령령으로 정하는 기관이 관계 법령에 따른 사업 등을 시행하기 위하여 기본측량을 기초로 실시하는 측량
   나. 가목 외의 자가 시행하는 측량 중 공공의 이해 또는 안전과 밀접한 관련이 있는 측량으로서 대통령령으로 정하는 측량
4. "지적측량"이란 토지를 지적공부에 등록하거나 지적공부에 등록된 경계점을 지상에 복원하기 위하여 제21호에 따른 필지의 경계 또는 좌표와 면적을 정하는 측량을 말하며, 지적확정측량 및 지적재조사측량을 포함한다.
4의2. "지적확정측량"이란 제86조제1항에 따른 사업이 끝나 토지의 표시를 새로 정하기 위하여 실시하는 지적측량을 말한다.
4의3. "지적재조사측량"이란 「지적재조사에 관한 특별법」에 따른 지적재조사사업에 따라 토지의 표시를 새로 정하기 위하여 실시하는 지적측량을 말한다.
5. 삭제 <2020. 2. 18.>
6. "일반측량"이란 기본측량, 공공측량 및 지적측량 외의 측량을 말한다.
7. "측량기준점"이란 측량의 정확도를 확보하고 효율성을 높이기 위하여 특정 지점을 제6조에 따른 측량기준에 따라 측정하고 좌표 등으로 표시하여 측량 시에 기준으로 사용되는 점을 말한다.
8. "측량성과"란 측량을 통하여 얻은 최종 결과를 말한다.
9. "측량기록"이란 측량성과를 얻을 때까지의 측량에 관한 작업의 기록을 말한다.
10. "지도"란 측량 결과에 따라 공간상의 위치와 지형 및 지명 등 여러 공간정보를 일정한 축척에 따라 기호나 문자 등으로 표시한 것을 말하며, 정보처리시스템을 이용하여 분석, 편집 및 입력·출력할 수 있도록 제작된 수치지형도[항공기나 인공위성 등을 통하여 얻은 영상정보를 이용하여 제작하는 정사영상지도(正射映像地圖)를 포함한다]와 이를 이용하여 특정한 주제에 관하여 제작된 지하시설물도·토지이용현황도

등 대통령령으로 정하는 수치주제도(數値主題圖)를 포함한다.

11. 삭제 <2020. 2. 18.>

12. 삭제 <2020. 2. 18.>

12의2. 삭제 <2020. 2. 18.>

12의3. 삭제 <2020. 2. 18.>

13. 삭제 <2020. 2. 18.>

14. 삭제 <2020. 2. 18.>

15. 삭제 <2020. 2. 18.>

16. 삭제 <2020. 2. 18.>

17. 삭제 <2020. 2. 18.>

18. "지적소관청"이란 지적공부를 관리하는 특별자치시장, 시장(「제주특별자치도 설치 및 국제자유도시 조성을 위한 특별법」 제10조제2항에 따른 행정시의 시장을 포함하며, 「지방자치법」 제3조제3항에 따라 자치구가 아닌 구를 두는 시의 시장은 제외한다)·군수 또는 구청장(자치구가 아닌 구의 구청장을 포함한다)을 말한다.

19. "지적공부"란 토지대장, 임야대장, 공유지연명부, 대지권등록부, 지적도, 임야도 및 경계점좌표등록부 등 지적측량 등을 통하여 조사된 토지의 표시와 해당 토지의 소유자 등을 기록한 대장 및 도면(정보처리시스템을 통하여 기록·저장된 것을 포함한다)을 말한다.

19의2. "연속지적도"란 지적측량을 하지 아니하고 전산화된 지적도 및 임야도 파일을 이용하여, 도면상 경계점들을 연결하여 작성한 도면으로서 측량에 활용할 수 없는 도면을 말한다.

19의3. "부동산종합공부"란 토지의 표시와 소유자에 관한 사항, 건축물의 표시와 소유자에 관한 사항, 토지의 이용 및 규제에 관한 사항, 부동산의 가격에 관한 사항 등 부동산에 관한 종합정보를 정보관리체계를 통하여 기록·저장한 것을 말한다.

20. "토지의 표시"란 지적공부에 토지의 소재·지번(地番)·지목(地目)·면적·경계 또는 좌표를 등록한 것을 말한다.

21. "필지"란 대통령령으로 정하는 바에 따라 구획되는 토지의 등록단위를 말한다.

22. "지번"이란 필지에 부여하여 지적공부에 등록한 번호를 말한다.

23. "지번부여지역"이란 지번을 부여하는 단위지역으로서 동·리 또는 이에 준하는 지역을 말한다.

24. "지목"이란 토지의 주된 용도에 따라 토지의 종류를 구분하여 지적공부에 등록한 것을 말한다.

25. "경계점"이란 필지를 구획하는 선의 굴곡점으로서 지적도나 임야도에 도해(圖解) 형

태로 등록하거나 경계점좌표등록부에 좌표 형태로 등록하는 점을 말한다.

26. "경계"란 필지별로 경계점들을 직선으로 연결하여 지적공부에 등록한 선을 말한다.

27. "면적"이란 지적공부에 등록한 필지의 수평면상 넓이를 말한다.

28. "토지의 이동(異動)"이란 토지의 표시를 새로 정하거나 변경 또는 말소하는 것을 말한다.

29. "신규등록"이란 새로 조성된 토지와 지적공부에 등록되어 있지 아니한 토지를 지적공부에 등록하는 것을 말한다.

30. "등록전환"이란 임야대장 및 임야도에 등록된 토지를 토지대장 및 지적도에 옮겨 등록하는 것을 말한다.

31. "분할"이란 지적공부에 등록된 1필지를 2필지 이상으로 나누어 등록하는 것을 말한다.

32. "합병"이란 지적공부에 등록된 2필지 이상을 1필지로 합하여 등록하는 것을 말한다.

33. "지목변경"이란 지적공부에 등록된 지목을 다른 지목으로 바꾸어 등록하는 것을 말한다.

34. "축척변경"이란 지적도에 등록된 경계점의 정밀도를 높이기 위하여 작은 축척을 큰 축척으로 변경하여 등록하는 것을 말한다.

[시행일 : 2021. 2. 19.] 제2조

제3조(다른 법률과의 관계) 측량 및 수로조사와 지적공부·부동산종합공부의 작성 및 관리에 관하여 다른 법률에 특별한 규정이 있는 경우를 제외하고는 이 법에 따른다. <개정 2013. 7. 17.>

제3조(다른 법률과의 관계) 측량과 지적공부·부동산종합공부의 작성 및 관리에 관하여 다른 법률에 특별한 규정이 있는 경우를 제외하고는 이 법에 따른다. <개정 2013. 7. 17., 2020. 2. 18.>

[시행일 : 2021. 2. 19.] 제3조

제4조(적용 범위) 다음 각 호의 어느 하나에 해당하는 측량이나 수로조사로서 국토교통부장관 및 해양수산부장관이 고시하는 측량이나 수로조사에 대하여는 이 법을 적용하지 아니한다. <개정 2013. 3. 23.>

1. 국지적 측량(지적측량은 제외한다)

2. 고도의 정확도가 필요하지 아니한 측량

3. 순수 학술 연구나 군사 활동을 위한 측량 또는 수로조사

4. 「해저광물자원 개발법」에 따른 탐사를 위한 수로조사

제4조(적용 범위) 다음 각 호의 어느 하나에 해당하는 측량으로서 국토교통부장관이 고시하는 측량 및 「해양조사와 해양정보 활용에 관한 법률」 제2조제3호에 따른 수로측량에 대하여는 이 법을 적용하지 아니한다. <개정 2013. 3. 23., 2020. 2. 18.>

1. 국지적 측량(지적측량은 제외한다)
2. 고도의 정확도가 필요하지 아니한 측량
3. 순수 학술 연구나 군사 활동을 위한 측량
4. 삭제 <2020. 2. 18.>
[시행일 : 2021. 2. 19.] 제4조

제2장 측량 및 수로조사

제1절 통칙

제5조(측량기본계획 및 시행계획) ① 국토교통부장관은 다음 각 호의 사항(수로조사에 관한 사항은 제외한다)이 포함된 측량기본계획을 5년마다 수립하여야 한다. <개정 2013. 3. 23.>

1. 측량에 관한 기본 구상 및 추진 전략
2. 측량의 국내외 환경 분석 및 기술연구
3. 측량산업 및 기술인력 육성 방안
4. 그 밖에 측량 발전을 위하여 필요한 사항

② 국토교통부장관은 제1항에 따른 측량기본계획에 따라 연도별 시행계획을 수립·시행하고, 그 추진실적을 평가하여야 한다. <개정 2013. 3. 23., 2019. 12. 10.>

③ 국토교통부장관은 제1항에 따른 측량기본계획과 제2항에 따른 연도별 시행계획을 수립하려는 경우 제2항에 따른 평가 결과를 반영하여야 한다. <신설 2019. 12. 10.>

④ 제2항에 따른 연도별 추진실적 평가의 기준·방법·절차에 관한 사항은 국토교통부령으로 정한다. <신설 2019. 12. 10.>

제5조(측량기본계획 및 시행계획) ① 국토교통부장관은 다음 각 호의 사항이 포함된 측량기본계획을 5년마다 수립하여야 한다. <개정 2013. 3. 23., 2020. 2. 18.>

1. 측량에 관한 기본 구상 및 추진 전략
2. 측량의 국내외 환경 분석 및 기술연구
3. 측량산업 및 기술인력 육성 방안

4. 그 밖에 측량 발전을 위하여 필요한 사항

② 국토교통부장관은 제1항에 따른 측량기본계획에 따라 연도별 시행계획을 수립·시행하고, 그 추진실적을 평가하여야 한다. <개정 2013. 3. 23., 2019. 12. 10.>

③ 국토교통부장관은 제1항에 따른 측량기본계획과 제2항에 따른 연도별 시행계획을 수립하려는 경우 제2항에 따른 평가 결과를 반영하여야 한다. <신설 2019. 12. 10.>

④ 제2항에 따른 연도별 추진실적 평가의 기준·방법·절차에 관한 사항은 국토교통부령으로 정한다. <신설 2019. 12. 10.>

[시행일 : 2021. 2. 19.] 제5조

제6조(측량기준) ① 측량의 기준은 다음 각 호와 같다. <개정 2013. 3. 23.>

1. 위치는 세계측지계(世界測地系)에 따라 측정한 지리학적 경위도와 높이(평균해수면으로부터의 높이를 말한다. 이하 이 항에서 같다)로 표시한다. 다만, 지도 제작 등을 위하여 필요한 경우에는 직각좌표와 높이, 극좌표와 높이, 지구중심 직교좌표 및 그 밖의 다른 좌표로 표시할 수 있다.

2. 측량의 원점은 대한민국 경위도원점(經緯度原點) 및 수준원점(水準原點)으로 한다. 다만, 섬 등 대통령령으로 정하는 지역에 대하여는 국토교통부장관이 따로 정하여 고시하는 원점을 사용할 수 있다.

3. 수로조사에서 간출지(干出地)의 높이와 수심은 기본수준면(일정 기간 조석을 관측하여 분석한 결과 가장 낮은 해수면)을 기준으로 측량한다.

4. 해안선은 해수면이 약최고고조면(略最高高潮面: 일정 기간 조석을 관측하여 분석한 결과 가장 높은 해수면)에 이르렀을 때의 육지와 해수면과의 경계로 표시한다.

② 해양수산부장관은 수로조사와 관련된 평균해수면, 기본수준면 및 약최고고조면에 관한 사항을 정하여 고시하여야 한다. <개정 2013. 3. 23.>

③ 제1항에 따른 세계측지계, 측량의 원점 값의 결정 및 직각좌표의 기준 등에 필요한 사항은 대통령령으로 정한다.

제6조(측량기준) ① 측량의 기준은 다음 각 호와 같다. <개정 2013. 3. 23.>

1. 위치는 세계측지계(世界測地系)에 따라 측정한 지리학적 경위도와 높이(평균해수면으로부터의 높이를 말한다. 이하 이 항에서 같다)로 표시한다. 다만, 지도 제작 등을 위하여 필요한 경우에는 직각좌표와 높이, 극좌표와 높이, 지구중심 직교좌표 및 그 밖의 다른 좌표로 표시할 수 있다.

2. 측량의 원점은 대한민국 경위도원점(經緯度原點) 및 수준원점(水準原點)으로 한다. 다만, 섬 등 대통령령으로 정하는 지역에 대하여는 국토교통부장관이 따로 정하여 고시하는 원점을 사용할 수 있다.

3. 삭제 <2020. 2. 18.>

4. 삭제 <2020. 2. 18.>

② 삭제 <2020. 2. 18.>

③ 제1항에 따른 세계측지계, 측량의 원점 값의 결정 및 직각좌표의 기준 등에 필요한 사항은 대통령령으로 정한다.

[시행일 : 2021. 2. 19.] 제6조

제7조(측량기준점) ① 측량기준점은 다음 각 호의 구분에 따른다. <개정 2012. 12. 18., 2013. 3. 23.>

1. 국가기준점: 측량의 정확도를 확보하고 효율성을 높이기 위하여 국토교통부장관 및 해양수산부장관이 전 국토를 대상으로 주요 지점마다 정한 측량의 기본이 되는 측량 기준점

2. 공공기준점: 제17조제2항에 따른 공공측량시행자가 공공측량을 정확하고 효율적으로 시행하기 위하여 국가기준점을 기준으로 하여 따로 정하는 측량기준점

3. 지적기준점: 특별시장·광역시장·특별자치시장·도지사 또는 특별자치도지사(이하 "시·도지사"라 한다)나 지적소관청이 지적측량을 정확하고 효율적으로 시행하기 위하여 국가기준점을 기준으로 하여 따로 정하는 측량기준점

② 제1항에 따른 측량기준점의 구분에 관한 세부 사항은 대통령령으로 정한다.

제7조(측량기준점) ① 측량기준점은 다음 각 호의 구분에 따른다. <개정 2012. 12. 18., 2013. 3. 23., 2020. 2. 18.>

1. 국가기준점: 측량의 정확도를 확보하고 효율성을 높이기 위하여 국토교통부장관이 전 국토를 대상으로 주요 지점마다 정한 측량의 기본이 되는 측량기준점

2. 공공기준점: 제17조제2항에 따른 공공측량시행자가 공공측량을 정확하고 효율적으로 시행하기 위하여 국가기준점을 기준으로 하여 따로 정하는 측량기준점

3. 지적기준점: 특별시장·광역시장·특별자치시장·도지사 또는 특별자치도지사(이하 "시·도지사"라 한다)나 지적소관청이 지적측량을 정확하고 효율적으로 시행하기 위하여 국가기준점을 기준으로 하여 따로 정하는 측량기준점

② 제1항에 따른 측량기준점의 구분에 관한 세부 사항은 대통령령으로 정한다.

[시행일 : 2021. 2. 19.] 제7조

제8조(측량기준점표지의 설치 및 관리) ① 측량기준점을 정한 자는 측량기준점표지를 설치하고 관리하여야 한다.

② 제1항에 따라 측량기준점표지[수로측량을 위한 국가기준점표지(이하 "수로기준점표지"라 한다)는 제외한다. 이하 이 항 및 제5항에서 같다]를 설치한 자는 대통령령으로

정하는 바에 따라 그 종류와 설치 장소를 국토교통부장관, 관계 시·도지사, 시장·군수 또는 구청장(자치구의 구청장을 말한다. 이하 같다) 및 측량기준점표지를 설치한 부지의 소유자 또는 점유자에게 통지하여야 한다. 설치한 측량기준점표지를 이전·철거하거나 폐기한 경우에도 같다. <개정 2013. 3. 23.>

③ 해양수산부장관은 수로기준점표지를 설치한 경우에는 그 사실을 고시하여야 한다. <개정 2013. 3. 23.>

④ 시·도지사 또는 지적소관청은 지적기준점표지를 설치·이전·복구·철거하거나 폐기한 경우에는 그 사실을 고시하여야 한다. <개정 2013. 7. 17.>

⑤ 특별자치시장, 특별자치도지사, 시장·군수 또는 구청장은 국토교통부령으로 정하는 바에 따라 매년 관할 구역에 있는 측량기준점표지의 현황을 조사하고 그 결과를 시·도지사를 거쳐(특별자치시장 및 특별자치도지사의 경우는 제외한다) 국토교통부장관에게 보고하여야 한다. 측량기준점표지가 멸실·파손되거나 그 밖에 이상이 있음을 발견한 경우에도 같다. <개정 2012. 12. 18., 2013. 3. 23.>

⑥ 제5항에도 불구하고 국토교통부장관 및 해양수산부장관은 필요하다고 인정하는 경우에는 직접 측량기준점표지의 현황을 조사할 수 있다. <개정 2013. 3. 23.>

⑦ 측량기준점표지의 형상, 규격, 관리방법 등에 필요한 사항은 국토교통부령 또는 해양수산부령으로 정한다. <개정 2013. 3. 23.>

제8조(측량기준점표지의 설치 및 관리) ① 측량기준점을 정한 자는 측량기준점표지를 설치하고 관리하여야 한다.

② 제1항에 따라 측량기준점표지를 설치한 자는 대통령령으로 정하는 바에 따라 그 종류와 설치 장소를 국토교통부장관, 관계 시·도지사, 시장·군수 또는 구청장(자치구의 구청장을 말한다. 이하 같다) 및 측량기준점표지를 설치한 부지의 소유자 또는 점유자에게 통지하여야 한다. 설치한 측량기준점표지를 이전·철거하거나 폐기한 경우에도 같다. <개정 2013. 3. 23., 2020. 2. 18.>

③ 삭제 <2020. 2. 18.>

④ 시·도지사 또는 지적소관청은 지적기준점표지를 설치·이전·복구·철거하거나 폐기한 경우에는 그 사실을 고시하여야 한다. <개정 2013. 7. 17.>

⑤ 특별자치시장, 특별자치도지사, 시장·군수 또는 구청장은 국토교통부령으로 정하는 바에 따라 매년 관할 구역에 있는 측량기준점표지의 현황을 조사하고 그 결과를 시·도지사를 거쳐(특별자치시장 및 특별자치도지사의 경우는 제외한다) 국토교통부장관에게 보고하여야 한다. 측량기준점표지가 멸실·파손되거나 그 밖에 이상이 있음을 발견한 경우에도 같다. <개정 2012. 12. 18., 2013. 3. 23.>

⑥ 제5항에도 불구하고 국토교통부장관은 필요하다고 인정하는 경우에는 직접 측량기준

점표지의 현황을 조사할 수 있다. <개정 2013. 3. 23., 2020. 2. 18.>

⑦ 측량기준점표지의 형상, 규격, 관리방법 등에 필요한 사항은 국토교통부령으로 정한다. <개정 2013. 3. 23., 2020. 2. 18.>

[시행일 : 2021. 2. 19.] 제8조

제9조(측량기준점표지의 보호) ① 누구든지 측량기준점표지를 이전·파손하거나 그 효용을 해치는 행위를 하여서는 아니 된다.

② 측량기준점표지를 파손하거나 그 효용을 해칠 우려가 있는 행위를 하려는 자는 그 측량기준점표지를 설치한 자에게 이전을 신청하여야 한다.

③ 제2항에 따른 신청을 받은 측량기준점표지의 설치자는 측량기준점표지를 이전하지 아니하고 제2항에 따른 신청인의 목적을 달성할 수 있는 경우를 제외하고는 그 측량기준점표지를 이전하여야 하며, 그 측량기준점표지를 이전하지 아니하는 경우에는 그 사유를 제2항에 따른 신청인에게 알려야 한다.

④ 제3항에 따른 측량기준점표지의 이전에 드는 비용은 제2항에 따른 신청인이 부담한다. 다만, 측량기준점표지 중 국가기준점표지(수로기준점표지는 제외한다)의 이전에 드는 비용은 설치자가 부담한다. <개정 2013. 7. 17.>

제9조(측량기준점표지의 보호) ① 누구든지 측량기준점표지를 이전·파손하거나 그 효용을 해치는 행위를 하여서는 아니 된다.

② 측량기준점표지를 파손하거나 그 효용을 해칠 우려가 있는 행위를 하려는 자는 그 측량기준점표지를 설치한 자에게 이전을 신청하여야 한다.

③ 제2항에 따른 신청을 받은 측량기준점표지의 설치자는 측량기준점표지를 이전하지 아니하고 제2항에 따른 신청인의 목적을 달성할 수 있는 경우를 제외하고는 그 측량기준점표지를 이전하여야 하며, 그 측량기준점표지를 이전하지 아니하는 경우에는 그 사유를 제2항에 따른 신청인에게 알려야 한다.

④ 제3항에 따른 측량기준점표지의 이전에 드는 비용은 제2항에 따른 신청인이 부담한다. 다만, 측량기준점표지 중 국가기준점표지의 이전에 드는 비용은 설치자가 부담한다. <개정 2013. 7. 17., 2020. 2. 18.>

[시행일 : 2021. 2. 19.] 제9조

제10조(협력체계의 구축) ① 국토교통부장관은 지형에 관한 자료를 활용하여 제15조제1항에 따른 지도등을 유지·관리하기 위하여 필요한 경우에는 관계 행정기관, 지방자치단체, 「고등교육법」에 따른 대학, 「공공기관의 운영에 관한 법률」에 따른 공공기관(이하 "관계기관"이라 한다) 등과 협력체계를 구축할 수 있다. <개정 2013. 3. 23.>

② 국토교통부장관은 제1항에 따른 협력체계에 참여한 기관에 제15조제1항에 따른 지도

등에 관한 자료를 제공할 수 있다. <개정 2013. 3. 23.>

제10조의2(측량업정보의 종합관리) ① 국토교통부장관은 측량업자의 자본금, 경영실태, 측량용역 수행실적, 측량기술자 및 장비 보유현황 등 측량업정보를 종합적으로 관리하고, 국토교통부령으로 정하는 바에 따라 이를 필요로 하는 측량용역의 발주자, 행정기관 및 관련 단체 등의 장에게 제공할 수 있다.

② 국토교통부장관은 제1항에 따른 측량업정보를 체계적으로 관리하기 위하여 대통령령으로 정하는 바에 따라 측량업정보 종합관리체계를 구축·운영하여야 한다.

③ 국토교통부장관은 제1항의 업무를 수행하기 위하여 측량업자, 행정기관 등의 장에게 관련 자료의 제출을 요청할 수 있다. 이 경우 요청을 받은 자는 특별한 사유가 없으면 이에 따라야 한다.

④ 제3항에 따른 자료 제출의 요청 절차 등에 필요한 사항은 대통령령으로 정한다.
[본조신설 2014. 6. 3.]

제10조의3(측량용역사업에 대한 사업수행능력의 평가 및 공시) ① 국토교통부장관은 발주자가 적정한 측량업자를 선정할 수 있도록 하기 위하여 측량업자의 신청이 있는 경우 그 측량업자의 측량용역 수행실적, 자본금, 기술인력·장비 보유현황 수준 등에 따라 사업수행능력을 평가하여 공시하여야 한다.

② 제1항에 따른 사업수행능력의 평가 및 공시를 받으려는 측량업자는 전년도 측량용역 수행실적, 기술자 보유현황, 재무상태, 그 밖에 국토교통부령으로 정하는 사항을 국토교통부장관에게 제출하여야 한다.

③ 제1항 및 제2항에 따른 측량업자의 사업수행능력 공시, 사업수행능력 평가 기준 및 실적 등의 신고에 필요한 사항은 대통령령으로 정한다.
[본조신설 2014. 6. 3.]

제11조(지형·지물의 변동사항 통보 등) ① 특별자치시장, 특별자치도지사, 시장·군수 또는 구청장은 대통령령으로 정하는 바에 따라 관할 구역 내 지형·지물의 변동 여부를 정기적으로 조사하여야 한다. <신설 2019. 12. 10.>

② 특별자치시장, 특별자치도지사, 시장·군수 또는 구청장은 그 관할 구역에서 지형·지물의 변동이 발생하거나 제1항에 따라 실시한 조사 결과 지형·지물의 변동사항이 있을 경우에는 대통령령으로 정하는 바에 따라 국토교통부장관에게 그 지형·지물의 변동사항을 통보하여야 한다. <개정 2012. 12. 18., 2013. 3. 23., 2019. 12. 10.>

③ 제17조제2항에 따른 공공측량시행자는 지형·지물의 변동을 유발할 수 있는 건설공사 중 대통령령으로 정하는 종류 및 규모의 건설공사를 착공할 때에는 그 착공사실을, 완공하였을 때에는 그 지형·지물의 변동사항을 국토교통부장관에게 통보하여야 한다.

<개정 2013. 3. 23., 2019. 12. 10.>

④ 국토교통부장관 및 해양수산부장관은 관계 행정기관, 항만시설 관리자 또는 선박의 관리자에게 기본측량이나 수로조사에 관한 자료의 제출을 요구할 수 있다. <개정 2013. 3. 23., 2019. 12. 10.>

⑤ 제3항에 따른 지형·지물의 변동을 유발하는 건설공사에 대한 통보에 필요한 사항은 국토교통부령으로 정한다. <개정 2013. 3. 23., 2019. 12. 10.>

제11조(지형·지물의 변동사항 통보 등) ① 특별자치시장, 특별자치도지사, 시장·군수 또는 구청장은 대통령령으로 정하는 바에 따라 관할 구역 내 지형·지물의 변동 여부를 정기적으로 조사하여야 한다. <신설 2019. 12. 10.>

② 특별자치시장, 특별자치도지사, 시장·군수 또는 구청장은 그 관할 구역에서 지형·지물의 변동이 발생하거나 제1항에 따라 실시한 조사 결과 지형·지물의 변동사항이 있을 경우에는 대통령령으로 정하는 바에 따라 국토교통부장관에게 그 지형·지물의 변동사항을 통보하여야 한다. <개정 2012. 12. 18., 2013. 3. 23., 2019. 12. 10.>

③ 제17조제2항에 따른 공공측량시행자는 지형·지물의 변동을 유발할 수 있는 건설공사 중 대통령령으로 정하는 종류 및 규모의 건설공사를 착공할 때에는 그 착공사실을, 완공하였을 때에는 그 지형·지물의 변동사항을 국토교통부장관에게 통보하여야 한다. <개정 2013. 3. 23., 2019. 12. 10.>

④ 국토교통부장관은 관계 행정기관에 기본측량에 관한 자료의 제출을 요구할 수 있다. <개정 2013. 3. 23., 2019. 12. 10., 2020. 2. 18.>

⑤ 제3항에 따른 지형·지물의 변동을 유발하는 건설공사에 대한 통보에 필요한 사항은 국토교통부령으로 정한다. <개정 2013. 3. 23., 2019. 12. 10.>

[시행일 : 2021. 2. 19.] 제11조

제2절 기본측량

제12조(기본측량의 실시 등) ① 국토교통부장관은 기본측량을 하려면 미리 측량지역, 측량기간, 그 밖에 필요한 사항을 시·도지사에게 통지하여야 한다. 그 기본측량을 끝낸 경우에도 같다. <개정 2013. 3. 23.>

② 시·도지사는 제1항에 따른 통지를 받았으면 지체 없이 시장·군수 또는 구청장에게 그 사실을 통지(특별자치시장 및 특별자치도지사의 경우는 제외한다)하고 대통령령으로 정하는 바에 따라 공고하여야 한다. <개정 2012. 12. 18.>

③ 기본측량의 방법 및 절차 등에 필요한 사항은 국토교통부령으로 정한다. <개정 2013. 3. 23.>

제13조(기본측량성과의 고시) ① 국토교통부장관은 기본측량을 끝냈으면 대통령령으로 정하는 바에 따라 기본측량성과를 고시하여야 한다. <개정 2013. 3. 23.>

② 국토교통부장관은 대통령령으로 정하는 측량 관련 전문기관으로 하여금 기본측량성과의 정확도를 검증하도록 할 수 있다. <개정 2013. 3. 23.>

③ 국토교통부장관은 기본측량성과를 고시한 후 지형·지물의 변동 등이 발생한 경우에는 그 변동 내용에 따라 기본측량성과를 수정하여야 한다. <개정 2013. 3. 23.>

④ 제1항에 따라 고시된 측량성과에 어긋나는 측량성과를 사용하여서는 아니 된다.

제14조(기본측량성과의 보관 및 열람 등) ① 국토교통부장관은 기본측량성과 및 기본측량기록을 보관하고 일반인이 열람할 수 있도록 하여야 한다. <개정 2013. 3. 23.>

② 기본측량성과나 기본측량기록을 복제하거나 그 사본을 발급받으려는 자는 국토교통부령으로 정하는 바에 따라 국토교통부장관에게 그 복제 또는 발급을 신청하여야 한다. <개정 2013. 3. 23.>

③ 국토교통부장관은 제2항에 따른 신청 내용이 다음 각 호의 어느 하나에 해당하는 경우에는 기본측량성과나 기본측량기록을 복제하게 하거나 그 사본을 발급할 수 없다. <개정 2013. 3. 23.>

1. 국가안보나 그 밖에 국가의 중대한 이익을 해칠 우려가 있다고 인정되는 경우
2. 다른 법령에 따라 비밀로 유지되거나 열람이 제한되는 등 비공개사항으로 규정된 경우

제15조(기본측량성과 등을 사용한 지도등의 간행) ① 국토교통부장관은 기본측량성과 및 기본측량기록을 사용하여 지도나 그 밖에 필요한 간행물(이하 "지도등"이라 한다)을 간행(정보처리시스템을 통한 전자적 기록 방식에 따른 정보 제공을 포함한다. 이하 같다)하여 판매하거나 배포할 수 있다. 다만, 국가안보를 해칠 우려가 있는 사항으로서 대통령령으로 정하는 사항은 지도등에 표시할 수 없다. <개정 2013. 3. 23.>

② 국토교통부장관은 제1항에 따라 간행한 지도등 중에서 국토교통부령으로 정하는 요건에 적합한 것을 기본도로 지정할 수 있다. <개정 2013. 3. 23.>

③ 기본측량성과, 기본측량기록 또는 제1항에 따라 간행한 지도등을 활용한 지도등을 간행하여 판매하거나 배포하려는 자(제17조제2항에 따른 공공측량시행자는 제외한다)는 그 지도등에 대하여 국토교통부령으로 정하는 바에 따라 국토교통부장관의 심사를 받아야 한다. <개정 2013. 3. 23.>

④ 제3항에 따라 지도등을 간행하여 판매하거나 배포하는 자는 국토교통부령으로 정하는 바에 따라 사용한 기본측량성과 또는 그 측량기록을 지도등에 명시하여야 한다. <개

정 2013. 3. 23.>

⑤ 다음 각 호의 어느 하나에 해당하는 자는 제3항에 따른 지도등을 간행하여 판매하거나 배포할 수 없다. <개정 2013. 7. 17.>

1. 피성년후견인 또는 피한정후견인

2. 이 법이나 「국가보안법」 또는 「형법」 제87조부터 제104조까지의 규정을 위반하여 금고 이상의 실형을 선고받고 그 집행이 끝나거나(집행이 끝난 것으로 보는 경우를 포함한다) 집행이 면제된 날부터 2년이 지나지 아니한 자

3. 이 법이나 「국가보안법」 또는 「형법」 제87조부터 제104조까지의 규정을 위반하여 금고 이상의 형의 집행유예를 선고받고 그 집행유예기간 중에 있는 자

⑥ 제1항에 따라 간행하는 지도등의 판매나 배포에 필요한 사항은 국토교통부령으로 정한다. <개정 2013. 3. 23.>

제16조(기본측량성과의 국외 반출 금지) ① 누구든지 국토교통부장관의 허가 없이 기본측량성과 중 지도등 또는 측량용 사진을 국외로 반출하여서는 아니 된다. 다만, 외국 정부와 기본측량성과를 서로 교환하는 등 대통령령으로 정하는 경우에는 그러하지 아니하다. <개정 2013. 3. 23.>

② 누구든지 제14조제3항 각 호의 어느 하나에 해당하는 경우에는 기본측량성과를 국외로 반출하여서는 아니 된다. 다만, 국토교통부장관이 국가안보와 관련된 사항에 대하여 과학기술정보통신부장관, 외교부장관, 통일부장관, 국방부장관, 행정안전부장관, 산업통상자원부장관 및 국가정보원장 등 관계 기관의 장과 협의체를 구성하여 국외로 반출하기로 결정한 경우에는 그러하지 아니하다. <개정 2014. 6. 3., 2017. 7. 26.>

③ 제2항 단서에 따른 협의체에는 1인 이상의 민간전문가를 포함하여야 한다. <신설 2017. 10. 24.>

④ 제2항 단서에 따른 협의체의 구성 및 운영과 제3항에 따른 민간전문가의 자격기준 등에 필요한 사항은 대통령령으로 정한다. <개정 2017. 10. 24.>

⑤ 제3항에 따른 민간전문가는 「형법」 제127조 및 제129조부터 제132조까지의 규정을 적용할 때에는 공무원으로 본다. <신설 2017. 10. 24.>

제3절 공공측량 및 일반측량

제17조(공공측량의 실시 등) ① 공공측량은 기본측량성과나 다른 공공측량성과를 기초로 실시하여야 한다.

② 공공측량의 시행을 하는 자(이하 "공공측량시행자"라 한다)가 공공측량을 하려면 국

토교통부령으로 정하는 바에 따라 미리 공공측량 작업계획서를 국토교통부장관에게 제출하여야 한다. 제출한 공공측량 작업계획서를 변경한 경우에는 변경한 작업계획서를 제출하여야 한다. <개정 2013. 3. 23.>

③ 국토교통부장관은 공공측량의 정확도를 높이거나 측량의 중복을 피하기 위하여 필요하다고 인정하면 공공측량시행자에게 공공측량에 관한 장기 계획서 또는 연간 계획서의 제출을 요구할 수 있다. <개정 2013. 3. 23.>

④ 국토교통부장관은 제2항 또는 제3항에 따라 제출된 계획서의 타당성을 검토하여 그 결과를 공공측량시행자에게 통지하여야 한다. 이 경우 공공측량시행자는 특별한 사유가 없으면 그 결과에 따라야 한다. <개정 2013. 3. 23.>

⑤ 공공측량시행자는 공공측량을 하려면 미리 측량지역, 측량기간, 그 밖에 필요한 사항을 시·도지사에게 통지하여야 한다. 그 공공측량을 끝낸 경우에도 또한 같다.

⑥ 시·도지사는 공공측량을 하거나 제5항에 따른 통지를 받았으면 지체 없이 시장·군수 또는 구청장에게 그 사실을 통지하고(특별자치시장 및 특별자치도지사의 경우는 제외한다) 대통령령으로 정하는 바에 따라 공고하여야 한다. <개정 2012. 12. 18.>

제18조(공공측량성과의 심사) ① 공공측량시행자는 공공측량성과를 얻은 경우에는 지체 없이 그 사본을 국토교통부장관에게 제출하여야 한다. <개정 2013. 3. 23.>

② 국토교통부장관은 필요하다고 인정하면 공공측량시행자에게 공공측량기록의 사본을 제출하도록 할 수 있다. <개정 2013. 3. 23.>

③ 국토교통부장관은 제1항에 따라 공공측량성과의 사본을 받았으면 지체 없이 그 내용을 심사하여 그 결과를 해당 공공측량시행자에게 통지하여야 한다. <개정 2013. 3. 23.>

④ 국토교통부장관은 제3항에 따른 심사 결과 공공측량성과가 적합하다고 인정되면 대통령령으로 정하는 바에 따라 그 측량성과를 고시하여야 한다. <개정 2013. 3. 23.>

⑤ 공공측량성과의 제출 및 심사에 필요한 사항은 국토교통부령으로 정한다. <개정 2013. 3. 23.>

제19조(공공측량성과의 보관 및 열람 등) ① 국토교통부장관 및 공공측량시행자는 공공측량성과 및 공공측량기록 또는 그 사본을 보관하고 일반인이 열람할 수 있도록 하여야 한다. 다만, 공공측량시행자가 공공측량성과 및 공공측량기록을 보관할 수 없는 경우에는 그 공공측량성과 및 공공측량기록을 국토교통부장관에게 송부하여 보관하게 함으로써 일반인이 열람할 수 있도록 하여야 한다. <개정 2013. 3. 23.>

② 공공측량성과 또는 공공측량기록을 복제하거나 그 사본을 발급받으려는 자는 국토교통부령으로 정하는 바에 따라 국토교통부장관이나 공공측량시행자에게 그 복제 또는 발

급을 신청하여야 한다. <개정 2013. 3. 23.>

③ 국토교통부장관이나 공공측량시행자는 제2항에 따른 신청내용이 제14조제3항 각 호의 어느 하나에 해당하는 경우에는 공공측량성과나 공공측량기록을 복제하게 하거나 그 사본을 발급할 수 없다. <개정 2013. 3. 23.>

제20조(공공측량성과를 사용한 지도등의 간행) 공공측량시행자는 대통령령으로 정하는 바에 따라 공공측량성과를 사용하여 지도등을 간행하여 판매하거나 배포할 수 있다. 다만, 국가안보를 해칠 우려가 있는 사항으로서 대통령령으로 정하는 사항은 지도등에 표시할 수 없다.

제21조(공공측량성과의 국외 반출 금지) ① 누구든지 국토교통부장관의 허가 없이 공공측량성과 중 지도등 또는 측량용 사진을 국외로 반출하여서는 아니 된다. 다만, 외국 정부와 공공측량성과를 서로 교환하는 등 대통령령으로 정하는 경우에는 그러하지 아니하다. <개정 2013. 3. 23.>

② 누구든지 제14조제3항 각 호의 어느 하나에 해당하는 경우에는 공공측량성과를 국외로 반출하여서는 아니 된다. 다만, 국가안보와 관련된 사항에 대하여 제16조제2항 단서에 따른 협의체에서 국외로 반출하기로 결정한 경우에는 그러하지 아니하다. <개정 2014. 6. 3.>

제22조(일반측량의 실시 등) ① 일반측량은 기본측량성과 및 그 측량기록, 공공측량성과 및 그 측량기록을 기초로 실시하여야 한다.

② 국토교통부장관은 다음 각 호의 어느 하나에 해당하는 목적을 위하여 필요하다고 인정되는 경우에는 일반측량을 한 자에게 그 측량성과 및 측량기록의 사본을 제출하게 할 수 있다. <개정 2013. 3. 23.>

1. 측량의 정확도 확보
2. 측량의 중복 배제
3. 측량에 관한 자료의 수집·분석

③ 국토교통부장관은 측량의 정확도 확보 등을 위하여 일반측량에 관한 작업기준을 정할 수 있다. <신설 2013. 7. 17.>

제4절 지적측량

제23조(지적측량의 실시 등) ① 다음 각 호의 어느 하나에 해당하는 경우에는 지적측량을 하여야 한다. <개정 2013. 7. 17.>

1. 제7조제1항제3호에 따른 지적기준점을 정하는 경우
2. 제25조에 따라 지적측량성과를 검사하는 경우
3. 다음 각 목의 어느 하나에 해당하는 경우로서 측량을 할 필요가 있는 경우
   가. 제74조에 따라 지적공부를 복구하는 경우
   나. 제77조에 따라 토지를 신규등록하는 경우
   다. 제78조에 따라 토지를 등록전환하는 경우
   라. 제79조에 따라 토지를 분할하는 경우
   마. 제82조에 따라 바다가 된 토지의 등록을 말소하는 경우
   바. 제83조에 따라 축척을 변경하는 경우
   사. 제84조에 따라 지적공부의 등록사항을 정정하는 경우
   아. 제86조에 따른 도시개발사업 등의 시행지역에서 토지의 이동이 있는 경우
   자. 「지적재조사에 관한 특별법」에 따른 지적재조사사업에 따라 토지의 이동이 있는
      경우
4. 경계점을 지상에 복원하는 경우
5. 그 밖에 대통령령으로 정하는 경우
② 지적측량의 방법 및 절차 등에 필요한 사항은 국토교통부령으로 정한다. <개정
2013. 3. 23.>

제24조(지적측량 의뢰 등) ① 토지소유자 등 이해관계인은 제23조제1항제1호 및 제3호(자목
은 제외한다)부터 제5호까지의 사유로 지적측량을 할 필요가 있는 경우에는 다음 각 호
의 어느 하나에 해당하는 자(이하 "지적측량수행자"라 한다)에게 지적측량을 의뢰하여
야 한다. <개정 2013. 7. 17., 2014. 6. 3.>
1. 제44조제1항제2호의 지적측량업의 등록을 한 자
2. 「국가공간정보 기본법」 제12조에 따라 설립된 한국국토정보공사(이하 "한국국토정보
   공사"라 한다)
② 지적측량수행자는 제1항에 따른 지적측량 의뢰를 받으면 지적측량을 하여 그 측량성
과를 결정하여야 한다.
③ 제1항 및 제2항에 따른 지적측량 의뢰 및 측량성과 결정 등에 필요한 사항은 국토교
통부령으로 정한다. <개정 2013. 3. 23., 2013. 7. 17.>

제25조(지적측량성과의 검사) ① 지적측량수행자가 제23조에 따라 지적측량을 하였으면 시·
도지사, 대도시 시장(「지방자치법」 제175조에 따라 서울특별시·광역시 및 특별자치시
를 제외한 인구 50만 이상의 시의 시장을 말한다. 이하 같다) 또는 지적소관청으로부터
측량성과에 대한 검사를 받아야 한다. 다만, 지적공부를 정리하지 아니하는 측량으로서

국토교통부령으로 정하는 측량의 경우에는 그러하지 아니하다. <개정 2012. 12. 18., 2013. 3. 23.>

② 제1항에 따른 지적측량성과의 검사방법 및 검사절차 등에 필요한 사항은 국토교통부령으로 정한다. <개정 2013. 3. 23.>

[시행일:2012. 12. 18.] 특별자치시와 특별자치시장에 관한 개정규정

제26조(토지의 이동에 따른 면적 등의 결정방법) ① 합병에 따른 경계·좌표 또는 면적은 따로 지적측량을 하지 아니하고 다음 각 호의 구분에 따라 결정한다.

1. 합병 후 필지의 경계 또는 좌표: 합병 전 각 필지의 경계 또는 좌표 중 합병으로 필요 없게 된 부분을 말소하여 결정

2. 합병 후 필지의 면적: 합병 전 각 필지의 면적을 합산하여 결정

② 등록전환이나 분할에 따른 면적을 정할 때 오차가 발생하는 경우 그 오차의 허용 범위 및 처리방법 등에 필요한 사항은 대통령령으로 정한다.

[제목개정 2013. 7. 17.]

제27조(지적기준점성과의 보관 및 열람 등) ① 시·도지사나 지적소관청은 지적기준점성과(지적기준점에 의한 측량성과를 말한다. 이하 같다)와 그 측량기록을 보관하고 일반인이 열람할 수 있도록 하여야 한다.

② 지적기준점성과의 등본이나 그 측량기록의 사본을 발급받으려는 자는 국토교통부령으로 정하는 바에 따라 시·도지사나 지적소관청에 그 발급을 신청하여야 한다. <개정 2013. 3. 23.>

제28조(지적위원회) ① 다음 각 호의 사항을 심의·의결하기 위하여 국토교통부에 중앙지적위원회를 둔다. <개정 2013. 7. 17.>

1. 지적 관련 정책 개발 및 업무 개선 등에 관한 사항

2. 지적측량기술의 연구·개발 및 보급에 관한 사항

3. 제29조제6항에 따른 지적측량 적부심사(適否審査)에 대한 재심사(再審査)

4. 제39조에 따른 측량기술자 중 지적분야 측량기술자(이하 "지적기술자"라 한다)의 양성에 관한 사항

5. 제42조에 따른 지적기술자의 업무정지 처분 및 징계요구에 관한 사항

② 제29조에 따른 지적측량에 대한 적부심사 청구사항을 심의·의결하기 위하여 특별시·광역시·특별자치시·도 또는 특별자치도(이하 "시·도"라 한다)에 지방지적위원회를 둔다. <신설 2013. 7. 17.>

③ 중앙지적위원회와 지방지적위원회의 위원 구성 및 운영에 필요한 사항은 대통령령으로 정한다. <개정 2013. 7. 17., 2017. 10. 24.>

④ 중앙지적위원회와 지방지적위원회의 위원 중 공무원이 아닌 사람은 「형법」 제127조 및 제129조부터 제132조까지의 규정을 적용할 때에는 공무원으로 본다. <신설 2017. 10. 24.>

제29조(지적측량의 적부심사 등) ① 토지소유자, 이해관계인 또는 지적측량수행자는 지적측량성과에 대하여 다툼이 있는 경우에는 대통령령으로 정하는 바에 따라 관할 시·도지사를 거쳐 지방지적위원회에 지적측량 적부심사를 청구할 수 있다. <개정 2013. 7. 17.>

② 제1항에 따른 지적측량 적부심사청구를 받은 시·도지사는 30일 이내에 다음 각 호의 사항을 조사하여 지방지적위원회에 회부하여야 한다.

1. 다툼이 되는 지적측량의 경위 및 그 성과

2. 해당 토지에 대한 토지이동 및 소유권 변동 연혁

3. 해당 토지 주변의 측량기준점, 경계, 주요 구조물 등 현황 실측도

③ 제2항에 따라 지적측량 적부심사청구를 회부받은 지방지적위원회는 그 심사청구를 회부받은 날부터 60일 이내에 심의·의결하여야 한다. 다만, 부득이한 경우에는 그 심의기간을 해당 지적위원회의 의결을 거쳐 30일 이내에서 한 번만 연장할 수 있다.

④ 지방지적위원회는 지적측량 적부심사를 의결하였으면 대통령령으로 정하는 바에 따라 의결서를 작성하여 시·도지사에게 송부하여야 한다.

⑤ 시·도지사는 제4항에 따라 의결서를 받은 날부터 7일 이내에 지적측량 적부심사 청구인 및 이해관계인에게 그 의결서를 통지하여야 한다.

⑥ 제5항에 따라 의결서를 받은 자가 지방지적위원회의 의결에 불복하는 경우에는 그 의결서를 받은 날부터 90일 이내에 국토교통부장관을 거쳐 중앙지적위원회에 재심사를 청구할 수 있다. <개정 2013. 3. 23., 2013. 7. 17.>

⑦ 제6항에 따른 재심사청구에 관하여는 제2항부터 제5항까지의 규정을 준용한다. 이 경우 "시·도지사"는 "국토교통부장관"으로, "지방지적위원회"는 "중앙지적위원회"로 본다. <개정 2013. 3. 23.>

⑧ 제7항에 따라 중앙지적위원회로부터 의결서를 받은 국토교통부장관은 그 의결서를 관할 시·도지사에게 송부하여야 한다. <개정 2013. 3. 23.>

⑨ 시·도지사는 제4항에 따라 지방지적위원회의 의결서를 받은 후 해당 지적측량 적부심사 청구인 및 이해관계인이 제6항에 따른 기간에 재심사를 청구하지 아니하면 그 의결서 사본을 지적소관청에 보내야 하며, 제8항에 따라 중앙지적위원회의 의결서를 받은 경우에는 그 의결서 사본에 제4항에 따라 받은 지방지적위원회의 의결서 사본을 첨부하여 지적소관청에 보내야 한다.

⑩ 제9항에 따라 지방지적위원회 또는 중앙지적위원회의 의결서 사본을 받은 지적소관청은 그 내용에 따라 지적공부의 등록사항을 정정하거나 측량성과를 수정하여야 한다.

⑪ 제9항 및 제10항에도 불구하고 특별자치시장은 제4항에 따라 지방지적위원회의 의결서를 받은 후 해당 지적측량 적부심사 청구인 및 이해관계인이 제6항에 따른 기간에 재심사를 청구하지 아니하거나 제8항에 따라 중앙지적위원회의 의결서를 받은 경우에는 직접 그 내용에 따라 지적공부의 등록사항을 정정하거나 측량성과를 수정하여야 한다. <신설 2012. 12. 18.>

⑫ 지방지적위원회의 의결이 있은 후 제6항에 따른 기간에 재심사를 청구하지 아니하거나 중앙지적위원회의 의결이 있는 경우에는 해당 지적측량성과에 대하여 다시 지적측량 적부심사청구를 할 수 없다. <개정 2012. 12. 18.>

[시행일:2012. 12. 18.] 특별자치시와 특별자치시장에 관한 개정규정

제5절 수로조사

제30조(수로조사기본계획) ① 해양수산부장관은 다음 각 호의 사항이 포함된 수로조사기본계획을 5년마다 수립하여야 한다. <개정 2013. 3. 23.>

1. 수로조사에 관한 기본 구상 및 추진 전략
2. 수로조사에 관한 기술연구
3. 수로도서지의 간행 및 보급에 관한 사항
4. 수로조사의 구역과 내용
5. 수로조사에 관한 장기 투자계획
6. 조사용 선박의 건조(建造), 해양관측시설의 설치·운영 등에 관한 사항
7. 수로조사의 국제협력에 관한 사항
8. 수로조사에 관한 기술교육 및 인력 양성에 관한 사항
9. 그 밖에 수로조사를 위하여 필요한 사항

② 해양수산부장관은 제1항에 따른 수로조사기본계획에 따라 연도별 시행계획을 수립·시행하여야 한다. <개정 2013. 3. 23.>

제30조 삭제 <2020. 2. 18.>[시행일 : 2021. 2. 19.] 제30조

제31조(수로조사의 실시 등) ① 해양수산부장관은 제30조제1항 및 제2항에 따른 수로조사기본계획 및 연도별 시행계획에 따라 선박, 부표(浮標), 관측시설, 위성 등을 이용하여 다음 각 호의 수로조사를 하여야 한다. <개정 2013. 3. 23.>

1. 항해의 안전을 위한 항만, 항로, 어항 등의 수로측량과 항로조사
2. 국가 간 해양경계 획정을 위하여 필요한 수로조사
3. 조석, 조류, 해류, 해양기상 등 해양현상에 관한 자료를 수집하기 위한 관측

4. 관할 해역에 관한 지구물리적 기초자료 수집을 위한 탐사

5. 해양의 보전 및 이용에 관한 조사

② 해양수산부장관이 발행한 수로도서지의 내용을 변경하게 하는 행위로서 다음 각 호의 어느 하나에 해당하는 행위(이하 이 조에서 "공사등"이라 한다)를 하는 자(공사등을 도급받아 수행하는 자를 포함한다)는 그 공사등을 끝내면 수로조사를 하여야 한다. 다만, 대통령령으로 정하는 규모 이하의 공사등의 경우에는 그러하지 아니하다. <개정 2013. 3. 23.>

1. 항만공사(어항공사를 포함한다) 또는 항로준설(航路浚渫)

2. 해저에서 흙, 모래, 광물 등의 채취

3. 바다에 흙, 모래, 준설토(浚渫土) 등을 버리는 행위

4. 매립, 방파제 · 인공안벽(人工岸壁)의 설치나 철거 등으로 기존 해안선이 변경되는 공사

5. 해양에서 인공어초(人工魚礁) 등 구조물의 설치 또는 투입

6. 항로상의 교량 및 공중 전선 등의 설치 또는 변경

③ 다음 각 호의 어느 하나에 해당하는 자는 해양수산부령으로 정하는 바에 따라 해양수산부장관에게 신고하여야 한다. <개정 2013. 3. 23.>

1. 제2항에 따라 수로조사를 하려는 자

2. 해양수산부장관에게 수로도서지의 제작 또는 변경을 요청하기 위하여 수로조사를 하려는 자

④ 선박을 사용하여 수로조사를 하는 자는 수로조사에 사용되는 선박에 해양수산부령으로 정하는 표지를 달아야 한다. <개정 2013. 3. 23.>

⑤ 해양수산부장관은 수로조사선, 관측시설 등 수로조사에 필요한 장비를 적절하게 유지 · 관리하여야 한다. <개정 2013. 3. 23.>

⑥ 해양수산부장관은 수로조사방법의 표준화 등을 위하여 필요하다고 인정하는 경우에는 제3항에 따른 신고를 한 자에게 수로조사방법에 관한 기술지도를 할 수 있다. <개정 2013. 3. 23.>

⑦ 제6항에 따른 기술지도에 필요한 사항은 해양수산부령으로 정한다. <개정 2013. 3. 23.>

제31조 삭제 <2020. 2. 18.>[시행일 : 2021. 2. 19.] 제31조

제32조(수로조사 실시 등의 공고) 해양수산부장관은 다음 각 호의 어느 하나에 해당하는 경우에는 수로조사의 구역 · 기간 · 내용을 관보 및 인터넷 홈페이지에 공고하고 항행통보에 게재하여야 한다. <개정 2013. 3. 23.>

1. 제31조제1항에 따라 수로조사를 하는 경우
2. 제31조제3항에 따른 신고를 받은 경우
3. 제38조제1항에 따른 관계기관으로부터 수로조사계획을 받은 경우
4. 제104조에 따라 위탁받은 수로조사를 하는 경우

제32조 삭제 <2020. 2. 18.>[시행일 : 2021. 2. 19.] 제32조

제33조(수로조사성과의 제출 및 심사) ① 제31조제3항 각 호에 따른 수로조사를 한 자는 그 수로조사성과를 지체 없이 해양수산부장관에게 제출하여야 한다. <개정 2013. 3. 23.>
② 해양수산부장관은 제1항에 따라 수로조사성과를 받았으면 지체 없이 그 내용을 심사하여 심사 결과를 제1항에 따른 제출자에게 알려야 한다. <개정 2013. 3. 23.>
③ 해양수산부장관은 제2항에 따른 심사 결과 수로조사성과가 적합하다고 인정되면 대통령령으로 정하는 바에 따라 그 수로조사성과를 항행통보 및 수로도서지에 게재하여야 한다. <개정 2013. 3. 23.>
④ 수로조사성과의 제출 및 심사에 필요한 사항은 해양수산부령으로 정한다. <개정 2013. 3. 23.>

제33조 삭제 <2020. 2. 18.>[시행일 : 2021. 2. 19.] 제33조

제34조(수로조사성과의 보관 및 열람 등) ① 해양수산부장관은 수로조사성과를 보관하고 일반인이 열람할 수 있도록 하여야 한다. <개정 2013. 3. 23.>
② 해양수산부장관은 해양수산부령으로 정하는 바에 따라 수로조사성과를 공표하여야 한다. <신설 2012. 12. 18., 2013. 3. 23.>
③ 수로조사성과의 사본을 발급받으려는 자는 해양수산부령으로 정하는 바에 따라 해양수산부장관에게 발급을 신청하여야 한다. <개정 2012. 12. 18., 2013. 3. 23.>

제34조 삭제 <2020. 2. 18.>[시행일 : 2021. 2. 19.] 제34조

제35조(수로도서지의 간행 등) ① 해양수산부장관은 수로조사성과를 수록한 수로도서지를 간행(정보처리시스템을 통한 전자적 기록방식에 따른 정보 제공을 포함한다)하여 판매하거나 배포하여야 한다. <개정 2013. 3. 23.>
② 해양수산부장관은 판매망·기술인력·설비 등 대통령령으로 정하는 요건을 갖춘 자를 수로도서지 판매를 대행하는 자(이하 "판매대행업자"라 한다)로 지정할 수 있다. <개정 2013. 3. 23.>
③ 해양수산부장관은 다음 각 호의 어느 하나에 해당하는 자는 판매대행업자로 지정할 수 없다. <개정 2013. 3. 23., 2013. 7. 17.>

1. 피성년후견인 또는 피한정후견인
2. 이 법이나 「국가보안법」 또는 「형법」 제87조부터 제104조까지의 규정을 위반하여 금고 이상의 실형을 선고받고 그 집행이 끝나거나(집행이 끝난 것으로 보는 경우를 포함한다) 집행이 면제된 날부터 2년이 지나지 아니한 자
3. 이 법이나 「국가보안법」 또는 「형법」 제87조부터 제104조까지의 규정을 위반하여 금고 이상의 형의 집행유예를 선고받고 그 집행유예기간 중에 있는 자
4. 제6항에 따라 판매대행업자의 지정이 취소된 후 2년이 지나지 아니한 자

④ 수로도서지의 판매가격, 판매대행 수수료, 그 밖에 수로도서지의 판매대행에 필요한 사항은 해양수산부장관이 정하여 고시한다. <개정 2013. 3. 23.>

⑤ 판매대행업자는 수로도서지 판매가격을 준수하고, 최신 항행통보에 따라 수정하여 수로도서지를 보급하여야 한다.

⑥ 해양수산부장관은 판매대행업자가 다음 각 호의 어느 하나에 해당하는 경우에는 그 지정을 취소하거나 1년 이내의 기간을 정하여 영업의 정지를 명할 수 있다. 다만, 제1호의 경우에는 판매대행업자의 지정을 취소하여야 한다. <개정 2013. 3. 23.>

1. 제2항에 따른 지정 요건에 미달하게 된 경우. 다만, 일시적으로 등록기준에 미달하게 되는 등 대통령령으로 정하는 경우는 제외한다.
2. 제3항에 따른 결격사유에 해당하게 된 경우
3. 제5항을 위반하여 수로도서지 판매가격을 준수하지 아니하거나, 수로도서지를 최신 항행통보에 따라 수정하지 아니하고 보급한 경우
4. 정당한 사유 없이 판매대행업자로 지정받은 날부터 1년 이내에 영업을 시작하지 아니하거나 계속하여 1년 이상 휴업한 경우

⑦ 판매대행업자의 지정기준 및 관리에 관한 사항과 그 밖에 필요한 사항은 해양수산부령으로 정한다. <개정 2013. 3. 23.>

제35조 삭제 <2020. 2. 18.>[시행일 : 2021. 2. 19.] 제35조

제36조(수로도서지의 복제 등) ① 해양수산부장관이 간행한 수로도서지를 복제하거나 변형하여 수로도서지와 비슷한 제작물로 발행하려는 자는 해양수산부장관의 승인을 받아야 한다. <개정 2013. 3. 23.>

② 제1항에 따른 승인절차 등에 필요한 사항은 대통령령으로 정한다.

제36조 삭제 <2020. 2. 18.>[시행일 : 2021. 2. 19.] 제36조

제37조(수로정보 관련 사항의 통보) 다음 각 호의 어느 하나에 해당하는 자는 지체 없이 해당 각 호에 규정된 사항을 해양수산부장관에게 통보하여야 한다. <개정 2013. 3. 23.>

1. 수로조사를 한 자(해양수산부장관은 제외한다): 해당 수로조사성과가 해양수산부장관이 간행한 수로도서지와 다른 사실을 발견한 경우 그 사실에 관한 사항

2. 항만·해안선 또는 항로에 중대한 변경을 가져오는 공사를 하는 자: 해당 공사의 착공 및 준공에 관한 사항

3. 어업의 면허에 관한 업무를 관장하는 기관: 어업의 면허, 면허취소, 면허 변경 및 정치어구(定置漁具)의 위치와 설치기간 등에 관한 사항

4. 수중에서 침몰물(沈沒物) 또는 그 밖에 항해에 장해가 될 우려가 있는 물건을 발견하거나 해양수산부장관이 제작한 수로도서지와 다른 사실을 발견한 자: 그 발견 사실에 관한 사항

제37조 삭제 <2020. 2. 18.>[시행일 : 2021. 2. 19.] 제37조

제38조(관계기관의 수로조사성과 활용) ① 해양수산부장관은 관계기관이 다음 각 호의 어느 하나에 해당하는 수로조사를 할 때에는 그 수로조사계획이나 수로조사성과를 제출할 것을 요구할 수 있다. <개정 2013. 3. 23.>

1. 조석·조류·해류의 관측 및 해수의 물리적 특성 조사

2. 해저지형, 해상 지구자기, 해상 중력 및 해저지질의 조사

3. 인공어초 등 해저위험물의 조사

② 해양수산부장관은 제1항에 따라 수로조사계획을 제출한 관계기관과 조사자료의 공동 활용, 공동조사 및 기술협력을 위하여 노력하여야 한다. <개정 2013. 3. 23.>

③ 제1항에 따른 수로조사계획이나 수로조사성과의 제출 등에 필요한 사항은 해양수산부령으로 정한다. <개정 2013. 3. 23.>

제38조 삭제 <2020. 2. 18.>[시행일 : 2021. 2. 19.] 제38조

제6절 측량기술자 및 수로기술자

제39조(측량기술자) ① 이 법에서 정하는 측량(수로측량은 제외한다. 이하 이 절에서 같다)은 측량기술자가 아니면 할 수 없다.

② 측량기술자는 다음 각 호의 어느 하나에 해당하는 자로서 대통령령으로 정하는 자격기준에 해당하는 자이어야 하며, 대통령령으로 정하는 바에 따라 그 등급을 나눌 수 있다.

1. 「국가기술자격법」에 따른 측량 및 지형공간정보, 지적, 측량, 지도 제작, 도화(圖畵) 또는 항공사진 분야의 기술자격 취득자

2. 측량, 지형공간정보, 지적, 지도 제작, 도화 또는 항공사진 분야의 일정한 학력 또는

경력을 가진 자

③ 측량기술자는 전문분야를 측량분야와 지적분야로 구분한다. <신설 2013. 7. 17.>

제39조(측량기술자) ① 이 법에서 정하는 측량은 측량기술자가 아니면 할 수 없다. <개정 2020. 2. 18.>

② 측량기술자는 다음 각 호의 어느 하나에 해당하는 자로서 대통령령으로 정하는 자격기준에 해당하는 자이어야 하며, 대통령령으로 정하는 바에 따라 그 등급을 나눌 수 있다.

1. 「국가기술자격법」에 따른 측량 및 지형공간정보, 지적, 측량, 지도 제작, 도화(圖畵) 또는 항공사진 분야의 기술자격 취득자

2. 측량, 지형공간정보, 지적, 지도 제작, 도화 또는 항공사진 분야의 일정한 학력 또는 경력을 가진 자

③ 측량기술자는 전문분야를 측량분야와 지적분야로 구분한다. <신설 2013. 7. 17.>
[시행일 : 2021. 2. 19.] 제39조

제40조(측량기술자의 신고 등) ① 측량업무에 종사하는 측량기술자(「건설기술 진흥법」 제2조제8호에 따른 건설기술인인 측량기술자와 「기술사법」 제2조에 따른 기술사는 제외한다. 이하 이 조에서 같다)는 국토교통부령 또는 해양수산부령으로 정하는 바에 따라 근무처·경력·학력 및 자격 등(이하 "근무처 및 경력등"이라 한다)을 관리하는 데에 필요한 사항을 국토교통부장관 또는 해양수산부장관에게 신고할 수 있다. 신고사항의 변경이 있는 경우에도 같다. <개정 2013. 3. 23., 2013. 5. 22., 2018. 8. 14.>

② 국토교통부장관 또는 해양수산부장관은 제1항에 따른 신고를 받았으면 측량기술자의 근무처 및 경력등에 관한 기록을 유지·관리하여야 한다. <개정 2013. 3. 23.>

③ 국토교통부장관 또는 해양수산부장관은 측량기술자가 신청하면 근무처 및 경력등에 관한 증명서(이하 "측량기술경력증"이라 한다)를 발급할 수 있다. <개정 2013. 3. 23.>

④ 국토교통부장관 또는 해양수산부장관은 제1항에 따라 신고를 받은 내용을 확인하기 위하여 필요한 경우에는 중앙행정기관, 지방자치단체, 「초·중등교육법」 제2조 및 「고등교육법」 제2조의 학교, 신고를 한 측량기술자가 소속된 측량 관련 업체 등 관련 기관의 장에게 관련 자료를 제출하도록 요청할 수 있다. 이 경우 그 요청을 받은 기관의 장은 특별한 사유가 없으면 요청에 따라야 한다. <개정 2013. 3. 23.>

⑤ 이 법이나 그 밖의 관계 법률에 따른 인가·허가·등록·면허 등을 하려는 행정기관의 장은 측량기술자의 근무처 및 경력등을 확인할 필요가 있는 경우에는 국토교통부장관 또는 해양수산부장관의 확인을 받아야 한다. <개정 2013. 3. 23.>

⑥ 제1항에 따른 신고가 신고서의 기재사항 및 구비서류에 흠이 없고, 관계 법령 등에 규정된 형식상의 요건을 충족하는 경우에는 신고서가 접수기관에 도달된 때에 신고된

것으로 본다. <신설 2017. 10. 24.>

⑦ 제1항부터 제6항까지에서 규정한 사항 외에 측량기술자의 신고, 기록의 유지·관리, 측량기술경력증의 발급 등에 필요한 사항은 국토교통부령 또는 해양수산부령으로 정한다. <개정 2013. 3. 23., 2017. 10. 24.>

제40조(측량기술자의 신고 등) ① 측량업무에 종사하는 측량기술자(「건설기술 진흥법」 제2조제8호에 따른 건설기술인인 측량기술자와 「기술사법」 제2조에 따른 기술사는 제외한다. 이하 이 조에서 같다)는 국토교통부령으로 정하는 바에 따라 근무처·경력·학력 및 자격 등(이하 "근무처 및 경력등"이라 한다)을 관리하는 데에 필요한 사항을 국토교통부장관에게 신고할 수 있다. 신고사항의 변경이 있는 경우에도 같다. <개정 2013. 3. 23., 2013. 5. 22., 2018. 8. 14., 2020. 2. 18.>

② 국토교통부장관은 제1항에 따른 신고를 받았으면 측량기술자의 근무처 및 경력등에 관한 기록을 유지·관리하여야 한다. <개정 2013. 3. 23., 2020. 2. 18.>

③ 국토교통부장관은 측량기술자가 신청하면 근무처 및 경력등에 관한 증명서(이하 "측량기술경력증"이라 한다)를 발급할 수 있다. <개정 2013. 3. 23., 2020. 2. 18.>

④ 국토교통부장관은 제1항에 따라 신고를 받은 내용을 확인하기 위하여 필요한 경우에는 중앙행정기관, 지방자치단체, 「초·중등교육법」 제2조 및 「고등교육법」 제2조의 학교, 신고를 한 측량기술자가 소속된 측량 관련 업체 등 관련 기관의 장에게 관련 자료를 제출하도록 요청할 수 있다. 이 경우 그 요청을 받은 기관의 장은 특별한 사유가 없으면 요청에 따라야 한다. <개정 2013. 3. 23., 2020. 2. 18.>

⑤ 이 법이나 그 밖의 관계 법률에 따른 인가·허가·등록·면허 등을 하려는 행정기관의 장은 측량기술자의 근무처 및 경력등을 확인할 필요가 있는 경우에는 국토교통부장관의 확인을 받아야 한다. <개정 2013. 3. 23., 2020. 2. 18.>

⑥ 제1항에 따른 신고가 신고서의 기재사항 및 구비서류에 흠이 없고, 관계 법령 등에 규정된 형식상의 요건을 충족하는 경우에는 신고서가 접수기관에 도달된 때에 신고된 것으로 본다. <신설 2017. 10. 24.>

⑦ 제1항부터 제6항까지에서 규정한 사항 외에 측량기술자의 신고, 기록의 유지·관리, 측량기술경력증의 발급 등에 필요한 사항은 국토교통부령으로 정한다. <개정 2013. 3. 23., 2017. 10. 24., 2020. 2. 18.>

[시행일 : 2021. 2. 19.] 제40조

제41조(측량기술자의 의무) ① 측량기술자는 신의와 성실로써 공정하게 측량을 하여야 하며, 정당한 사유 없이 측량을 거부하여서는 아니 된다.

② 측량기술자는 정당한 사유 없이 그 업무상 알게 된 비밀을 누설하여서는 아니 된다.

③ 측량기술자는 둘 이상의 측량업자에게 소속될 수 없다.

④ 측량기술자는 다른 사람에게 측량기술경력증을 빌려 주거나 자기의 성명을 사용하여 측량업무를 수행하게 하여서는 아니 된다.

제42조(측량기술자의 업무정지 등) ① 국토교통부장관 또는 해양수산부장관은 측량기술자(「건설기술 진흥법」 제2조제8호에 따른 건설기술인인 측량기술자는 제외한다)가 다음 각 호의 어느 하나에 해당하는 경우에는 1년(지적기술자의 경우에는 2년) 이내의 기간을 정하여 측량업무의 수행을 정지시킬 수 있다. 이 경우 지적기술자에 대하여는 대통령령으로 정하는 바에 따라 중앙지적위원회의 심의·의결을 거쳐야 한다. <개정 2013. 3. 23., 2013. 5. 22., 2013. 7. 17., 2018. 8. 14.>

1. 제40조제1항에 따른 근무처 및 경력등의 신고 또는 변경신고를 거짓으로 한 경우
2. 제41조제4항을 위반하여 다른 사람에게 측량기술경력증을 빌려 주거나 자기의 성명을 사용하여 측량업무를 수행하게 한 경우
3. 지적기술자가 제50조제1항을 위반하여 신의와 성실로써 공정하게 지적측량을 하지 아니하거나 고의 또는 중대한 과실로 지적측량을 잘못하여 다른 사람에게 손해를 입힌 경우
4. 지적기술자가 제50조제1항을 위반하여 정당한 사유 없이 지적측량 신청을 거부한 경우

② 국토교통부장관은 지적기술자가 제1항 각 호의 어느 하나에 해당하는 경우 위반행위의 횟수, 정도, 동기 및 결과 등을 고려하여 지적기술자가 소속된 한국국토정보공사 또는 지적측량업자에게 해임 등 적절한 징계를 할 것을 요청할 수 있다. <신설 2013. 7. 17., 2014. 6. 3.>

③ 제1항에 따른 업무정지의 기준과 그 밖에 필요한 사항은 국토교통부령 또는 해양수산부령으로 정한다. <개정 2013. 3. 23., 2013. 7. 17.>

[제목개정 2013. 7. 17.]

제42조(측량기술자의 업무정지 등) ① 국토교통부장관은 측량기술자 (「건설기술 진흥법」 제2조제8호에 따른 건설기술인인 측량기술자는 제외한다)가 다음 각 호의 어느 하나에 해당하는 경우에는 1년(지적기술자의 경우에는 2년) 이내의 기간을 정하여 측량업무의 수행을 정지시킬 수 있다. 이 경우 지적기술자에 대하여는 대통령령으로 정하는 바에 따라 중앙지적위원회의 심의·의결을 거쳐야 한다. <개정 2013. 3. 23., 2013. 5. 22., 2013. 7. 17., 2018. 8. 14., 2020. 2. 18.>

1. 제40조제1항에 따른 근무처 및 경력등의 신고 또는 변경신고를 거짓으로 한 경우
2. 제41조제4항을 위반하여 다른 사람에게 측량기술경력증을 빌려 주거나 자기의 성명을 사용하여 측량업무를 수행하게 한 경우

3. 지적기술자가 제50조제1항을 위반하여 신의와 성실로써 공정하게 지적측량을 하지 아니하거나 고의 또는 중대한 과실로 지적측량을 잘못하여 다른 사람에게 손해를 입힌 경우

4. 지적기술자가 제50조제1항을 위반하여 정당한 사유 없이 지적측량 신청을 거부한 경우

② 국토교통부장관은 지적기술자가 제1항 각 호의 어느 하나에 해당하는 경우 위반행위의 횟수, 정도, 동기 및 결과 등을 고려하여 지적기술자가 소속된 한국국토정보공사 또는 지적측량업자에게 해임 등 적절한 징계를 할 것을 요청할 수 있다. <신설 2013. 7. 17., 2014. 6. 3.>

③ 제1항에 따른 업무정지의 기준과 그 밖에 필요한 사항은 국토교통부령으로 정한다. <개정 2013. 3. 23., 2013. 7. 17., 2020. 2. 18.>

[제목개정 2013. 7. 17.]

[시행일 : 2021. 2. 19.] 제42조

제43조(수로기술자) ① 이 법에 따른 수로조사는 수로기술자가 아니면 할 수 없다.

② 수로기술자는 다음 각 호의 어느 하나에 해당하는 자로서 대통령령으로 정하는 자격기준에 해당하는 자이어야 하며, 대통령령으로 정하는 바에 따라 그 등급을 나눌 수 있다.

1. 「국가기술자격법」에 따른 해양, 해양환경, 해양공학, 해양자원개발, 측량 및 지형공간정보 분야의 기술자격 취득자

2. 해양, 해양환경, 해양공학, 해양자원개발, 측량 및 지형공간정보 분야의 일정한 학력 또는 경력을 가진 자

3. 국제수로기구가 인정하는 수로측량사 자격 취득자

③ 수로기술자의 신고, 의무 및 업무정지에 관하여는 제40조부터 제42조까지의 규정을 준용한다. 이 경우 "측량기술자"는 "수로기술자"로, "측량기술경력증"은 "수로기술경력증"으로, "측량업무"는 "수로조사업무"로 본다.

제43조 삭제 <2020. 2. 18.>[시행일 : 2021. 2. 19.] 제43조

제7절 측량업 및 수로사업

제44조(측량업의 등록) ① 측량업은 다음 각 호의 업종으로 구분한다.

1. 측지측량업

2. 지적측량업

3. 그 밖에 항공촬영, 지도제작 등 대통령령으로 정하는 업종

② 측량업을 하려는 자는 업종별로 대통령령으로 정하는 기술인력·장비 등의 등록기준

을 갖추어 국토교통부장관 또는 시·도지사에게 등록하여야 한다. 다만, 한국국토정보공사는 측량업의 등록을 하지 아니하고 제1항제2호의 지적측량업을 할 수 있다. <개정 2013. 3. 23., 2014. 6. 3.>

③ 국토교통부장관 또는 시·도지사는 제2항에 따른 측량업의 등록을 한 자(이하 "측량업자"라 한다)에게 측량업등록증 및 측량업등록수첩을 발급하여야 한다. <개정 2013. 3. 23.>

④ 측량업자는 등록사항이 변경된 경우에는 국토교통부장관 또는 시·도지사에게 신고하여야 한다. <개정 2013. 3. 23.>

⑤ 측량업의 등록, 등록사항의 변경신고, 측량업등록증 및 측량업등록수첩의 발급절차 등에 필요한 사항은 대통령령으로 정한다.

제44조(측량업의 등록) ① 측량업은 다음 각 호의 업종으로 구분한다.

1. 측지측량업

2. 지적측량업

3. 그 밖에 항공촬영, 지도제작 등 대통령령으로 정하는 업종

② 측량업을 하려는 자는 업종별로 대통령령으로 정하는 기술인력·장비 등의 등록기준을 갖추어 국토교통부장관, 시·도지사 또는 대도시 시장에게 등록하여야 한다. 다만, 한국국토정보공사는 측량업의 등록을 하지 아니하고 제1항제2호의 지적측량업을 할 수 있다. <개정 2013. 3. 23., 2014. 6. 3., 2020. 2. 18.>

③ 국토교통부장관, 시·도지사 또는 대도시 시장은 제2항에 따른 측량업의 등록을 한 자(이하 "측량업자"라 한다)에게 측량업등록증 및 측량업등록수첩을 발급하여야 한다. <개정 2013. 3. 23., 2020. 2. 18.>

④ 측량업자는 등록사항이 변경된 경우에는 국토교통부장관, 시·도지사 또는 대도시 시장에게 신고하여야 한다. <개정 2013. 3. 23., 2020. 2. 18.>

⑤ 측량업의 등록, 등록사항의 변경신고, 측량업등록증 및 측량업등록수첩의 발급절차 등에 필요한 사항은 대통령령으로 정한다.

[시행일 : 2021. 1. 1.] 제44조

제45조(지적측량업자의 업무 범위) 제44조제1항제2호에 따른 지적측량업의 등록을 한 자(이하 "지적측량업자"라 한다)는 제23조제1항제1호 및 제3호부터 제5호까지의 규정에 해당하는 사유로 하는 지적측량 중 다음 각 호의 지적측량과 지적전산자료를 활용한 정보화사업을 할 수 있다. <개정 2011. 9. 16., 2013. 7. 17., 2019. 12. 10.>

1. 제73조에 따른 경계점좌표등록부가 있는 지역에서의 지적측량

2. 「지적재조사에 관한 특별법」에 따른 지적재조사지구에서 실시하는 지적재조사측량

3. 제86조에 따른 도시개발사업 등이 끝남에 따라 하는 지적확정측량

제46조(측량업자의 지위 승계) ① 측량업자가 그 사업을 양도하거나 사망한 경우 또는 법인인 측량업자의 합병이 있는 경우에는 그 사업의 양수인·상속인 또는 합병 후 존속하는 법인이나 합병에 따라 설립된 법인은 종전의 측량업자의 지위를 승계한다.

② 제1항에 따라 측량업자의 지위를 승계한 자는 그 승계 사유가 발생한 날부터 30일 이내에 대통령령으로 정하는 바에 따라 국토교통부장관, 해양수산부장관 또는 시·도지사에게 신고하여야 한다. <개정 2013. 3. 23.>

제46조(측량업자의 지위 승계) ① 측량업자가 그 사업을 양도하거나 사망한 경우 또는 법인인 측량업자의 합병이 있는 경우에는 그 사업의 양수인·상속인 또는 합병 후 존속하는 법인이나 합병에 따라 설립된 법인은 종전의 측량업자의 지위를 승계한다.

② 제1항에 따라 측량업자의 지위를 승계한 자는 그 승계 사유가 발생한 날부터 30일 이내에 대통령령으로 정하는 바에 따라 국토교통부장관, 해양수산부장관, 시·도지사 또는 대도시 시장에게 신고하여야 한다. <개정 2013. 3. 23., 2020. 2. 18.>

[시행일 : 2021. 1. 1.] 제46조

제47조(측량업등록의 결격사유) 다음 각 호의 어느 하나에 해당하는 자는 측량업의 등록을 할 수 없다. <개정 2013. 7. 17., 2015. 12. 29.>

1. 피성년후견인 또는 피한정후견인
2. 이 법이나 「국가보안법」 또는 「형법」 제87조부터 제104조까지의 규정을 위반하여 금고 이상의 실형을 선고받고 그 집행이 끝나거나(집행이 끝난 것으로 보는 경우를 포함한다) 집행이 면제된 날부터 2년이 지나지 아니한 자
3. 이 법이나 「국가보안법」 또는 「형법」 제87조부터 제104조까지의 규정을 위반하여 금고 이상의 형의 집행유예를 선고받고 그 집행유예기간 중에 있는 자
4. 제52조에 따라 측량업의 등록이 취소(제47조제1호에 해당하여 등록이 취소된 경우는 제외한다)된 후 2년이 지나지 아니한 자
5. 임원 중에 제1호부터 제4호까지의 어느 하나에 해당하는 자가 있는 법인

제48조(측량업의 휴업·폐업 등 신고) 다음 각 호의 어느 하나에 해당하는 자는 국토교통부령 또는 해양수산부령으로 정하는 바에 따라 국토교통부장관, 해양수산부장관 또는 시·도지사에게 해당 각 호의 사실이 발생한 날부터 30일 이내에 그 사실을 신고하여야 한다. <개정 2013. 3. 23.>

1. 측량업자인 법인이 파산 또는 합병 외의 사유로 해산한 경우: 해당 법인의 청산인
2. 측량업자가 폐업한 경우: 폐업한 측량업자

3. 측량업자가 30일을 넘는 기간 동안 휴업하거나, 휴업 후 업무를 재개한 경우: 해당 측량업자

제48조(측량업의 휴업·폐업 등 신고) 다음 각 호의 어느 하나에 해당하는 자는 국토교통부령 또는 해양수산부령으로 정하는 바에 따라 국토교통부장관, 해양수산부장관, 시·도지사 또는 대도시 시장에게 해당 각 호의 사실이 발생한 날부터 30일 이내에 그 사실을 신고하여야 한다. <개정 2013. 3. 23., 2020. 2. 18.>

1. 측량업자인 법인이 파산 또는 합병 외의 사유로 해산한 경우: 해당 법인의 청산인
2. 측량업자가 폐업한 경우: 폐업한 측량업자
3. 측량업자가 30일을 넘는 기간 동안 휴업하거나, 휴업 후 업무를 재개한 경우: 해당 측량업자

[시행일 : 2021. 1. 1.] 제48조

제49조(측량업등록증의 대여 금지 등) ① 측량업자는 다른 사람에게 자기의 측량업등록증 또는 측량업등록수첩을 빌려 주거나 자기의 성명 또는 상호를 사용하여 측량업무를 하게 하여서는 아니 된다.

② 누구든지 다른 사람의 등록증 또는 등록수첩을 빌려서 사용하거나 다른 사람의 성명 또는 상호를 사용하여 측량업무를 하여서는 아니 된다.

제50조(지적측량수행자의 성실의무 등) ① 지적측량수행자(소속 지적기술자를 포함한다. 이하 이 조에서 같다)는 신의와 성실로써 공정하게 지적측량을 하여야 하며, 정당한 사유 없이 지적측량 신청을 거부하여서는 아니 된다. <개정 2013. 7. 17.>

② 지적측량수행자는 본인, 배우자 또는 직계 존속·비속이 소유한 토지에 대한 지적측량을 하여서는 아니 된다.

③ 지적측량수행자는 제106조제2항에 따른 지적측량수수료 외에는 어떠한 명목으로도 그 업무와 관련된 대가를 받으면 아니 된다.

제51조(손해배상책임의 보장) ① 지적측량수행자가 타인의 의뢰에 의하여 지적측량을 함에 있어서 고의 또는 과실로 지적측량을 부실하게 함으로써 지적측량의뢰인이나 제3자에게 재산상의 손해를 발생하게 한 때에는 지적측량수행자는 그 손해를 배상할 책임이 있다.

② 지적측량수행자는 제1항에 따른 손해배상책임을 보장하기 위하여 대통령령으로 정하는 바에 따라 보험가입 등 필요한 조치를 하여야 한다.

제52조(측량업의 등록취소 등) ① 국토교통부장관, 해양수산부장관 또는 시·도지사는 측량업자가 다음 각 호의 어느 하나에 해당하는 경우에는 측량업의 등록을 취소하거나 1년 이내의 기간을 정하여 영업의 정지를 명할 수 있다. 다만, 제2호·제4호·제7호·제8호·

제11호 또는 제15호에 해당하는 경우에는 측량업의 등록을 취소하여야 한다. <개정 2013. 3. 23., 2014. 6. 3., 2018. 4. 17.>

1. 고의 또는 과실로 측량을 부정확하게 한 경우

2. 거짓이나 그 밖의 부정한 방법으로 측량업의 등록을 한 경우

3. 정당한 사유 없이 측량업의 등록을 한 날부터 1년 이내에 영업을 시작하지 아니하거나 계속하여 1년 이상 휴업한 경우

4. 제44조제2항에 따른 등록기준에 미달하게 된 경우. 다만, 일시적으로 등록기준에 미달되는 등 대통령령으로 정하는 경우는 제외한다.

5. 제44조제4항을 위반하여 측량업 등록사항의 변경신고를 하지 아니한 경우

6. 지적측량업자가 제45조에 따른 업무 범위를 위반하여 지적측량을 한 경우

7. 제47조 각 호의 어느 하나에 해당하게 된 경우. 다만, 측량업자가 같은 조 제5호에 해당하게 된 경우로서 그 사유가 발생한 날부터 3개월 이내에 그 사유를 해소한 경우는 제외한다.

8. 제49조제1항을 위반하여 다른 사람에게 자기의 측량업등록증 또는 측량업등록수첩을 빌려 주거나 자기의 성명 또는 상호를 사용하여 측량업무를 하게 한 경우

9. 지적측량업자가 제50조를 위반한 경우

10. 제51조를 위반하여 보험가입 등 필요한 조치를 하지 아니한 경우

11. 영업정지기간 중에 계속하여 영업을 한 경우

12. 제52조제3항에 따른 임원의 직무정지 명령을 이행하지 아니한 경우

13. 지적측량업자가 제106조제2항에 따른 지적측량수수료를 같은 조 제3항에 따라 고시한 금액보다 과다 또는 과소하게 받은 경우

14. 다른 행정기관이 관계 법령에 따라 등록취소 또는 영업정지를 요구한 경우

15. 「국가기술자격법」 제15조제2항을 위반하여 측량업자가 측량기술자의 국가기술자격증을 대여 받은 사실이 확인된 경우

② 측량업자의 지위를 승계한 상속인이 제47조에 따른 측량업등록의 결격사유에 해당하는 경우에는 그 결격사유에 해당하게 된 날부터 6개월이 지난 날까지는 제1항제7호를 적용하지 아니한다.

③ 국토교통부장관, 해양수산부장관 또는 시·도지사는 측량업자가 제47조제5호에 해당하게 된 경우에는 같은 조 제1호부터 제4호까지의 어느 하나에 해당하는 임원의 직무를 정지하도록 해당 측량업자에게 명할 수 있다. <신설 2018. 4. 17.>

④ 국토교통부장관, 해양수산부장관 또는 시·도지사는 제1항에 따라 측량업등록을 취소하거나 영업정지의 처분을 하였으면 그 사실을 공고하여야 한다. <개정 2013. 3. 23., 2018. 4. 17.>

⑤ 측량업등록의 취소 및 영업정지 처분에 관한 세부 기준은 국토교통부령 또는 해양수산부령으로 정한다. <개정 2013. 3. 23., 2018. 4. 17.>

제52조(측량업의 등록취소 등) ① 국토교통부장관, 해양수산부장관, 시·도지사 또는 대도시 시장은 측량업자가 다음 각 호의 어느 하나에 해당하는 경우에는 측량업의 등록을 취소하거나 1년 이내의 기간을 정하여 영업의 정지를 명할 수 있다. 다만, 제2호·제4호·제7호·제8호·제11호 또는 제15호에 해당하는 경우에는 측량업의 등록을 취소하여야 한다. <개정 2013. 3. 23., 2014. 6. 3., 2018. 4. 17., 2020. 2. 18.>

1. 고의 또는 과실로 측량을 부정확하게 한 경우
2. 거짓이나 그 밖의 부정한 방법으로 측량업의 등록을 한 경우
3. 정당한 사유 없이 측량업의 등록을 한 날부터 1년 이내에 영업을 시작하지 아니하거나 계속하여 1년 이상 휴업한 경우
4. 제44조제2항에 따른 등록기준에 미달하게 된 경우. 다만, 일시적으로 등록기준에 미달되는 등 대통령령으로 정하는 경우는 제외한다.
5. 제44조제4항을 위반하여 측량업 등록사항의 변경신고를 하지 아니한 경우
6. 지적측량업자가 제45조에 따른 업무 범위를 위반하여 지적측량을 한 경우
7. 제47조 각 호의 어느 하나에 해당하게 된 경우. 다만, 측량업자가 같은 조 제5호에 해당하게 된 경우로서 그 사유가 발생한 날부터 3개월 이내에 그 사유를 해소한 경우는 제외한다.
8. 제49조제1항을 위반하여 다른 사람에게 자기의 측량업등록증 또는 측량업등록수첩을 빌려 주거나 자기의 성명 또는 상호를 사용하여 측량업무를 하게 한 경우
9. 지적측량업자가 제50조를 위반한 경우
10. 제51조를 위반하여 보험가입 등 필요한 조치를 하지 아니한 경우
11. 영업정지기간 중에 계속하여 영업을 한 경우
12. 제52조제3항에 따른 임원의 직무정지 명령을 이행하지 아니한 경우
13. 지적측량업자가 제106조제2항에 따른 지적측량수수료를 같은 조 제3항에 따라 고시한 금액보다 과다 또는 과소하게 받은 경우
14. 다른 행정기관이 관계 법령에 따라 등록취소 또는 영업정지를 요구한 경우
15. 「국가기술자격법」 제15조제2항을 위반하여 측량업자가 측량기술자의 국가기술자격증을 대여 받은 사실이 확인된 경우

② 측량업자의 지위를 승계한 상속인이 제47조에 따른 측량업등록의 결격사유에 해당하는 경우에는 그 결격사유에 해당하게 된 날부터 6개월이 지난 날까지는 제1항제7호를 적용하지 아니한다.

③ 국토교통부장관, 해양수산부장관, 시·도지사 또는 대도시 시장은 측량업자가 제47조

제5호에 해당하게 된 경우에는 같은 조 제1호부터 제4호까지의 어느 하나에 해당하는 임원의 직무를 정지하도록 해당 측량업자에게 명할 수 있다. <신설 2018. 4. 17., 2020. 2. 18.>

④ 국토교통부장관, 해양수산부장관, 시·도지사 또는 대도시 시장은 제1항에 따라 측량업등록을 취소하거나 영업정지의 처분을 하였으면 그 사실을 공고하여야 한다. <개정 2013. 3. 23., 2018. 4. 17., 2020. 2. 18.>

⑤ 측량업등록의 취소 및 영업정지 처분에 관한 세부 기준은 국토교통부령 또는 해양수산부령으로 정한다. <개정 2013. 3. 23., 2018. 4. 17.>

[시행일 : 2021. 1. 1.] 제52조

제52조의2(측량업자의 행정처분 효과의 승계 등) ① 제48조에 따라 폐업신고한 측량업자가 폐업신고 당시와 동일한 측량업을 다시 등록한 때에는 폐업신고 전의 측량업자의 지위를 승계한다.

② 제1항의 경우 폐업신고 전의 측량업자에 대하여 제52조제1항 및 제111조제1항 각 호의 위반행위로 인한 행정처분의 효과는 그 폐업일부터 6개월 이내에 다시 측량업의 등록을 한 자(이하 이 조에서 "재등록 측량업자"라 한다)에게 승계된다.

③ 제1항의 경우 재등록 측량업자에 대하여 폐업신고 전의 제52조제1항 각 호의 위반행위에 대한 행정처분을 할 수 있다. 다만, 다음 각 호의 어느 하나에 해당하는 경우는 제외한다.

1. 폐업신고를 한 날부터 다시 측량업의 등록을 한 날까지의 기간(이하 이 조에서 "폐업기간"이라 한다)이 2년을 초과한 경우
2. 폐업신고 전의 위반행위에 대한 행정처분이 영업정지에 해당하는 경우로서 폐업기간이 1년을 초과한 경우

④ 제3항에 따라 행정처분을 할 때에는 폐업기간과 폐업의 사유를 고려하여야 한다.

[본조신설 2014. 6. 3.]

제53조(등록취소 등의 처분 후 측량업자의 업무 수행 등) ① 등록취소 또는 영업정지 처분을 받거나 제48조에 따라 폐업신고를 한 측량업자 및 그 포괄승계인은 그 처분 및 폐업신고 전에 체결한 계약에 따른 측량업무를 계속 수행할 수 있다. 다만, 등록취소 또는 영업정지 처분을 받은 지적측량업자나 그 포괄승계인의 경우에는 그러하지 아니하다. <개정 2014. 6. 3.>

② 제1항에 따른 측량업자 또는 포괄승계인은 등록취소 또는 영업정지 처분을 받은 사실을 지체 없이 해당 측량의 발주자에게 알려야 한다.

③ 제1항에 따라 측량업무를 계속하는 자는 그 측량이 끝날 때까지 측량업자로 본다.

④ 측량의 발주자는 특별한 사유가 있는 경우를 제외하고는 그 측량업자로부터 제2항에 따른 통지를 받거나 등록취소 또는 영업정지의 처분이 있은 사실을 안 날부터 30일 이내에만 그 측량에 관한 계약을 해지할 수 있다.

제54조(수로사업의 등록) ① 수로조사업 또는 해도제작업, 그 밖에 대통령령으로 정하는 사업(이하 "수로사업"이라 한다)을 하려는 자는 해양수산부장관에게 등록하여야 한다. <개정 2013. 3. 23.>

② 제1항에 따라 수로사업을 등록하려면 업종별로 대통령령으로 정하는 기술인력·시설·장비 등의 등록기준을 갖추어야 한다.

③ 해양수산부장관은 수로사업의 등록을 한 자(이하 "수로사업자"라 한다)에게 수로사업등록증 및 수로사업등록수첩을 발급하여야 한다. <개정 2013. 3. 23.>

④ 수로사업자는 등록사항이 변경된 경우에는 해양수산부장관에게 신고하여야 한다. <개정 2013. 3. 23.>

⑤ 수로사업의 등록, 등록사항의 변경신고, 수로사업등록증 및 수로사업등록수첩의 발급절차 등에 필요한 사항은 대통령령으로 정한다.

⑥ 수로사업자의 지위 승계, 수로사업등록의 결격사유, 수로사업 휴업·폐업 등의 신고, 수로사업등록증의 대여 금지, 수로사업의 등록취소 등, 수로사업의 등록취소 등의 처분 후 수로사업자의 업무 수행 등에 관하여는 제46조부터 제49조까지, 제52조 및 제53조를 준용한다. 이 경우 "측량업"은 "수로사업"으로, "측량업자"는 "수로사업자"로, "측량업등록증"은 "수로사업등록증"으로, "측량"은 "수로사업"으로 본다. <개정 2012. 12. 18.>

제54조 삭제 <2020. 2. 18.>[시행일 : 2021. 2. 19.] 제54조

제55조(측량 및 수로조사의 대가) ① 기본측량, 공공측량 및 수로조사에 대한 대가의 기준과 산정방법에 필요한 사항은 대통령령으로 정한다.

② 국토교통부장관 및 해양수산부장관은 제1항에 따른 기준을 정할 때에는 기획재정부장관과 협의하여야 한다. <개정 2013. 3. 23.>

③ 일반측량의 대가는 제1항에 따른 기준을 준용하여 산정할 수 있다.

제55조(측량의 대가) ① 기본측량 및 공공측량에 대한 대가의 기준과 산정방법에 필요한 사항은 대통령령으로 정한다. <개정 2020. 2. 18.>

② 국토교통부장관은 제1항에 따른 기준을 정할 때에는 기획재정부장관과 협의하여야 한다. <개정 2013. 3. 23., 2020. 2. 18.>

③ 일반측량의 대가는 제1항에 따른 기준을 준용하여 산정할 수 있다.

[제목개정 2020. 2. 18.]
[시행일 : 2021. 2. 19.] 제55조

제8절 협회

제56조 삭제 <2014. 6. 3.>

제57조(해양조사협회) ① 수로조사에 관한 기술·기준·제도를 연구·개발하고 해양에 관한 자료를 수집·제공함으로써 해상교통안전 및 해양자원의 개발·이용에 기여하기 위하여 해양조사협회를 설립할 수 있다.
② 해양조사협회는 법인으로 한다.
③ 해양조사협회는 주된 사무소의 소재지에서 설립등기를 함으로써 성립한다.
④ 해양조사협회를 설립하려면 1억원 이상의 재산을 출연하고 정관을 작성한 후 창립총회의 의결을 거쳐 해양수산부장관의 인가를 받아야 한다. <개정 2013. 3. 23.>
⑤ 해양조사협회의 정관, 설립 인가 및 감독에 관한 사항과 그 밖에 필요한 사항은 대통령령으로 정한다.
⑥ 해양조사협회에 관하여는 이 법에 규정된 사항을 제외하고는 「민법」 중 재단법인에 관한 규정을 준용한다.

제57조 삭제 <2020. 2. 18.>[시행일 : 2021. 2. 19.] 제57조

제9절 삭제 〈2014. 6. 3.〉

제58조 삭제 <2014. 6. 3.>

제59조 삭제 <2014. 6. 3.>

제60조 삭제 <2014. 6. 3.>

제61조 삭제 <2014. 6. 3.>

제62조 삭제 <2014. 6. 3.>

제63조 삭제 <2014. 6. 3.>

제3장 지적(地籍)

제1절 토지의 등록

제64조(토지의 조사·등록 등) ① 국토교통부장관은 모든 토지에 대하여 필지별로 소재·지번·지목·면적·경계 또는 좌표 등을 조사·측량하여 지적공부에 등록하여야 한다. <개정 2013. 3. 23.>

② 지적공부에 등록하는 지번·지목·면적·경계 또는 좌표는 토지의 이동이 있을 때 토지소유자(법인이 아닌 사단이나 재단의 경우에는 그 대표자나 관리인을 말한다. 이하 같다)의 신청을 받아 지적소관청이 결정한다. 다만, 신청이 없으면 지적소관청이 직권으로 조사·측량하여 결정할 수 있다.

③ 제2항 단서에 따른 조사·측량의 절차 등에 필요한 사항은 국토교통부령으로 정한다. <개정 2013. 3. 23.>

제65조(지상경계의 구분 등) ① 토지의 지상경계는 둑, 담장이나 그 밖에 구획의 목표가 될 만한 구조물 및 경계점표지 등으로 구분한다.

② 지적소관청은 토지의 이동에 따라 지상경계를 새로 정한 경우에는 다음 각 호의 사항을 등록한 지상경계점등록부를 작성·관리하여야 한다.

1. 토지의 소재
2. 지번
3. 경계점 좌표(경계점좌표등록부 시행지역에 한정한다)
4. 경계점 위치 설명도
5. 그 밖에 국토교통부령으로 정하는 사항

③ 제1항에 따른 지상경계의 결정 기준 등 지상경계의 결정에 필요한 사항은 대통령령으로 정하고, 경계점표지의 규격과 재질 등에 필요한 사항은 국토교통부령으로 정한다.
[본조신설 2013. 7. 17.]

제66조(지번의 부여 등) ① 지번은 지적소관청이 지번부여지역별로 차례대로 부여한다.

② 지적소관청은 지적공부에 등록된 지번을 변경할 필요가 있다고 인정하면 시·도지사나 대도시 시장의 승인을 받아 지번부여지역의 전부 또는 일부에 대하여 지번을 새로 부여할 수 있다.

③ 제1항과 제2항에 따른 지번의 부여방법 및 부여절차 등에 필요한 사항은 대통령령으로 정한다.

제67조(지목의 종류) ① 지목은 전·답·과수원·목장용지·임야·광천지·염전·대(垈)·공장용지·학교용지·주차장·주유소용지·창고용지·도로·철도용지·제방(堤防)·하천·구거(溝渠)·유지(溜池)·양어장·수도용지·공원·체육용지·유원지·종교용지·사적지·묘지·잡종지로 구분하여 정한다.

② 제1항에 따른 지목의 구분 및 설정방법 등에 필요한 사항은 대통령령으로 정한다.

제68조(면적의 단위 등) ① 면적의 단위는 제곱미터로 한다.

② 면적의 결정방법 등에 필요한 사항은 대통령령으로 정한다.

제2절 지적공부

제69조(지적공부의 보존 등) ① 지적소관청은 해당 청사에 지적서고를 설치하고 그 곳에 지적공부(정보처리시스템을 통하여 기록·저장한 경우는 제외한다. 이하 이 항에서 같다)를 영구히 보존하여야 하며, 다음 각 호의 어느 하나에 해당하는 경우 외에는 해당 청사 밖으로 지적공부를 반출할 수 없다.

1. 천재지변이나 그 밖에 이에 준하는 재난을 피하기 위하여 필요한 경우

2. 관할 시·도지사 또는 대도시 시장의 승인을 받은 경우

② 지적공부를 정보처리시스템을 통하여 기록·저장한 경우 관할 시·도지사, 시장·군수 또는 구청장은 그 지적공부를 지적정보관리체계에 영구히 보존하여야 한다. <개정 2013. 7. 17.>

③ 국토교통부장관은 제2항에 따라 보존하여야 하는 지적공부가 멸실되거나 훼손될 경우를 대비하여 지적공부를 복제하여 관리하는 정보관리체계를 구축하여야 한다. <개정 2013. 3. 23., 2013. 7. 17.>

④ 지적서고의 설치기준, 지적공부의 보관방법 및 반출승인 절차 등에 필요한 사항은 국토교통부령으로 정한다. <개정 2013. 3. 23.>

제70조(지적정보 전담 관리기구의 설치) ① 국토교통부장관은 지적공부의 효율적인 관리 및 활용을 위하여 지적정보 전담 관리기구를 설치·운영한다. <개정 2013. 3. 23.>

② 국토교통부장관은 지적공부를 과세나 부동산정책자료 등으로 활용하기 위하여 주민등록전산자료, 가족관계등록전산자료, 부동산등기전산자료 또는 공시지가전산자료 등을 관리하는 기관에 그 자료를 요청할 수 있으며 요청을 받은 관리기관의 장은 특별한 사정이 없는 한 이에 응하여야 한다. <개정 2013. 3. 23.>

③ 제1항에 따른 지적정보 전담 관리기구의 설치·운영에 관한 세부사항은 대통령령으

로 정한다.

제71조(토지대장 등의 등록사항) ① 토지대장과 임야대장에는 다음 각 호의 사항을 등록하여야 한다. <개정 2011. 4. 12., 2013. 3. 23.>

1. 토지의 소재
2. 지번
3. 지목
4. 면적
5. 소유자의 성명 또는 명칭, 주소 및 주민등록번호(국가, 지방자치단체, 법인, 법인 아닌 사단이나 재단 및 외국인의 경우에는 「부동산등기법」 제49조에 따라 부여된 등록번호를 말한다. 이하 같다)
6. 그 밖에 국토교통부령으로 정하는 사항

② 제1항제5호의 소유자가 둘 이상이면 공유지연명부에 다음 각 호의 사항을 등록하여야 한다. <개정 2013. 3. 23.>

1. 토지의 소재
2. 지번
3. 소유권 지분
4. 소유자의 성명 또는 명칭, 주소 및 주민등록번호
5. 그 밖에 국토교통부령으로 정하는 사항

③ 토지대장이나 임야대장에 등록하는 토지가 「부동산등기법」에 따라 대지권 등기가 되어 있는 경우에는 대지권등록부에 다음 각 호의 사항을 등록하여야 한다. <개정 2013. 3. 23.>

1. 토지의 소재
2. 지번
3. 대지권 비율
4. 소유자의 성명 또는 명칭, 주소 및 주민등록번호
5. 그 밖에 국토교통부령으로 정하는 사항

제72조(지적도 등의 등록사항) 지적도 및 임야도에는 다음 각 호의 사항을 등록하여야 한다. <개정 2013. 3. 23.>

1. 토지의 소재
2. 지번
3. 지목
4. 경계

5. 그 밖에 국토교통부령으로 정하는 사항

제73조(경계점좌표등록부의 등록사항) 지적소관청은 제86조에 따른 도시개발사업 등에 따라 새로이 지적공부에 등록하는 토지에 대하여는 다음 각 호의 사항을 등록한 경계점좌표 등록부를 작성하고 갖춰 두어야 한다. <개정 2013. 3. 23.>

1. 토지의 소재
2. 지번
3. 좌표
4. 그 밖에 국토교통부령으로 정하는 사항

제74조(지적공부의 복구) 지적소관청(제69조제2항에 따른 지적공부의 경우에는 시·도지사, 시장·군수 또는 구청장)은 지적공부의 전부 또는 일부가 멸실되거나 훼손된 경우에는 대통령령으로 정하는 바에 따라 지체 없이 이를 복구하여야 한다.

제75조(지적공부의 열람 및 등본 발급) ① 지적공부를 열람하거나 그 등본을 발급받으려는 자는 해당 지적소관청에 그 열람 또는 발급을 신청하여야 한다. 다만, 정보처리시스템을 통하여 기록·저장된 지적공부(지적도 및 임야도는 제외한다)를 열람하거나 그 등본을 발급받으려는 경우에는 특별자치시장, 시장·군수 또는 구청장이나 읍·면·동의 장에게 신청할 수 있다. <개정 2012. 12. 18.>

② 제1항에 따른 지적공부의 열람 및 등본 발급의 절차 등에 필요한 사항은 국토교통부령으로 정한다. <개정 2013. 3. 23.>

제76조(지적전산자료의 이용 등) ① 지적공부에 관한 전산자료(연속지적도를 포함하며, 이하 "지적전산자료"라 한다)를 이용하거나 활용하려는 자는 다음 각 호의 구분에 따라 국토교통부장관, 시·도지사 또는 지적소관청에 지적전산자료를 신청하여야 한다. <개정 2013. 3. 23., 2013. 7. 17., 2017. 10. 24.>

1. 전국 단위의 지적전산자료: 국토교통부장관, 시·도지사 또는 지적소관청
2. 시·도 단위의 지적전산자료: 시·도지사 또는 지적소관청
3. 시·군·구(자치구가 아닌 구를 포함한다) 단위의 지적전산자료: 지적소관청

② 제1항에 따라 지적전산자료를 신청하려는 자는 대통령령으로 정하는 바에 따라 지적전산자료의 이용 또는 활용 목적 등에 관하여 미리 관계 중앙행정기관의 심사를 받아야 한다. 다만, 중앙행정기관의 장, 그 소속 기관의 장 또는 지방자치단체의 장이 신청하는 경우에는 그러하지 아니하다. <개정 2017. 10. 24.>

③ 제2항에도 불구하고 다음 각 호의 어느 하나에 해당하는 경우에는 관계 중앙행정기관의 심사를 받지 아니할 수 있다. <개정 2017. 10. 24.>

1. 토지소유자가 자기 토지에 대한 지적전산자료를 신청하는 경우
2. 토지소유자가 사망하여 그 상속인이 피상속인의 토지에 대한 지적전산자료를 신청하는 경우
3. 「개인정보 보호법」 제2조제1호에 따른 개인정보를 제외한 지적전산자료를 신청하는 경우
④ 제1항 및 제3항에 따른 지적전산자료의 이용 또는 활용에 필요한 사항은 대통령령으로 정한다. <개정 2013. 7. 17.>

제76조의2(부동산종합공부의 관리 및 운영) ① 지적소관청은 부동산의 효율적 이용과 부동산과 관련된 정보의 종합적 관리·운영을 위하여 부동산종합공부를 관리·운영한다.
② 지적소관청은 부동산종합공부를 영구히 보존하여야 하며, 부동산종합공부의 멸실 또는 훼손에 대비하여 이를 별도로 복제하여 관리하는 정보관리체계를 구축하여야 한다.
③ 제76조의3 각 호의 등록사항을 관리하는 기관의 장은 지적소관청에 상시적으로 관련 정보를 제공하여야 한다.
④ 지적소관청은 부동산종합공부의 정확한 등록 및 관리를 위하여 필요한 경우에는 제76조의3 각 호의 등록사항을 관리하는 기관의 장에게 관련 자료의 제출을 요구할 수 있다. 이 경우 자료의 제출을 요구받은 기관의 장은 특별한 사유가 없으면 자료를 제공하여야 한다.
[본조신설 2013. 7. 17.]

제76조의3(부동산종합공부의 등록사항 등) 지적소관청은 부동산종합공부에 다음 각 호의 사항을 등록하여야 한다. <개정 2016. 1. 19.>
1. 토지의 표시와 소유자에 관한 사항: 이 법에 따른 지적공부의 내용
2. 건축물의 표시와 소유자에 관한 사항(토지에 건축물이 있는 경우만 해당한다):「건축법」 제38조에 따른 건축물대장의 내용
3. 토지의 이용 및 규제에 관한 사항:「토지이용규제 기본법」 제10조에 따른 토지이용계획확인서의 내용
4. 부동산의 가격에 관한 사항:「부동산 가격공시에 관한 법률」 제10조에 따른 개별공시지가, 같은 법 제16조, 제17조 및 제18조에 따른 개별주택가격 및 공동주택가격 공시 내용
5. 그 밖에 부동산의 효율적 이용과 부동산과 관련된 정보의 종합적 관리·운영을 위하여 필요한 사항으로서 대통령령으로 정하는 사항
[본조신설 2013. 7. 17.]

제76조의4(부동산종합공부의 열람 및 증명서 발급) ① 부동산종합공부를 열람하거나 부동산

종합공부 기록사항의 전부 또는 일부에 관한 증명서(이하 "부동산종합증명서"라 한다)를 발급받으려는 자는 지적소관청이나 읍·면·동의 장에게 신청할 수 있다.

② 제1항에 따른 부동산종합공부의 열람 및 부동산종합증명서 발급의 절차 등에 관하여 필요한 사항은 국토교통부령으로 정한다.

[본조신설 2013. 7. 17.]

제76조의5(준용) 부동산종합공부의 등록사항 정정에 관하여는 제84조를 준용한다.

[본조신설 2013. 7. 17.]

제3절 토지의 이동 신청 및 지적정리 등

제77조(신규등록 신청) 토지소유자는 신규등록할 토지가 있으면 대통령령으로 정하는 바에 따라 그 사유가 발생한 날부터 60일 이내에 지적소관청에 신규등록을 신청하여야 한다.

제78조(등록전환 신청) 토지소유자는 등록전환할 토지가 있으면 대통령령으로 정하는 바에 따라 그 사유가 발생한 날부터 60일 이내에 지적소관청에 등록전환을 신청하여야 한다.

제79조(분할 신청) ① 토지소유자는 토지를 분할하려면 대통령령으로 정하는 바에 따라 지적소관청에 분할을 신청하여야 한다.

② 토지소유자는 지적공부에 등록된 1필지의 일부가 형질변경 등으로 용도가 변경된 경우에는 대통령령으로 정하는 바에 따라 용도가 변경된 날부터 60일 이내에 지적소관청에 토지의 분할을 신청하여야 한다.

제80조(합병 신청) ① 토지소유자는 토지를 합병하려면 대통령령으로 정하는 바에 따라 지적소관청에 합병을 신청하여야 한다.

② 토지소유자는 「주택법」에 따른 공동주택의 부지, 도로, 제방, 하천, 구거, 유지, 그 밖에 대통령령으로 정하는 토지로서 합병하여야 할 토지가 있으면 그 사유가 발생한 날부터 60일 이내에 지적소관청에 합병을 신청하여야 한다.

③ 다음 각 호의 어느 하나에 해당하는 경우에는 합병 신청을 할 수 없다.

1. 합병하려는 토지의 지번부여지역, 지목 또는 소유자가 서로 다른 경우
2. 합병하려는 토지에 다음 각 목의 등기 외의 등기가 있는 경우
   가. 소유권·지상권·전세권 또는 임차권의 등기
   나. 승역지(承役地)에 대한 지역권의 등기
   다. 합병하려는 토지 전부에 대한 등기원인(登記原因) 및 그 연월일과 접수번호가 같은 저당권의 등기

3. 그 밖에 합병하려는 토지의 지적도 및 임야도의 축척이 서로 다른 경우 등 대통령령
으로 정하는 경우

제80조(합병 신청) ① 토지소유자는 토지를 합병하려면 대통령령으로 정하는 바에 따라 지
적소관청에 합병을 신청하여야 한다.

② 토지소유자는 「주택법」에 따른 공동주택의 부지, 도로, 제방, 하천, 구거, 유지, 그 밖
에 대통령령으로 정하는 토지로서 합병하여야 할 토지가 있으면 그 사유가 발생한 날부
터 60일 이내에 지적소관청에 합병을 신청하여야 한다.

③ 다음 각 호의 어느 하나에 해당하는 경우에는 합병 신청을 할 수 없다. <개정 2020.
2. 4.>

1. 합병하려는 토지의 지번부여지역, 지목 또는 소유자가 서로 다른 경우
2. 합병하려는 토지에 다음 각 목의 등기 외의 등기가 있는 경우
   가. 소유권·지상권·전세권 또는 임차권의 등기
   나. 승역지(承役地)에 대한 지역권의 등기
   다. 합병하려는 토지 전부에 대한 등기원인(登記原因) 및 그 연월일과 접수번호가 같
      은 저당권의 등기
   라. 합병하려는 토지 전부에 대한 「부동산등기법」 제81조제1항 각 호의 등기사항
      이 동일한 신탁등기
3. 그 밖에 합병하려는 토지의 지적도 및 임야도의 축척이 서로 다른 경우 등 대통령령
   으로 정하는 경우

[시행일 : 2020. 8. 5.] 제80조

제81조(지목변경 신청) 토지소유자는 지목변경을 할 토지가 있으면 대통령령으로 정하는 바
에 따라 그 사유가 발생한 날부터 60일 이내에 지적소관청에 지목변경을 신청하여야 한다.

제82조(바다로 된 토지의 등록말소 신청) ① 지적소관청은 지적공부에 등록된 토지가 지형의
변화 등으로 바다로 된 경우로서 원상(原狀)으로 회복될 수 없거나 다른 지목의 토지로
될 가능성이 없는 경우에는 지적공부에 등록된 토지소유자에게 지적공부의 등록말소 신
청을 하도록 통지하여야 한다.

② 지적소관청은 제1항에 따른 토지소유자가 통지를 받은 날부터 90일 이내에 등록말소
신청을 하지 아니하면 대통령령으로 정하는 바에 따라 등록을 말소한다.

③ 지적소관청은 제2항에 따라 말소한 토지가 지형의 변화 등으로 다시 토지가 된 경우
에는 대통령령으로 정하는 바에 따라 토지로 회복등록을 할 수 있다.

제83조(축척변경) ① 축척변경에 관한 사항을 심의·의결하기 위하여 지적소관청에 축척변

경위원회를 둔다.

② 지적소관청은 지적도가 다음 각 호의 어느 하나에 해당하는 경우에는 토지소유자의 신청 또는 지적소관청의 직권으로 일정한 지역을 정하여 그 지역의 축척을 변경할 수 있다.

1. 잦은 토지의 이동으로 1필지의 규모가 작아서 소축척으로는 지적측량성과의 결정이나 토지의 이동에 따른 정리를 하기가 곤란한 경우

2. 하나의 지번부여지역에 서로 다른 축척의 지적도가 있는 경우

3. 그 밖에 지적공부를 관리하기 위하여 필요하다고 인정되는 경우

③ 지적소관청은 제2항에 따라 축척변경을 하려면 축척변경 시행지역의 토지소유자 3분의 2 이상의 동의를 받아 제1항에 따른 축척변경위원회의 의결을 거친 후 시·도지사 또는 대도시 시장의 승인을 받아야 한다. 다만, 다음 각 호의 어느 하나에 해당하는 경우에는 축척변경위원회의 의결 및 시·도지사 또는 대도시 시장의 승인 없이 축척변경을 할 수 있다.

1. 합병하려는 토지가 축척이 다른 지적도에 각각 등록되어 있어 축척변경을 하는 경우

2. 제86조에 따른 도시개발사업 등의 시행지역에 있는 토지로서 그 사업 시행에서 제외된 토지의 축척변경을 하는 경우

④ 축척변경의 절차, 축척변경으로 인한 면적 증감의 처리, 축척변경 결과에 대한 이의신청 및 축척변경위원회의 구성·운영 등에 필요한 사항은 대통령령으로 정한다.

제84조(등록사항의 정정) ① 토지소유자는 지적공부의 등록사항에 잘못이 있음을 발견하면 지적소관청에 그 정정을 신청할 수 있다.

② 지적소관청은 지적공부의 등록사항에 잘못이 있음을 발견하면 대통령령으로 정하는 바에 따라 직권으로 조사·측량하여 정정할 수 있다.

③ 제1항에 따른 정정으로 인접 토지의 경계가 변경되는 경우에는 다음 각 호의 어느 하나에 해당하는 서류를 지적소관청에 제출하여야 한다.

1. 인접 토지소유자의 승낙서

2. 인접 토지소유자가 승낙하지 아니하는 경우에는 이에 대항할 수 있는 확정판결서 정본(正本)

④ 지적소관청이 제1항 또는 제2항에 따라 등록사항을 정정할 때 그 정정사항이 토지소유자에 관한 사항인 경우에는 등기필증, 등기완료통지서, 등기사항증명서 또는 등기관서에서 제공한 등기전산정보자료에 따라 정정하여야 한다. 다만, 제1항에 따라 미등기 토지에 대하여 토지소유자의 성명 또는 명칭, 주민등록번호, 주소 등에 관한 사항의 정정을 신청한 경우로서 그 등록사항이 명백히 잘못된 경우에는 가족관계 기록사항에 관한 증명서에 따라 정정하여야 한다. <개정 2011. 4. 12.>

제85조(행정구역의 명칭변경 등) ① 행정구역의 명칭이 변경되었으면 지적공부에 등록된 토지의 소재는 새로운 행정구역의 명칭으로 변경된 것으로 본다.

② 지번부여지역의 일부가 행정구역의 개편으로 다른 지번부여지역에 속하게 되었으면 지적소관청은 새로 속하게 된 지번부여지역의 지번을 부여하여야 한다.

제86조(도시개발사업 등 시행지역의 토지이동 신청에 관한 특례) ① 「도시개발법」에 따른 도시개발사업, 「농어촌정비법」에 따른 농어촌정비사업, 그 밖에 대통령령으로 정하는 토지개발사업의 시행자는 대통령령으로 정하는 바에 따라 그 사업의 착수·변경 및 완료 사실을 지적소관청에 신고하여야 한다.

② 제1항에 따른 사업과 관련하여 토지의 이동이 필요한 경우에는 해당 사업의 시행자가 지적소관청에 토지의 이동을 신청하여야 한다.

③ 제2항에 따른 토지의 이동은 토지의 형질변경 등의 공사가 준공된 때에 이루어진 것으로 본다.

④ 제1항에 따라 사업의 착수 또는 변경의 신고가 된 토지의 소유자가 해당 토지의 이동을 원하는 경우에는 해당 사업의 시행자에게 그 토지의 이동을 신청하도록 요청하여야 하며, 요청을 받은 시행자는 해당 사업에 지장이 없다고 판단되면 지적소관청에 그 이동을 신청하여야 한다.

제87조(신청의 대위) 다음 각 호의 어느 하나에 해당하는 자는 이 법에 따라 토지소유자가 하여야 하는 신청을 대신할 수 있다. 다만, 제84조에 따른 등록사항 정정 대상토지는 제외한다. <개정 2014. 6. 3.>

1. 공공사업 등에 따라 학교용지·도로·철도용지·제방·하천·구거·유지·수도용지 등의 지목으로 되는 토지인 경우: 해당 사업의 시행자

2. 국가나 지방자치단체가 취득하는 토지인 경우: 해당 토지를 관리하는 행정기관의 장 또는 지방자치단체의 장

3. 「주택법」에 따른 공동주택의 부지인 경우: 「집합건물의 소유 및 관리에 관한 법률」에 따른 관리인(관리인이 없는 경우에는 공유자가 선임한 대표자) 또는 해당 사업의 시행자

4. 「민법」 제404조에 따른 채권자

제88조(토지소유자의 정리) ① 지적공부에 등록된 토지소유자의 변경사항은 등기관서에서 등기한 것을 증명하는 등기필증, 등기완료통지서, 등기사항증명서 또는 등기관서에서 제공한 등기전산정보자료에 따라 정리한다. 다만, 신규등록하는 토지의 소유자는 지적소관청이 직접 조사하여 등록한다. <개정 2011. 4. 12.>

② 「국유재산법」 제2조제10호에 따른 총괄청이나 같은 조 제11호에 따른 중앙관서의 장이 같은 법 제12조제3항에 따라 소유자 없는 부동산에 대한 소유자 등록을 신청하는 경우 지적소관청은 지적공부에 해당 토지의 소유자가 등록되지 아니한 경우에만 등록할 수 있다. <개정 2011. 3. 30.>

③ 등기부에 적혀 있는 토지의 표시가 지적공부와 일치하지 아니하면 제1항에 따라 토지소유자를 정리할 수 없다. 이 경우 토지의 표시와 지적공부가 일치하지 아니하다는 사실을 관할 등기관서에 통지하여야 한다.

④ 지적소관청은 필요하다고 인정하는 경우에는 관할 등기관서의 등기부를 열람하여 지적공부와 부동산등기부가 일치하는지 여부를 조사·확인하여야 하며, 일치하지 아니하는 사항을 발견하면 등기사항증명서 또는 등기관서에서 제공한 등기전산정보자료에 따라 지적공부를 직권으로 정리하거나, 토지소유자나 그 밖의 이해관계인에게 그 지적공부와 부동산등기부가 일치하게 하는 데에 필요한 신청 등을 하도록 요구할 수 있다. <개정 2011. 4. 12.>

⑤ 지적소관청 소속 공무원이 지적공부와 부동산등기부의 부합 여부를 확인하기 위하여 등기부를 열람하거나, 등기사항증명서의 발급을 신청하거나, 등기전산정보자료의 제공을 요청하는 경우 그 수수료는 무료로 한다. <개정 2011. 4. 12.>

제89조(등기촉탁) ① 지적소관청은 제64조제2항(신규등록은 제외한다), 제66조제2항, 제82조, 제83조제2항, 제84조제2항 또는 제85조제2항에 따른 사유로 토지의 표시 변경에 관한 등기를 할 필요가 있는 경우에는 지체 없이 관할 등기관서에 그 등기를 촉탁하여야 한다. 이 경우 등기촉탁은 국가가 국가를 위하여 하는 등기로 본다.

② 제1항에 따른 등기촉탁에 필요한 사항은 국토교통부령으로 정한다. <개정 2013. 3. 23.>

제90조(지적정리 등의 통지) 제64조제2항 단서, 제66조제2항, 제74조, 제82조제2항, 제84조제2항, 제85조제2항, 제86조제2항, 제87조 또는 제89조에 따라 지적소관청이 지적공부에 등록하거나 지적공부를 복구 또는 말소하거나 등기촉탁을 하였으면 대통령령으로 정하는 바에 따라 해당 토지소유자에게 통지하여야 한다. 다만, 통지받을 자의 주소나 거소를 알 수 없는 경우에는 국토교통부령으로 정하는 바에 따라 일간신문, 해당 시·군·구의 공보 또는 인터넷홈페이지에 공고하여야 한다. <개정 2013. 3. 23.>

제4장 보칙

제91조(지명의 결정) ① 지명 및 해양지명의 제정, 변경과 그 밖에 지명 및 해양지명에 관한 중요 사항을 심의·의결하기 위하여 국토교통부에 국가지명위원회를 두고, 시·도에 시·도 지명위원회를 두며, 시·군 또는 구(자치구를 말한다. 이하 같다)에 시·군·구 지명위원회를 둔다. <개정 2013. 3. 23.>

② 지명은 「지방자치법」이나 그 밖의 다른 법령에서 정한 것 외에는 국가지명위원회의 심의·의결로 결정하고 국토교통부장관 및 해양수산부장관이 그 결정 내용을 고시하여야 한다. <개정 2013. 3. 23.>

③ 시·군·구의 지명에 관한 사항은 관할 시·군·구 지명위원회가 심의·의결하여 관할 시·도 지명위원회에 보고하고, 관할 시·도 지명위원회는 관할 시·군·구 지명위원회의 보고사항을 심의·의결하여 국가지명위원회에 보고하며, 국가지명위원회는 관할 시·도 지명위원회의 보고사항을 심의·의결하여 결정한다.

④ 제3항에도 불구하고 둘 이상의 시·군·구에 걸치는 지명에 관한 사항은 관할 시·도 지명위원회가 해당 시장·군수 또는 구청장의 의견을 들은 후 심의·의결하여 국가지명위원회에 보고하고, 국가지명위원회는 관할 시·도 지명위원회의 보고사항을 심의·의결하여 결정하여야 하며, 둘 이상의 시·도에 걸치는 지명에 관한 사항은 국가지명위원회가 해당 시·도지사의 의견을 들은 후 심의·의결하여 결정하여야 한다.

⑤ 제3항과 제4항에도 불구하고 해양지명은 국가지명위원회가 심의·의결하여 결정하고, 해양수산부장관이 그 결정 내용을 고시하여야 한다. <개정 2013. 3. 23.>

⑥ 국가지명위원회, 시·도 지명위원회 및 시·군·구 지명위원회의 위원 중 공무원이 아닌 위원은 「형법」 제127조 및 제129조부터 제132조까지의 규정을 적용할 때에는 공무원으로 본다. <신설 2019. 12. 10.>

⑦ 국가지명위원회의 구성 및 운영 등에 필요한 사항은 대통령령으로 정하고, 시·도 지명위원회와 시·군·구 지명위원회의 구성 및 운영 등에 필요한 사항은 대통령령으로 정하는 기준에 따라 해당 지방자치단체의 조례로 정한다. <개정 2019. 12. 10.>

제91조(지명의 결정) ① 지명의 제정, 변경과 그 밖에 지명에 관한 중요 사항을 심의·의결하기 위하여 국토교통부에 국가지명위원회를 두고, 시·도에 시·도 지명위원회를 두며, 시·군 또는 구(자치구를 말한다. 이하 같다)에 시·군·구 지명위원회를 둔다. <개정 2013. 3. 23., 2020. 2. 18.>

② 지명은 「지방자치법」이나 그 밖의 다른 법령에서 정한 것 외에는 국가지명위원회의 심의·의결로 결정하고 국토교통부장관이 그 결정 내용을 고시하여야 한다. <개정

2013. 3. 23., 2020. 2. 18.>

③ 시·군·구의 지명에 관한 사항은 관할 시·군·구 지명위원회가 심의·의결하여 관할 시·도 지명위원회에 보고하고, 관할 시·도 지명위원회는 관할 시·군·구 지명위원회의 보고사항을 심의·의결하여 국가지명위원회에 보고하며, 국가지명위원회는 관할 시·도 지명위원회의 보고사항을 심의·의결하여 결정한다.

④ 제3항에도 불구하고 둘 이상의 시·군·구에 걸치는 지명에 관한 사항은 관할 시·도 지명위원회가 해당 시장·군수 또는 구청장의 의견을 들은 후 심의·의결하여 국가지명위원회에 보고하고, 국가지명위원회는 관할 시·도 지명위원회의 보고사항을 심의·의결하여 결정하여야 하며, 둘 이상의 시·도에 걸치는 지명에 관한 사항은 국가지명위원회가 해당 시·도지사의 의견을 들은 후 심의·의결하여 결정하여야 한다.

⑤ 삭제 <2020. 2. 18.>

⑥ 국가지명위원회, 시·도 지명위원회 및 시·군·구 지명위원회의 위원 중 공무원이 아닌 위원은 「형법」 제127조 및 제129조부터 제132조까지의 규정을 적용할 때에는 공무원으로 본다. <신설 2019. 12. 10.>

⑦ 국가지명위원회의 구성 및 운영 등에 필요한 사항은 대통령령으로 정하고, 시·도 지명위원회와 시·군·구 지명위원회의 구성 및 운영 등에 필요한 사항은 대통령령으로 정하는 기준에 따라 해당 지방자치단체의 조례로 정한다. <개정 2019. 12. 10.>

[시행일 : 2021. 2. 19.] 제91조

제92조(측량기기의 검사) ① 측량업자는 트랜싯, 레벨, 그 밖에 대통령령으로 정하는 측량기기에 대하여 5년의 범위에서 대통령령으로 정하는 기간마다 국토교통부장관이 실시하는 성능검사를 받아야 한다. 다만, 「국가표준기본법」 제14조에 따라 국가교정업무 전담기관의 교정검사를 받은 측량기기로서 국토교통부장관이 제4항에 따른 성능검사 기준에 적합하다고 인정한 경우에는 성능검사를 받은 것으로 본다. <개정 2013. 3. 23.>

② 한국국토정보공사는 성능검사를 위한 적합한 시설과 장비를 갖추고 자체적으로 검사를 실시하여야 한다. <개정 2014. 6. 3.>

③ 제93조에 따라 성능검사대행자로 등록한 자는 제1항에 따른 국토교통부장관의 성능검사업무를 대행할 수 있다. <개정 2013. 3. 23.>

④ 제1항에 따른 성능검사의 기준, 방법 및 절차 등에 필요한 사항은 국토교통부령으로 정한다. <개정 2013. 3. 23.>

제92조(측량기기의 검사) ① 측량업자는 트랜싯, 레벨, 그 밖에 대통령령으로 정하는 측량기기에 대하여 5년의 범위에서 대통령령으로 정하는 기간마다 국토교통부장관이 실시하는 성능검사를 받아야 한다. 다만, 「국가표준기본법」 제14조에 따라 국가교정업무 전담기

관의 교정검사를 받은 측량기기로서 국토교통부장관이 제6항에 따른 성능검사 기준에 적합하다고 인정한 경우에는 성능검사를 받은 것으로 본다. <개정 2013. 3. 23., 2020. 4. 7.>

② 한국국토정보공사는 성능검사를 위한 적합한 시설과 장비를 갖추고 자체적으로 검사를 실시하여야 한다. <개정 2014. 6. 3.>

③ 제93조제1항에 따라 측량기기의 성능검사업무를 대행하는 자로 등록한 자(이하 "성능검사대행자"라 한다)는 제1항에 따른 국토교통부장관의 성능검사업무를 대행할 수 있다. <개정 2013. 3. 23., 2020. 4. 7.>

④ 한국국토정보공사와 성능검사대행자는 제6항에 따른 성능검사의 기준, 방법 및 절차와 다르게 성능검사를 하여서는 아니 된다. <신설 2020. 4. 7.>

⑤ 국토교통부장관은 한국국토정보공사와 성능검사대행자가 제6항에 따른 기준, 방법 및 절차에 따라 성능검사를 정확하게 하는지 실태를 점검하고, 필요한 경우에는 시정을 명할 수 있다. <신설 2020. 4. 7.>

⑥ 제1항 및 제2항에 따른 성능검사의 기준, 방법 및 절차와 제5항에 따른 실태점검 및 시정명령 등에 필요한 사항은 국토교통부령으로 정한다. <개정 2013. 3. 23., 2020. 4. 7.>

[시행일 : 2021. 4. 8.] 제92조

제93조(성능검사대행자의 등록) ① 제92조제1항에 따른 측량기기의 성능검사업무를 대행하려는 자는 측량기기별로 대통령령으로 정하는 기술능력과 시설 등의 등록기준을 갖추어 시·도지사에게 등록하여야 하며, 등록사항을 변경하려는 경우에는 시·도지사에게 신고하여야 한다.

② 시·도지사는 제1항에 따라 등록신청을 받은 경우 등록기준에 적합하다고 인정되면 신청인에게 측량기기 성능검사대행자 등록증을 발급한 후 그 발급사실을 공고하고 국토교통부장관에게 통지하여야 한다. <개정 2013. 3. 23.>

③ 제1항에 따라 측량기기의 성능검사업무를 대행하는 자로 등록한 자(이하 "성능검사대행자"라 한다)가 폐업을 한 경우에는 30일 이내에 국토교통부령으로 정하는 바에 따라 시·도지사에게 폐업사실을 신고하여야 한다. <개정 2013. 3. 23.>

④ 성능검사대행자는 「형법」 제129조부터 제132조까지의 규정을 적용할 때에는 공무원으로 본다.

⑤ 성능검사대행자의 등록, 등록사항의 변경신고, 측량기기 성능검사대행자 등록증의 발급, 검사 수수료 등에 필요한 사항은 국토교통부령으로 정한다. <개정 2013. 3. 23.>

제93조(성능검사대행자의 등록 등) ① 제92조제1항에 따른 측량기기의 성능검사업무를 대행

하려는 자는 측량기기별로 대통령령으로 정하는 기술능력과 시설 등의 등록기준을 갖추어 시·도지사에게 등록하여야 하며, 등록사항을 변경하려는 경우에는 시·도지사에게 신고하여야 한다.

② 시·도지사는 제1항에 따라 등록신청을 받은 경우 등록기준에 적합하다고 인정되면 신청인에게 측량기기 성능검사대행자 등록증을 발급한 후 그 발급사실을 공고하고 국토교통부장관에게 통지하여야 한다. <개정 2013. 3. 23.>

③ 성능검사대행자가 폐업을 한 경우에는 30일 이내에 국토교통부령으로 정하는 바에 따라 시·도지사에게 폐업사실을 신고하여야 한다. <개정 2013. 3. 23., 2020. 4. 7.>

④ 성능검사대행자와 그 검사업무를 담당하는 임직원은 「형법」 제129조부터 제132조까지의 규정을 적용할 때에는 공무원으로 본다. <개정 2020. 4. 7.>

⑤ 성능검사대행자의 등록, 등록사항의 변경신고, 측량기기 성능검사대행자 등록증의 발급, 검사 수수료 등에 필요한 사항은 국토교통부령으로 정한다. <개정 2013. 3. 23.>

[제목개정 2020. 4. 7.]

[시행일 : 2021. 4. 8.] 제93조

제94조(성능검사대행자 등록의 결격사유) 다음 각 호의 어느 하나에 해당하는 자는 성능검사대행자의 등록을 할 수 없다. <개정 2013. 7. 17.>

1. 피성년후견인 또는 피한정후견인

2. 이 법을 위반하여 징역의 실형을 선고받고 그 집행이 종료(집행이 종료된 것으로 보는 경우를 포함한다)되거나 집행이 면제된 날부터 2년이 경과되지 아니한 자

3. 이 법을 위반하여 징역형의 집행유예를 선고받고 그 유예기간 중에 있는 자

4. 제96조제1항에 따라 등록이 취소된 후 2년이 경과되지 아니한 자

5. 임원 중에 제1호부터 제4호까지의 어느 하나에 해당하는 자가 있는 법인

제95조(성능검사대행자 등록증의 대여 금지 등) ① 성능검사대행자는 다른 사람에게 자기의 성능검사대행자 등록증을 빌려 주거나 자기의 성명 또는 상호를 사용하여 성능검사대행업무를 수행하게 하여서는 아니 된다.

② 누구든지 다른 사람의 성능검사대행자 등록증을 빌려서 사용하거나 다른 사람의 성명 또는 상호를 사용하여 성능검사대행업무를 수행하여서는 아니 된다.

제96조(성능검사대행자의 등록취소 등) ① 시·도지사는 성능검사대행자가 다음 각 호의 어느 하나에 해당하는 경우에는 성능검사대행자의 등록을 취소하거나 1년 이내의 기간을 정하여 업무정지 처분을 할 수 있다. 다만, 제1호·제4호·제6호 또는 제7호에 해당하는 경우에는 성능검사대행자의 등록을 취소하여야 한다.

1. 거짓이나 그 밖의 부정한 방법으로 등록을 한 경우

2. 제93조제1항의 등록기준에 미달하게 된 경우. 다만, 일시적으로 등록기준에 미달하는 등 대통령령으로 정하는 경우는 제외한다.

3. 제93조제1항에 따른 등록사항 변경신고를 하지 아니한 경우

4. 제95조를 위반하여 다른 사람에게 자기의 성능검사대행자 등록증을 빌려 주거나 자기의 성명 또는 상호를 사용하여 성능검사대행업무를 수행하게 한 경우

5. 정당한 사유 없이 성능검사를 거부하거나 기피한 경우

6. 거짓이나 부정한 방법으로 성능검사를 한 경우

7. 업무정지기간 중에 계속하여 성능검사대행업무를 한 경우

8. 다른 행정기관이 관계 법령에 따라 등록취소 또는 업무정지를 요구한 경우

② 시·도지사는 제1항에 따라 성능검사대행자의 등록을 취소하였으면 취소 사실을 공고한 후 국토교통부장관에게 통지하여야 한다. <개정 2013. 3. 23.>

③ 성능검사대행자의 등록취소 및 업무정지 처분에 관한 기준은 국토교통부령으로 정한다. <개정 2013. 3. 23.>

제96조(성능검사대행자의 등록취소 등) ① 시·도지사는 성능검사대행자가 다음 각 호의 어느 하나에 해당하는 경우에는 성능검사대행자의 등록을 취소하거나 1년 이내의 기간을 정하여 업무정지 처분을 할 수 있다. 다만, 제1호·제4호·제6호 또는 제7호에 해당하는 경우에는 성능검사대행자의 등록을 취소하여야 한다. <개정 2020. 4. 7.>

1. 거짓이나 그 밖의 부정한 방법으로 등록을 한 경우

1의2. 제92조제5항에 따른 시정명령을 따르지 아니한 경우

2. 제93조제1항의 등록기준에 미달하게 된 경우. 다만, 일시적으로 등록기준에 미달하는 등 대통령령으로 정하는 경우는 제외한다.

3. 제93조제1항에 따른 등록사항 변경신고를 하지 아니한 경우

4. 제95조를 위반하여 다른 사람에게 자기의 성능검사대행자 등록증을 빌려 주거나 자기의 성명 또는 상호를 사용하여 성능검사대행업무를 수행하게 한 경우

5. 정당한 사유 없이 성능검사를 거부하거나 기피한 경우

6. 거짓이나 부정한 방법으로 성능검사를 한 경우

7. 업무정지기간 중에 계속하여 성능검사대행업무를 한 경우

8. 다른 행정기관이 관계 법령에 따라 등록취소 또는 업무정지를 요구한 경우

② 시·도지사는 제1항에 따라 성능검사대행자의 등록을 취소하였으면 취소 사실을 공고한 후 국토교통부장관에게 통지하여야 한다. <개정 2013. 3. 23.>

③ 성능검사대행자의 등록취소 및 업무정지 처분에 관한 기준은 국토교통부령으로 정한다. <개정 2013. 3. 23.>

[시행일 : 2021. 4. 8.] 제96조

제97조(연구·개발의 추진 등) ① 국토교통부장관 및 해양수산부장관은 측량, 수로조사 및 지적제도의 발전을 위한 시책을 추진하여야 한다. <개정 2013. 3. 23.>

② 국토교통부장관 및 해양수산부장관은 제1항에 따른 시책에 관한 연구·기술개발 및 교육 등의 업무를 수행하는 연구기관을 설립하거나 대통령령으로 정하는 관련 전문기관에 해당 업무를 수행하게 할 수 있다. <개정 2013. 3. 23.>

③ 국토교통부장관 및 해양수산부장관은 제2항에 따른 연구기관 또는 관련 전문기관에 예산의 범위에서 제2항에 따른 업무를 수행하는 데에 필요한 비용의 전부 또는 일부를 지원할 수 있다. <개정 2013. 3. 23.>

④ 국토교통부장관 및 해양수산부장관은 측량, 수로조사 및 지적제도에 관한 정보 생산과 서비스 기술을 향상시키기 위하여 관련 국제기구 및 국가 간 협력 활동을 추진하여야 한다. <개정 2013. 3. 23.>

제97조(연구·개발의 추진 등) ① 국토교통부장관은 측량 및 지적제도의 발전을 위한 시책을 추진하여야 한다. <개정 2013. 3. 23., 2020. 2. 18.>

② 국토교통부장관은 제1항에 따른 시책에 관한 연구·기술개발 및 교육 등의 업무를 수행하는 연구기관을 설립하거나 대통령령으로 정하는 관련 전문기관에 해당 업무를 수행하게 할 수 있다. <개정 2013. 3. 23., 2020. 2. 18.>

③ 국토교통부장관은 제2항에 따른 연구기관 또는 관련 전문기관에 예산의 범위에서 제2항에 따른 업무를 수행하는 데에 필요한 비용의 전부 또는 일부를 지원할 수 있다. <개정 2013. 3. 23., 2020. 2. 18.>

④ 국토교통부장관은 측량 및 지적제도에 관한 정보 생산과 서비스 기술을 향상시키기 위하여 관련 국제기구 및 국가 간 협력 활동을 추진하여야 한다. <개정 2013. 3. 23., 2020. 2. 18.>

[시행일 : 2021. 2. 19.] 제97조

제98조(측량 및 수로조사 분야 종사자의 교육훈련) 국토교통부장관 및 해양수산부장관은 측량업무 수행능력의 향상을 위하여 측량기술자, 수로기술자, 그 밖에 측량 또는 수로 분야와 관련된 업무에 종사하는 자에 대하여 교육훈련을 실시할 수 있다. <개정 2013. 3. 23.>

제98조(측량 분야 종사자의 교육훈련) 국토교통부장관은 측량업무 수행능력의 향상을 위하여 측량기술자와 그 밖에 측량 분야와 관련된 업무에 종사하는 자에 대하여 교육훈련을 실시할 수 있다. <개정 2013. 3. 23., 2020. 2. 18.>

[제목개정 2020. 2. 18.]
[시행일 : 2021. 2. 19.] 제98조

제99조(보고 및 조사) ① 국토교통부장관, 해양수산부장관, 시·도지사 또는 지적소관청은 다음 각 호의 어느 하나에 해당하는 경우에는 그 사유를 명시하여 해당 각 호의 자에게 필요한 보고를 하게 하거나 소속 공무원으로 하여금 조사를 하게 할 수 있다. <개정 2013. 3. 23.>

1. 측량업자, 지적측량수행자 또는 수로사업자가 고의나 중대한 과실로 측량 또는 수로조사를 부실하게 하여 민원을 발생하게 한 경우
2. 판매대행업자가 제35조제2항에 따른 지정요건을 갖추지 못하였다고 인정되거나 같은 조 제5항을 위반한 경우
3. 측량업자 또는 수로사업자가 제44조제2항에 따른 측량업의 등록기준 또는 제54조제2항에 따른 수로사업의 등록기준에 미달된다고 인정되는 경우
4. 성능검사대행업자가 성능검사를 부실하게 하거나 등록기준에 미달된다고 인정되는 경우

② 제1항에 따라 조사를 하는 경우에는 조사 3일 전까지 조사 일시·목적·내용 등에 관한 계획을 조사 대상자에게 알려야 한다. 다만, 긴급한 경우나 사전에 조사계획이 알려지면 조사 목적을 달성할 수 없다고 인정하는 경우에는 그러하지 아니하다.

③ 제1항에 따라 조사를 하는 공무원은 그 권한을 표시하는 증표를 지니고 관계인에게 이를 내보여야 한다.

④ 제3항의 증표에 관한 사항은 국토교통부령 또는 해양수산부령으로 정한다. <개정 2013. 3. 23.>

제99조(보고 및 조사) ① 국토교통부장관, 해양수산부장관, 시·도지사, 대도시 시장 또는 지적소관청은 다음 각 호의 어느 하나에 해당하는 경우에는 그 사유를 명시하여 해당 각 호의 자에게 필요한 보고를 하게 하거나 소속 공무원으로 하여금 조사를 하게 할 수 있다. <개정 2013. 3. 23., 2020. 2. 18.>

1. 측량업자, 지적측량수행자 또는 수로사업자가 고의나 중대한 과실로 측량 또는 수로조사를 부실하게 하여 민원을 발생하게 한 경우
2. 판매대행업자가 제35조제2항에 따른 지정요건을 갖추지 못하였다고 인정되거나 같은 조 제5항을 위반한 경우
3. 측량업자 또는 수로사업자가 제44조제2항에 따른 측량업의 등록기준 또는 제54조제2항에 따른 수로사업의 등록기준에 미달된다고 인정되는 경우
4. 성능검사대행업자가 성능검사를 부실하게 하거나 등록기준에 미달된다고 인정되는 경우

② 제1항에 따라 조사를 하는 경우에는 조사 3일 전까지 조사 일시·목적·내용 등에 관

한 계획을 조사 대상자에게 알려야 한다. 다만, 긴급한 경우나 사전에 조사계획이 알려지면 조사 목적을 달성할 수 없다고 인정하는 경우에는 그러하지 아니하다.

③ 제1항에 따라 조사를 하는 공무원은 그 권한을 표시하는 증표를 지니고 관계인에게 이를 내보여야 한다.

④ 제3항의 증표에 관한 사항은 국토교통부령 또는 해양수산부령으로 정한다. <개정 2013. 3. 23.>

[시행일 : 2021. 1. 1.] 제99조

제100조(청문) 국토교통부장관, 해양수산부장관 또는 시·도지사는 다음 각 호의 어느 하나에 해당하는 처분을 하려는 경우에는 청문을 하여야 한다. <개정 2013. 3. 23.>

1. 제35조제6항에 따른 판매대행업자의 지정취소
2. 제52조제1항에 따른 측량업의 등록취소
3. 제54조제6항에 따라 준용되는 제52조제1항에 따른 수로사업의 등록취소
4. 제96조제1항에 따른 성능검사대행자의 등록취소

제100조(청문) 국토교통부장관, 해양수산부장관, 시·도지사 또는 대도시 시장은 다음 각 호의 어느 하나에 해당하는 처분을 하려는 경우에는 청문을 하여야 한다. <개정 2013. 3. 23., 2020. 2. 18.>

1. 제35조제6항에 따른 판매대행업자의 지정취소
2. 제52조제1항에 따른 측량업의 등록취소
3. 제54조제6항에 따라 준용되는 제52조제1항에 따른 수로사업의 등록취소
4. 제96조제1항에 따른 성능검사대행자의 등록취소

[시행일 : 2021. 1. 1.] 제100조

제101조(토지등에의 출입 등) ① 이 법에 따라 측량 또는 수로조사를 하거나, 측량기준점을 설치하거나, 토지의 이동을 조사하는 자는 그 측량 또는 조사 등에 필요한 경우에는 타인의 토지·건물·공유수면 등(이하 "토지등"이라 한다)에 출입하거나 일시 사용할 수 있으며, 특히 필요한 경우에는 나무, 흙, 돌, 그 밖의 장애물(이하 "장애물"이라 한다)을 변경하거나 제거할 수 있다.

② 제1항에 따라 타인의 토지등에 출입하려는 자는 관할 특별자치시장, 특별자치도지사, 시장·군수 또는 구청장의 허가를 받아야 하며, 출입하려는 날의 3일 전까지 해당 토지등의 소유자·점유자 또는 관리인에게 그 일시와 장소를 통지하여야 한다. 다만, 행정청인 자는 허가를 받지 아니하고 타인의 토지등에 출입할 수 있다. <개정 2012. 12. 18.>

③ 제1항에 따라 타인의 토지등을 일시 사용하거나 장애물을 변경 또는 제거하려는 자

는 그 소유자·점유자 또는 관리인의 동의를 받아야 한다. 다만, 소유자·점유자 또는 관리인의 동의를 받을 수 없는 경우 행정청인 자는 관할 특별자치시장, 특별자치도지사, 시장·군수 또는 구청장에게 그 사실을 통지하여야 하며, 행정청이 아닌 자는 미리 관할 특별자치시장, 특별자치도지사, 시장·군수 또는 구청장의 허가를 받아야 한다. <개정 2012. 12. 18.>

④ 특별자치시장, 특별자치도지사, 시장·군수 또는 구청장은 제3항 단서에 따라 허가를 하려면 미리 그 소유자·점유자 또는 관리인의 의견을 들어야 한다. <개정 2012. 12. 18.>

⑤ 제3항에 따라 토지등을 일시 사용하거나 장애물을 변경 또는 제거하려는 자는 토지등을 사용하려는 날이나 장애물을 변경 또는 제거하려는 날의 3일 전까지 그 소유자·점유자 또는 관리인에게 통지하여야 한다. 다만, 토지등의 소유자·점유자 또는 관리인이 현장에 없거나 주소 또는 거소가 분명하지 아니할 때에는 관할 특별자치시장, 특별자치도지사, 시장·군수 또는 구청장에게 통지하여야 한다. <개정 2012. 12. 18.>

⑥ 해 뜨기 전이나 해가 진 후에는 그 토지등의 점유자의 승낙 없이 택지나 담장 또는 울타리로 둘러싸인 타인의 토지에 출입할 수 없다.

⑦ 토지등의 점유자는 정당한 사유 없이 제1항에 따른 행위를 방해하거나 거부하지 못한다.

⑧ 제1항에 따른 행위를 하려는 자는 그 권한을 표시하는 허가증을 지니고 관계인에게 이를 내보여야 한다. <개정 2012. 12. 18.>

⑨ 제8항에 따른 허가증에 관하여 필요한 사항은 국토교통부령 또는 해양수산부령으로 정한다. <개정 2012. 12. 18., 2013. 3. 23.>

제101조(토지등에의 출입 등) ① 이 법에 따라 측량을 하거나, 측량기준점을 설치하거나, 토지의 이동을 조사하는 자는 그 측량 또는 조사 등에 필요한 경우에는 타인의 토지·건물·공유수면 등(이하 "토지등"이라 한다)에 출입하거나 일시 사용할 수 있으며, 특히 필요한 경우에는 나무, 흙, 돌, 그 밖의 장애물(이하 "장애물"이라 한다)을 변경하거나 제거할 수 있다. <개정 2020. 2. 18.>

② 제1항에 따라 타인의 토지등에 출입하려는 자는 관할 특별자치시장, 특별자치도지사, 시장·군수 또는 구청장의 허가를 받아야 하며, 출입하려는 날의 3일 전까지 해당 토지등의 소유자·점유자 또는 관리인에게 그 일시와 장소를 통지하여야 한다. 다만, 행정청인 자는 허가를 받지 아니하고 타인의 토지등에 출입할 수 있다. <개정 2012. 12. 18.>

③ 제1항에 따라 타인의 토지등을 일시 사용하거나 장애물을 변경 또는 제거하려는 자는 그 소유자·점유자 또는 관리인의 동의를 받아야 한다. 다만, 소유자·점유자 또는 관

리인의 동의를 받을 수 없는 경우 행정청인 자는 관할 특별자치시장, 특별자치도지사, 시장·군수 또는 구청장에게 그 사실을 통지하여야 하며, 행정청이 아닌 자는 미리 관할 특별자치시장, 특별자치도지사, 시장·군수 또는 구청장의 허가를 받아야 한다. <개정 2012. 12. 18.>

④ 특별자치시장, 특별자치도지사, 시장·군수 또는 구청장은 제3항 단서에 따라 허가를 하려면 미리 그 소유자·점유자 또는 관리인의 의견을 들어야 한다. <개정 2012. 12. 18.>

⑤ 제3항에 따라 토지등을 일시 사용하거나 장애물을 변경 또는 제거하려는 자는 토지 등을 사용하려는 날이나 장애물을 변경 또는 제거하려는 날의 3일 전까지 그 소유자·점 유자 또는 관리인에게 통지하여야 한다. 다만, 토지등의 소유자·점유자 또는 관리인이 현장에 없거나 주소 또는 거소가 분명하지 아니할 때에는 관할 특별자치시장, 특별자치 도지사, 시장·군수 또는 구청장에게 통지하여야 한다. <개정 2012. 12. 18.>

⑥ 해 뜨기 전이나 해가 진 후에는 그 토지등의 점유자의 승낙 없이 택지나 담장 또는 울타리로 둘러싸인 타인의 토지에 출입할 수 없다.

⑦ 토지등의 점유자는 정당한 사유 없이 제1항에 따른 행위를 방해하거나 거부하지 못 한다.

⑧ 제1항에 따른 행위를 하려는 자는 그 권한을 표시하는 허가증을 지니고 관계인에게 이를 내보여야 한다. <개정 2012. 12. 18.>

⑨ 제8항에 따른 허가증에 관하여 필요한 사항은 국토교통부령으로 정한다. <개정 2012. 12. 18., 2013. 3. 23., 2020. 2. 18.>

[시행일 : 2021. 2. 19.] 제101조

제102조(토지등의 출입 등에 따른 손실보상) ① 제101조제1항에 따른 행위로 손실을 받은 자 가 있으면 그 행위를 한 자는 그 손실을 보상하여야 한다.

② 제1항에 따른 손실보상에 관하여는 손실을 보상할 자와 손실을 받은 자가 협의하여 야 한다.

③ 손실을 보상할 자 또는 손실을 받은 자는 제2항에 따른 협의가 성립되지 아니하거나 협의를 할 수 없는 경우에는 관할 토지수용위원회에 재결(裁決)을 신청할 수 있다.

④ 관할 토지수용위원회의 재결에 관하여는 「공익사업을 위한 토지 등의 취득 및 보상 에 관한 법률」 제84조부터 제88조까지의 규정을 준용한다.

제103조(토지의 수용 또는 사용) ① 국토교통부장관 및 해양수산부장관은 기본측량을 실시 하기 위하여 필요하다고 인정하는 경우에는 토지, 건물, 나무, 그 밖의 공작물을 수용하 거나 사용할 수 있다. <개정 2013. 3. 23.>

② 제1항에 따른 수용 또는 사용 및 이에 따른 손실보상에 관하여는 「공익사업을 위한 토지 등의 취득 및 보상에 관한 법률」을 적용한다.

제103조(토지의 수용 또는 사용) ① 국토교통부장관은 기본측량을 실시하기 위하여 필요하다고 인정하는 경우에는 토지, 건물, 나무, 그 밖의 공작물을 수용하거나 사용할 수 있다. <개정 2013. 3. 23., 2020. 2. 18.>
② 제1항에 따른 수용 또는 사용 및 이에 따른 손실보상에 관하여는 「공익사업을 위한 토지 등의 취득 및 보상에 관한 법률」을 적용한다.
[시행일 : 2021. 2. 19.] 제103조

제104조(업무의 수탁) 국토교통부장관 및 해양수산부장관은 그 업무 수행에 지장이 없는 범위에서 공익을 위하여 필요하다고 인정되면 국토교통부령 또는 해양수산부령으로 정하는 바에 따라 측량 또는 수로조사의 업무를 위탁받아 수행할 수 있다. <개정 2013. 3. 23.>

제104조(업무의 수탁) 국토교통부장관은 그 업무 수행에 지장이 없는 범위에서 공익을 위하여 필요하다고 인정되면 국토교통부령으로 정하는 바에 따라 측량 업무를 위탁받아 수행할 수 있다. <개정 2013. 3. 23., 2020. 2. 18.>
[시행일 : 2021. 2. 19.] 제104조

제105조(권한의 위임·위탁 등) ① 이 법에 따른 국토교통부장관 및 해양수산부장관의 권한은 그 일부를 대통령령으로 정하는 바에 따라 소속 기관의 장, 시·도지사 또는 지적소관청에 위임할 수 있다. <개정 2013. 3. 23.>
② 이 법에 따른 국토교통부장관, 해양수산부장관, 시·도지사 및 지적소관청의 권한 중 다음 각 호의 업무에 관한 권한은 대통령령으로 정하는 바에 따라 한국국토정보공사, 「공간정보산업 진흥법」 제24조에 따른 공간정보산업협회, 해양조사협회 또는 「민법」 제32조에 따라 국토교통부장관 및 해양수산부장관의 허가를 받아 설립된 비영리법인으로서 대통령령으로 정하는 측량 관련 인력과 장비를 갖춘 법인에 위탁할 수 있다. <개정 2013. 3. 23., 2013. 7. 17., 2014. 6. 3.>
1. 제9조제3항에 따른 측량기준점표지(수로기준점표지만 해당한다)의 이전
1의2. 제10조의2에 따른 측량업정보 종합관리체계의 구축·운영
1의3. 제10조의3에 따른 측량업자의 측량용역사업에 대한 사업수행능력 공시 및 실적 등의 접수 및 내용의 확인
2. 제15조제3항에 따른 지도등의 간행에 관한 심사
3. 제18조제3항에 따른 공공측량성과의 심사

4. 제31조제6항에 따른 수로조사방법에 관한 기술지도

5. 제31조제1항과 제33조제2항에 따른 수로조사성과의 심사

6. 제31조제5항에 따른 수로조사에 필요한 관측시설의 관리 중 해양수산부령으로 정하는 것

7. 제31조제1항제4호에 따라 실시하는 수로조사 중 해양수산부령으로 정하는 것

8. 제35조제1항에 따른 수로도서지의 인쇄·공급 및 재고관리

9. 제40조에 따른 측량기술자의 신고 접수, 기록의 유지·관리, 측량기술경력증의 발급, 신고받은 내용의 확인을 위한 관련 자료 제출 요청 및 제출 자료의 접수, 측량기술자의 근무처 및 경력등의 확인

10. 제43조제3항에 따른 수로기술자의 신고 접수, 기록의 유지·관리, 수로기술경력증의 발급, 신고받은 내용의 확인을 위한 관련 자료 제출 요청 및 제출 자료의 접수, 수로기술자의 근무처 및 경력등의 확인

11. 제98조에 따른 지적기술자의 교육훈련

12. 제8조제1항에 따른 측량기준점(지적기준점에 한정한다)의 관리

13. 제8조제5항에 따른 측량기준점(지적기준점에 한정한다)표지의 현황조사 보고의 접수

③ 제2항에 따라 국토교통부장관, 해양수산부장관, 시·도지사 및 지적소관청으로부터 위탁받은 업무에 종사하는 한국국토정보공사,「공간정보산업 진흥법」제24조에 따른 공간정보산업협회, 해양조사협회 또는 비영리법인의 임직원은「형법」제127조 및 제129조부터 제132조까지의 규정을 적용할 때에는 공무원으로 본다. <개정 2013. 3. 23., 2013. 7. 17., 2014. 6. 3.>

제105조(권한의 위임·위탁 등) ① 이 법에 따른 국토교통부장관의 권한은 그 일부를 대통령령으로 정하는 바에 따라 소속 기관의 장, 시·도지사 또는 지적소관청에 위임할 수 있다. <개정 2013. 3. 23., 2020. 2. 18.>

② 이 법에 따른 국토교통부장관, 시·도지사 및 지적소관청의 권한 중 다음 각 호의 업무에 관한 권한은 대통령령으로 정하는 바에 따라 한국국토정보공사,「공간정보산업 진흥법」제24조에 따른 공간정보산업협회 또는「민법」제32조에 따라 국토교통부장관의 허가를 받아 설립된 비영리법인으로서 대통령령으로 정하는 측량 관련 인력과 장비를 갖춘 법인에 위탁할 수 있다. <개정 2013. 3. 23., 2013. 7. 17., 2014. 6. 3., 2020. 2. 18.>

1. 삭제 <2020. 2. 18.>

1의2. 제10조의2에 따른 측량업정보 종합관리체계의 구축·운영

1의3. 제10조의3에 따른 측량업자의 측량용역사업에 대한 사업수행능력 공시 및 실적

등의 접수 및 내용의 확인

2. 제15조제3항에 따른 지도등의 간행에 관한 심사

3. 제18조제3항에 따른 공공측량성과의 심사

4. 삭제 <2020. 2. 18.>

5. 삭제 <2020. 2. 18.>

6. 삭제 <2020. 2. 18.>

7. 삭제 <2020. 2. 18.>

8. 삭제 <2020. 2. 18.>

9. 제40조에 따른 측량기술자의 신고 접수, 기록의 유지·관리, 측량기술경력증의 발급, 신고받은 내용의 확인을 위한 관련 자료 제출 요청 및 제출 자료의 접수, 측량기술자의 근무처 및 경력등의 확인

10. 삭제 <2020. 2. 18.>

11. 제98조에 따른 지적기술자의 교육훈련

12. 제8조제1항에 따른 측량기준점(지적기준점에 한정한다)의 관리

13. 제8조제5항에 따른 측량기준점(지적기준점에 한정한다)표지의 현황조사 보고의 접수

③ 제2항에 따라 국토교통부장관, 시·도지사 및 지적소관청으로부터 위탁받은 업무에 종사하는 한국국토정보공사, 「공간정보산업 진흥법」 제24조에 따른 공간정보산업협회 또는 비영리법인의 임직원은 「형법」 제127조 및 제129조부터 제132조까지의 규정을 적용할 때에는 공무원으로 본다. <개정 2013. 3. 23., 2013. 7. 17., 2014. 6. 3., 2020. 2. 18.>

[시행일 : 2021. 2. 19.] 제105조

제106조(수수료 등) ① 다음 각 호의 어느 하나에 해당하는 신청 등을 하는 자는 국토교통부령 또는 해양수산부령으로 정하는 바에 따라 수수료를 내야 한다. <개정 2013. 3. 23., 2013. 7. 17.>

1. 제14조제2항 및 제19조제2항에 따른 측량성과 등의 복제 또는 사본의 발급 신청

2. 제15조에 따른 기본측량성과·기본측량기록 또는 같은 조 제1항에 따라 간행한 지도등의 활용 신청

3. 제15조제3항에 따른 지도등 간행의 심사 신청

4. 제16조 또는 제21조에 따른 측량성과의 국외 반출 허가 신청

5. 제18조에 따른 공공측량성과의 심사 요청

6. 제27조에 따른 지적기준점성과의 열람 또는 그 등본의 발급 신청

7. 제33조에 따른 수로조사성과의 심사 신청

8. 제36조에 따른 수로도서지의 복제 등의 승인 신청

9. 제44조제2항에 따른 측량업의 등록 신청

10. 제44조제3항에 따른 측량업등록증 및 측량업등록수첩의 재발급 신청

11. 제54조제1항에 따른 수로사업의 등록 신청

12. 제54조제3항에 따른 수로사업등록증 및 수로사업등록수첩의 재발급 신청

13. 제75조에 따른 지적공부의 열람 및 등본 발급 신청

14. 제76조에 따른 지적전산자료의 이용 또는 활용 신청

14의2. 제76조의4에 따른 부동산종합공부의 열람 및 부동산종합증명서 발급 신청

15. 제77조에 따른 신규등록 신청, 제78조에 따른 등록전환 신청, 제79조에 따른 분할 신청, 제80조에 따른 합병 신청, 제81조에 따른 지목변경 신청, 제82조에 따른 바다로 된 토지의 등록말소 신청, 제83조에 따른 축척변경 신청, 제84조에 따른 등록사항의 정정 신청 또는 제86조에 따른 도시개발사업 등 시행지역의 토지이동 신청

16. 제92조제1항에 따른 측량기기의 성능검사 신청

17. 제93조제1항에 따른 성능검사대행자의 등록 신청

18. 제93조제2항에 따른 성능검사대행자 등록증의 재발급 신청

② 제24조제1항에 따라 지적측량을 의뢰하는 자는 국토교통부령으로 정하는 바에 따라 지적측량수행자에게 지적측량수수료를 내야 한다. <개정 2013. 3. 23.>

③ 제2항에 따른 지적측량수수료는 국토교통부장관이 매년 12월 말일까지 고시하여야 한다. <개정 2013. 3. 23.>

④ 지적소관청이 제64조제2항 단서에 따라 직권으로 조사·측량하여 지적공부를 정리한 경우에는 그 조사·측량에 들어간 비용을 제2항에 준하여 토지소유자로부터 징수한다. 다만, 제82조에 따라 지적공부를 등록말소한 경우에는 그러하지 아니하다.

⑤ 제1항에도 불구하고 다음 각 호의 경우에는 수수료를 면제할 수 있다. 다만, 제3호의 경우에는 협정에서 정하는 바에 따라 면제 또는 경감한다. <개정 2012. 12. 18., 2013. 7. 17.>

1. 제1항제1호 또는 제2호의 신청자가 공공측량시행자인 경우

2. 제1항제8호의 신청자가 국가, 지방자치단체, 「초·중등교육법」및 「고등교육법」에 따른 학교 등에서 비영리적 목적으로 유사한 제작물을 발행하는 경우

3. 제1항제8호의 신청자가 우리나라 정부와 협정을 체결한 외국정부인 경우

4. 제1항제13호의 신청자가 국가, 지방자치단체 또는 지적측량수행자인 경우

5. 제1항제14호의2 및 제15호의 신청자가 국가 또는 지방자치단체인 경우

⑥ 제1항 및 제4항에 따른 수수료를 국토교통부령 또는 해양수산부령으로 정하는 기간 내에 내지 아니하면 국세 또는 지방세 체납처분의 예에 따라 징수한다. <개정 2013. 3. 23.>

제106조(수수료 등) ① 다음 각 호의 어느 하나에 해당하는 신청 등을 하는 자는 국토교통부령으로 정하는 바에 따라 수수료를 내야 한다. <개정 2013. 3. 23., 2013. 7. 17., 2020. 2. 18.>

1. 제14조제2항 및 제19조제2항에 따른 측량성과 등의 복제 또는 사본의 발급 신청

2. 제15조에 따른 기본측량성과·기본측량기록 또는 같은 조 제1항에 따라 간행한 지도 등의 활용 신청

3. 제15조제3항에 따른 지도등 간행의 심사 신청

4. 제16조 또는 제21조에 따른 측량성과의 국외 반출 허가 신청

5. 제18조에 따른 공공측량성과의 심사 요청

6. 제27조에 따른 지적기준점성과의 열람 또는 그 등본의 발급 신청

7. 삭제 <2020. 2. 18.>

8. 삭제 <2020. 2. 18.>

9. 제44조제2항에 따른 측량업의 등록 신청

10. 제44조제3항에 따른 측량업등록증 및 측량업등록수첩의 재발급 신청

11. 삭제 <2020. 2. 18.>

12. 삭제 <2020. 2. 18.>

13. 제75조에 따른 지적공부의 열람 및 등본 발급 신청

14. 제76조에 따른 지적전산자료의 이용 또는 활용 신청

14의2. 제76조의4에 따른 부동산종합공부의 열람 및 부동산종합증명서 발급 신청

15. 제77조에 따른 신규등록 신청, 제78조에 따른 등록전환 신청, 제79조에 따른 분할 신청, 제80조에 따른 합병 신청, 제81조에 따른 지목변경 신청, 제82조에 따른 바다로 된 토지의 등록말소 신청, 제83조에 따른 축척변경 신청, 제84조에 따른 등록사항의 정정 신청 또는 제86조에 따른 도시개발사업 등 시행지역의 토지이동 신청

16. 제92조제1항에 따른 측량기기의 성능검사 신청

17. 제93조제1항에 따른 성능검사대행자의 등록 신청

18. 제93조제2항에 따른 성능검사대행자 등록증의 재발급 신청

② 제24조제1항에 따라 지적측량을 의뢰하는 자는 국토교통부령으로 정하는 바에 따라 지적측량수행자에게 지적측량수수료를 내야 한다. <개정 2013. 3. 23.>

③ 제2항에 따른 지적측량수수료는 국토교통부장관이 매년 12월 말일까지 고시하여야 한다. <개정 2013. 3. 23.>

④ 지적소관청이 제64조제2항 단서에 따라 직권으로 조사·측량하여 지적공부를 정리한 경우에는 그 조사·측량에 들어간 비용을 제2항에 준하여 토지소유자로부터 징수한다. 다만, 제82조에 따라 지적공부를 등록말소한 경우에는 그러하지 아니하다.

⑤ 제1항에도 불구하고 다음 각 호의 경우에는 수수료를 면제할 수 있다. <개정 2012.
12. 18., 2013. 7. 17., 2020. 2. 18.>
1. 제1항제1호 또는 제2호의 신청자가 공공측량시행자인 경우
2. 삭제 <2020. 2. 18.>
3. 삭제 <2020. 2. 18.>
4. 제1항제13호의 신청자가 국가, 지방자치단체 또는 지적측량수행자인 경우
5. 제1항제14호의2 및 제15호의 신청자가 국가 또는 지방자치단체인 경우
⑥ 제1항 및 제4항에 따른 수수료를 국토교통부령으로 정하는 기간 내에 내지 아니하면
국세 또는 지방세 체납처분의 예에 따라 징수한다. <개정 2013. 3. 23., 2020. 2. 18.>
[시행일 : 2021. 2. 19.] 제106조

제5장 벌칙

제107조(벌칙) 측량업자나 수로사업자로서 속임수, 위력(威力), 그 밖의 방법으로 측량업 또
는 수로사업과 관련된 입찰의 공정성을 해친 자는 3년 이하의 징역 또는 3천만원 이하
의 벌금에 처한다.

제107조(벌칙) 측량업자로서 속임수, 위력(威力), 그 밖의 방법으로 측량업과 관련된 입찰의
공정성을 해친 자는 3년 이하의 징역 또는 3천만원 이하의 벌금에 처한다. <개정 2020.
2. 18.>
[시행일 : 2021. 2. 19.] 제107조

제108조(벌칙) 다음 각 호의 어느 하나에 해당하는 자는 2년 이하의 징역 또는 2천만원 이
하의 벌금에 처한다.
1. 제9조제1항을 위반하여 측량기준점표지를 이전 또는 파손하거나 그 효용을 해치는
행위를 한 자
2. 고의로 측량성과 또는 수로조사성과를 사실과 다르게 한 자
3. 제16조 또는 제21조를 위반하여 측량성과를 국외로 반출한 자
4. 제44조를 위반하여 측량업의 등록을 하지 아니하거나 거짓이나 그 밖의 부정한 방법
으로 측량업의 등록을 하고 측량업을 한 자
5. 제54조를 위반하여 수로사업의 등록을 하지 아니하거나 거짓이나 그 밖의 부정한 방
법으로 수로사업의 등록을 하고 수로사업을 한 자
6. 제92조제1항에 따른 성능검사를 부정하게 한 성능검사대행자

7. 제93조제1항을 위반하여 성능검사대행자의 등록을 하지 아니하거나 거짓이나 그 밖의 부정한 방법으로 성능검사대행자의 등록을 하고 성능검사업무를 한 자

제108조(벌칙) 다음 각 호의 어느 하나에 해당하는 자는 2년 이하의 징역 또는 2천만원 이하의 벌금에 처한다. <개정 2020. 2. 18.>

1. 제9조제1항을 위반하여 측량기준점표지를 이전 또는 파손하거나 그 효용을 해치는 행위를 한 자
2. 고의로 측량성과를 사실과 다르게 한 자
3. 제16조 또는 제21조를 위반하여 측량성과를 국외로 반출한 자
4. 제44조를 위반하여 측량업의 등록을 하지 아니하거나 거짓이나 그 밖의 부정한 방법으로 측량업의 등록을 하고 측량업을 한 자
5. 삭제 <2020. 2. 18.>
6. 제92조제1항에 따른 성능검사를 부정하게 한 성능검사대행자
7. 제93조제1항을 위반하여 성능검사대행자의 등록을 하지 아니하거나 거짓이나 그 밖의 부정한 방법으로 성능검사대행자의 등록을 하고 성능검사업무를 한 자

[시행일 : 2021. 2. 19.] 제108조

제109조(벌칙) 다음 각 호의 어느 하나에 해당하는 자는 1년 이하의 징역 또는 1천만원 이하의 벌금에 처한다. <개정 2013. 3. 23.>

1. 제14조제2항 또는 제19조제2항을 위반하여 무단으로 측량성과 또는 측량기록을 복제한 자
2. 제15조제3항에 따른 심사를 받지 아니하고 지도등을 간행하여 판매하거나 배포한 자
3. 제36조를 위반하여 해양수산부장관의 승인을 받지 아니하고 수로도서지를 복제하거나 이를 변형하여 수로도서지와 비슷한 제작물을 발행한 자
4. 제39조제1항을 위반하여 측량기술자가 아님에도 불구하고 측량을 한 자
5. 제41조제2항(제43조제3항에 따라 준용되는 경우를 포함한다)을 위반하여 업무상 알게 된 비밀을 누설한 측량기술자 또는 수로기술자
6. 제41조제3항(제43조제3항에 따라 준용되는 경우를 포함한다)을 위반하여 둘 이상의 측량업자에게 소속된 측량기술자 또는 수로기술자
7. 제49조제1항을 위반하여 다른 사람에게 측량업등록증 또는 측량업등록수첩을 빌려주거나 자기의 성명 또는 상호를 사용하여 측량업무를 하게 한 자
8. 제49조제2항을 위반하여 다른 사람의 측량업등록증 또는 측량업등록수첩을 빌려서 사용하거나 다른 사람의 성명 또는 상호를 사용하여 측량업무를 한 자
9. 제50조제3항을 위반하여 제106조제2항에 따른 지적측량수수료 외의 대가를 받은 지

적측량기술자

10. 거짓으로 다음 각 목의 신청을 한 자

　　가. 제77조에 따른 신규등록 신청

　　나. 제78조에 따른 등록전환 신청

　　다. 제79조에 따른 분할 신청

　　라. 제80조에 따른 합병 신청

　　마. 제81조에 따른 지목변경 신청

　　바. 제82조에 따른 바다로 된 토지의 등록말소 신청

　　사. 제83조에 따른 축척변경 신청

　　아. 제84조에 따른 등록사항의 정정 신청

　　자. 제86조에 따른 도시개발사업 등 시행지역의 토지이동 신청

11. 제95조제1항을 위반하여 다른 사람에게 자기의 성능검사대행자 등록증을 빌려 주거나 자기의 성명 또는 상호를 사용하여 성능검사대행업무를 수행하게 한 자

12. 제95조제2항을 위반하여 다른 사람의 성능검사대행자 등록증을 빌려서 사용하거나 다른 사람의 성명 또는 상호를 사용하여 성능검사대행업무를 수행한 자

제109조(벌칙) 다음 각 호의 어느 하나에 해당하는 자는 1년 이하의 징역 또는 1천만원 이하의 벌금에 처한다. <개정 2013. 3. 23., 2020. 2. 18.>

1. 제14조제2항 또는 제19조제2항을 위반하여 무단으로 측량성과 또는 측량기록을 복제한 자

2. 제15조제3항에 따른 심사를 받지 아니하고 지도등을 간행하여 판매하거나 배포한 자

3. 삭제 <2020. 2. 18.>

4. 제39조제1항을 위반하여 측량기술자가 아님에도 불구하고 측량을 한 자

5. 제41조제2항을 위반하여 업무상 알게 된 비밀을 누설한 측량기술자

6. 제41조제3항을 위반하여 둘 이상의 측량업자에게 소속된 측량기술자

7. 제49조제1항을 위반하여 다른 사람에게 측량업등록증 또는 측량업등록수첩을 빌려주거나 자기의 성명 또는 상호를 사용하여 측량업무를 하게 한 자

8. 제49조제2항을 위반하여 다른 사람의 측량업등록증 또는 측량업등록수첩을 빌려서 사용하거나 다른 사람의 성명 또는 상호를 사용하여 측량업무를 한 자

9. 제50조제3항을 위반하여 제106조제2항에 따른 지적측량수수료 외의 대가를 받은 지적측량기술자

10. 거짓으로 다음 각 목의 신청을 한 자

　　가. 제77조에 따른 신규등록 신청

　　나. 제78조에 따른 등록전환 신청

　　다. 제79조에 따른 분할 신청

　　라. 제80조에 따른 합병 신청

　　마. 제81조에 따른 지목변경 신청

　　바. 제82조에 따른 바다로 된 토지의 등록말소 신청

　　사. 제83조에 따른 축척변경 신청

　　아. 제84조에 따른 등록사항의 정정 신청

　　자. 제86조에 따른 도시개발사업 등 시행지역의 토지이동 신청

11. 제95조제1항을 위반하여 다른 사람에게 자기의 성능검사대행자 등록증을 빌려 주거나 자기의 성명 또는 상호를 사용하여 성능검사대행업무를 수행하게 한 자

12. 제95조제2항을 위반하여 다른 사람의 성능검사대행자 등록증을 빌려서 사용하거나 다른 사람의 성명 또는 상호를 사용하여 성능검사대행업무를 수행한 자

[시행일 : 2021. 2. 19.] 제109조

제110조(양벌규정) 법인의 대표자나 법인 또는 개인의 대리인, 사용인, 그 밖의 종업원이 그 법인 또는 개인의 업무에 관하여 제107조부터 제109조까지의 어느 하나에 해당하는 위반행위를 하면 그 행위자를 벌하는 외에 그 법인 또는 개인에게도 해당 조문의 벌금형을 과(科)한다. 다만, 법인 또는 개인이 그 위반행위를 방지하기 위하여 해당 업무에 관하여 상당한 주의와 감독을 게을리하지 아니한 경우에는 그러하지 아니하다.

제111조(과태료) ① 다음 각 호의 어느 하나에 해당하는 자에게는 300만원 이하의 과태료를 부과한다. <개정 2013. 3. 23.>

1. 정당한 사유 없이 측량을 방해한 자

2. 제13조제4항을 위반하여 고시된 측량성과에 어긋나는 측량성과를 사용한 자

3. 제31조제2항을 위반하여 수로조사를 하지 아니한 자

4. 정당한 사유 없이 해양수산부장관이 제32조에 따라 공고한 수로조사를 방해한 자

5. 정당한 사유 없이 제33조제1항을 위반하여 수로조사성과를 제출하지 아니한 자

6. 제35조제5항을 위반하여 판매가격을 준수하지 아니하고 수로도서지를 판매하거나 최신 항행통보에 따라 수정되지 아니한 수로도서지를 보급한 자

7. 제40조제1항(제43조제3항에 따라 준용되는 경우를 포함한다)을 위반하여 거짓으로 측량기술자 또는 수로기술자의 신고를 한 자

8. 제44조제4항을 위반하여 측량업 등록사항의 변경신고를 하지 아니한 자

9. 제46조제2항(제54조제6항에 따라 준용되는 경우를 포함한다)을 위반하여 측량업자 또는 수로사업자의 지위 승계 신고를 하지 아니한 자

10. 제48조(제54조제6항에 따라 준용되는 경우를 포함한다)를 위반하여 측량업 또는 수

로사업의 휴업·폐업 등의 신고를 하지 아니하거나 거짓으로 신고한 자

11. 제50조제2항을 위반하여 본인, 배우자 또는 직계 존속·비속이 소유한 토지에 대한 지적측량을 한 자

12. 제54조제4항을 위반하여 수로사업 등록사항의 변경신고를 하지 아니한 자

13. 제92조제1항을 위반하여 측량기기에 대한 성능검사를 받지 아니하거나 부정한 방법으로 성능검사를 받은 자

14. 제93조제1항을 위반하여 성능검사대행자의 등록사항 변경을 신고하지 아니한 자

15. 제93조제3항을 위반하여 성능검사대행업무의 폐업신고를 하지 아니한 자

16. 정당한 사유 없이 제99조제1항에 따른 보고를 하지 아니하거나 거짓으로 보고를 한 자

17. 정당한 사유 없이 제99조제1항에 따른 조사를 거부·방해 또는 기피한 자

18. 정당한 사유 없이 제101조제7항을 위반하여 토지등에의 출입 등을 방해하거나 거부한 자

② 제1항에 따른 과태료는 대통령령으로 정하는 바에 따라 국토교통부장관, 해양수산부장관, 시·도지사 또는 지적소관청이 부과·징수한다. <개정 2013. 3. 23.>

제111조(과태료) ① 다음 각 호의 어느 하나에 해당하는 자에게는 300만원 이하의 과태료를 부과한다. <개정 2013. 3. 23.>

1. 정당한 사유 없이 측량을 방해한 자

2. 제13조제4항을 위반하여 고시된 측량성과에 어긋나는 측량성과를 사용한 자

3. 제31조제2항을 위반하여 수로조사를 하지 아니한 자

4. 정당한 사유 없이 해양수산부장관이 제32조에 따라 공고한 수로조사를 방해한 자

5. 정당한 사유 없이 제33조제1항을 위반하여 수로조사성과를 제출하지 아니한 자

6. 제35조제5항을 위반하여 판매가격을 준수하지 아니하고 수로도서지를 판매하거나 최신 항행통보에 따라 수정되지 아니한 수로도서지를 보급한 자

7. 제40조제1항(제43조제3항에 따라 준용되는 경우를 포함한다)을 위반하여 거짓으로 측량기술자 또는 수로기술자의 신고를 한 자

8. 제44조제4항을 위반하여 측량업 등록사항의 변경신고를 하지 아니한 자

9. 제46조제2항(제54조제6항에 따라 준용되는 경우를 포함한다)을 위반하여 측량업자 또는 수로사업자의 지위 승계 신고를 하지 아니한 자

10. 제48조(제54조제6항에 따라 준용되는 경우를 포함한다)를 위반하여 측량업 또는 수로사업의 휴업·폐업 등의 신고를 하지 아니하거나 거짓으로 신고한 자

11. 제50조제2항을 위반하여 본인, 배우자 또는 직계 존속·비속이 소유한 토지에 대한 지적측량을 한 자

12. 제54조제4항을 위반하여 수로사업 등록사항의 변경신고를 하지 아니한 자

13. 제92조제1항을 위반하여 측량기기에 대한 성능검사를 받지 아니하거나 부정한 방법으로 성능검사를 받은 자

14. 제93조제1항을 위반하여 성능검사대행자의 등록사항 변경을 신고하지 아니한 자

15. 제93조제3항을 위반하여 성능검사대행업무의 폐업신고를 하지 아니한 자

16. 정당한 사유 없이 제99조제1항에 따른 보고를 하지 아니하거나 거짓으로 보고를 한 자

17. 정당한 사유 없이 제99조제1항에 따른 조사를 거부·방해 또는 기피한 자

18. 정당한 사유 없이 제101조제7항을 위반하여 토지등에의 출입 등을 방해하거나 거부한 자

② 제1항에 따른 과태료는 대통령령으로 정하는 바에 따라 국토교통부장관, 해양수산부장관, 시·도지사, 대도시 시장 또는 지적소관청이 부과·징수한다. <개정 2013. 3. 23., 2020. 2. 18.>

[시행일 : 2021. 1. 1.] 제111조

공간정보의 구축 및 관리 등에 관한 법률 시행령

[시행 2020. 3. 3] [대통령령 제30509호, 2020. 3. 3, 타법개정]

국토교통부(공간정보제도과) 044-201-3480
해양수산부(해양영토과) 044-200-5358, 5357

제1장 총칙

제1조(목적) 이 영은 「공간정보의 구축 및 관리 등에 관한 법률」에서 위임된 사항과 그 시행에 필요한 사항을 규정함을 목적으로 한다. <개정 2015. 6. 1.>

제2조(공공측량시행자) 「공간정보의 구축 및 관리 등에 관한 법률」(이하 "법"이라 한다) 제2조제3호가목에서 "대통령령으로 정하는 기관"이란 다음 각 호의 기관을 말한다. <개정 2010. 10. 1., 2014. 9. 24., 2015. 6. 1.>

1. 「정부출연연구기관 등의 설립·운영 및 육성에 관한 법률」 제8조에 따른 정부출연연구기관 및 「과학기술분야 정부출연연구기관 등의 설립·운영 및 육성에 관한 법률」에 따른 과학기술분야 정부출연연구기관

2. 「공공기관의 운영에 관한 법률」에 따른 공공기관

3. 「지방공기업법」에 따른 지방직영기업, 지방공사 및 지방공단

4. 「지방자치단체 출자·출연 기관의 운영에 관한 법률」 제2조제1항에 따른 출자기관

5. 「사회기반시설에 대한 민간투자법」 제2조제7호의 사업시행자

6. 지하시설물 측량을 수행하는 「도시가스사업법」 제2조제2호의 도시가스사업자와 「전기통신사업법」 제6조의 기간통신사업자

제3조(공공측량) 법 제2조제3호나목에서 "대통령령으로 정하는 측량"이란 다음 각 호의 측량 중 국토교통부장관이 지정하여 고시하는 측량을 말한다. <개정 2013. 3. 23.>

1. 측량실시지역의 면적이 1제곱킬로미터 이상인 기준점측량, 지형측량 및 평면측량

2. 측량노선의 길이가 10킬로미터 이상인 기준점측량

3. 국토교통부장관이 발행하는 지도의 축척과 같은 축척의 지도 제작

4. 촬영지역의 면적이 1제곱킬로미터 이상인 측량용 사진의 촬영

5. 지하시설물 측량

6. 인공위성 등에서 취득한 영상정보에 좌표를 부여하기 위한 2차원 또는 3차원의 좌표 측량

7. 그 밖에 공공의 이해에 특히 관계가 있다고 인정되는 사설철도 부설, 간척 및 매립사 업 등에 수반되는 측량

제4조(수치주제도의 종류) 법 제2조제10호에 따른 수치주제도(數値主題圖)의 종류는 별표 1 과 같다.

제5조(1필지로 정할 수 있는 기준) ① 법 제2조제21호에 따라 지번부여지역의 토지로서 소유 자와 용도가 같고 지반이 연속된 토지는 1필지로 할 수 있다.

② 제1항에도 불구하고 다음 각 호의 어느 하나에 해당하는 토지는 주된 용도의 토지에 편입하여 1필지로 할 수 있다. 다만, 종된 용도의 토지의 지목(地目)이 "대"(垈)인 경우 와 종된 용도의 토지 면적이 주된 용도의 토지 면적의 10퍼센트를 초과하거나 330제곱 미터를 초과하는 경우에는 그러하지 아니하다.

1. 주된 용도의 토지의 편의를 위하여 설치된 도로·구거(溝渠: 도랑) 등의 부지

2. 주된 용도의 토지에 접속되거나 주된 용도의 토지로 둘러싸인 토지로서 다른 용도로 사용되고 있는 토지

제2장 측량 및 수로조사

제1절 통칙

제6조(원점의 특례) 법 제6조제1항제2호 단서에서 "섬 등 대통령령으로 정하는 지역"이란 다 음 각 호의 지역을 말한다. <개정 2013. 3. 23.>

1. 제주도

2. 울릉도

3. 독도

4. 그 밖에 대한민국 경위도원점 및 수준원점으로부터 원거리에 위치하여 대한민국 경 위도원점 및 수준원점을 적용하여 측량하기 곤란하다고 인정되어 국토교통부장관이 고시한 지역

제7조(세계측지계 등) ① 법 제6조제1항에 따른 세계측지계(世界測地系)는 지구를 편평한 회
전타원체로 상정하여 실시하는 위치측정의 기준으로서 다음 각 호의 요건을 갖춘 것을
말한다.

  1. 회전타원체의 장반경(張半徑) 및 편평률(扁平率)은 다음 각 목과 같을 것

    가. 장반경: 6,378,137미터

    나. 편평률: 298.257222101분의 1

  2. 회전타원체의 중심이 지구의 질량중심과 일치할 것

  3. 회전타원체의 단축(短軸)이 지구의 자전축과 일치할 것

② 법 제6조제1항에 따른 대한민국 경위도원점(經緯度原點) 및 수준원점(水準原點)의
지점과 그 수치는 다음 각 호와 같다. <개정 2015. 6. 1., 2017. 1. 10.>

  1. 대한민국 경위도원점

    가. 지점: 경기도 수원시 영통구 월드컵로 92(국토지리정보원에 있는 대한민국 경위
도원점 금속표의 십자선 교점)

    나. 수치

      1) 경도: 동경 127도 03분 14.8913초

      2) 위도: 북위 37도 16분 33.3659초

      3) 원방위각: 165도 03분 44.538초(원점으로부터 진북을 기준으로 오른쪽 방향으
로 측정한 우주측지관측센터에 있는 위성기준점 안테나 참조점 중앙)

  2. 대한민국 수준원점

    가. 지점: 인천광역시 남구 인하로 100(인하공업전문대학에 있는 원점표석 수정판의
영 눈금선 중앙점)

    나. 수치: 인천만 평균해수면상의 높이로부터 26.6871미터 높이

③ 법 제6조제1항에 따른 직각좌표의 기준은 별표 2와 같다.

제8조(측량기준점의 구분) ① 법 제7조제1항에 따른 측량기준점은 다음 각 호의 구분에 따른
다. <개정 2015. 6. 1.>

  1. 국가기준점

    가. 우주측지기준점: 국가측지기준계를 정립하기 위하여 전 세계 초장거리간섭계와
연결하여 정한 기준점

    나. 위성기준점: 지리학적 경위도, 직각좌표 및 지구중심 직교좌표의 측정 기준으로
사용하기 위하여 대한민국 경위도원점을 기초로 정한 기준점

    다. 수준점: 높이 측정의 기준으로 사용하기 위하여 대한민국 수준원점을 기초로 정
한 기준점

라. 중력점: 중력 측정의 기준으로 사용하기 위하여 정한 기준점

마. 통합기준점: 지리학적 경위도, 직각좌표, 지구중심 직교좌표, 높이 및 중력 측정의 기준으로 사용하기 위하여 위성기준점, 수준점 및 중력점을 기초로 정한 기준점

바. 삼각점: 지리학적 경위도, 직각좌표 및 지구중심 직교좌표 측정의 기준으로 사용하기 위하여 위성기준점 및 통합기준점을 기초로 정한 기준점

사. 지자기점(地磁氣點): 지구자기 측정의 기준으로 사용하기 위하여 정한 기준점

아. 수로기준점: 수로조사 시 해양에서의 수평위치와 높이, 수심 측정 및 해안선 결정 기준으로 사용하기 위하여 위성기준점과 법 제6조제1항제3호의 기본수준면을 기초로 정한 기준점으로서 수로측량기준점, 기본수준점, 해안선기준점으로 구분한다.

자. 영해기준점: 우리나라의 영해를 획정(劃定)하기 위하여 정한 기준점

2. 공공기준점

가. 공공삼각점: 공공측량 시 수평위치의 기준으로 사용하기 위하여 국가기준점을 기초로 하여 정한 기준점

나. 공공수준점: 공공측량 시 높이의 기준으로 사용하기 위하여 국가기준점을 기초로 하여 정한 기준점

3. 지적기준점

가. 지적삼각점(地籍三角點): 지적측량 시 수평위치 측량의 기준으로 사용하기 위하여 국가기준점을 기준으로 하여 정한 기준점

나. 지적삼각보조점: 지적측량 시 수평위치 측량의 기준으로 사용하기 위하여 국가기준점과 지적삼각점을 기준으로 하여 정한 기준점

다. 지적도근점(地籍圖根點): 지적측량 시 필지에 대한 수평위치 측량 기준으로 사용하기 위하여 국가기준점, 지적삼각점, 지적삼각보조점 및 다른 지적도근점을 기초로 하여 정한 기준점

② 제1항에 따른 각 기준점은 필요에 따라 등급을 구분할 수 있다.

제9조(측량기준점표지 설치의 통지) ① 법 제8조제2항에 따라 측량기준점표지의 설치자가 측량기준점표지의 설치 사실을 통지할 때에는 그 측량성과[평면직각좌표 및 표고(標高)의 성과가 있는 경우 그 좌표 및 표고를 포함한다]를 함께 통지하여야 한다.
② 제1항에 따른 측량기준점표지 설치의 통지를 위하여 필요한 사항은 국토교통부령으로 정한다. <개정 2013. 3. 23.>

제10조(측량기준점표지 설치 등의 고시) 법 제8조제3항에 따른 수로기준점표지의 설치에 대한 고시는 다음 각 호의 사항을 관보에 게재하는 방법으로 하고, 법 제8조제4항에 따른 지적기준점표지의 설치(이전·복구·철거 또는 폐기를 포함한다. 이하 이 조에서 같다)

에 대한 고시는 다음 각 호의 사항을 공보 또는 인터넷 홈페이지에 게재하는 방법으로
한다.

1. 기준점의 명칭 및 번호

2. 직각좌표계의 원점명(지적기준점에 한정한다)

3. 좌표 및 표고

4. 경도와 위도

5. 설치일, 소재지 및 표지의 재질

6. 측량성과 보관 장소

[제목개정 2014. 1. 17.]

제10조의2(측량업정보 종합관리체계의 구축·운영) ① 법 제10조의2제2항에 따른 측량업정보
종합관리체계(이하 "측량업정보 종합관리체계"라 한다)를 통하여 관리하여야 하는 측량
업정보는 다음 각 호와 같다.

1. 측량업자의 자본금, 경영실태, 측량용역 수행실적, 측량기술자 및 장비 보유현황

2. 법 제10조의3에 따른 측량용역사업에 대한 사업수행능력의 평가 및 공시에 관한 사항

3. 법 제40조에 따른 측량기술자의 신고 등에 관한 사항

4. 법 제42조에 따른 측량기술자의 업무정지 등에 관한 사항

5. 법 제44조에 따른 측량업의 업종별 등록(변경신고를 포함한다)에 관한 사항

6. 법 제46조에 따른 측량업자의 지위 승계에 관한 사항

7. 법 제48조에 따른 측량업의 휴업·폐업 등 신고에 관한 사항

8. 법 제52조에 따른 측량업의 등록취소 등에 관한 사항

9. 그 밖에 측량업정보 관리에 필요한 사항

② 국토교통부장관은 측량업정보 종합관리체계의 구축·운영을 위하여 다음 각 호의 업
무를 수행할 수 있다.

1. 측량업정보 종합관리체계의 구축·운영에 관한 각종 연구개발 및 기술지원

2. 측량업정보 종합관리체계의 표준화

3. 측량업정보 종합관리체계를 이용한 정보의 공동 활용 촉진

4. 그 밖에 측량업정보 종합관리체계의 구축·운영을 위하여 필요한 사항

③ 국토교통부장관은 측량업정보 종합관리체계의 효율적인 구축·운영을 위하여 「공간
정보산업 진흥법」 제24조에 따른 공간정보산업협회(이하 "공간정보산업협회"라 한다)
등과 협의체를 구성·운영할 수 있다.

④ 제1항부터 제3항까지에서 규정한 사항 외에 측량업정보의 입력기준, 보관방법 등 측
량업정보 종합관리체계의 구축·운영에 필요한 사항은 국토교통부장관이 정하여 고시한다.

[본조신설 2015. 6. 1.]

제10조의3(측량업정보의 종합관리를 위한 자료제출의 요청절차) 국토교통부장관은 법 제10조의2제3항에 따라 자료의 제출을 요청하는 경우에는 제출기한 15일 전까지 다음 각 호의 사항을 서면으로 통보하여야 한다.

1. 제출요청 사유
2. 제출기한
3. 제출자료의 구체적인 사항
4. 자료제출의 방식 및 형태
5. 제출자료의 활용방법

[본조신설 2015. 6. 1.]

제10조의4(측량용역사업에 대한 사업수행능력 평가를 위한 신고) ① 법 제10조의3제1항에 따른 측량용역사업에 대한 사업수행능력 평가(이하 "사업수행능력평가"라 한다)를 받으려는 측량업자는 같은 조 제2항에 규정된 사항에 관한 자료를 매년 2월 15일(재무상태에 관한 자료의 경우 법인은 4월 15일, 개인은 6월 15일)까지 국토교통부장관에게 제출하여야 한다.

② 제1항에도 불구하고 다음 각 호의 어느 하나에 해당하는 경우에는 매년 7월 31일까지 제출할 수 있다.

1. 법 제46조제1항에 따라 측량업자의 지위를 승계한 경우
2. 2월 15일이 지나서 법 제44조제2항에 따라 측량업을 등록한 경우

[본조신설 2015. 6. 1.]

제10조의5(사업수행능력평가의 기준) 법 제10조의3제3항에 따른 사업수행능력평가의 기준은 별표 2의2와 같다.

[본조신설 2015. 6. 1.]

제10조의6(사업수행능력의 공시) ① 국토교통부장관은 법 제10조의3에 따라 사업수행능력평가를 한 경우에는 다음 각 호의 사항을 공시하여야 한다.

1. 상호 및 성명(법인인 경우에는 대표자의 성명)
2. 주된 영업소의 소재지 및 연락처
3. 측량용역 수행실적
4. 기술인력 및 장비 보유현황
5. 측량업 등록현황
6. 자본금 및 매출액순이익률 등 재무상태 현황
7. 신용정보회사가 실시한 신용평가를 받은 경우에는 그 신용평가 내용

352 부 록

8. 사업수행능력평가 항목별 점수 및 종합평가점수

② 제1항에 따른 공시는 국토교통부령으로 정하는 공시방법에 따라 매년 8월 31일까지 하여야 한다.

[본조신설 2015. 6. 1.]

제11조(지형·지물의 변동사항 통보 등) ① 법 제11조제1항에 따른 지형·지물의 변동사항 통보는 국토교통부령 또는 해양수산부령으로 정하는 바에 따라 매월 말일까지 하여야 한다. <개정 2013. 3. 23., 2014. 1. 17.>

② 국토교통부장관 또는 해양수산부장관은 제1항에 따른 통보의 내용을 확인하기 위하여 필요하면 소속 공무원으로 하여금 현지를 조사하게 하거나 특별자치시장·특별자치도지사·시장·군수 또는 구청장(자치구의 구청장을 말한다. 이하 같다)으로 하여금 다시 조사하여 통보하게 할 수 있다. <개정 2013. 3. 23., 2013. 6. 11.>

③ 법 제11조제2항에 따라 공공측량시행자가 통보하여야 하는 건설공사의 종류 및 규모는 별표 3과 같다.

제2절 기본측량

제12조(측량의 실시공고) ① 법 제12조제2항에 따른 기본측량의 실시공고와 법 제17조제6항에 따른 공공측량의 실시공고는 전국을 보급지역으로 하는 일간신문에 1회 이상 게재하거나 해당 특별시·광역시·특별자치시·도 또는 특별자치도(이하 "시·도"라 한다)의 게시판 및 인터넷 홈페이지에 7일 이상 게시하는 방법으로 하여야 한다. <개정 2013. 6. 11.>

② 제1항에 따른 공고에는 다음 각 호의 사항이 포함되어야 한다.

1. 측량의 종류
2. 측량의 목적
3. 측량의 실시기간
4. 측량의 실시지역
5. 그 밖에 측량의 실시에 관하여 필요한 사항

제13조(측량성과의 고시) ① 법 제13조제1항에 따른 기본측량성과의 고시와 법 제18조제4항에 따른 공공측량성과의 고시는 최종성과를 얻은 날부터 30일 이내에 하여야 한다. 다만, 기본측량성과의 고시에 포함된 국가기준점 성과가 다른 국가기준점 성과와 연결하여 계산될 필요가 있는 경우에는 그 계산이 완료된 날부터 30일 이내에 기본측량성과를 고시할 수 있다. <개정 2014. 1. 17.>

② 제1항에 따른 측량성과의 고시에는 다음 각 호의 사항이 포함되어야 한다.

1. 측량의 종류

2. 측량의 정확도

3. 설치한 측량기준점의 수

4. 측량의 규모(면적 또는 지도의 장수)

5. 측량실시의 시기 및 지역

6. 측량성과의 보관 장소

7. 그 밖에 필요한 사항

제14조(기본측량성과 검증기관의 지정) ① 법 제13조제2항에서 "대통령령으로 정하는 측량 관련 전문기관"이란 다음 각 호의 기관 중 별표 4의 기준을 갖춘 기관으로서 측량 관련 인력과 장비 보유 현황 등을 종합적으로 검토하여 국토교통부장관이 지정하는 기관(이하 "기본측량성과 검증기관"이라 한다)을 말한다. <개정 2013. 3. 23.>

1. 「정부출연연구기관 등의 설립·운영 및 육성에 관한 법률」 및 「과학기술분야 정부출연연구기관 등의 설립·운영 및 육성에 관한 법률」에 따른 정부출연연구기관

2. 「민법」 제32조에 따라 국토교통부장관의 허가를 받아 설립된 측량 관련 비영리법인

3. 「고등교육법」 제2조에 따라 설립된 학교의 부설연구소

4. 법 제105조제2항제3호에 따라 공공측량성과의 심사에 관한 업무를 위탁받은 기관

② 제1항에 따른 기본측량성과 검증기관으로 지정받으려는 자는 국토교통부령으로 정하는 서류를 갖추어 국토교통부장관에게 신청하여야 한다. <개정 2013. 3. 23.>

③ 국토교통부장관은 제1항에 따라 기본측량성과 검증기관을 지정한 경우 이를 신청인에게 서면으로 통지하고 지체 없이 공고하여야 한다. <개정 2013. 3. 23.>

④ 기본측량성과 검증기관의 지정절차 및 정확도 검증 등에 필요한 사항은 국토교통부령으로 정한다. <개정 2013. 3. 23.>

제15조(지도등의 표시 금지사항) 법 제15조제1항 단서 및 제20조 단서에서 "대통령령으로 정하는 사항"이란 다음 각 호의 사항을 말한다.

1. 「군사기지 및 군사시설 보호법」 제2조제1호 및 제2호의 군사기지 및 군사시설에 관한 사항

2. 다른 법령에 따라 비밀로 유지되거나 열람이 제한되는 등의 비공개사항

제16조(기본측량성과 및 공공측량성과의 국외 반출) ①법 제16조제1항 단서에서 "외국 정부와 기본측량성과를 서로 교환하는 등 대통령령으로 정하는 경우"란 다음 각 호의 경우를 말한다. <개정 2013. 3. 23., 2014. 1. 17.>

1. 대한민국 정부와 외국 정부 간에 체결된 협정 또는 합의에 따라 기본측량성과를 상호

교환하는 경우

2. 정부를 대표하여 외국 정부와 교섭하거나 국제회의 또는 국제기구에 참석하는 자가 자료로 사용하기 위하여 지도나 그 밖에 필요한 간행물(이하 "지도등"이라 한다) 또는 측량용 사진을 반출하는 경우

3. 관광객 유치와 관광시설 홍보를 목적으로 지도등 또는 측량용사진을 제작하여 반출하는 경우

4. 축척 5만분의 1 미만인 소축척의 지도(수치지형도는 제외한다. 이하 이 조에서 같다)나 그 밖에 필요한 간행물을 국외로 반출하는 경우

5. 축척 2만5천분의 1 또는 5만분의 1 지도로서 「국가공간정보에 관한 법률 시행령」 제24조제3항에 따라 국가정보원장의 지원을 받아 보안성 검토를 거친 경우(등고선, 발전소, 가스관 등 국토교통부장관이 정하여 고시하는 시설 등이 표시되지 아니한 경우로 한정한다)

6. 축척 2만5천분의 1인 영문판 수치지형도로서 「국가공간정보에 관한 법률 시행령」 제24조제3항에 따른 보안성 검토를 거친 경우

② 법 제21조제1항 단서에서 "외국정부와 공공측량성과를 서로 교환하는 등 대통령령으로 정하는 경우"란 다음 각 호의 경우를 말한다. <신설 2014. 1. 17.>

1. 대한민국 정부와 외국 정부 간에 체결된 협정 또는 합의에 따라 공공측량성과를 상호 교환하는 경우

2. 정부를 대표하여 외국 정부와 교섭하거나 국제회의 또는 국제기구에 참석하는 자가 자료로 사용하기 위하여 지도등 또는 측량용 사진을 반출하는 경우

3. 관광객 유치와 관광시설 홍보를 목적으로 지도등 또는 측량용사진을 제작하여 반출하는 경우

4. 축척 5만분의 1 미만인 소축척의 지도나 그 밖에 필요한 간행물을 국외로 반출하는 경우

5. 축척 2만5천분의 1 또는 5만분의 1 지도로서 「국가공간정보에 관한 법률 시행령」 제24조제3항에 따라 국가정보원장의 지원을 받아 보안성 검토를 거친 경우

[제목개정 2014. 1. 17.]

제16조의2(국외반출 협의체의 구성 및 운영) ① 법 제16조제2항 단서에 따른 협의체(이하 "협의체"라 한다)는 다음 각 호의 기관의 장이 지명하는 4급 이상 공무원(이에 상당하는 특정직공무원을 포함한다)과 국토교통부장관이 위촉하는 1명 이상의 민간전문가(이하 이 조에서 "민간위원"이라 한다)로 구성한다. <개정 2017. 1. 10., 2017. 7. 26., 2018. 4. 24.>

1. 과학기술정보통신부

2. 외교부

3. 통일부

4. 국방부

5. 행정안전부

6. 산업통상자원부

7. 국가정보원

② 민간위원은 다음 각 호의 어느 하나에 해당하는 자격을 갖춘 사람으로서 공간정보에 대한 보안성 검토 또는 공간정보 산업에 관한 지식과 경험이 풍부한 사람이어야 한다. <신설 2018. 4. 24.>

1. 「고등교육법」에 따른 전문대학 이상의 학교에서 공간정보 관련 학과의 교수 또는 부교수로 재직 중인 사람

2. 공간정보 관련 분야의 「국가기술자격법」에 따른 기술사 자격을 취득한 후 관련 업계에서 10년 이상 종사한 사람

③ 국토교통부장관은 법 제16조제2항 단서 및 법 제21조제2항 단서에 따라 기본측량성과 또는 공공측량성과의 국외반출에 관한 결정이 필요하다고 인정하는 경우 협의체의 회의를 소집한다. <개정 2018. 4. 24.>

④ 국토교통부장관은 제3항에 따라 협의체의 회의를 소집할 때에는 회의의 일시·장소 및 협의안건을 회의 개최 7일 전까지 제1항 각 호의 기관의 장 및 민간위원에게 통지하여야 한다. <개정 2018. 4. 24.>

⑤ 국토교통부장관은 협의체의 회의 결과에 따라 결정한 사항을 제1항 각 호의 기관의 장 및 민간위원에게 통보하여야 한다. <개정 2018. 4. 24.>

⑥ 제1항부터 제5항까지에서 규정한 사항 외에 협의체의 구성 및 운영에 필요한 사항은 국토교통부장관이 정한다. <개정 2018. 4. 24.>

[본조신설 2014. 12. 3.]

제3절 공공측량 및 일반측량

제17조(지도등의 간행) ① 법 제20조에 따라 공공측량시행자가 공공측량성과를 사용하여 간행·판매 또는 배포할 수 있는 지도등은 다음 각 호와 같다. <개정 2013. 3. 23.>

1. 공공측량시행자가 국토교통부와 공동으로 제작한 지형도를 이용하여 간행하는 지도등

2. 법 제18조에 따른 심사를 거쳐 고시된 측량성과를 사용하여 지하시설물도(地下施設物圖), 도로망도 등 특정 목적에 사용하기 위하여 간행하는 지도등

② 제1항의 지도등을 판매하려는 공공측량시행자는 국토교통부령으로 정하는 바에 따라

지도의 축척 및 판매가격 등을 정하여 국토교통부장관에게 통보하여야 한다. <개정 2013. 3. 23.>

제4절 지적측량

제18조(지적현황측량) 법 제23조제1항제5호에서 "대통령령으로 정하는 경우"란 지상건축물 등의 현황을 지적도 및 임야도에 등록된 경계와 대비하여 표시하는 데에 필요한 경우를 말한다.

제19조(등록전환이나 분할에 따른 면적 오차의 허용범위 및 배분 등) ① 법 제26조제2항에 따른 등록전환이나 분할을 위하여 면적을 정할 때에 발생하는 오차의 허용범위 및 처리방법은 다음 각 호와 같다.

1. 등록전환을 하는 경우

가. 임야대장의 면적과 등록전환될 면적의 오차 허용범위는 다음의 계산식에 따른다. 이 경우 오차의 허용범위를 계산할 때 축척이 3천분의 1인 지역의 축척분모는 6천으로 한다.

$$A = 0.026^2 M \sqrt{F}$$

(A는 오차 허용면적, M은 임야도 축척분모, F는 등록전환될 면적)

나. 임야대장의 면적과 등록전환될 면적의 차이가 가목의 계산식에 따른 허용범위 이내인 경우에는 등록전환될 면적을 등록전환 면적으로 결정하고, 허용범위를 초과하는 경우에는 임야대장의 면적 또는 임야도의 경계를 지적소관청이 직권으로 정정하여야 한다.

2. 토지를 분할하는 경우

가. 분할 후의 각 필지의 면적의 합계와 분할 전 면적과의 오차의 허용범위는 제1호 가목의 계산식에 따른다. 이 경우 A는 오차 허용면적, M은 축척분모, F는 원면적으로 하되, 축척이 3천분의 1인 지역의 축척분모는 6천으로 한다.

나. 분할 전후 면적의 차이가 가목의 계산식에 따른 허용범위 이내인 경우에는 그 오차를 분할 후의 각 필지의 면적에 따라 나누고, 허용범위를 초과하는 경우에는 지적공부(地籍公簿)상의 면적 또는 경계를 정정하여야 한다.

다. 분할 전후 면적의 차이를 배분한 산출면적은 다음의 계산식에 따라 필요한 자리까지 계산하고, 결정면적은 원면적과 일치하도록 산출면적의 구하려는 끝자리의 다음 숫자가 큰 것부터 순차로 올려서 정하되, 구하려는 끝자리의 다음 숫자가 서로 같을 때에는 산출면적이 큰 것을 올려서 정한다.

$$r = \frac{F}{A} \times a$$

(r은 각 필지의 산출면적, F는 원면적, A는 측정면적 합계 또는 보정면적 합계, a는 각 필지의 측정면적 또는 보정면적)

② 경계점좌표등록부가 있는 지역의 토지분할을 위하여 면적을 정할 때에는 제1항제2호나목에도 불구하고 다음 각 호의 기준에 따른다.

1. 분할 후 각 필지의 면적합계가 분할 전 면적보다 많은 경우에는 구하려는 끝자리의 다음 숫자가 작은 것부터 순차적으로 버려서 정하되, 분할 전 면적에 증감이 없도록 할 것

2. 분할 후 각 필지의 면적합계가 분할 전 면적보다 적은 경우에는 구하려는 끝자리의 다음 숫자가 큰 것부터 순차적으로 올려서 정하되, 분할 전 면적에 증감이 없도록 할 것

제20조(중앙지적위원회의 구성 등) ① 법 제28조제1항에 따른 중앙지적위원회(이하 "중앙지적위원회"라 한다)는 위원장 1명과 부위원장 1명을 포함하여 5명 이상 10명 이하의 위원으로 구성한다. <개정 2012. 7. 4.>

② 위원장은 국토교통부의 지적업무 담당 국장이, 부위원장은 국토교통부의 지적업무 담당 과장이 된다. <개정 2013. 3. 23.>

③ 위원은 지적에 관한 학식과 경험이 풍부한 사람 중에서 국토교통부장관이 임명하거나 위촉한다. <개정 2013. 3. 23.>

④ 위원장 및 부위원장을 제외한 위원의 임기는 2년으로 한다.

⑤ 중앙지적위원회의 간사는 국토교통부의 지적업무 담당 공무원 중에서 국토교통부장관이 임명하며, 회의 준비, 회의록 작성 및 회의 결과에 따른 업무 등 중앙지적위원회의 서무를 담당한다. <개정 2013. 3. 23.>

⑥ 중앙지적위원회의 위원에게는 예산의 범위에서 출석수당과 여비, 그 밖의 실비를 지급할 수 있다. 다만, 공무원인 위원이 그 소관 업무와 직접적으로 관련되어 출석하는 경우에는 그러하지 아니하다.

제20조의2(위원의 제척·기피·회피) ① 중앙지적위원회의 위원이 다음 각 호의 어느 하나에 해당하는 경우에는 중앙지적위원회의 심의·의결에서 제척(除斥)된다.

1. 위원 또는 그 배우자나 배우자이었던 사람이 해당 안건의 당사자가 되거나 그 안건의 당사자와 공동권리자 또는 공동의무자인 경우

2. 위원이 해당 안건의 당사자와 친족이거나 친족이었던 경우

3. 위원이 해당 안건에 대하여 증언, 진술 또는 감정을 한 경우

4. 위원이나 위원이 속한 법인·단체 등이 해당 안건의 당사자의 대리인이거나 대리인이

었던 경우

5. 위원이 해당 안건의 원인이 된 처분 또는 부작위에 관여한 경우

② 해당 안건의 당사자는 위원에게 공정한 심의·의결을 기대하기 어려운 사정이 있는 경우에는 중앙지적위원회에 기피 신청을 할 수 있고, 중앙지적위원회는 의결로 이를 결정한다. 이 경우 기피 신청의 대상인 위원은 그 의결에 참여하지 못한다.

③ 위원이 제1항 각 호에 따른 제척 사유에 해당하는 경우에는 스스로 해당 안건의 심의·의결에서 회피(回避)하여야 한다.

[본조신설 2012. 7. 4.]

제20조의3(위원의 해임·해촉) 국토교통부장관은 중앙지적위원회의 위원이 다음 각 호의 어느 하나에 해당하는 경우에는 해당 위원을 해임하거나 해촉(解囑)할 수 있다. <개정 2013. 3. 23.>

1. 심신장애로 인하여 직무를 수행할 수 없게 된 경우

2. 직무태만, 품위손상이나 그 밖의 사유로 인하여 위원으로 적합하지 아니하다고 인정되는 경우

3. 제20조의2제1항 각 호의 어느 하나에 해당하는 데에도 불구하고 회피하지 아니한 경우

[본조신설 2012. 7. 4.]

제21조(중앙지적위원회의 회의 등) ① 중앙지적위원회 위원장은 회의를 소집하고 그 의장이 된다.

② 위원장이 부득이한 사유로 직무를 수행할 수 없을 때에는 부위원장이 그 직무를 대행하고, 위원장 및 부위원장이 모두 부득이한 사유로 직무를 수행할 수 없을 때에는 위원장이 미리 지명한 위원이 그 직무를 대행한다.

③ 중앙지적위원회의 회의는 재적위원 과반수의 출석으로 개의(開議)하고, 출석위원 과반수의 찬성으로 의결한다.

④ 중앙지적위원회는 관계인을 출석하게 하여 의견을 들을 수 있으며, 필요하면 현지조사를 할 수 있다.

⑤ 위원장이 중앙지적위원회의 회의를 소집할 때에는 회의 일시·장소 및 심의 안건을 회의 5일 전까지 각 위원에게 서면으로 통지하여야 한다.

⑥ 위원이 법 제29조제6항에 따른 재심사 시 그 측량 사안에 관하여 관련이 있는 경우에는 그 안건의 심의 또는 의결에 참석할 수 없다.

제22조(현지조사자의 지정) 제21조제4항에 따라 중앙지적위원회가 현지조사를 하려는 경우에는 관계 공무원을 지정하여 지적측량 및 자료조사 등 현지조사를 하고 그 결과를 보고하게 할 수 있으며, 필요할 때에는 법 제24조제1항 각 호의 어느 하나에 해당하는 자

(이하 "지적측량수행자"라 한다)에게 그 소속 측량기술자 중 지적분야 측량기술자(이하 "지적기술자"라 한다)를 참여시키도록 요청할 수 있다. <개정 2014. 1. 17.>

제23조(지방지적위원회의 구성 등) 법 제28조제2항에 따른 지방지적위원회의 구성 및 회의 등에 관하여는 제20조, 제20조의2, 제20조의3, 제21조 및 제22조를 준용한다. 이 경우 제20조, 제20조의2, 제20조의3, 제21조 및 제22조 중 "중앙지적위원회"는 "지방지적위원회"로, "국토교통부"는 "시·도"로, "국토교통부장관"은 "특별시장·광역시장·특별자치시장·도지사 또는 특별자치도지사"로, "법 제29조제6항에 따른 재심사"는 "법 제29조제1항에 따른 지적측량 적부심사"로 본다. <개정 2012. 7. 4., 2013. 3. 23., 2013. 6. 11., 2014. 1. 17.>

제24조(지적측량의 적부심사 청구 등) ① 법 제29조제1항에 따라 지적측량 적부심사(適否審査)를 청구하려는 자는 심사청구서에 다음 각 호의 구분에 따른 서류를 첨부하여 특별시장·광역시장·특별자치시장·도지사 또는 특별자치도지사(이하 "시·도지사"라 한다)를 거쳐 지방지적위원회에 제출하여야 한다. <개정 2014. 1. 17.>

1. 토지소유자 또는 이해관계인: 지적측량을 의뢰하여 발급받은 지적측량성과

2. 지적측량수행자(지적측량수행자 소속 지적기술자가 청구하는 경우만 해당한다): 직접 실시한 지적측량성과

② 시·도지사는 법 제29조제2항제3호에 따른 현황 실측도를 작성하기 위하여 필요한 경우에는 관계 공무원을 지정하여 지적측량을 하게 할 수 있으며, 필요하면 지적측량수행자에게 그 소속 지적기술자를 참여시키도록 요청할 수 있다. <개정 2015. 6. 1.>

제25조(지적측량의 적부심사 의결 등) ① 지방지적위원회는 법 제29조제4항에 따라 지적측량 적부심사를 의결하였으면 위원장과 참석위원 전원이 서명 및 날인한 지적측량 적부심사 의결서를 지체 없이 시·도지사에게 송부하여야 한다.

② 시·도지사가 법 제29조제5항에 따라 지적측량 적부심사 의결서를 지적측량 적부심사 청구인 및 이해관계인에게 통지할 때에는 법 제29조제6항에 따른 재심사를 청구할 수 있음을 서면으로 알려야 한다.

제26조(지적측량의 적부심사에 관한 재심사 청구 등) ① 법 제29조제6항에 따른 지적측량 적부심사의 재심사 청구를 하려는 자는 재심사청구서에 지방지적위원회의 지적측량 적부심사 의결서 사본을 첨부하여 국토교통부장관을 거쳐 중앙지적위원회에 제출하여야 한다. <개정 2013. 3. 23., 2014. 1. 17.>

1. 삭제 <2014. 1. 17.>

2. 삭제 <2014. 1. 17.>

② 법 제29조제7항에 따라 중앙지적위원회가 재심사를 의결하였을 때에는 위원장과 참석위원 전원이 서명 및 날인한 의결서를 지체 없이 국토교통부장관에게 송부하여야 한다. <개정 2013. 3. 23.>

제5절 수로조사

제27조(수로조사의 실시) ① 법 제31조제2항 각 호 외의 부분 단서에서 "대통령령으로 정하는 규모 이하의 공사등"이란 다음 각 호의 어느 하나에 해당하는 것을 말한다. <개정 2010. 4. 20., 2013. 3. 23.>

1. 해양수산부령으로 정하는 수심(水深) 30미터 미만의 해역에서 흙, 모래, 광물 등을 채취하거나 준설토(浚渫土) 등을 버리거나 인공어초 등 구조물을 설치 또는 투입하는 행위(그 결과 수심 변화가 100분의 1 이하인 경우로 한정한다)

2. 해양수산부령으로 정하는 수심 30미터 이상의 해역에서 흙, 모래, 광물 등을 채취하거나 준설토 등을 버리거나 인공어초 등 구조물을 설치 또는 투입하는 행위(그 결과 수심 변화가 100분의 3 이하인 경우로 한정한다)

3. 일반선박의 항해에 이용되지 아니하는 해역에서 인공어초 등 구조물을 설치하거나 투입하는 행위(그 결과 수심 변화가 100분의 20 이하인 경우로 한정한다)

4. 「수산업법」 제8조제1항제6호에 따른 마을어업의 면허를 받은 어장이 위치한 해역에서 인공어초를 설치하는 행위

5. 「해양환경관리법」 제23조제1항에 따른 폐기물 배출

6. 「항만법」 제2조제4호에 따른 항만구역, 「신항만건설촉진법」 제2조제1호에 따른 신항만 또는 「어촌·어항법」 제2조제3호가목 및 나목에 따른 국가어항 및 지방어항(이하 "항만구역등"이라 한다)에서 하는 항만공사 또는 해안선의 변경을 수반하는 공사(그 공사 결과 해안선의 길이가 50미터 미만으로 변경되는 것으로 한정하되, 그 공사 결과 선박의 항해에 장애가 되는 돌출물 또는 장애물이 나타나는 경우는 제외한다)

7. 항만구역등 외의 해역에서 하는 항만공사 또는 해안선의 변경을 수반하는 공사(그 공사 결과 해안선의 길이가 100미터 미만으로 변경되는 경우로 한정하되, 그 공사 결과 선박의 항해에 장애가 되는 돌출물 또는 장애물이 나타나는 경우는 제외한다)

8. 항만구역등에서 하는 매립면적 2천500제곱미터 미만의 공유수면 매립

9. 항만구역등 외의 해역에서 하는 매립면적 1만제곱미터 미만의 공유수면 매립

10. 해면 또는 수중(水中)에 시설물 또는 해양조사 장비를 임시적으로 설치하는 행위(항해에 위해가 되지 않도록 필요한 조치를 한 경우로 한정한다)

② 법 제31조제2항 각 호에 따른 공사등에 대한 수로조사의 종류별 조사 항목은 해양수

산부령으로 정한다. <개정 2013. 3. 23.>

제28조(수로조사성과의 게재 등) ① 해양수산부장관이 법 제33조제3항에 따라 수로조사성과를 항행통보 및 수로도서지에 게재할 때에는 수로조사성과 심사가 완료된 후 지체 없이 하여야 한다. <개정 2013. 3. 23.>

② 제1항에 따라 항행통보 및 수로도서지에 게재하는 내용에는 다음 각 호의 사항이 포함되어야 한다.

1. 해도(海圖)의 번호 및 해도명

2. 경도 및 위도로 표시한 수로도서지 변경 위치

3. 수로조사성과를 표시한 보정 도면

제29조(수로도서지를 판매하는 대행업자의 지정요건) ① 법 제35조제2항에 따라 수로도서지 중 서지류(書誌類) 형태의 수로도서지를 판매하는 대행업자는 수로도서지의 제작업무에 2년 이상 종사한 사람 2명 이상을 보유하여야 한다. <개정 2014. 12. 9.>

② 법 제35조제2항에 따라 수로도서지 중 수치제작물을 판매하는 대행업자는 다음 각 호의 요건을 모두 갖추어야 한다.

1. 수로업무와 관련된 국제기구에서 정한 표준에 따라 국립해양조사원이 제작한 수치제작물을 운용할 수 있는 전자시스템과 인터넷을 이용한 판매 방식을 갖출 것

2. 수로도서지의 제작업무에 2년 이상 종사한 사람 1명 이상을 보유할 것

③ 법 제35조제2항에 따라 수로도서지 중 서지류 형태의 수로도서지와 수치제작물을 함께 판매하는 대행업자는 제1항 및 제2항제1호의 지정요건을 모두 갖추어야 한다. <개정 2014. 12. 9.>

④ 법 제35조제6항제1호 단서에서 "대통령령으로 정하는 경우"란 지정 요건에 미달되는 기간이 6개월 이내인 경우를 말한다.

제30조(수로도서지의 복제 등의 승인 기준 및 절차) 법 제36조제1항에 따라 수로도서지를 복제하거나 유사제작물을 발행하려는 자는 해양수산부령으로 정하는 신청서에 다음 각 호의 서류를 첨부하여 해양수산부장관에게 제출하여야 한다. <개정 2013. 3. 23.>

1. 복제 또는 유사제작물 발행에 관한 계획서

2. 유사제작물의 견본과 그 인쇄예본(印刷例本) 또는 설명서(유사제작물을 발행하는 경우만 해당한다)

3. 원본자료의 사용량을 증명할 수 있는 자료(유사제작물을 발행하는 경우만 해당한다)

제6절 측량기술자 및 수로기술자

제31조(측량도서의 실명화) 측량기술자는 그가 작성한 측량도서에 서명 및 날인하여야 한다.

제32조(측량기술자의 자격기준 등) 법 제39조제2항에 따른 측량기술자의 자격기준과 등급은 별표 5와 같다.

제32조의2(지적기술자의 업무정지 절차) ① 국토교통부장관은 다음 각 호의 어느 하나에 해당하는 경우 법 제42조제1항 각 호 외의 부분 후단에 따라 중앙지적위원회에 지적기술자의 업무정지 처분에 관한 심의를 요청하여야 한다. <개정 2015. 6. 1.>

1. 국토교통부장관이 법 제42조제1항 각 호의 어느 하나에 해당하는 사항을 발견(지적소관청으로부터 통보받은 경우를 포함한다)한 경우

2. 시·도지사가 법 제42조제1항 각 호의 위반 사실을 발견(지적소관청으로부터 통보받은 경우를 포함한다)하여 국토교통부장관에게 통보한 경우

　　가. 삭제 <2015. 6. 1.>

　　나. 삭제 <2015. 6. 1.>

② 중앙지적위원회는 제1항에 따른 심의 요청이 있는 경우 지적기술자의 업무정지에 관하여 심의·의결하고, 그 결과를 지체 없이 국토교통부장관에게 보내야 한다.

③ 국토교통부장관은 제2항에 따른 심의·의결 결과를 받은 경우 지체 없이 처분하고, 그 사실을 시·도지사에게 통지하여야 한다.

[본조신설 2014. 1. 17.]

제33조(수로기술자의 자격기준 등) 법 제43조제2항에 따른 수로기술자의 자격기준과 등급은 별표 6과 같다.

제7절 측량업 및 수로사업

제34조(측량업의 종류) ① 법 제44조제1항제3호에 따른 "항공촬영, 지도제작 등 대통령령으로 정하는 업종"이란 다음 각 호와 같다.

1. 공공측량업

2. 일반측량업

3. 연안조사측량업

4. 항공촬영업

5. 공간영상도화업

6. 영상처리업

7. 수치지도제작업

8. 지도제작업

9. 지하시설물측량업

② 측량업의 종류별 업무 내용은 별표 7과 같다.

제35조(측량업의 등록 등) ① 법 제44조제1항제1호의 측지측량업과 이 영 제34조제1항제3호부터 제9호까지의 측량업은 국토교통부장관에게 등록하고, 법 제44조제1항제2호의 지적측량업과 이 영 제34조제1항제1호 및 제2호의 측량업은 특별시장·광역시장·특별자치시장 또는 도지사에게 등록하여야 한다. 다만, 특별자치도의 경우에는 법 제44조제1항제1호 및 제2호와 이 영 제34조제1항 각 호의 측량업을 특별자치도지사에게 등록하여야 한다. <개정 2013. 3. 23., 2013. 6. 11.>

② 제1항에 따라 측량업의 등록을 하려는 자는 국토교통부령으로 정하는 신청서(전자문서로 된 신청서를 포함한다)에 다음 각 호의 서류(전자문서를 포함한다)를 첨부하여 국토교통부장관 또는 시·도지사에게 제출하여야 한다. <개정 2013. 3. 23., 2014. 1. 17., 2017. 1. 10.>

1. 별표 8에 따른 기술인력을 갖춘 사실을 증명하기 위한 다음 각 목의 서류

　가. 보유하고 있는 측량기술자의 명단

　나. 가목의 인력에 대한 측량기술 경력증명서

2. 별표 8에 따른 장비를 갖춘 사실을 증명하기 위한 다음 각 목의 서류

　가. 보유하고 있는 장비의 명세서

　나. 가목의 장비의 성능검사서 사본

　다. 소유권 또는 사용권을 보유한 사실을 증명할 수 있는 서류

③ 제1항에 따른 등록신청을 받은 국토교통부장관 또는 시·도지사는 「전자정부법」 제36조제1항에 따른 행정정보의 공동이용을 통하여 다음 각 호의 행정정보를 확인하여야 한다. 다만, 사업자등록증 및 제2호의 서류에 대해서는 신청인으로부터 확인에 대한 동의를 받고, 신청인이 확인에 동의하지 아니하는 경우에는 해당 서류의 사본을 첨부하도록 하여야 한다. <개정 2010. 5. 4., 2013. 3. 23.>

1. 사업자등록증 또는 법인등기부 등본(법인인 경우만 해당한다)

2. 「국가기술자격법」에 따른 국가기술자격(정보처리기사의 경우만 해당한다)

④ 제2항에 따른 측량업의 등록신청을 받은 국토교통부장관 또는 시·도지사는 신청받은 날부터 10일 이내에 법 제44조에 따른 등록기준에 적합한지와 법 제47조 각 호의 결격사유가 없는지를 심사한 후 적합하다고 인정할 때에는 측량업등록부에 기록하고, 측량업등록증과 측량업등록수첩을 발급하여야 한다. <개정 2013. 3. 23., 2017. 1. 10.>

⑤ 국토교통부장관 또는 시·도지사는 제2항에 따른 측량업의 등록신청이 등록기준에 적합하지 아니하다고 인정할 때에는 신청인에게 그 뜻을 통지하여야 한다. <개정 2013. 3. 23.>

⑥ 국토교통부장관 또는 시·도지사는 법 제44조제2항에 따라 등록을 하였을 때에는 이를 해당 기관의 게시판이나 인터넷 홈페이지에 10일 이상 공고하여야 한다. <개정 2013. 3. 23., 2014. 1. 17.>

제36조(측량업의 등록기준) ① 측량업의 등록기준은 별표 8과 같다.

② 항공촬영업의 등록을 하려는 자는 별표 8의 등록기준을 갖추는 외에 「항공사업법」에 따른 항공기사용사업의 등록을 하여야 한다. <개정 2017. 3. 29.>

제37조(등록사항의 변경) ① 측량업의 등록을 한 자는 등록사항 중 다음 각 호의 어느 하나에 해당하는 사항을 변경하였을 때에는 법 제44조제4항에 따라 변경된 날부터 30일 이내에 국토교통부령으로 정하는 바에 따라 변경신고를 하여야 한다. 다만, 제4호에 해당하는 사항을 변경한 때에는 그 변경이 있은 날부터 90일 이내에 변경신고를 하여야 한다. <개정 2012. 6. 25., 2014. 1. 17.>

1. 주된 영업소 또는 지점의 소재지
2. 상호
3. 대표자
4. 기술인력 및 장비

② 둘 이상의 측량업에 등록한 자가 제1항제1호부터 제3호까지의 등록사항을 변경한 경우로서 제35조제1항에 따라 등록한 기관이 같은 경우에는 이를 한꺼번에 신고할 수 있다.

제38조(등록증 등의 재발급) 측량업자는 측량업등록증 또는 측량업등록수첩을 잃어버리거나 헐어서 못 쓰게 되었을 때에는 국토교통부장관 또는 시·도지사에게 재발급을 신청할 수 있다. <개정 2013. 3. 23., 2015. 6. 1.>

제39조(지적전산자료를 활용한 정보화사업 등) 법 제45조에 따른 지적전산자료를 활용한 정보화사업에는 다음 각 호의 사업을 포함한다.

1. 지적도·임야도, 연속지적도, 도시개발사업 등의 계획을 위한 지적도 등의 정보처리시스템을 통한 기록·저장 업무
2. 토지대장, 임야대장의 전산화 업무

제40조(측량업자의 지위승계) ① 법 제46조제2항에 따른 측량업자의 지위승계 신고는 제35조제1항에 따라 등록한 기관에 하여야 한다.

② 제1항에 따른 신고 절차는 국토교통부령으로 정한다. <개정 2013. 3. 23.>

제41조(손해배상책임의 보장) ① 지적측량수행자는 법 제51조제2항에 따라 손해배상책임을 보장하기 위하여 다음 각 호의 구분에 따라 보증보험에 가입하거나 공간정보산업협회가 운영하는 보증 또는 공제에 가입하는 방법으로 보증설정(이하 "보증설정"이라 한다)을 하여야 한다. <개정 2017. 1. 10.>

1. 지적측량업자: 보장기간 10년 이상 및 보증금액 1억원 이상
2. 「국가공간정보 기본법」 제12조에 따라 설립된 한국국토정보공사(이하 "한국국토정보 공사"라 한다): 보증금액 20억원 이상

② 지적측량업자는 지적측량업 등록증을 발급받은 날부터 10일 이내에 제1항제1호의 기준에 따라 보증설정을 하여야 하며, 보증설정을 하였을 때에는 이를 증명하는 서류를 제35조제1항에 따라 등록한 시·도지사에게 제출하여야 한다. <개정 2014. 1. 17., 2017. 1. 10.>

제42조(보증설정의 변경) ① 법 제51조에 따라 보증설정을 한 지적측량수행자는 그 보증설정을 다른 보증설정으로 변경하려는 경우에는 해당 보증설정의 효력이 있는 기간 중에 다른 보증설정을 하고 그 사실을 증명하는 서류를 제35조제1항에 따라 등록한 시·도지사에게 제출하여야 한다.

② 보증설정을 한 지적측량수행자는 보증기간의 만료로 인하여 다시 보증설정을 하려는 경우에는 그 보증기간 만료일까지 다시 보증설정을 하고 그 사실을 증명하는 서류를 제35조제1항에 따라 등록한 시·도지사에게 제출하여야 한다.

[전문개정 2017. 1. 10.]

제43조(보험금 등의 지급 등) ① 지적측량의뢰인은 법 제51조제1항에 따른 손해배상으로 보험금·보증금 또는 공제금을 지급받으려면 다음 각 호의 어느 하나에 해당하는 서류를 첨부하여 보험회사 또는 공간정보산업협회에 손해배상금 지급을 청구하여야 한다. <개정 2017. 1. 10.>

1. 지적측량의뢰인과 지적측량수행자 간의 손해배상합의서 또는 화해조서
2. 확정된 법원의 판결문 사본
3. 제1호 또는 제2호에 준하는 효력이 있는 서류

② 지적측량수행자는 보험금·보증금 또는 공제금으로 손해배상을 하였을 때에는 지체 없이 다시 보증설정을 하고 그 사실을 증명하는 서류를 제35조제1항에 따라 등록한 시·도지사에게 제출하여야 한다. <개정 2017. 1. 10.>

③ 지적소관청은 제1항에 따라 지적측량수행자가 지급하는 손해배상금의 일부를 지적소관청의 지적측량성과 검사 과실로 인하여 지급하여야 하는 경우에 대비하여 공제에 가

입할 수 있다. <신설 2014. 1. 17.>

[제목개정 2014. 1. 17., 2017. 1. 10.]

제44조(일시적인 등록기준 미달) 법 제52조제1항제4호 단서에서 "일시적으로 등록기준에 미 달되는 등 대통령령으로 정하는 경우"란 별표 8에 따른 기술인력에 해당하는 사람의 사 망·실종 또는 퇴직으로 인하여 등록기준에 미달되는 기간이 90일 이내인 경우를 말한 다. <개정 2012. 6. 25., 2014. 1. 17.>

제45조(수로사업의 종류) ① 법 제54조제1항에서 "대통령령으로 정하는 사업"이란 다음 각 호의 수로사업을 말한다.

1. 수로측량업

2. 해양관측업

② 수로사업의 종류별 업무 내용은 별표 9와 같다.

제46조(수로사업의 등록) ① 법 제54조제1항에 따른 수로사업의 등록을 하려는 자는 해양수 산부령으로 정하는 신청서(전자문서로 된 신청서를 포함한다)에 다음 각 호의 서류(전 자문서를 포함한다)를 첨부하여 해양수산부장관에게 제출하여야 한다. <개정 2013. 3. 23., 2014. 1. 17.>

1. 별표 10에 따른 기술인력을 갖춘 사실을 증명하기 위한 다음 각 목의 서류

   가. 보유하고 있는 수로기술자의 명단

   나. 가목의 인력에 대한 수로기술경력증 사본

2. 별표 10에 따른 장비를 갖춘 사실을 증명하기 위한 다음 각 목의 서류

   가. 보유하고 있는 장비의 명세서

   나. 가목의 장비의 성능검사서 사본

② 해양수산부장관은 제1항에 따른 등록신청을 받은 경우 「전자정부법」 제36조제1항에 따른 행정정보의 공동이용을 통하여 사업자등록증 또는 법인 등기사항증명서(법인인 경 우로 한정한다)를 확인하여야 한다. 다만, 사업자등록증에 대해서는 신청인으로부터 확 인에 대한 동의를 받고, 신청인이 확인에 동의하지 아니하는 경우에는 해당 서류의 사본 을 첨부하도록 하여야 한다. <개정 2010. 5. 4., 2010. 11. 2., 2013. 3. 23.>

③ 해양수산부장관은 제1항에 따른 등록신청이 다음 각 호의 어느 하나에 해당하는 경 우를 제외하고는 등록을 해주어야 한다. <개정 2011. 11. 30., 2013. 3. 23.>

1. 등록을 신청한 자가 법 제47조 각 호의 어느 하나에 해당하는 경우

2. 별표 10에 따른 수로사업의 등록기준을 갖추지 못한 경우

3. 그 밖에 법, 이 영 또는 다른 법령에 따른 제한에 위반되는 경우

④ 해양수산부장관은 제3항에 따라 등록을 한 경우에는 수로사업등록증과 수로사업등록

수첩을 발급하여야 한다. <신설 2011. 11. 30., 2013. 3. 23.>

⑤ 해양수산부장관은 제1항에 따른 수로사업의 등록신청이 제3항 각 호의 등록기준에 적합하지 아니하다고 인정할 때에는 신청인에게 그 뜻을 통지하여야 한다. <개정 2011. 11. 30., 2013. 3. 23.>

⑥ 해양수산부장관은 법 제54조제1항에 따라 등록을 하였을 때에는 이를 공고하여야 한다. <개정 2011. 11. 30., 2013. 3. 23.>

⑦ 수로사업의 등록사항의 변경, 수로사업등록증 등의 재발급, 수로사업자의 지위승계 등에 관하여는 제37조·제38조 및 제40조를 준용한다. 이 경우 "측량업"은 "수로사업"으로, "측량업자"는 "수로사업자"로, "측량업등록증"은 "수로사업등록증"으로, "측량업등록수첩"은 "수로사업등록수첩"으로, "국토교통부장관 또는 시·도지사"는 "해양수산부장관"으로 본다. <개정 2011. 11. 30., 2013. 3. 23.>

제47조(수로사업의 등록기준) 법 제54조제2항에 따른 수로사업의 등록기준은 별표 10과 같다.

제48조(측량 및 수로조사의 대가 기준 등) ① 법 제55조제1항에 따른 대가의 기준은 국토교통부장관 또는 해양수산부장관이 정한다. <개정 2013. 3. 23.>

② 법 제55조제1항에 따른 대가는 직접비 및 간접비로 구분하여 산정한다.

③ 국토교통부장관 또는 해양수산부장관은 제1항에 따라 대가의 기준을 정하였을 때에는 관보에 고시하여야 한다. <개정 2013. 3. 23.>

제8절 협회

제49조 삭제 <2015. 6. 1.>

제50조(해양조사협회의 정관 기재사항) 법 제57조제5항에 따라 해양조사협회의 정관에 기재하여야 하는 사항은 다음 각 호와 같다.

1. 목적
2. 명칭
3. 사무소의 소재지
4. 임원 및 직원에 관한 사항
5. 이사회에 관한 사항
6. 사업에 관한 사항
7. 조직 및 운영에 관한 사항
8. 예산 및 회계에 관한 사항

9. 정관의 변경에 관한 사항

10. 그 밖에 필요한 사항

제51조(협회 설립 인가의 공고) 해양수산부장관은 법 제57조제4항에 따라 해양조사협회의 설립을 인가하였을 때에는 그 주요 내용을 관보·일간신문 또는 인터넷 홈페이지에 공고하여야 한다. <개정 2013. 3. 23., 2014. 1. 17., 2015. 6. 1.>

제52조(협회의 지도·감독) ① 해양수산부장관은 해양조사협회의 업무 수행을 지도·감독한다. <개정 2013. 3. 23., 2014. 1. 17., 2015. 6. 1.>

② 해양수산부장관은 제1항에 따른 지도·감독을 위하여 필요하면 소속 직원으로 하여금 현지 확인을 하게 하거나, 해양조사협회에 자료 제출을 요구할 수 있다. <개정 2013. 3. 23., 2014. 1. 17., 2015. 6. 1.>

제9절 삭제〈2015. 6. 1.〉

제53조 삭제 <2015. 6. 1.>

제3장 지적(地籍)

제1절 토지의 등록

제54조 삭제 <2014. 1. 17.>

제55조(지상 경계의 결정기준 등) ① 법 제65조제1항에 따른 지상 경계의 결정기준은 다음 각 호의 구분에 따른다. <개정 2014. 1. 17.>

1. 연접되는 토지 간에 높낮이 차이가 없는 경우: 그 구조물 등의 중앙

2. 연접되는 토지 간에 높낮이 차이가 있는 경우: 그 구조물 등의 하단부

3. 도로·구거 등의 토지에 절토(切土)된 부분이 있는 경우: 그 경사면의 상단부

4. 토지가 해면 또는 수면에 접하는 경우: 최대만조위 또는 최대만수위가 되는 선

5. 공유수면매립지의 토지 중 제방 등을 토지에 편입하여 등록하는 경우: 바깥쪽 어깨부분

② 지상 경계의 구획을 형성하는 구조물 등의 소유자가 다른 경우에는 제1항제1호부터 제3호까지의 규정에도 불구하고 그 소유권에 따라 지상 경계를 결정한다.

③ 다음 각 호의 어느 하나에 해당하는 경우에는 지상 경계점에 법 제65조제1항에 따른

경계점표지를 설치하여 측량할 수 있다. <개정 2012. 4. 10., 2014. 1. 17.>

1. 법 제86조제1항에 따른 도시개발사업 등의 사업시행자가 사업지구의 경계를 결정하기 위하여 토지를 분할하려는 경우

2. 법 제87조제1호 및 제2호에 따른 사업시행자와 행정기관의 장 또는 지방자치단체의 장이 토지를 취득하기 위하여 분할하려는 경우

3. 「국토의 계획 및 이용에 관한 법률」 제30조제6항에 따른 도시·군관리계획 결정고시와 같은 법 제32조제4항에 따른 지형도면 고시가 된 지역의 도시·군관리계획선에 따라 토지를 분할하려는 경우

4. 제65조제1항에 따라 토지를 분할하려는 경우

5. 관계 법령에 따라 인가·허가 등을 받아 토지를 분할하려는 경우

④ 분할에 따른 지상 경계는 지상건축물을 걸리게 결정해서는 아니 된다. 다만, 다음 각 호의 어느 하나에 해당하는 경우에는 그러하지 아니하다.

1. 법원의 확정판결이 있는 경우

2. 법 제87조제1호에 해당하는 토지를 분할하는 경우

3. 제3항제1호 또는 제3호에 따라 토지를 분할하는 경우

⑤ 지적확정측량의 경계는 공사가 완료된 현황대로 결정하되, 공사가 완료된 현황이 사업계획도와 다를 때에는 미리 사업시행자에게 그 사실을 통지하여야 한다. <개정 2014. 1. 17.>

[제목개정 2014. 1. 17.]

제56조(지번의 구성 및 부여방법 등) ① 지번(地番)은 아라비아숫자로 표기하되, 임야대장 및 임야도에 등록하는 토지의 지번은 숫자 앞에 "산"자를 붙인다.

② 지번은 본번(本番)과 부번(副番)으로 구성하되, 본번과 부번 사이에 "−" 표시로 연결한다. 이 경우 "−" 표시는 "의"라고 읽는다.

③ 법 제66조에 따른 지번의 부여방법은 다음 각 호와 같다. <개정 2014. 1. 17.>

1. 지번은 북서에서 남동으로 순차적으로 부여할 것

2. 신규등록 및 등록전환의 경우에는 그 지번부여지역에서 인접토지의 본번에 부번을 붙여서 지번을 부여할 것. 다만, 다음 각 목의 어느 하나에 해당하는 경우에는 그 지번부여지역의 최종 본번의 다음 순번부터 본번으로 하여 순차적으로 지번을 부여할 수 있다.

   가. 대상토지가 그 지번부여지역의 최종 지번의 토지에 인접하여 있는 경우

   나. 대상토지가 이미 등록된 토지와 멀리 떨어져 있어서 등록된 토지의 본번에 부번을 부여하는 것이 불합리한 경우

   다. 대상토지가 여러 필지로 되어 있는 경우

3. 분할의 경우에는 분할 후의 필지 중 1필지의 지번은 분할 전의 지번으로 하고, 나머지 필지의 지번은 본번의 최종 부번 다음 순번으로 부번을 부여할 것. 이 경우 주거·사무실 등의 건축물이 있는 필지에 대해서는 분할 전의 지번을 우선하여 부여하여야 한다.

4. 합병의 경우에는 합병 대상 지번 중 선순위의 지번을 그 지번으로 하되, 본번으로 된 지번이 있을 때에는 본번 중 선순위의 지번을 합병 후의 지번으로 할 것. 이 경우 토지소유자가 합병 전의 필지에 주거·사무실 등의 건축물이 있어서 그 건축물이 위치한 지번을 합병 후의 지번으로 신청할 때에는 그 지번을 합병 후의 지번으로 부여하여야 한다.

5. 지적확정측량을 실시한 지역의 각 필지에 지번을 새로 부여하는 경우에는 다음 각 목의 지번을 제외한 본번으로 부여할 것. 다만, 부여할 수 있는 종전 지번의 수가 새로 부여할 지번의 수보다 적을 때에는 블록 단위로 하나의 본번을 부여한 후 필지별로 부번을 부여하거나, 그 지번부여지역의 최종 본번 다음 순번부터 본번으로 하여 차례로 지번을 부여할 수 있다.
   가. 지적확정측량을 실시한 지역의 종전의 지번과 지적확정측량을 실시한 지역 밖에 있는 본번이 같은 지번이 있을 때에는 그 지번
   나. 지적확정측량을 실시한 지역의 경계에 걸쳐 있는 지번

6. 다음 각 목의 어느 하나에 해당할 때에는 제5호를 준용하여 지번을 부여할 것
   가. 법 제66조제2항에 따라 지번부여지역의 지번을 변경할 때
   나. 법 제85조제2항에 따른 행정구역 개편에 따라 새로 지번을 부여할 때
   다. 제72조제1항에 따라 축척변경 시행지역의 필지에 지번을 부여할 때

④ 법 제86조에 따른 도시개발사업 등이 준공되기 전에 사업시행자가 지번부여 신청을 하면 국토교통부령으로 정하는 바에 따라 지번을 부여할 수 있다. <개정 2013. 3. 23.>

제57조(지번변경 승인신청 등) ① 지적소관청은 법 제66조제2항에 따라 지번을 변경하려면 지번변경 사유를 적은 승인신청서에 지번변경 대상지역의 지번·지목·면적·소유자에 대한 상세한 내용(이하 "지번등 명세"라 한다)을 기재하여 시·도지사 또는 대도시 시장(법 제25조제1항의 대도시 시장을 말한다. 이하 같다)에게 제출하여야 한다. 이 경우 시·도지사 또는 대도시 시장은 「전자정부법」 제36조제1항에 따른 행정정보의 공동이용을 통하여 지번변경 대상지역의 지적도 및 임야도를 확인하여야 한다. <개정 2010. 11. 2.>

② 제1항에 따라 신청을 받은 시·도지사 또는 대도시 시장은 지번변경 사유 등을 심사한 후 그 결과를 지적소관청에 통지하여야 한다.

제58조(지목의 구분) 법 제67조제1항에 따른 지목의 구분은 다음 각 호의 기준에 따른다.

1. 전

   물을 상시적으로 이용하지 않고 곡물·원예작물(과수류는 제외한다)·약초·뽕나무·닥나무·묘목·관상수 등의 식물을 주로 재배하는 토지와 식용(食用)으로 죽순을 재배하는 토지

2. 답

   물을 상시적으로 직접 이용하여 벼·연(蓮)·미나리·왕골 등의 식물을 주로 재배하는 토지

3. 과수원

   사과·배·밤·호두·귤나무 등 과수류를 집단적으로 재배하는 토지와 이에 접속된 저장고 등 부속시설물의 부지. 다만, 주거용 건축물의 부지는 "대"로 한다.

4. 목장용지

   다음 각 목의 토지. 다만, 주거용 건축물의 부지는 "대"로 한다.

   가. 축산업 및 낙농업을 하기 위하여 초지를 조성한 토지

   나. 「축산법」 제2조제1호에 따른 가축을 사육하는 축사 등의 부지

   다. 가목 및 나목의 토지와 접속된 부속시설물의 부지

5. 임야

   산림 및 원야(原野)를 이루고 있는 수림지(樹林地)·죽림지·암석지·자갈땅·모래땅·습지·황무지 등의 토지

6. 광천지

   지하에서 온수·약수·석유류 등이 용출되는 용출구(湧出口)와 그 유지(維持)에 사용되는 부지. 다만, 온수·약수·석유류 등을 일정한 장소로 운송하는 송수관·송유관 및 저장시설의 부지는 제외한다.

7. 염전

   바닷물을 끌어들여 소금을 채취하기 위하여 조성된 토지와 이에 접속된 제염장(製鹽場) 등 부속시설물의 부지. 다만, 천일제염 방식으로 하지 아니하고 동력으로 바닷물을 끌어들여 소금을 제조하는 공장시설물의 부지는 제외한다.

8. 대

   가. 영구적 건축물 중 주거·사무실·점포와 박물관·극장·미술관 등 문화시설과 이에 접속된 정원 및 부속시설물의 부지

   나. 「국토의 계획 및 이용에 관한 법률」 등 관계 법령에 따른 택지조성공사가 준공된 토지

9. 공장용지

　　가. 제조업을 하고 있는 공장시설물의 부지

　　나. 「산업집적활성화 및 공장설립에 관한 법률」 등 관계 법령에 따른 공장부지 조성
　　　　공사가 준공된 토지

　　다. 가목 및 나목의 토지와 같은 구역에 있는 의료시설 등 부속시설물의 부지

10. 학교용지

　　학교의 교사(校舍)와 이에 접속된 체육장 등 부속시설물의 부지

11. 주차장

　　자동차 등의 주차에 필요한 독립적인 시설을 갖춘 부지와 주차전용 건축물 및 이에
　　접속된 부속시설물의 부지. 다만, 다음 각 목의 어느 하나에 해당하는 시설의 부지
　　는 제외한다.

　　가. 「주차장법」 제2조제1호가목 및 다목에 따른 노상주차장 및 부설주차장(「주차장
　　　　법」 제19조제4항에 따라 시설물의 부지 인근에 설치된 부설주차장은 제외한다)

　　나. 자동차 등의 판매 목적으로 설치된 물류장 및 야외전시장

12. 주유소용지

　　다음 각 목의 토지. 다만, 자동차·선박·기차 등의 제작 또는 정비공장 안에 설치된
　　급유·송유시설 등의 부지는 제외한다.

　　가. 석유·석유제품 또는 액화석유가스 등의 판매를 위하여 일정한 설비를 갖춘 시
　　　　설물의 부지

　　나. 저유소(貯油所) 및 원유저장소의 부지와 이에 접속된 부속시설물의 부지

13. 창고용지

　　물건 등을 보관하거나 저장하기 위하여 독립적으로 설치된 보관시설물의 부지와 이
　　에 접속된 부속시설물의 부지

14. 도로

　　다음 각 목의 토지. 다만, 아파트·공장 등 단일 용도의 일정한 단지 안에 설치된 통
　　로 등은 제외한다.

　　가. 일반 공중(公衆)의 교통 운수를 위하여 보행이나 차량운행에 필요한 일정한 설
　　　　비 또는 형태를 갖추어 이용되는 토지

　　나. 「도로법」 등 관계 법령에 따라 도로로 개설된 토지

　　다. 고속도로의 휴게소 부지

　　라. 2필지 이상에 진입하는 통로로 이용되는 토지

15. 철도용지

　　교통 운수를 위하여 일정한 궤도 등의 설비와 형태를 갖추어 이용되는 토지와 이에
　　접속된 역사(驛舍)·차고·발전시설 및 공작창(工作廠) 등 부속시설물의 부지

16. 제방

조수·자연유수(自然流水)·모래·바람 등을 막기 위하여 설치된 방조제·방수제·방사제·방파제 등의 부지

17. 하천

자연의 유수(流水)가 있거나 있을 것으로 예상되는 토지

18. 구거

용수(用水) 또는 배수(排水)를 위하여 일정한 형태를 갖춘 인공적인 수로·둑 및 그 부속시설물의 부지와 자연의 유수(流水)가 있거나 있을 것으로 예상되는 소규모 수로 부지

19. 유지(溜池)

물이 고이거나 상시적으로 물을 저장하고 있는 댐·저수지·소류지(沼溜地)·호수·연못 등의 토지와 연·왕골 등이 자생하는 배수가 잘 되지 아니하는 토지

20. 양어장

육상에 인공으로 조성된 수산생물의 번식 또는 양식을 위한 시설을 갖춘 부지와 이에 접속된 부속시설물의 부지

21. 수도용지

물을 정수하여 공급하기 위한 취수·저수·도수(導水)·정수·송수 및 배수 시설의 부지 및 이에 접속된 부속시설물의 부지

22. 공원

일반 공중의 보건·휴양 및 정서생활에 이용하기 위한 시설을 갖춘 토지로서 「국토의 계획 및 이용에 관한 법률」에 따라 공원 또는 녹지로 결정·고시된 토지

23. 체육용지

국민의 건강증진 등을 위한 체육활동에 적합한 시설과 형태를 갖춘 종합운동장·실내체육관·야구장·골프장·스키장·승마장·경륜장 등 체육시설의 토지와 이에 접속된 부속시설물의 부지. 다만, 체육시설로서의 영속성과 독립성이 미흡한 정구장·골프연습장·실내수영장 및 체육도장, 유수(流水)를 이용한 요트장 및 카누장, 산림 안의 야영장 등의 토지는 제외한다.

24. 유원지

일반 공중의 위락·휴양 등에 적합한 시설물을 종합적으로 갖춘 수영장·유선장(遊船場)·낚시터·어린이놀이터·동물원·식물원·민속촌·경마장 등의 토지와 이에 접속된 부속시설물의 부지. 다만, 이들 시설과의 거리 등으로 보아 독립적인 것으로 인정되는 숙식시설 및 유기장(遊技場)의 부지와 하천·구거 또는 유지[공유(公有)인 것으로 한정한다]로 분류되는 것은 제외한다.

25. 종교용지

일반 공중의 종교의식을 위하여 예배·법요·설교·제사 등을 하기 위한 교회·사찰·
향교 등 건축물의 부지와 이에 접속된 부속시설물의 부지

26. 사적지

문화재로 지정된 역사적인 유적·고적·기념물 등을 보존하기 위하여 구획된 토지.
다만, 학교용지·공원·종교용지 등 다른 지목으로 된 토지에 있는 유적·고적·기념
물 등을 보호하기 위하여 구획된 토지는 제외한다.

27. 묘지

사람의 시체나 유골이 매장된 토지, 「도시공원 및 녹지 등에 관한 법률」에 따른 묘
지공원으로 결정·고시된 토지 및 「장사 등에 관한 법률」 제2조제9호에 따른 봉안시
설과 이에 접속된 부속시설물의 부지. 다만, 묘지의 관리를 위한 건축물의 부지는
"대"로 한다.

28. 잡종지

다음 각 목의 토지. 다만, 원상회복을 조건으로 돌을 캐내는 곳 또는 흙을 파내는 곳
으로 허가된 토지는 제외한다.

가. 갈대밭, 실외에 물건을 쌓아두는 곳, 돌을 캐내는 곳, 흙을 파내는 곳, 야외시장,
비행장, 공동우물

나. 영구적 건축물 중 변전소, 송신소, 수신소, 송유시설, 도축장, 자동차운전학원,
쓰레기 및 오물처리장 등의 부지

다. 다른 지목에 속하지 않는 토지

제59조(지목의 설정방법 등) ① 법 제67조제1항에 따른 지목의 설정은 다음 각 호의 방법에
따른다.

1. 필지마다 하나의 지목을 설정할 것
2. 1필지가 둘 이상의 용도로 활용되는 경우에는 주된 용도에 따라 지목을 설정할 것
② 토지가 일시적 또는 임시적인 용도로 사용될 때에는 지목을 변경하지 아니한다.

제60조(면적의 결정 및 측량계산의 끝수처리) ① 면적의 결정은 다음 각 호의 방법에 따른다.

1. 토지의 면적에 1제곱미터 미만의 끝수가 있는 경우 0.5제곱미터 미만일 때에는 버리
고 0.5제곱미터를 초과하는 때에는 올리며, 0.5제곱미터일 때에는 구하려는 끝자리의
숫자가 0 또는 짝수이면 버리고 홀수이면 올린다. 다만, 1필지의 면적이 1제곱미터
미만일 때에는 1제곱미터로 한다.
2. 지적도의 축척이 600분의 1인 지역과 경계점좌표등록부에 등록하는 지역의 토지 면
적은 제1호에도 불구하고 제곱미터 이하 한 자리 단위로 하되, 0.1제곱미터 미만의

끝수가 있는 경우 0.05제곱미터 미만일 때에는 버리고 0.05제곱미터를 초과할 때에는 올리며, 0.05제곱미터일 때에는 구하려는 끝자리의 숫자가 0 또는 짝수이면 버리고 홀수이면 올린다. 다만, 1필지의 면적이 0.1제곱미터 미만일 때에는 0.1제곱미터로 한다.

② 방위각의 각치(角値), 종횡선의 수치 또는 거리를 계산하는 경우 구하려는 끝자리의 다음 숫자가 5 미만일 때에는 버리고 5를 초과할 때에는 올리며, 5일 때에는 구하려는 끝자리의 숫자가 0 또는 짝수이면 버리고 홀수이면 올린다. 다만, 전자계산조직을 이용하여 연산할 때에는 최종수치에만 이를 적용한다.

제2절 지적공부

제61조(지적공부의 복구) ① 지적소관청이 법 제74조에 따라 지적공부를 복구할 때에는 멸실·훼손 당시의 지적공부와 가장 부합된다고 인정되는 관계 자료에 따라 토지의 표시에 관한 사항을 복구하여야 한다. 다만, 소유자에 관한 사항은 부동산등기부나 법원의 확정판결에 따라 복구하여야 한다.

② 제1항에 따른 지적공부의 복구에 관한 관계 자료 및 복구절차 등에 관하여 필요한 사항은 국토교통부령으로 정한다. <개정 2013. 3. 23.>

제62조(지적전산자료의 이용 등) ① 법 제76조제1항에 따라 지적공부에 관한 전산자료(이하 "지적전산자료"라 한다)를 이용하거나 활용하려는 자는 같은 조 제2항에 따라 다음 각 호의 사항을 적은 신청서를 관계 중앙행정기관의 장에게 제출하여 심사를 신청하여야 한다.

1. 자료의 이용 또는 활용 목적 및 근거

2. 자료의 범위 및 내용

3. 자료의 제공 방식, 보관 기관 및 안전관리대책 등

② 제1항에 따른 심사 신청을 받은 관계 중앙행정기관의 장은 다음 각 호의 사항을 심사한 후 그 결과를 신청인에게 통지하여야 한다.

1. 신청 내용의 타당성, 적합성 및 공익성

2. 개인의 사생활 침해 여부

3. 자료의 목적 외 사용 방지 및 안전관리대책

③ 법 제76조제1항에 따라 지적전산자료의 이용 또는 활용에 관한 승인을 받으려는 자는 승인신청을 할 때에 제2항에 따른 심사 결과를 제출하여야 한다. 다만, 중앙행정기관의 장이 승인을 신청하는 경우에는 제2항에 따른 심사 결과를 제출하지 아니할 수 있다.

④ 제3항에 따른 승인신청을 받은 국토교통부장관, 시·도지사 또는 지적소관청은 다음

각 호의 사항을 심사하여야 한다. <개정 2013. 3. 23.>

1. 제2항 각 호의 사항
2. 신청한 사항의 처리가 전산정보처리조직으로 가능한지 여부
3. 신청한 사항의 처리가 지적업무수행에 지장을 주지 않는지 여부

⑤ 국토교통부장관, 시·도지사 또는 지적소관청은 제4항에 따른 심사를 거쳐 지적전산자료의 이용 또는 활용을 승인하였을 때에는 지적전산자료 이용·활용 승인대장에 그 내용을 기록·관리하고 승인한 자료를 제공하여야 한다. <개정 2013. 3. 23.>

⑥ 제5항에 따라 지적전산자료의 이용 또는 활용에 관한 승인을 받은 자는 국토교통부령으로 정하는 사용료를 내야 한다. 다만, 국가 나 지방자치단체에 대해서는 사용료를 면제한다. <개정 2013. 3. 23.>

제62조의2(부동산종합공부의 등록사항) 법 제76조의3제5호에서 "대통령령으로 정하는 사항"이란 「부동산등기법」 제48조에 따른 부동산의 권리에 관한 사항을 말한다.

[본조신설 2014. 1. 17.]

제62조의3(부동산종합공부의 등록사항 정정 등) ① 지적소관청은 법 제76조의5에 따라 준용되는 법 제84조에 따른 부동산종합공부의 등록사항 정정을 위하여 법 제76조의3 각 호의 등록사항 상호 간에 일치하지 아니하는 사항(이하 이 조에서 "불일치 등록사항"이라 한다)을 확인 및 관리하여야 한다.

② 지적소관청은 제1항에 따른 불일치 등록사항에 대해서는 법 제76조의3 각 호의 등록사항을 관리하는 기관의 장에게 그 내용을 통지하여 등록사항 정정을 요청할 수 있다.

③ 제1항 및 제2항에 따른 부동산종합공부의 등록사항 정정 절차 등에 관하여 필요한 사항은 국토교통부장관이 따로 정한다.

[본조신설 2014. 1. 17.]

제3절 토지의 이동 신청 및 지적정리 등

제63조(신규등록 신청) 토지소유자는 법 제77조에 따라 신규등록을 신청할 때에는 신규등록 사유를 적은 신청서에 국토교통부령으로 정하는 서류를 첨부하여 지적소관청에 제출하여야 한다. <개정 2013. 3. 23.>

제64조(등록전환 신청) ① 법 제78조에 따라 등록전환을 신청할 수 있는 토지는 「산지관리법」, 「건축법」 등 관계 법령에 따른 토지의 형질변경 또는 건축물의 사용승인 등으로 인하여 지목을 변경하여야 할 토지로 한다.

② 다음 각 호의 어느 하나에 해당하는 경우에는 제1항에도 불구하고 지목변경 없이 등록전환을 신청할 수 있다. <개정 2012. 4. 10.>

1. 대부분의 토지가 등록전환되어 나머지 토지를 임야도에 계속 존치하는 것이 불합리한 경우

2. 임야도에 등록된 토지가 사실상 형질변경되었으나 지목변경을 할 수 없는 경우

3. 도시·군관리계획선에 따라 토지를 분할하는 경우

③ 토지소유자는 법 제78조에 따라 등록전환을 신청할 때에는 등록전환 사유를 적은 신청서에 국토교통부령으로 정하는 서류를 첨부하여 지적소관청에 제출하여야 한다. <개정 2013. 3. 23.>

제65조(분할 신청) ① 법 제79조제1항에 따라 분할을 신청할 수 있는 경우는 다음 각 호와 같다. <개정 2014. 1. 17.>

1. 소유권이전, 매매 등을 위하여 필요한 경우

2. 토지이용상 불합리한 지상 경계를 시정하기 위한 경우

3. 관계 법령에 따라 토지분할이 포함된 개발행위허가 등을 받은 경우

② 토지소유자는 법 제79조에 따라 토지의 분할을 신청할 때에는 분할 사유를 적은 신청서에 국토교통부령으로 정하는 서류를 첨부하여 지적소관청에 제출하여야 한다. 이 경우 법 제79조제2항에 따라 1필지의 일부가 형질변경 등으로 용도가 변경되어 분할을 신청할 때에는 제67조제2항에 따른 지목변경 신청서를 함께 제출하여야 한다. <개정 2013. 3. 23.>

제66조(합병 신청) ① 토지소유자는 법 제80조제1항 및 제2항에 따라 토지의 합병을 신청할 때에는 합병 사유를 적은 신청서를 지적소관청에 제출하여야 한다.

② 법 제80조제2항에서 "대통령령으로 정하는 토지"란 공장용지·학교용지·철도용지·수도용지·공원·체육용지 등 다른 지목의 토지를 말한다.

③ 법 제80조제3항제3호에서 "합병하려는 토지의 지적도 및 임야도의 축척이 서로 다른 경우 등 대통령령으로 정하는 경우"란 다음 각 호의 경우를 말한다.

1. 합병하려는 토지의 지적도 및 임야도의 축척이 서로 다른 경우

2. 합병하려는 각 필지의 지반이 연속되지 아니한 경우

3. 합병하려는 토지가 등기된 토지와 등기되지 아니한 토지인 경우

4. 합병하려는 각 필지의 지목은 같으나 일부 토지의 용도가 다르게 되어 법 제79조제2항에 따른 분할대상 토지인 경우. 다만, 합병 신청과 동시에 토지의 용도에 따라 분할 신청을 하는 경우는 제외한다.

5. 합병하려는 토지의 소유자별 공유지분이 다르거나 소유자의 주소가 서로 다른 경우

6. 합병하려는 토지가 구획정리, 경지정리 또는 축척변경을 시행하고 있는 지역의 토지
와 그 지역 밖의 토지인 경우

제67조(지목변경 신청) ① 법 제81조에 따라 지목변경을 신청할 수 있는 경우는 다음 각 호
와 같다.

1. 「국토의 계획 및 이용에 관한 법률」 등 관계 법령에 따른 토지의 형질변경 등의 공사
가 준공된 경우

2. 토지나 건축물의 용도가 변경된 경우

3. 법 제86조에 따른 도시개발사업 등의 원활한 추진을 위하여 사업시행자가 공사 준공
전에 토지의 합병을 신청하는 경우

② 토지소유자는 법 제81조에 따라 지목변경을 신청할 때에는 지목변경 사유를 적은 신
청서에 국토교통부령으로 정하는 서류를 첨부하여 지적소관청에 제출하여야 한다. <개
정 2013. 3. 23.>

제68조(바다로 된 토지의 등록말소 및 회복) ① 법 제82조제2항에 따라 토지소유자가 등록말
소 신청을 하지 아니하면 지적소관청이 직권으로 그 지적공부의 등록사항을 말소하여야
한다.

② 지적소관청은 법 제82조제3항에 따라 회복등록을 하려면 그 지적측량성과 및 등록말
소 당시의 지적공부 등 관계 자료에 따라야 한다.

③ 제1항 및 제2항에 따라 지적공부의 등록사항을 말소하거나 회복등록하였을 때에는
그 정리 결과를 토지소유자 및 해당 공유수면의 관리청에 통지하여야 한다.

제69조(축척변경 신청) 법 제83조제2항에 따라 축척변경을 신청하는 토지소유자는 축척변경
사유를 적은 신청서에 국토교통부령으로 정하는 서류를 첨부하여 지적소관청에 제출하
여야 한다. <개정 2013. 3. 23.>

제70조(축척변경 승인신청) ① 지적소관청은 법 제83조제2항에 따라 축척변경을 할 때에는
축척변경 사유를 적은 승인신청서에 다음 각 호의 서류를 첨부하여 시·도지사 또는 대
도시 시장에게 제출하여야 한다. 이 경우 시·도지사 또는 대도시 시장은 「전자정부법」
제36조제1항에 따른 행정정보의 공동이용을 통하여 축척변경 대상지역의 지적도를 확인
하여야 한다. <개정 2010. 11. 2.>

1. 축척변경의 사유

2. 삭제 <2010. 11. 2.>

3. 지번등 명세

4. 법 제83조제3항에 따른 토지소유자의 동의서

5. 법 제83조제1항에 따른 축척변경위원회(이하 "축척변경위원회"라 한다)의 의결서 사본
6. 그 밖에 축척변경 승인을 위하여 시·도지사 또는 대도시 시장이 필요하다고 인정하는 서류

② 제1항에 따른 신청을 받은 시·도지사 또는 대도시 시장은 축척변경 사유 등을 심사한 후 그 승인 여부를 지적소관청에 통지하여야 한다.

제71조(축척변경 시행공고 등) ① 지적소관청은 법 제83조제3항에 따라 시·도지사 또는 대도시 시장으로부터 축척변경 승인을 받았을 때에는 지체 없이 다음 각 호의 사항을 20일 이상 공고하여야 한다.

1. 축척변경의 목적, 시행지역 및 시행기간
2. 축척변경의 시행에 관한 세부계획
3. 축척변경의 시행에 따른 청산방법
4. 축척변경의 시행에 따른 토지소유자 등의 협조에 관한 사항

② 제1항에 따른 시행공고는 시·군·구(자치구가 아닌 구를 포함한다) 및 축척변경 시행지역 동·리의 게시판에 주민이 볼 수 있도록 게시하여야 한다.

③ 축척변경 시행지역의 토지소유자 또는 점유자는 시행공고가 된 날(이하 "시행공고일"이라 한다)부터 30일 이내에 시행공고일 현재 점유하고 있는 경계에 국토교통부령으로 정하는 경계점표지를 설치하여야 한다. <개정 2013. 3. 23.>

제72조(토지의 표시 등) ① 지적소관청은 축척변경 시행지역의 각 필지별 지번·지목·면적·경계 또는 좌표를 새로 정하여야 한다.

② 지적소관청이 축척변경을 위한 측량을 할 때에는 제71조제3항에 따라 토지소유자 또는 점유자가 설치한 경계점표지를 기준으로 새로운 축척에 따라 면적·경계 또는 좌표를 정하여야 한다.

③ 법 제83조제3항 단서에 따라 축척을 변경할 때에는 제1항에도 불구하고 각 필지별 지번·지목 및 경계는 종전의 지적공부에 따르고 면적만 새로 정하여야 한다.

④ 제3항에 따른 축척변경절차 및 면적결정방법 등에 관하여 필요한 사항은 국토교통부령으로 정한다. <개정 2013. 3. 23.>

제73조(축척변경 지번별 조서의 작성) 지적소관청은 제72조제2항에 따라 축척변경에 관한 측량을 완료하였을 때에는 시행공고일 현재의 지적공부상의 면적과 측량 후의 면적을 비교하여 그 변동사항을 표시한 축척변경 지번별 조서를 작성하여야 한다.

제74조(지적공부정리 등의 정지) 지적소관청은 축척변경 시행기간 중에는 축척변경 시행지역의 지적공부정리와 경계복원측량(제71조제3항에 따른 경계점표지의 설치를 위한 경계

복원측량은 제외한다)을 제78조에 따른 축척변경 확정공고일까지 정지하여야 한다. 다만, 축척변경위원회의 의결이 있는 경우에는 그러하지 아니하다.

제75조(청산금의 산정) ① 지적소관청은 축척변경에 관한 측량을 한 결과 측량 전에 비하여 면적의 증감이 있는 경우에는 그 증감면적에 대하여 청산을 하여야 한다. 다만, 다음 각 호의 어느 하나에 해당하는 경우에는 그러하지 아니하다.

1. 필지별 증감면적이 제19조제1항제2호가목에 따른 허용범위 이내인 경우. 다만, 축척변경위원회의 의결이 있는 경우는 제외한다.

2. 토지소유자 전원이 청산하지 아니하기로 합의하여 서면으로 제출한 경우

② 제1항 본문에 따라 청산을 할 때에는 축척변경위원회의 의결을 거쳐 지번별로 제곱미터당 금액(이하 "지번별 제곱미터당 금액"이라 한다)을 정하여야 한다. 이 경우 지적소관청은 시행공고일 현재를 기준으로 그 축척변경 시행지역의 토지에 대하여 지번별 제곱미터당 금액을 미리 조사하여 축척변경위원회에 제출하여야 한다.

③ 청산금은 제73조에 따라 작성된 축척변경 지번별 조서의 필지별 증감면적에 제2항에 따라 결정된 지번별 제곱미터당 금액을 곱하여 산정한다.

④ 지적소관청은 청산금을 산정하였을 때에는 청산금 조서(축척변경 지번별 조서에 필지별 청산금 명세를 적은 것을 말한다)를 작성하고, 청산금이 결정되었다는 뜻을 제71조제2항의 방법에 따라 15일 이상 공고하여 일반인이 열람할 수 있게 하여야 한다.

⑤ 제3항에 따라 청산금을 산정한 결과 증가된 면적에 대한 청산금의 합계와 감소된 면적에 대한 청산금의 합계에 차액이 생긴 경우 초과액은 그 지방자치단체(「제주특별자치도 설치 및 국제자유도시 조성을 위한 특별법」 제10조제2항에 따른 행정시의 경우에는 해당 행정시가 속한 특별자치도를 말하고, 「지방자치법」 제3조제3항에 따른 자치구가 아닌 구의 경우에는 해당 구가 속한 시를 말한다. 이하 이 항에서 같다)의 수입으로 하고, 부족액은 그 지방자치단체가 부담한다. <개정 2016. 1. 22.>

제76조(청산금의 납부고지 등) ① 지적소관청은 제75조제4항에 따라 청산금의 결정을 공고한 날부터 20일 이내에 토지소유자에게 청산금의 납부고지 또는 수령통지를 하여야 한다.

② 제1항에 따른 납부고지를 받은 자는 그 고지를 받은 날부터 6개월 이내에 청산금을 지적소관청에 내야 한다. <개정 2017. 1. 10.>

③ 지적소관청은 제1항에 따른 수령통지를 한 날부터 6개월 이내에 청산금을 지급하여야 한다.

④ 지적소관청은 청산금을 지급받을 자가 행방불명 등으로 받을 수 없거나 받기를 거부할 때에는 그 청산금을 공탁할 수 있다.

⑤ 지적소관청은 청산금을 내야 하는 자가 제77조제1항에 따른 기간 내에 청산금에 관

한 이의신청을 하지 아니하고 제2항에 따른 기간 내에 청산금을 내지 아니하면 지방세 체납처분의 예에 따라 징수할 수 있다.

제77조(청산금에 관한 이의신청) ① 제76조제1항에 따라 납부고지되거나 수령통지된 청산금에 관하여 이의가 있는 자는 납부고지 또는 수령통지를 받은 날부터 1개월 이내에 지적소관청에 이의신청을 할 수 있다.

② 제1항에 따른 이의신청을 받은 지적소관청은 1개월 이내에 축척변경위원회의 심의·의결을 거쳐 그 인용(認容) 여부를 결정한 후 지체 없이 그 내용을 이의신청인에게 통지하여야 한다.

제78조(축척변경의 확정공고) ① 청산금의 납부 및 지급이 완료되었을 때에는 지적소관청은 지체 없이 축척변경의 확정공고를 하여야 한다.

② 지적소관청은 제1항에 따른 확정공고를 하였을 때에는 지체 없이 축척변경에 따라 확정된 사항을 지적공부에 등록하여야 한다.

③ 축척변경 시행지역의 토지는 제1항에 따른 확정공고일에 토지의 이동이 있는 것으로 본다.

제79조(축척변경위원회의 구성 등) ① 축척변경위원회는 5명 이상 10명 이하의 위원으로 구성하되, 위원의 2분의 1 이상을 토지소유자로 하여야 한다. 이 경우 그 축척변경 시행지역의 토지소유자가 5명 이하일 때에는 토지소유자 전원을 위원으로 위촉하여야 한다.

② 위원장은 위원 중에서 지적소관청이 지명한다.

③ 위원은 다음 각 호의 사람 중에서 지적소관청이 위촉한다.

1. 해당 축척변경 시행지역의 토지소유자로서 지역 사정에 정통한 사람

2. 지적에 관하여 전문지식을 가진 사람

④ 축척변경위원회의 위원에게는 예산의 범위에서 출석수당과 여비, 그 밖의 실비를 지급할 수 있다. 다만, 공무원인 위원이 그 소관 업무와 직접적으로 관련되어 출석하는 경우에는 그러하지 아니하다.

제80조(축척변경위원회의 기능) 축척변경위원회는 지적소관청이 회부하는 다음 각 호의 사항을 심의·의결한다.

1. 축척변경 시행계획에 관한 사항

2. 지번별 제곱미터당 금액의 결정과 청산금의 산정에 관한 사항

3. 청산금의 이의신청에 관한 사항

4. 그 밖에 축척변경과 관련하여 지적소관청이 회의에 부치는 사항

제81조(축척변경위원회의 회의) ① 축척변경위원회의 회의는 지적소관청이 제80조 각 호의

어느 하나에 해당하는 사항을 축척변경위원회에 회부하거나 위원장이 필요하다고 인정할 때에 위원장이 소집한다.

② 축척변경위원회의 회의는 위원장을 포함한 재적위원 과반수의 출석으로 개의(開議)하고, 출석위원 과반수의 찬성으로 의결한다.

③ 위원장은 축척변경위원회의 회의를 소집할 때에는 회의일시·장소 및 심의안건을 회의 개최 5일 전까지 각 위원에게 서면으로 통지하여야 한다.

제82조(등록사항의 직권정정 등) ① 지적소관청이 법 제84조제2항에 따라 지적공부의 등록사항에 잘못이 있는지를 직권으로 조사·측량하여 정정할 수 있는 경우는 다음 각 호와 같다. <개정 2015. 6. 1., 2017. 1. 10.>

1. 제84조제2항에 따른 토지이동정리 결의서의 내용과 다르게 정리된 경우

2. 지적도 및 임야도에 등록된 필지가 면적의 증감 없이 경계의 위치만 잘못된 경우

3. 1필지가 각각 다른 지적도나 임야도에 등록되어 있는 경우로서 지적공부에 등록된 면적과 측량한 실제면적은 일치하지만 지적도나 임야도에 등록된 경계가 서로 접합되지 않아 지적도나 임야도에 등록된 경계를 지상의 경계에 맞추어 정정하여야 하는 토지가 발견된 경우

4. 지적공부의 작성 또는 재작성 당시 잘못 정리된 경우

5. 지적측량성과와 다르게 정리된 경우

6. 법 제29조제10항에 따라 지적공부의 등록사항을 정정하여야 하는 경우

7. 지적공부의 등록사항이 잘못 입력된 경우

8. 「부동산등기법」 제37조제2항에 따른 통지가 있는 경우(지적소관청의 착오로 잘못 합병한 경우만 해당한다)

9. 법률 제2801호 지적법개정법률 부칙 제3조에 따른 면적 환산이 잘못된 경우

② 지적소관청은 제1항 각 호의 어느 하나에 해당하는 토지가 있을 때에는 지체 없이 관계 서류에 따라 지적공부의 등록사항을 정정하여야 한다.

③ 지적공부의 등록사항 중 경계나 면적 등 측량을 수반하는 토지의 표시가 잘못된 경우에는 지적소관청은 그 정정이 완료될 때까지 지적측량을 정지시킬 수 있다. 다만, 잘못 표시된 사항의 정정을 위한 지적측량은 그러하지 아니하다.

제83조(토지개발사업 등의 범위 및 신고) ① 법 제86조제1항에서 "대통령령으로 정하는 토지개발사업"이란 다음 각 호의 사업을 말한다. <개정 2010. 10. 14., 2013. 3. 23., 2014. 1. 17., 2014. 4. 29., 2014. 12. 30., 2015. 12. 28., 2019. 3. 12.>

1. 「주택법」에 따른 주택건설사업

2. 「택지개발촉진법」에 따른 택지개발사업

3. 「산업입지 및 개발에 관한 법률」에 따른 산업단지개발사업

4. 「도시 및 주거환경정비법」에 따른 정비사업

5. 「지역 개발 및 지원에 관한 법률」에 따른 지역개발사업

6. 「체육시설의 설치·이용에 관한 법률」에 따른 체육시설 설치를 위한 토지개발사업

7. 「관광진흥법」에 따른 관광단지 개발사업

8. 「공유수면 관리 및 매립에 관한 법률」에 따른 매립사업

9. 「항만법」 및 「신항만건설촉진법」에 따른 항만개발사업

10. 「공공주택 특별법」에 따른 공공주택지구조성사업

11. 「물류시설의 개발 및 운영에 관한 법률」 및 「경제자유구역의 지정 및 운영에 관한 특별법」에 따른 개발사업

12. 「철도의 건설 및 철도시설 유지관리에 관한 법률」에 따른 고속철도, 일반철도 및 광역철도 건설사업

13. 「도로법」에 따른 고속국도 및 일반국도 건설사업

14. 그 밖에 제1호부터 제13호까지의 사업과 유사한 경우로서 국토교통부장관이 고시하는 요건에 해당하는 토지개발사업

② 법 제86조제1항에 따른 도시개발사업 등의 착수·변경 또는 완료 사실의 신고는 그 사유가 발생한 날부터 15일 이내에 하여야 한다.

③ 법 제86조제2항에 따른 토지의 이동 신청은 그 신청대상지역이 환지(換地)를 수반하는 경우에는 법 제86조제1항에 따른 사업완료 신고로써 이를 갈음할 수 있다. 이 경우 사업완료 신고서에 법 제86조제2항에 따른 토지의 이동 신청을 갈음한다는 뜻을 적어야 한다.

④ 「주택법」에 따른 주택건설사업의 시행자가 파산 등의 이유로 토지의 이동 신청을 할 수 없을 때에는 그 주택의 시공을 보증한 자 또는 입주예정자 등이 신청할 수 있다.

제84조(지적공부의 정리 등) ① 지적소관청은 지적공부가 다음 각 호의 어느 하나에 해당하는 경우에는 지적공부를 정리하여야 한다. 이 경우 이미 작성된 지적공부에 정리할 수 없을 때에는 새로 작성하여야 한다.

1. 법 제66조제2항에 따라 지번을 변경하는 경우

2. 법 제74조에 따라 지적공부를 복구하는 경우

3. 법 제77조부터 제86조까지의 규정에 따른 신규등록·등록전환·분할·합병·지목변경 등 토지의 이동이 있는 경우

② 지적소관청은 제1항에 따른 토지의 이동이 있는 경우에는 토지이동정리 결의서를 작성하여야 하고, 토지소유자의 변동 등에 따라 지적공부를 정리하려는 경우에는 소유자정리 결의서를 작성하여야 한다.

③ 제1항 및 제2항에 따른 지적공부의 정리방법, 토지이동정리 결의서 및 소유자정리 결의서 작성방법 등에 관하여 필요한 사항은 국토교통부령으로 정한다. <개정 2013. 3. 23.>

제85조(지적정리 등의 통지) 지적소관청이 법 제90조에 따라 토지소유자에게 지적정리 등을 통지하여야 하는 시기는 다음 각 호의 구분에 따른다.

1. 토지의 표시에 관한 변경등기가 필요한 경우: 그 등기완료의 통지서를 접수한 날부터 15일 이내

2. 토지의 표시에 관한 변경등기가 필요하지 아니한 경우: 지적공부에 등록한 날부터 7일 이내

제4장 보칙

제86조(지명과 해양지명의 고시) 법 제91조제2항에 따른 지명의 고시와 같은 조 제5항에 따른 해양지명의 고시에는 다음 각 호의 사항이 포함되어야 한다.

1. 제정되거나 변경된 지명 또는 해양지명
2. 소재지(행정구역으로 표시한다)
3. 위치(경도 및 위도로 표시한다) 또는 범위

제87조(국가지명위원회의 구성) ① 법 제91조에 따른 국가지명위원회는 위원장 1명과 부위원장 2명을 포함한 30명 이내의 위원으로 구성한다.

② 국가지명위원회의 위원장은 제3항에 따라 위촉된 위원 중 공무원이 아닌 위원 중에서 호선(互選)하고, 부위원장은 국토지리정보원장 및 국립해양조사원장이 된다.

③ 부위원장을 제외한 위원은 다음 각 호의 어느 하나에 해당하는 사람으로서 국토교통부장관 또는 해양수산부장관이 위촉하는 사람이 된다. <개정 2013. 3. 23., 2014. 11. 19., 2018. 4. 24.>

1. 국토교통부 또는 해양수산부의 4급 이상 공무원으로서 측량·지적 또는 수로에 관한 사무를 담당하는 사람 3명

2. 외교부, 국방부 및 행정자치부의 4급 이상 공무원으로서 소속 장관이 추천하는 사람 각 1명

3. 교육부의 교과용 도서 편찬에 관한 사무를 담당하는 4급 이상 공무원 또는 장학관으로서 교육부장관이 추천하는 사람 1명

4. 문화체육관광부의 문화재 관리 또는 국어정책에 관한 사무를 담당하는 4급 이상 공무원으로서 문화체육관광부장관이 추천하는 사람 1명

5. 국사편찬위원회의 교육연구관 중 국사편찬위원회 위원장이 추천하는 사람 1명

6. 지명에 관한 학식과 경험이 풍부한 사람 중에서 국토교통부장관 또는 해양수산부장관이 임명하거나 위촉하는 다음 각 목의 어느 하나에 해당하는 사람 19명 이내

　가. 5년 이상 지리, 해양, 국문학 등 지명 관련 분야에 근무한 경력이 있는 사람으로서 「고등교육법」 제2조에 따른 학교의 부교수 이상인 사람

　나. 지리, 해양, 국문학 등 지명 관련 연구기관에서 5년 이상 근무한 경력이 있는 연구원

　다. 그 밖에 지리, 해양, 국문학 등 지명 관련 분야에 관한 연구 실적 또는 경력 등이 가목 및 나목의 기준에 상당하다고 인정되는 사람으로서 「비영리민간단체 지원법」 제2조의 비영리민간단체로부터 추천을 받은 사람

④ 제3항제6호의 위원의 임기는 3년으로 하며, 보궐위원의 임기는 전임자 임기의 남은 기간으로 한다.

⑤ 위원장은 국가지명위원회의 원활한 운영을 위하여 필요한 경우 소위원회를 구성·운영할 수 있다.

제87조의2(위원의 해촉) 국토교통부장관 또는 해양수산부장관은 제87조제3항제6호에 따른 위원이 다음 각 호의 어느 하나에 해당하는 경우에는 해당 위원을 해촉(解囑)할 수 있다.

1. 심신장애로 인하여 직무를 수행할 수 없게 된 경우

2. 직무와 관련된 비위사실이 있는 경우

3. 직무태만, 품위손상이나 그 밖의 사유로 인하여 위원으로 적합하지 아니하다고 인정되는 경우

4. 위원 스스로 직무를 수행하는 것이 곤란하다고 의사를 밝히는 경우

[본조신설 2015. 12. 31.]

제88조(지방지명위원회의 구성) ① 법 제91조제1항에 따른 시·도 지명위원회는 위원장 1명과 부위원장 1명을 포함한 10명 이내의 위원으로 구성하고, 시·군·구 지명위원회는 위원장 1명과 부위원장 1명을 포함한 7명 이내의 위원으로 구성한다.

② 시·도 지명위원회의 위원장은 행정부지사(특별시, 광역시 및 특별자치시의 경우에는 행정부시장을 말한다)가 되고, 위원은 관계 공무원 및 지명에 관한 학식과 경험이 풍부한 사람 중에서 시·도지사가 임명하거나 위촉한다. <개정 2013. 6. 11.>

③ 시·군·구 지명위원회의 위원장은 시장·군수 또는 구청장이 되고, 위원은 관계 공무원 및 지명에 관한 학식과 경험이 풍부한 사람 중에서 시장·군수 또는 구청장이 임명하거나 위촉한다.

④ 공무원이 아닌 위원의 수는 시·도 지명위원회에서는 5명 이상으로 하고, 시·군·구 지명위원회에서는 3명 이상으로 한다.

⑤ 시·도 지명위원회의 위원 또는 시·군·구 지명위원회의 위원이 제87조의2 각 호의 어느 하나에 해당하는 경우에는 시·도 지명위원회의 위원은 시·도지사가, 시·군·구 지명위원회의 위원은 시장·군수 또는 구청장이 각각 해당 위원을 해임하거나 해촉할 수 있다. <신설 2015. 12. 31.>

제89조(위원장의 직무 등) ① 국가지명위원회, 시·도 지명위원회 및 시·군·구 지명위원회(이하 "지명위원회"라 한다)의 위원장은 해당 지명위원회를 대표하며, 그 업무를 총괄한다.

② 부위원장은 위원장을 보좌하며, 위원장이 부득이한 사유로 직무를 수행할 수 없을 때에는 그 직무를 대행한다.

③ 지명위원회의 위원장 및 부위원장이 모두 부득이한 사유로 직무를 수행할 수 없을 때에는 위원장이 미리 지명한 위원이 그 직무를 대행한다.

제90조(회의) ① 위원장은 지명위원회의 회의를 소집하며, 그 의장이 된다.

② 지명위원회의 회의는 재적위원 과반수의 출석과 출석위원 과반수의 찬성으로 의결한다.

제91조(간사) ① 지명위원회의 서무를 처리하게 하기 위하여 국가지명위원회에는 간사 2명을 두고, 시·도 지명위원회 및 시·군·구 지명위원회에는 각각 간사 1명을 둔다.

② 국가지명위원회의 간사는 국토지리정보원 및 국립해양조사원의 지명업무 및 해양지명업무를 담당하는 과장이 되며, 시·도 지명위원회 및 시·군·구 지명위원회의 간사는 해당 시·도 또는 시·군·자치구 소속 공무원 중에서 위원장이 각각 위촉한다.

제92조(수당 등) ① 국가지명위원회에 출석한 위원이나 제93조에 따라 출석한 전문가에게는 예산의 범위에서 수당과 여비를 지급할 수 있다. 다만, 공무원인 위원이 소관 업무와 직접 관련되어 출석한 경우에는 그러하지 아니하다.

② 시·도 지명위원회 및 시·군·구 지명위원회의 위원에게는 예산의 범위에서 그 시·도 또는 시·군·자치구의 조례로 정하는 바에 따라 수당과 여비를 지급할 수 있다.

제93조(현장조사 등) 지명위원회의 위원장은 지명이나 해양지명의 제정, 변경 또는 그 밖의 중요 사항을 심의·결정하기 위하여 필요하면 관련 기관 또는 지방자치단체의 장에게 자료나 정보를 요청할 수 있으며, 현장조사를 하거나 관계 공무원 또는 전문가를 회의에 출석하게 하여 그 의견을 들을 수 있다.

제94조(회의록) 지명위원회의 간사는 회의록을 작성·보관하여야 한다.

제95조(보고) 법 제91조제3항에 따른 보고는 국토교통부령 또는 해양수산부령으로 정하는

바에 따라 심의·결정한 날부터 15일 이내에 하여야 한다. <개정 2013. 3. 23.>

제96조(운영세칙) 지명위원회의 운영에 관하여 이 영에서 정한 사항을 제외하고는 지명위원회의 의결을 거쳐 위원장이 정한다.

제97조(성능검사의 대상 및 주기 등) ① 법 제92조제1항에 따라 성능검사를 받아야 하는 측량기기와 검사주기는 다음 각 호와 같다.

1. 트랜싯(데오드라이트): 3년

2. 레벨: 3년

3. 거리측정기: 3년

4. 토털 스테이션: 3년

5. 지피에스(GPS) 수신기: 3년

6. 금속관로 탐지기: 3년

② 법 제92조제1항에 따른 성능검사(신규 성능검사는 제외한다)는 제1항에 따른 성능검사 유효기간 만료일 2개월 전부터 유효기간 만료일까지의 기간에 받아야 한다. <개정 2015. 6. 1.>

③ 법 제92조제1항에 따른 성능검사의 유효기간은 종전 유효기간 만료일의 다음 날부터 기산(起算)한다. 다만, 제2항에 따른 기간 외의 기간에 성능검사를 받은 경우에는 그 검사를 받은 날의 다음 날부터 기산한다. <신설 2015. 6. 1.>

제98조(성능검사대행자의 등록기준) 법 제93조제1항에 따른 성능검사대행자의 등록기준은 별표 11과 같다.

제99조(일시적인 등록기준 미달) 법 제96조제1항제2호 단서에서 "일시적으로 등록기준에 미달하는 등 대통령령으로 정하는 경우"란 별표 11에 따른 기술인력에 해당하는 사람의 사망·실종 또는 퇴직으로 인하여 등록기준에 미달하는 기간이 90일 이내인 경우를 말한다. <개정 2012. 6. 25., 2014. 1. 17.>

제100조(제도 발전을 위한 시책) 국토교통부장관 또는 해양수산부장관은 법 제97조제1항에 따라 다음 각 호의 시책을 추진하여야 한다. <개정 2013. 3. 23.>

1. 수치지형, 지적 및 수로정보에 관한 정보화와 표준화

2. 정밀측량기기와 조사장비의 개발 또는 검사·교정

3. 지도제작기술의 개발 및 자동화

4. 우주 측지(測地) 기술의 도입 및 활용

5. 해양환경과 해저지형의 변화에 관한 조사 및 연구

6. 그 밖에 측량, 수로조사 및 지적제도의 발전을 위하여 필요한 사항으로서 국토교통부

장관 또는 해양수산부장관이 정하여 고시하는 사항

제101조(연구기관) 법 제97조제2항에서 "대통령령으로 정하는 관련 전문기관"이란 다음 각 호의 기관 등을 말한다. <개정 2014. 1. 17., 2015. 6. 1.>

1. 「정부출연연구기관 등의 설립·운영 및 육성에 관한 법률」 제8조에 따른 정부출연연구기관 및 「과학기술분야 정부출연연구기관 등의 설립·운영 및 육성에 관한 법률」 제8조에 따른 과학기술분야 정부출연연구기관

2. 「고등교육법」에 따라 설립된 대학의 부설연구소

3. 공간정보산업협회

4. 법 제57조에 따라 설립된 해양조사협회

5. 한국국토정보공사

제102조(손실보상) ① 법 제102조제1항에 따른 손실보상은 토지, 건물, 나무, 그 밖의 공작물 등의 임대료·거래가격·수익성 등을 고려한 적정가격으로 하여야 한다.

② 법 제102조제3항에 따라 재결을 신청하려는 자는 국토교통부령으로 정하는 바에 따라 다음 각 호의 사항을 적은 재결신청서를 관할 토지수용위원회에 제출하여야 한다. <개정 2013. 3. 23.>

1. 재결의 신청자와 상대방의 성명 및 주소

2. 측량의 종류

3. 손실 발생 사실

4. 보상받으려는 손실액과 그 명세

5. 협의의 내용

③ 제2항에 따른 재결에 불복하는 자는 재결서 정본(正本)을 송달받은 날부터 30일 이내에 중앙토지수용위원회에 이의를 신청할 수 있다. 이 경우 그 이의신청은 해당 지방토지수용위원회를 거쳐야 한다.

제103조(권한의 위임) ① 국토교통부장관은 법 제105조제1항에 따라 다음 각 호의 권한을 국토지리정보원장에게 위임한다. <개정 2013. 3. 23., 2014. 12. 3., 2015. 6. 1., 2017. 1. 10.>

1. 법 제4조에 따른 측량의 고시

2. 법 제5조제2항에 따른 연도별 시행계획의 수립

3. 법 제6조제1항제2호 단서에 따른 원점의 고시

4. 법 제8조제1항에 따른 국가기준점표지(수로기준점표지는 제외한다)의 설치·관리

5. 법 제8조제2항에 따른 국가기준점표지의 종류와 설치 장소 통지의 접수

6. 법 제8조제5항에 따른 측량기준점표지의 현황 조사 보고의 접수

7. 법 제8조제6항에 따른 측량기준점표지(수로기준점표지 및 영해기준점표지는 제외한다)의 현황 조사

8. 법 제10조제2항에 따른 지도등에 관한 자료 제공

9. 법 제11조제1항에 따른 지형·지물의 변동사항 통보의 접수와 같은 조 제2항에 따른 건설공사 착공사실, 지형·지물 변동사항 통보의 접수 및 같은 조 제3항에 따른 기본측량자료의 제출 요구

10. 법 제12조에 따른 기본측량 실시 및 통지

11. 법 제13조제1항에 따른 기본측량성과 고시

12. 법 제13조제2항에 따른 기본측량성과의 정확도 검증 의뢰

13. 법 제13조제3항에 따른 기본측량성과 수정

14. 법 제14조제1항에 따른 기본측량성과 및 기본측량기록 보관

15. 법 제14조제2항에 따른 기본측량성과 또는 기본측량기록의 복제 또는 사본 발급 신청의 접수 및 발급

16. 법 제15조제1항에 따른 지도등의 간행·판매 및 배포

17. 법 제15조제2항에 따른 기본도 지정

18. 법 제16조제1항에 따른 기본측량성과의 국외 반출 허가

19. 법 제17조제2항에 따른 공공측량 작업계획서의 접수

20. 법 제17조제3항에 따른 장기 계획서 또는 연간 계획서의 제출요구

21. 법 제17조제4항에 따른 계획서의 타당성 검토 및 그 결과의 통지

22. 법 제18조제2항에 따른 공공측량기록의 사본 제출 요구

23. 법 제18조제4항에 따른 공공측량성과 고시

24. 법 제19조제1항에 따른 공공측량성과 또는 공공측량기록 사본의 보관 및 열람

25. 법 제19조제2항에 따른 공공측량성과 또는 공공측량기록의 복제 또는 사본 발급 신청의 접수 및 발급

26. 법 제21조제1항에 따른 공공측량성과의 국외 반출 허가

27. 법 제22조제2항에 따른 일반측량성과 및 일반측량기록 사본의 제출 요구

27의2. 법 제22조제3항에 따른 일반측량에 관한 작업기준 설정

28. 법 제42조제1항에 따른 측량기술자(지적기술자는 제외한다)의 업무정지

29. 법 제44조제2항에 따른 측량업의 등록

30. 법 제44조제3항에 따른 측량업등록증 및 측량업등록수첩의 발급

31. 법 제44조제4항에 따른 등록사항 변경신고의 수리

32. 법 제46조제2항에 따른 측량업자의 지위 승계 신고의 수리

33. 법 제48조에 따른 측량업의 휴업·폐업 등의 신고 수리

34. 법 제52조제1항에 따른 측량업의 등록취소 및 영업정지와 같은 조 제3항에 따른 등록취소 및 영업정지 사실의 공고

35. 법 제55조제2항에 따른 기본측량, 공공측량 대가 기준 산정 및 기획재정부장관과의 협의

36. 법 제91조제2항에 따른 지명의 고시

37. 법 제92조제1항에 따른 성능검사의 실시

38. 법 제93조제2항에 따른 성능검사대행자 등록증 발급사실 통지의 접수

39. 법 제96조제2항에 따른 성능검사대행자 등록 취소사실 통지의 접수

40. 법 제97조에 따른 측량제도 발전을 위한 시책의 추진과 국제기구 및 국가 간 협력 활동의 추진

41. 법 제98조에 따른 측량업무 종사자에 대한 교육훈련

42. 법 제99조에 따른 측량업자(지적측량업자는 제외한다)에 대한 보고 접수 및 조사

43. 법 제100조에 따른 측량업자(지적측량업자는 제외한다)의 등록취소에 대한 청문

44. 법 제103조제1항에 따른 기본측량 실시를 위한 토지, 건물, 나무, 그 밖의 공작물의 수용 또는 사용

45. 법 제104조에 따라 위탁받은 측량 업무의 수행

46. 법 제111조제1항(제3호부터 제6호까지 및 제12호·제14호·제15호는 제외한다)에 따른 과태료의 부과·징수

47. 제3조에 따른 공공측량의 지정·고시

48. 제4조 및 별표 1 제22호에 따른 수치주제도의 지정·고시

49. 제6조제4호에 따른 원점의 특례지역 지정·고시

50. 제11조제2항에 따른 현지조사 실시 또는 재조사 요구

51. 제14조에 따른 기본측량성과 검증기관의 지정에 따른 신청접수, 지정 및 공고

52. 제16조제5호에 따른 시설의 고시

52의2. 제16조의2에 따른 협의체의 구성 및 운영

53. 제17조제1항제1호에 따른 공공측량시행자와의 지형도 공동제작

54. 제17조제2항에 따른 지도의 축척 및 판매가격 등 통보의 접수

55. 제35조제6항에 따른 측량업등록의 공고

56. 제38조에 따른 측량업등록증 또는 측량업등록수첩의 재발급

57. 제48조제3항에 따른 측량의 대가 기준의 고시

58. 삭제 <2015. 6. 1.>

59. 제104조제1항부터 제4항까지의 규정에 따른 측량성과 심사수탁기관 지정에 따른 신청 접수, 지정 및 공고

60. 제104조제6항에 따른 심사 결과 보고의 접수와 같은 조 제7항에 따른 자료의 제공
② 해양수산부장관은 법 제105조제1항에 따라 다음 각 호의 권한을 국립해양조사원장에게 위임한다. <개정 2013. 3. 23., 2013. 6. 11.>
1. 법 제4조에 따른 수로조사의 고시
2. 법 제6조제2항에 따른 평균해수면, 기본수준면 및 약최고고조면의 결정·고시
3. 법 제8조제1항에 따른 수로기준점표지의 설치·관리
4. 법 제8조제3항에 따른 수로기준점표지의 설치 고시
5. 법 제8조제6항에 따른 수로기준점표지의 현황 조사
6. 법 제11조제3항에 따른 수로조사에 관한 자료의 제출 요구
7. 법 제30조제1항에 따른 수로조사기본계획의 수립
8. 법 제31조제1항에 따른 수로조사
9. 법 제31조제3항에 따른 수로조사의 신고 접수
10. 법 제31조제6항에 따른 수로조사방법에 관한 기술지도
11. 법 제32조에 따른 수로조사 실시의 공고 및 항행통보 게재
12. 법 제33조제2항에 따른 수로조사성과의 접수 및 심사 결과의 통지
13. 법 제33조제3항에 따른 수로조사성과의 항행통보 및 수로도서지 게재
14. 법 제34조제1항에 따른 수로조사성과의 보관 및 열람 제공
15. 법 제34조제2항에 따른 수로조사성과의 공표
16. 법 제34조제3항에 따른 수로조사성과의 사본 발급 신청 접수
17. 법 제35조제1항에 따른 수로도서지의 간행·판매 또는 배포
18. 법 제35조제2항에 따른 수로도서지 판매대행업자 지정
19. 법 제35조제4항에 따른 수로도서지의 판매가격, 판매대행 수수료, 그 밖에 수로도서지의 판매대행에 필요한 사항의 결정·고시
20. 법 제35조제6항에 따른 판매대행업자의 지정취소나 영업정지
21. 법 제36조제1항에 따른 수로도서지의 복제 등 승인
22. 법 제37조에 따른 수로정보 관련 사항의 통보 접수
23. 법 제38조제1항에 따른 관계기관의 수로조사계획이나 수로조사성과의 제출 요구
24. 법 제38조제2항에 따른 관계기관과의 수로조사자료 공동활용, 공동조사 및 기술협력을 위한 노력
25. 법 제43조제3항에 따라 준용되는 법 제42조에 따른 수로기술자의 업무정지
26. 법 제54조제1항에 따른 수로사업의 등록 접수
27. 법 제54조제3항에 따른 수로사업등록증 및 수로사업등록수첩 발급
28. 법 제54조제4항에 따른 수로사업자의 등록사항 변경신고 접수

29. 법 제54조제6항에 따라 준용되는 법 제46조에 따른 수로사업자의 지위 승계 신고의 수리

30. 법 제54조제6항에 따라 준용되는 법 제48조에 따른 수로사업의 휴업·폐업 등 신고의 수리

31. 법 제54조제6항에 따라 준용되는 법 제52조에 따른 수로사업의 등록취소 또는 영업정지 및 그 사실의 공고

32. 법 제55조제2항에 따른 수로조사의 대가 기준 산정 및 기획재정부장관과의 협의

33. 법 제91조제5항에 따른 해양지명의 고시

34. 법 제97조에 따른 수로조사제도의 발전을 위한 시책의 추진과 국제기구 및 국가 간 협력 활동의 추진(국제기구와 체결하는 협정에 관한 사항은 제외한다)

35. 법 제98조에 따른 수로조사 분야 종사자에 대한 교육훈련

36. 법 제99조에 따라 실시되는 수로조사에 대한 보고 접수 및 조사

37. 법 제100조제3호에 따른 수로사업의 등록취소에 대한 청문

38. 법 제104조에 따라 위탁받은 수로조사 업무의 수행

39. 법 제111조제1항(제1호·제2호·제8호·제11호 및 제13호부터 제15호까지의 규정은 제외한다)에 따른 과태료 부과·징수

40. 제48조제3항에 따른 수로조사의 대가 기준의 고시

41. 제52조제1항에 따른 해양조사협회에 대한 지도·감독

제104조(권한의 위탁 등) ① 법 제105조제2항에 따라 국토교통부장관은 다음 각 호의 권한을 한국국토정보공사, 공간정보산업협회 또는 「민법」 제32조에 따라 국토교통부장관의 허가를 받아 설립된 비영리법인 중 별표 12의 인력과 장비를 갖춘 기관(이하 "측량성과 심사수탁기관"이라 한다)을 지정하여 위탁한다. <개정 2013. 3. 23., 2014. 1. 17., 2015. 6. 1.>

1. 법 제15조제3항에 따른 지도등의 간행에 대한 심사

2. 법 제18조제3항에 따른 공공측량성과의 심사

② 제1항에 따른 측량성과 심사수탁기관으로 지정받으려는 자는 국토교통부령으로 정하는 서류를 갖추어 국토교통부장관에게 신청하여야 한다. <개정 2013. 3. 23.>

③ 국토교통부장관은 제2항에 따른 신청을 받았을 때에는 측량 관련 인력과 장비의 보유 현황 등을 종합적으로 검토하여 측량성과 심사수탁기관으로 지정하여야 한다. <개정 2013. 3. 23.>

④ 국토교통부장관은 제3항에 따라 측량성과 심사수탁기관을 지정한 경우에는 신청인에게 서면으로 통지하고 지체 없이 공고하여야 한다. <개정 2013. 3. 23.>

⑤ 측량성과 심사수탁기관의 지정절차 등에 관하여 필요한 세부사항은 국토교통부령으

로 정한다. <개정 2013. 3. 23.>

⑥ 제1항에 따라 심사 권한을 위탁받은 측량성과 심사수탁기관의 장은 심사가 완료되면 그 결과를 국토교통부장관에게 보고하여야 한다. <개정 2013. 3. 23.>

⑦ 국토교통부장관은 측량성과 심사수탁기관의 요청을 받으면 제1항에 따른 심사에 필요한 자료를 측량성과 심사수탁기관에 제공할 수 있다. <개정 2013. 3. 23.>

⑧ 국토교통부장관은 법 제105조제2항에 따라 다음 각 호의 업무를 공간정보산업협회에 위탁한다. <개정 2015. 6. 1.>

1. 법 제10조의2에 따른 측량업정보 종합관리체계의 구축·운영

2. 법 제10조의3에 따른 측량업자의 측량용역사업에 대한 사업수행능력 공시 및 실적 등의 접수 및 내용의 확인

3. 법 제40조에 따른 측량기술자 신고 접수, 기록의 유지·관리, 측량기술경력증의 발급, 신고받은 내용의 확인을 위한 관련 자료 제출 요청 및 제출 자료의 접수, 측량기술자의 근무처 및 경력등의 확인

⑨ 해양수산부장관은 법 제105조제2항에 따라 다음 각 호의 업무를 해양조사협회에 위탁한다. <개정 2013. 3. 23.>

1. 법 제9조제3항에 따른 수로기준점표지의 이전

2. 법 제31조제1항제4호에 따라 실시하는 수로조사 중 해양수산부령으로 정하는 것

3. 법 제31조제5항에 따른 수로조사에 필요한 관측시설의 관리 중 해양수산부령으로 정하는 것

4. 법 제31조제6항에 따른 수로조사방법에 관한 기술지도 중 해양수산부장관이 정하여 고시한 현장 지도

5. 법 제31조제1항과 제33조제2항에 따른 수로조사성과의 심사

6. 법 제35조제1항에 따른 수로도서지의 인쇄·공급 및 재고관리

7. 법 제43조제3항에 따른 수로기술자 신고의 접수 및 기록의 유지·관리, 수로기술경력증의 발급, 신고받은 내용의 확인을 위한 관련 자료 제출 요청 및 제출 자료의 접수, 수로기술자의 근무처 및 경력등의 확인

⑩ 해양수산부장관은 제9항제1호(영해기준점표지의 유지·보수 및 관리 업무로 한정한다)·제3호·제4호 및 제6호에 따라 해양조사협회에 업무를 위탁하는 경우 사업의 수행에 필요한 경비를 예산의 범위에서 보조할 수 있다. <개정 2013. 3. 23.>

⑪ 시·도지사 및 지적소관청은 법 제105조제2항에 따라 법 제8조제1항에 따른 측량기준점(지적기준점으로 한정한다)의 관리 업무를 한국국토정보공사에 위탁한다. <신설 2015. 6. 1.>

제104조의2(고유식별정보의 처리) 국토교통부장관, 해양수산부장관(법 제105조에 따라 국토

교통부장관 또는 해양수산부장관의 권한을 위임·위탁받은 자를 포함한다), 시·도지사, 지적소관청 또는 한국국토정보공사는 다음 각 호의 사무를 수행하기 위하여 불가피한 경우「개인정보 보호법 시행령」제19조에 따른 주민등록번호 또는 외국인등록번호가 포함된 자료를 처리할 수 있다. <개정 2013. 3. 23., 2014. 8. 6., 2015. 6. 1., 2017. 1. 10., 2017. 3. 27.>

1. 법 제10조의2에 따른 측량업정보의 종합관리에 관한 사무

1의2. 법 제10조의3에 따른 측량용역사업에 대한 사업수행능력의 평가 및 공시에 관한 사무

1의3. 법 제15조에 따른 기본측량성과 등을 사용한 지도등의 간행에 관한 사무

1의4. 법 제24조에 따른 지적측량 의뢰에 관한 사무

2. 법 제40조(법 제43조제3항에 따라 준용되는 경우를 포함한다)에 따른 측량기술자 또는 수로기술자의 신고 등에 관한 사무

3. 법 제42조(법 제43조제3항에 따라 준용되는 경우를 포함한다)에 따른 측량기술자 또는 수로기술자의 업무정지에 관한 사무

4. 법 제44조에 따른 측량업의 등록 또는 법 제54조에 따른 수로사업의 등록에 관한 사무

5. 법 제46조(법 제54조제6항에 따라 준용되는 경우를 포함한다)에 따른 측량업자 또는 수로사업자의 지위 승계에 관한 사무

6. 법 제48조(법 제54조제6항에 따라 준용되는 경우를 포함한다)에 따른 측량업 또는 수로사업의 휴업·폐업 등 신고에 관한 사무

7. 법 제52조(법 제54조제6항에 따라 준용되는 경우를 포함한다)에 따른 측량업 또는 수로사업의 등록취소 등에 관한 사무

8. 법 제70조제2항에 따른 지적정보의 활용에 관한 사무

9. 법 제77조에 따른 신규등록 신청에 관한 사무

10. 법 제78조에 따른 등록전환 신청에 관한 사무

11. 법 제79조에 따른 분할 신청에 관한 사무

12. 법 제80조에 따른 합병 신청에 관한 사무

13. 법 제81조에 따른 지목변경 신청에 관한 사무

14. 법 제82조에 따른 바다로 된 토지의 등록말소 신청에 관한 사무

15. 법 제83조에 따른 축척변경 신청에 관한 사무

16. 법 제84조에 따른 등록사항의 정정 신청에 관한 사무

17. 법 제88조에 따른 토지소유자의 정리에 관한 사무

18. 법 제93조에 따른 성능검사대행자의 등록에 관한 사무

19. 법 제96조에 따른 성능검사대행자의 등록취소 등에 관한 사무

[본조신설 2013. 1. 16.]

제104조의3(규제의 재검토) ① 국토교통부장관은 제41조에 따른 손해배상책임의 보장에 대하여 2014년 1월 1일을 기준으로 3년마다(매 3년이 되는 해의 1월 1일 전까지를 말한다) 그 타당성을 검토하여 개선 등의 조치를 해야 한다. <개정 2020. 3. 3.>
② 해양수산부장관은 제105조 및 별표 13에 따른 과태료의 부과기준에 대하여 2017년 1월 1일을 기준으로 3년마다(매 3년이 되는 해의 1월 1일 전까지를 말한다) 그 타당성을 검토하여 개선 등의 조치를 하여야 한다. <신설 2016. 12. 30.>
[본조신설 2013. 12. 30.]

제5장 벌칙

제105조(과태료의 부과기준) 법 제111조제1항에 따른 과태료의 부과기준은 별표 13과 같다.

부동산등기법

[시행 2020. 8. 5] [법률 제16912호, 2020. 2. 4, 일부개정]

법무부(법무심의관실) 02-2110-3731, 3515

제1장 총칙

제1조(목적) 이 법은 부동산등기(不動産登記)에 관한 사항을 규정함을 목적으로 한다.

제2조(정의) 이 법에서 사용하는 용어의 뜻은 다음과 같다.
1. "등기부"란 전산정보처리조직에 의하여 입력·처리된 등기정보자료를 대법원규칙으로 정하는 바에 따라 편성한 것을 말한다.
2. "등기부부본자료"(登記簿副本資料)란 등기부와 동일한 내용으로 보조기억장치에 기록된 자료를 말한다.
3. "등기기록"이란 1필의 토지 또는 1개의 건물에 관한 등기정보자료를 말한다.
4. "등기필정보"(登記畢情報)란 등기부에 새로운 권리자가 기록되는 경우에 그 권리자를 확인하기 위하여 제11조제1항에 따른 등기관이 작성한 정보를 말한다.

제3조(등기할 수 있는 권리 등) 등기는 부동산의 표시(表示)와 다음 각 호의 어느 하나에 해당하는 권리의 보존, 이전, 설정, 변경, 처분의 제한 또는 소멸에 대하여 한다.
1. 소유권(所有權)
2. 지상권(地上權)
3. 지역권(地役權)
4. 전세권(傳貰權)
5. 저당권(抵當權)
6. 권리질권(權利質權)
7. 채권담보권(債權擔保權)
8. 임차권(賃借權)

제4조(권리의 순위) ① 같은 부동산에 관하여 등기한 권리의 순위는 법률에 다른 규정이 없으면 등기한 순서에 따른다.

② 등기의 순서는 등기기록 중 같은 구(區)에서 한 등기 상호간에는 순위번호에 따르고, 다른 구에서 한 등기 상호간에는 접수번호에 따른다.

제5조(부기등기의 순위) 부기등기(附記登記)의 순위는 주등기(主登記)의 순위에 따른다. 다만, 같은 주등기에 관한 부기등기 상호간의 순위는 그 등기 순서에 따른다.

제6조(등기신청의 접수시기 및 등기의 효력발생시기) ① 등기신청은 대법원규칙으로 정하는 등기신청정보가 전산정보처리조직에 저장된 때 접수된 것으로 본다.

② 제11조제1항에 따른 등기관이 등기를 마친 경우 그 등기는 접수한 때부터 효력을 발생한다.

제2장 등기소와 등기관

제7조(관할 등기소) ① 등기사무는 부동산의 소재지를 관할하는 지방법원, 그 지원(支院) 또는 등기소(이하 "등기소"라 한다)에서 담당한다.

② 부동산이 여러 등기소의 관할구역에 걸쳐 있을 때에는 대법원규칙으로 정하는 바에 따라 각 등기소를 관할하는 상급법원의 장이 관할 등기소를 지정한다.

제8조(관할의 위임) 대법원장은 어느 등기소의 관할에 속하는 사무를 다른 등기소에 위임하게 할 수 있다.

제9조(관할의 변경) 어느 부동산의 소재지가 다른 등기소의 관할로 바뀌었을 때에는 종전의 관할 등기소는 전산정보처리조직을 이용하여 그 부동산에 관한 등기기록의 처리권한을 다른 등기소로 넘겨주는 조치를 하여야 한다.

제10조(등기사무의 정지) 대법원장은 등기소에서 등기사무를 정지하여야 하는 사유가 발생하면 기간을 정하여 등기사무의 정지를 명령할 수 있다.

제11조(등기사무의 처리) ① 등기사무는 등기소에 근무하는 법원서기관·등기사무관·등기주사 또는 등기주사보(법원사무관·법원주사 또는 법원주사보 중 2001년 12월 31일 이전에 시행한 채용시험에 합격하여 임용된 사람을 포함한다) 중에서 지방법원장(등기소의 사무를 지원장이 관장하는 경우에는 지원장을 말한다. 이하 같다)이 지정하는 자[이하

"등기관"(登記官)이라 한다]가 처리한다.

② 등기관은 등기사무를 전산정보처리조직을 이용하여 등기부에 등기사항을 기록하는 방식으로 처리하여야 한다.

③ 등기관은 접수번호의 순서에 따라 등기사무를 처리하여야 한다.

④ 등기관이 등기사무를 처리한 때에는 등기사무를 처리한 등기관이 누구인지 알 수 있는 조치를 하여야 한다.

제12조(등기관의 업무처리의 제한) ① 등기관은 자기, 배우자 또는 4촌 이내의 친족(이하 "배우자등"이라 한다)이 등기신청인인 때에는 그 등기소에서 소유권등기를 한 성년자로서 등기관의 배우자등이 아닌 자 2명 이상의 참여가 없으면 등기를 할 수 없다. 배우자등의 관계가 끝난 후에도 같다.

② 등기관은 제1항의 경우에 조서를 작성하여 참여인과 같이 기명날인 또는 서명을 하여야 한다.

제13조(재정보증) 법원행정처장은 등기관의 재정보증(財政保證)에 관한 사항을 정하여 운용할 수 있다.

제3장 등기부 등

제14조(등기부의 종류 등) ① 등기부는 토지등기부(土地登記簿)와 건물등기부(建物登記簿)로 구분한다.

② 등기부는 영구(永久)히 보존하여야 한다.

③ 등기부는 대법원규칙으로 정하는 장소에 보관·관리하여야 하며, 전쟁·천재지변이나 그 밖에 이에 준하는 사태를 피하기 위한 경우 외에는 그 장소 밖으로 옮기지 못한다.

④ 등기부의 부속서류는 전쟁·천재지변이나 그 밖에 이에 준하는 사태를 피하기 위한 경우 외에는 등기소 밖으로 옮기지 못한다. 다만, 신청서나 그 밖의 부속서류에 대하여는 법원의 명령 또는 촉탁(囑託)이 있거나 법관이 발부한 영장에 의하여 압수하는 경우에는 그러하지 아니하다.

제15조(물적 편성주의) ① 등기부를 편성할 때에는 1필의 토지 또는 1개의 건물에 대하여 1개의 등기기록을 둔다. 다만, 1동의 건물을 구분한 건물에 있어서는 1동의 건물에 속하는 전부에 대하여 1개의 등기기록을 사용한다.

② 등기기록에는 부동산의 표시에 관한 사항을 기록하는 표제부와 소유권에 관한 사항

을 기록하는 갑구(甲區) 및 소유권 외의 권리에 관한 사항을 기록하는 을구(乙區)를 둔다.

제16조(등기부부본자료의 작성) 등기관이 등기를 마쳤을 때에는 등기부부본자료를 작성하여
야 한다.

제17조(등기부의 손상과 복구) ① 등기부의 전부 또는 일부가 손상되거나 손상될 염려가 있
을 때에는 대법원장은 대법원규칙으로 정하는 바에 따라 등기부의 복구·손상방지 등
필요한 처분을 명령할 수 있다.

② 대법원장은 대법원규칙으로 정하는 바에 따라 제1항의 처분명령에 관한 권한을 법원
행정처장 또는 지방법원장에게 위임할 수 있다.

제18조(부속서류의 손상 등 방지처분) ① 등기부의 부속서류가 손상·멸실(滅失)의 염려가
있을 때에는 대법원장은 그 방지를 위하여 필요한 처분을 명령할 수 있다.

② 제1항에 따른 처분명령에는 제17조제2항을 준용한다.

제19조(등기사항의 열람과 증명) ① 누구든지 수수료를 내고 대법원규칙으로 정하는 바에 따
라 등기기록에 기록되어 있는 사항의 전부 또는 일부의 열람(閱覽)과 이를 증명하는 등
기사항증명서의 발급을 청구할 수 있다. 다만, 등기기록의 부속서류에 대하여는 이해관
계 있는 부분만 열람을 청구할 수 있다.

② 제1항에 따른 등기기록의 열람 및 등기사항증명서의 발급 청구는 관할 등기소가 아
닌 등기소에 대하여도 할 수 있다.

③ 제1항에 따른 수수료의 금액과 면제의 범위는 대법원규칙으로 정한다.

제20조(등기기록의 폐쇄) ① 등기관이 등기기록에 등기된 사항을 새로운 등기기록에 옮겨
기록한 때에는 종전 등기기록을 폐쇄(閉鎖)하여야 한다.

② 폐쇄한 등기기록은 영구히 보존하여야 한다.

③ 폐쇄한 등기기록에 관하여는 제19조를 준용한다.

제21조(중복등기기록의 정리) ① 등기관이 같은 토지에 관하여 중복하여 마쳐진 등기기록을
발견한 경우에는 대법원규칙으로 정하는 바에 따라 중복등기기록 중 어느 하나의 등기
기록을 폐쇄하여야 한다.

② 제1항에 따라 폐쇄된 등기기록의 소유권의 등기명의인 또는 등기상 이해관계인은 대
법원규칙으로 정하는 바에 따라 그 토지가 폐쇄된 등기기록의 소유권의 등기명의인의
소유임을 증명하여 폐쇄된 등기기록의 부활을 신청할 수 있다.

제4장 등기절차

제1절 총칙

제22조(신청주의) ① 등기는 당사자의 신청 또는 관공서의 촉탁에 따라 한다. 다만, 법률에 다른 규정이 있는 경우에는 그러하지 아니하다.

② 촉탁에 따른 등기절차는 법률에 다른 규정이 없는 경우에는 신청에 따른 등기에 관한 규정을 준용한다.

③ 등기를 하려고 하는 자는 대법원규칙으로 정하는 바에 따라 수수료를 내야 한다.

제23조(등기신청인) ① 등기는 법률에 다른 규정이 없는 경우에는 등기권리자(登記權利者)와 등기의무자(登記義務者)가 공동으로 신청한다.

② 소유권보존등기(所有權保存登記) 또는 소유권보존등기의 말소등기(抹消登記)는 등기명의인으로 될 자 또는 등기명의인이 단독으로 신청한다.

③ 상속, 법인의 합병, 그 밖에 대법원규칙으로 정하는 포괄승계에 따른 등기는 등기권리자가 단독으로 신청한다.

④ 등기절차의 이행 또는 인수를 명하는 판결에 의한 등기는 승소한 등기권리자 또는 등기의무자가 단독으로 신청하고, 공유물을 분할하는 판결에 의한 등기는 등기권리자 또는 등기의무자가 단독으로 신청한다. <개정 2020. 2. 4.>

⑤ 부동산표시의 변경이나 경정(更正)의 등기는 소유권의 등기명의인이 단독으로 신청한다.

⑥ 등기명의인표시의 변경이나 경정의 등기는 해당 권리의 등기명의인이 단독으로 신청한다.

⑦ 신탁재산에 속하는 부동산의 신탁등기는 수탁자(受託者)가 단독으로 신청한다. <신설 2013. 5. 28.>

⑧ 수탁자가 「신탁법」 제3조제5항에 따라 타인에게 신탁재산에 대하여 신탁을 설정하는 경우 해당 신탁재산에 속하는 부동산에 관한 권리이전등기에 대하여는 새로운 신탁의 수탁자를 등기권리자로 하고 원래 신탁의 수탁자를 등기의무자로 한다. 이 경우 해당 신탁재산에 속하는 부동산의 신탁등기는 제7항에 따라 새로운 신탁의 수탁자가 단독으로 신청한다. <신설 2013. 5. 28.>

제23조(등기신청인) ① 등기는 법률에 다른 규정이 없는 경우에는 등기권리자(登記權利者)와 등기의무자(登記義務者)가 공동으로 신청한다.

② 소유권보존등기(所有權保存登記) 또는 소유권보존등기의 말소등기(抹消登記)는 등기

명의인으로 될 자 또는 등기명의인이 단독으로 신청한다.

③ 상속, 법인의 합병, 그 밖에 대법원규칙으로 정하는 포괄승계에 따른 등기는 등기권리자가 단독으로 신청한다.

④ 등기절차의 이행 또는 인수를 명하는 판결에 의한 등기는 승소한 등기권리자 또는 등기의무자가 단독으로 신청하고, 공유물을 분할하는 판결에 의한 등기는 등기권리자 또는 등기의무자가 단독으로 신청한다. <개정 2020. 2. 4.>

⑤ 부동산표시의 변경이나 경정(更正)의 등기는 소유권의 등기명의인이 단독으로 신청한다.

⑥ 등기명의인표시의 변경이나 경정의 등기는 해당 권리의 등기명의인이 단독으로 신청한다.

⑦ 신탁재산에 속하는 부동산의 신탁등기는 수탁자(受託者)가 단독으로 신청한다. <신설 2013. 5. 28.>

⑧ 수탁자가 「신탁법」 제3조제5항에 따라 타인에게 신탁재산에 대하여 신탁을 설정하는 경우 해당 신탁재산에 속하는 부동산에 관한 권리이전등기에 대하여는 새로운 신탁의 수탁자를 등기권리자로 하고 원래 신탁의 수탁자를 등기의무자로 한다. 이 경우 해당 신탁재산에 속하는 부동산의 신탁등기는 제7항에 따라 새로운 신탁의 수탁자가 단독으로 신청한다. <신설 2013. 5. 28.>

[시행일 : 2020. 8. 5.] 제23조

제24조(등기신청의 방법) ① 등기는 다음 각 호의 어느 하나에 해당하는 방법으로 신청한다. <개정 2016. 2. 3.>

1. 신청인 또는 그 대리인(代理人)이 등기소에 출석하여 신청정보 및 첨부정보를 적은 서면을 제출하는 방법. 다만, 대리인이 변호사[법무법인, 법무법인(유한) 및 법무조합을 포함한다. 이하 같다]나 법무사[법무사법인 및 법무사법인(유한)을 포함한다. 이하 같다]인 경우에는 대법원규칙으로 정하는 사무원을 등기소에 출석하게 하여 그 서면을 제출할 수 있다.

2. 대법원규칙으로 정하는 바에 따라 전산정보처리조직을 이용하여 신청정보 및 첨부정보를 보내는 방법(법원행정처장이 지정하는 등기유형으로 한정한다)

② 신청인이 제공하여야 하는 신청정보 및 첨부정보는 대법원규칙으로 정한다.

제25조(신청정보의 제공방법) 등기의 신청은 1건당 1개의 부동산에 관한 신청정보를 제공하는 방법으로 하여야 한다. 다만, 등기목적과 등기원인이 동일하거나 그 밖에 대법원규칙으로 정하는 경우에는 같은 등기소의 관할 내에 있는 여러 개의 부동산에 관한 신청정보를 일괄하여 제공하는 방법으로 할 수 있다.

제26조(법인 아닌 사단 등의 등기신청) ① 종중(宗中), 문중(門中), 그 밖에 대표자나 관리인이 있는 법인 아닌 사단(社團)이나 재단(財團)에 속하는 부동산의 등기에 관하여는 그 사단이나 재단을 등기권리자 또는 등기의무자로 한다.

② 제1항의 등기는 그 사단이나 재단의 명의로 그 대표자나 관리인이 신청한다.

제27조(포괄승계인에 의한 등기신청) 등기원인이 발생한 후에 등기권리자 또는 등기의무자에 대하여 상속이나 그 밖의 포괄승계가 있는 경우에는 상속인이나 그 밖의 포괄승계인이 그 등기를 신청할 수 있다.

제28조(채권자대위권에 의한 등기신청) ① 채권자는 「민법」 제404조에 따라 채무자를 대위(代位)하여 등기를 신청할 수 있다.

② 등기관이 제1항 또는 다른 법령에 따른 대위신청에 의하여 등기를 할 때에는 대위자의 성명 또는 명칭, 주소 또는 사무소 소재지 및 대위원인을 기록하여야 한다.

제29조(신청의 각하) 등기관은 다음 각 호의 어느 하나에 해당하는 경우에만 이유를 적은 결정으로 신청을 각하(却下)하여야 한다. 다만, 신청의 잘못된 부분이 보정(補正)될 수 있는 경우로서 신청인이 등기관이 보정을 명한 날의 다음 날까지 그 잘못된 부분을 보정하였을 때에는 그러하지 아니하다.

1. 사건이 그 등기소의 관할이 아닌 경우
2. 사건이 등기할 것이 아닌 경우
3. 신청할 권한이 없는 자가 신청한 경우
4. 제24조제1항제1호에 따라 등기를 신청할 때에 당사자나 그 대리인이 출석하지 아니한 경우
5. 신청정보의 제공이 대법원규칙으로 정한 방식에 맞지 아니한 경우
6. 신청정보의 부동산 또는 등기의 목적인 권리의 표시가 등기기록과 일치하지 아니한 경우
7. 신청정보의 등기의무자의 표시가 등기기록과 일치하지 아니한 경우. 다만, 제27조에 따라 포괄승계인이 등기신청을 하는 경우는 제외한다.
8. 신청정보와 등기원인을 증명하는 정보가 일치하지 아니한 경우
9. 등기에 필요한 첨부정보를 제공하지 아니한 경우
10. 취득세(「지방세법」 제20조의2에 따라 분할납부하는 경우에는 등기하기 이전에 분할납부하여야 할 금액을 말한다), 등록면허세(등록에 대한 등록면허세만 해당한다) 또는 수수료를 내지 아니하거나 등기신청과 관련하여 다른 법률에 따라 부과된 의무를 이행하지 아니한 경우

11. 신청정보 또는 등기기록의 부동산의 표시가 토지대장·임야대장 또는 건축물대장과
　　일치하지 아니한 경우

제30조(등기완료의 통지) 등기관이 등기를 마쳤을 때에는 대법원규칙으로 정하는 바에 따라
　　신청인 등에게 그 사실을 알려야 한다.

제31조(행정구역의 변경) 행정구역 또는 그 명칭이 변경되었을 때에는 등기기록에 기록된 행
　　정구역 또는 그 명칭에 대하여 변경등기가 있는 것으로 본다.

제32조(등기의 경정) ① 등기관이 등기를 마친 후 그 등기에 착오(錯誤)나 빠진 부분이 있음
　　을 발견하였을 때에는 지체 없이 그 사실을 등기권리자와 등기의무자에게 알려야 하고,
　　등기권리자와 등기의무자가 없는 경우에는 등기명의인에게 알려야 한다. 다만, 등기권리
　　자, 등기의무자 또는 등기명의인이 각 2인 이상인 경우에는 그 중 1인에게 통지하면 된다.
　　② 등기관이 등기의 착오나 빠진 부분이 등기관의 잘못으로 인한 것임을 발견한 경우에
　　는 지체 없이 그 등기를 직권으로 경정하여야 한다. 다만, 등기상 이해관계 있는 제3자
　　가 있는 경우에는 제3자의 승낙이 있어야 한다.
　　③ 등기관이 제2항에 따라 경정등기를 하였을 때에는 그 사실을 등기권리자, 등기의무
　　자 또는 등기명의인에게 알려야 한다. 이 경우 제1항 단서를 준용한다.
　　④ 채권자대위권에 의하여 등기가 마쳐진 때에는 제1항 및 제3항의 통지를 그 채권자에
　　게도 하여야 한다. 이 경우 제1항 단서를 준용한다.

제33조(새 등기기록에의 이기) 등기기록에 기록된 사항이 많아 취급하기에 불편하게 되는 등
　　합리적 사유로 등기기록을 옮겨 기록할 필요가 있는 경우에 등기관은 현재 효력이 있는
　　등기만을 새로운 등기기록에 옮겨 기록할 수 있다.

제2절 표시에 관한 등기

제1관 토지의 표시에 관한 등기

제34조(등기사항) 등기관은 토지 등기기록의 표제부에 다음 각 호의 사항을 기록하여야 한다.
　　1. 표시번호
　　2. 접수연월일
　　3. 소재와 지번(地番)
　　4. 지목(地目)
　　5. 면적
　　6. 등기원인

제35조(변경등기의 신청) 토지의 분할, 합병이 있는 경우와 제34조의 등기사항에 변경이 있는 경우에는 그 토지 소유권의 등기명의인은 그 사실이 있는 때부터 1개월 이내에 그 등기를 신청하여야 한다.

제36조(직권에 의한 표시변경등기) ① 등기관이 지적(地籍)소관청으로부터 「공간정보의 구축 및 관리 등에 관한 법률」 제88조제3항의 통지를 받은 경우에 제35조의 기간 이내에 등기명의인으로부터 등기신청이 없을 때에는 그 통지서의 기재내용에 따른 변경의 등기를 직권으로 하여야 한다. <개정 2014. 6. 3.>
② 제1항의 등기를 하였을 때에는 등기관은 지체 없이 그 사실을 지적소관청과 소유권의 등기명의인에게 알려야 한다. 다만, 등기명의인이 2인 이상인 경우에는 그 중 1인에게 통지하면 된다.

제37조(합필 제한) ① 합필(合筆)하려는 토지에 다음 각 호의 등기 외의 권리에 관한 등기가 있는 경우에는 합필의 등기를 할 수 없다. <개정 2020. 2. 4.>
1. 소유권·지상권·전세권·임차권 및 승역지(承役地: 편익제공지)에 하는 지역권의 등기
2. 합필하려는 모든 토지에 있는 등기원인 및 그 연월일과 접수번호가 동일한 저당권에 관한 등기
3. 합필하려는 모든 토지에 있는 제81조제1항 각 호의 등기사항이 동일한 신탁등기
② 등기관이 제1항을 위반한 등기의 신청을 각하하면 지체 없이 그 사유를 지적소관청에 알려야 한다.

제37조(합필 제한) ① 합필(合筆)하려는 토지에 다음 각 호의 등기 외의 권리에 관한 등기가 있는 경우에는 합필의 등기를 할 수 없다. <개정 2020. 2. 4.>
1. 소유권·지상권·전세권·임차권 및 승역지(承役地: 편익제공지)에 하는 지역권의 등기
2. 합필하려는 모든 토지에 있는 등기원인 및 그 연월일과 접수번호가 동일한 저당권에 관한 등기
3. 합필하려는 모든 토지에 있는 제81조제1항 각 호의 등기사항이 동일한 신탁등기
② 등기관이 제1항을 위반한 등기의 신청을 각하하면 지체 없이 그 사유를 지적소관청에 알려야 한다.
[시행일 : 2020. 8. 5.] 제37조

제38조(합필의 특례) ① 「공간정보의 구축 및 관리 등에 관한 법률」에 따른 토지합병절차를 마친 후 합필등기(合筆登記)를 하기 전에 합병된 토지 중 어느 토지에 관하여 소유권이전등기가 된 경우라 하더라도 이해관계인의 승낙이 있으면 해당 토지의 소유권의 등기명의인들은 합필 후의 토지를 공유(共有)로 하는 합필등기를 신청할 수 있다. <개정

2014. 6. 3.>

② 「공간정보의 구축 및 관리 등에 관한 법률」에 따른 토지합병절차를 마친 후 합필등기를 하기 전에 합병된 토지 중 어느 토지에 관하여 제37조제1항에서 정한 합필등기의 제한 사유에 해당하는 권리에 관한 등기가 된 경우라 하더라도 이해관계인의 승낙이 있으면 해당 토지의 소유권의 등기명의인은 그 권리의 목적물을 합필 후의 토지에 관한 지분으로 하는 합필등기를 신청할 수 있다. 다만, 요역지(要役地: 편익필요지)에 하는 지역권의 등기가 있는 경우에는 합필 후의 토지 전체를 위한 지역권으로 하는 합필등기를 신청하여야 한다. <개정 2014. 6. 3.>

제39조(멸실등기의 신청) 토지가 멸실된 경우에는 그 토지 소유권의 등기명의인은 그 사실이 있는 때부터 1개월 이내에 그 등기를 신청하여야 한다.

제2관 건물의 표시에 관한 등기

제40조(등기사항) ① 등기관은 건물 등기기록의 표제부에 다음 각 호의 사항을 기록하여야 한다.

1. 표시번호
2. 접수연월일
3. 소재, 지번 및 건물번호. 다만, 같은 지번 위에 1개의 건물만 있는 경우에는 건물번호는 기록하지 아니한다.
4. 건물의 종류, 구조와 면적. 부속건물이 있는 경우에는 부속건물의 종류, 구조와 면적도 함께 기록한다.
5. 등기원인
6. 도면의 번호[같은 지번 위에 여러 개의 건물이 있는 경우와 「집합건물의 소유 및 관리에 관한 법률」 제2조제1호의 구분소유권(區分所有權)의 목적이 되는 건물(이하 "구분건물"이라 한다)인 경우로 한정한다]

② 등기할 건물이 구분건물(區分建物)인 경우에 등기관은 제1항제3호의 소재, 지번 및 건물번호 대신 1동 건물의 등기기록의 표제부에는 소재와 지번, 건물명칭 및 번호를 기록하고 전유부분의 등기기록의 표제부에는 건물번호를 기록하여야 한다.

③ 구분건물에 「집합건물의 소유 및 관리에 관한 법률」 제2조제6호의 대지사용권(垈地使用權)으로서 건물과 분리하여 처분할 수 없는 것[이하 "대지권"(垈地權)이라 한다]이 있는 경우에는 등기관은 제2항에 따라 기록하여야 할 사항 외에 1동 건물의 등기기록의 표제부에 대지권의 목적인 토지의 표시에 관한 사항을 기록하고 전유부분의 등기기록의 표제부에는 대지권의 표시에 관한 사항을 기록하여야 한다.

④ 등기관이 제3항에 따라 대지권등기를 하였을 때에는 직권으로 대지권의 목적인 토지의 등기기록에 소유권, 지상권, 전세권 또는 임차권이 대지권이라는 뜻을 기록하여야 한다.

제41조(변경등기의 신청) ① 건물의 분할, 구분, 합병이 있는 경우와 제40조의 등기사항에 변경이 있는 경우에는 그 건물 소유권의 등기명의인은 그 사실이 있는 때부터 1개월 이내에 그 등기를 신청하여야 한다.

② 구분건물로서 표시등기만 있는 건물에 관하여는 제65조 각 호의 어느 하나에 해당하는 자가 제1항의 등기를 신청하여야 한다.

③ 구분건물로서 그 대지권의 변경이나 소멸이 있는 경우에는 구분건물의 소유권의 등기명의인은 1동의 건물에 속하는 다른 구분건물의 소유권의 등기명의인을 대위하여 그 등기를 신청할 수 있다.

④ 건물이 구분건물인 경우에 그 건물의 등기기록 중 1동 표제부에 기록하는 등기사항에 관한 변경등기는 그 구분건물과 같은 1동의 건물에 속하는 다른 구분건물에 대하여도 변경등기로서의 효력이 있다.

제42조(합병 제한) ① 합병하려는 건물에 다음 각 호의 등기 외의 권리에 관한 등기가 있는 경우에는 합병의 등기를 할 수 없다. <개정 2020. 2. 4.>

1. 소유권·전세권 및 임차권의 등기

2. 합병하려는 모든 건물에 있는 등기원인 및 그 연월일과 접수번호가 동일한 저당권에 관한 등기

3. 합병하려는 모든 건물에 있는 제81조제1항 각 호의 등기사항이 동일한 신탁등기

② 등기관이 제1항을 위반한 등기의 신청을 각하하면 지체 없이 그 사유를 건축물대장 소관청에 알려야 한다.

제42조(합병 제한) ① 합병하려는 건물에 다음 각 호의 등기 외의 권리에 관한 등기가 있는 경우에는 합병의 등기를 할 수 없다. <개정 2020. 2. 4.>

1. 소유권·전세권 및 임차권의 등기

2. 합병하려는 모든 건물에 있는 등기원인 및 그 연월일과 접수번호가 동일한 저당권에 관한 등기

3. 합병하려는 모든 건물에 있는 제81조제1항 각 호의 등기사항이 동일한 신탁등기

② 등기관이 제1항을 위반한 등기의 신청을 각하하면 지체 없이 그 사유를 건축물대장 소관청에 알려야 한다.

[시행일 : 2020. 8. 5.] 제42조

제43조(멸실등기의 신청) ① 건물이 멸실된 경우에는 그 건물 소유권의 등기명의인은 그 사

실이 있는 때부터 1개월 이내에 그 등기를 신청하여야 한다. 이 경우 제41조제2항을 준용한다.

② 제1항의 경우 그 소유권의 등기명의인이 1개월 이내에 멸실등기를 신청하지 아니하면 그 건물대지의 소유자가 건물 소유권의 등기명의인을 대위하여 그 등기를 신청할 수 있다.

③ 구분건물로서 그 건물이 속하는 1동 전부가 멸실된 경우에는 그 구분건물의 소유권의 등기명의인은 1동의 건물에 속하는 다른 구분건물의 소유권의 등기명의인을 대위하여 1동 전부에 대한 멸실등기를 신청할 수 있다.

제44조(건물의 부존재) ① 존재하지 아니하는 건물에 대한 등기가 있을 때에는 그 소유권의 등기명의인은 지체 없이 그 건물의 멸실등기를 신청하여야 한다.

② 그 건물 소유권의 등기명의인이 제1항에 따라 등기를 신청하지 아니하는 경우에는 제43조제2항을 준용한다.

③ 존재하지 아니하는 건물이 구분건물인 경우에는 제43조제3항을 준용한다.

제45조(등기상 이해관계인이 있는 건물의 멸실) ① 소유권 외의 권리가 등기되어 있는 건물에 대한 멸실등기의 신청이 있는 경우에 등기관은 그 권리의 등기명의인에게 1개월 이내의 기간을 정하여 그 기간까지 이의(異議)를 진술하지 아니하면 멸실등기를 한다는 뜻을 알려야 한다. 다만, 건축물대장에 건물멸실의 뜻이 기록되어 있거나 소유권 외의 권리의 등기명의인이 멸실등기에 동의한 경우에는 그러하지 아니하다.

② 제1항 본문의 경우에는 제58조제2항부터 제4항까지를 준용한다.

제46조(구분건물의 표시에 관한 등기) ① 1동의 건물에 속하는 구분건물 중 일부만에 관하여 소유권보존등기를 신청하는 경우에는 나머지 구분건물의 표시에 관한 등기를 동시에 신청하여야 한다.

② 제1항의 경우에 구분건물의 소유자는 1동에 속하는 다른 구분건물의 소유자를 대위하여 그 건물의 표시에 관한 등기를 신청할 수 있다.

③ 구분건물이 아닌 건물로 등기된 건물에 접속하여 구분건물을 신축한 경우에 그 신축건물의 소유권보존등기를 신청할 때에는 구분건물이 아닌 건물을 구분건물로 변경하는 건물의 표시변경등기를 동시에 신청하여야 한다. 이 경우 제2항을 준용한다.

제47조(규약상 공용부분의 등기와 규약폐지에 따른 등기) ① 「집합건물의 소유 및 관리에 관한 법률」 제3조제4항에 따른 공용부분(共用部分)이라는 뜻의 등기는 소유권의 등기명의인이 신청하여야 한다. 이 경우 공용부분인 건물에 소유권 외의 권리에 관한 등기가 있을 때에는 그 권리의 등기명의인의 승낙이 있어야 한다.

② 공용부분이라는 뜻을 정한 규약을 폐지한 경우에 공용부분의 취득자는 지체 없이 소유권보존등기를 신청하여야 한다.

제3절 권리에 관한 등기

제1관 통칙

제48조(등기사항) ① 등기관이 갑구 또는 을구에 권리에 관한 등기를 할 때에는 다음 각 호의 사항을 기록하여야 한다.

1. 순위번호
2. 등기목적
3. 접수연월일 및 접수번호
4. 등기원인 및 그 연월일
5. 권리자

② 제1항제5호의 권리자에 관한 사항을 기록할 때에는 권리자의 성명 또는 명칭 외에 주민등록번호 또는 부동산등기용등록번호와 주소 또는 사무소 소재지를 함께 기록하여야 한다.

③ 제26조에 따라 법인 아닌 사단이나 재단 명의의 등기를 할 때에는 그 대표자나 관리인의 성명, 주소 및 주민등록번호를 함께 기록하여야 한다.

④ 제1항제5호의 권리자가 2인 이상인 경우에는 권리자별 지분을 기록하여야 하고 등기할 권리가 합유(合有)인 때에는 그 뜻을 기록하여야 한다.

제49조(등록번호의 부여절차) ① 제48조제2항에 따른 부동산등기용등록번호(이하 "등록번호"라 한다)는 다음 각 호의 방법에 따라 부여한다. <개정 2013. 3. 23., 2014. 3. 18., 2015. 7. 24.>

1. 국가·지방자치단체·국제기관 및 외국정부의 등록번호는 국토교통부장관이 지정·고시한다.

2. 주민등록번호가 없는 재외국민의 등록번호는 대법원 소재지 관할 등기소의 등기관이 부여하고, 법인의 등록번호는 주된 사무소(회사의 경우에는 본점, 외국법인의 경우에는 국내에 최초로 설치 등기를 한 영업소나 사무소를 말한다) 소재지 관할 등기소의 등기관이 부여한다.

3. 법인 아닌 사단이나 재단 및 국내에 영업소나 사무소의 설치 등기를 하지 아니한 외국법인의 등록번호는 시장(「제주특별자치도 설치 및 국제자유도시 조성을 위한 특별법」 제10조제2항에 따른 행정시의 시장을 포함하며, 「지방자치법」 제3조제3항에 따

라 자치구가 아닌 구를 두는 시의 시장은 제외한다), 군수 또는 구청장(자치구가 아
닌 구의 구청장을 포함한다)이 부여한다.
4. 외국인의 등록번호는 체류지(국내에 체류지가 없는 경우에는 대법원 소재지에 체류
지가 있는 것으로 본다)를 관할하는 지방출입국·외국인관서의 장이 부여한다.
② 제1항제2호에 따른 등록번호의 부여절차는 대법원규칙으로 정하고, 제1항제3호와 제
4호에 따른 등록번호의 부여절차는 대통령령으로 정한다.

제50조(등기필정보) ① 등기관이 새로운 권리에 관한 등기를 마쳤을 때에는 등기필정보를
작성하여 등기권리자에게 통지하여야 한다. 다만, 다음 각 호의 어느 하나에 해당하는
경우에는 그러하지 아니하다.
1. 등기권리자가 등기필정보의 통지를 원하지 아니하는 경우
2. 국가 또는 지방자치단체가 등기권리자인 경우
3. 제1호 및 제2호에서 규정한 경우 외에 대법원규칙으로 정하는 경우
② 등기권리자와 등기의무자가 공동으로 권리에 관한 등기를 신청하는 경우에 신청인은
그 신청정보와 함께 제1항에 따라 통지받은 등기의무자의 등기필정보를 등기소에 제공
하여야 한다. 승소한 등기의무자가 단독으로 권리에 관한 등기를 신청하는 경우에도 또
한 같다.

제51조(등기필정보가 없는 경우) 제50조제2항의 경우에 등기의무자의 등기필정보가 없을 때
에는 등기의무자 또는 그 법정대리인(이하 "등기의무자등"이라 한다)이 등기소에 출석
하여 등기관으로부터 등기의무자등임을 확인받아야 한다. 다만, 등기신청인의 대리인(변
호사나 법무사만을 말한다)이 등기의무자등으로부터 위임받았음을 확인한 경우 또는 신
청서(위임에 의한 대리인이 신청하는 경우에는 그 권한을 증명하는 서면을 말한다) 중
등기의무자등의 작성부분에 관하여 공증(公證)을 받은 경우에는 그러하지 아니하다.

제52조(부기로 하는 등기) 등기관이 다음 각 호의 등기를 할 때에는 부기로 하여야 한다. 다
만, 제5호의 등기는 등기상 이해관계 있는 제3자의 승낙이 없는 경우에는 그러하지 아니
하다.
1. 등기명의인표시의 변경이나 경정의 등기
2. 소유권 외의 권리의 이전등기
3. 소유권 외의 권리를 목적으로 하는 권리에 관한 등기
4. 소유권 외의 권리에 대한 처분제한 등기
5. 권리의 변경이나 경정의 등기
6. 제53조의 환매특약등기
7. 제54조의 권리소멸약정등기

8. 제67조제1항 후단의 공유물 분할금지의 약정등기

9. 그 밖에 대법원규칙으로 정하는 등기

제53조(환매특약의 등기) 등기관이 환매특약의 등기를 할 때에는 다음 각 호의 사항을 기록하여야 한다. 다만, 제3호는 등기원인에 그 사항이 정하여져 있는 경우에만 기록한다.

1. 매수인이 지급한 대금

2. 매매비용

3. 환매기간

제54조(권리소멸약정의 등기) 등기원인에 권리의 소멸에 관한 약정이 있을 경우 신청인은 그 약정에 관한 등기를 신청할 수 있다.

제55조(사망 등으로 인한 권리의 소멸과 말소등기) 등기명의인인 사람의 사망 또는 법인의 해산으로 권리가 소멸한다는 약정이 등기되어 있는 경우에 사람의 사망 또는 법인의 해산으로 그 권리가 소멸하였을 때에는, 등기권리자는 그 사실을 증명하여 단독으로 해당 등기의 말소를 신청할 수 있다.

제56조(등기의무자의 소재불명과 말소등기) ① 등기권리자가 등기의무자의 소재불명으로 인하여 공동으로 등기의 말소를 신청할 수 없을 때에는 「민사소송법」에 따라 공시최고(公示催告)를 신청할 수 있다.

② 제1항의 경우에 제권판결(除權判決)이 있으면 등기권리자가 그 사실을 증명하여 단독으로 등기의 말소를 신청할 수 있다.

제57조(이해관계 있는 제3자가 있는 등기의 말소) ① 등기의 말소를 신청하는 경우에 그 말소에 대하여 등기상 이해관계 있는 제3자가 있을 때에는 제3자의 승낙이 있어야 한다.

② 제1항에 따라 등기를 말소할 때에는 등기상 이해관계 있는 제3자 명의의 등기는 등기관이 직권으로 말소한다.

제58조(직권에 의한 등기의 말소) ① 등기관이 등기를 마친 후 그 등기가 제29조제1호 또는 제2호에 해당된 것임을 발견하였을 때에는 등기권리자, 등기의무자와 등기상 이해관계 있는 제3자에게 1개월 이내의 기간을 정하여 그 기간에 이의를 진술하지 아니하면 등기를 말소한다는 뜻을 통지하여야 한다.

② 제1항의 경우 통지를 받을 자의 주소 또는 거소(居所)를 알 수 없으면 제1항의 통지를 갈음하여 제1항의 기간 동안 등기소 게시장에 이를 게시하거나 대법원규칙으로 정하는 바에 따라 공고하여야 한다.

③ 등기관은 제1항의 말소에 관하여 이의를 진술한 자가 있으면 그 이의에 대한 결정을

하여야 한다.

④ 등기관은 제1항의 기간 이내에 이의를 진술한 자가 없거나 이의를 각하한 경우에는 제1항의 등기를 직권으로 말소하여야 한다.

제59조(말소등기의 회복) 말소된 등기의 회복(回復)을 신청하는 경우에 등기상 이해관계 있는 제3자가 있을 때에는 그 제3자의 승낙이 있어야 한다.

제60조(대지사용권의 취득) ① 구분건물을 신축한 자가 「집합건물의 소유 및 관리에 관한 법률」 제2조제6호의 대지사용권을 가지고 있는 경우에 대지권에 관한 등기를 하지 아니하고 구분건물에 관하여만 소유권이전등기를 마쳤을 때에는 현재의 구분건물의 소유명의인과 공동으로 대지사용권에 관한 이전등기를 신청할 수 있다.

② 구분건물을 신축하여 양도한 자가 그 건물의 대지사용권을 나중에 취득하여 이전하기로 약정한 경우에는 제1항을 준용한다.

③ 제1항 및 제2항에 따른 등기는 대지권에 관한 등기와 동시에 신청하여야 한다.

제61조(구분건물의 등기기록에 대지권등기가 되어 있는 경우) ① 대지권을 등기한 후에 한 건물의 권리에 관한 등기는 대지권에 대하여 동일한 등기로서 효력이 있다. 다만, 그 등기에 건물만에 관한 것이라는 뜻의 부기가 되어 있을 때에는 그러하지 아니하다.

② 제1항에 따라 대지권에 대한 등기로서의 효력이 있는 등기와 대지권의 목적인 토지의 등기기록 중 해당 구에 한 등기의 순서는 접수번호에 따른다.

③ 대지권이 등기된 구분건물의 등기기록에는 건물만에 관한 소유권이전등기 또는 저당권설정등기, 그 밖에 이와 관련이 있는 등기를 할 수 없다.

④ 토지의 소유권이 대지권인 경우에 대지권이라는 뜻의 등기가 되어 있는 토지의 등기기록에는 소유권이전등기, 저당권설정등기, 그 밖에 이와 관련이 있는 등기를 할 수 없다.

⑤ 지상권, 전세권 또는 임차권이 대지권인 경우에는 제4항을 준용한다.

제62조(소유권변경 사실의 통지) 등기관이 다음 각 호의 등기를 하였을 때에는 지체 없이 그 사실을 토지의 경우에는 지적소관청에, 건물의 경우에는 건축물대장 소관청에 각각 알려야 한다.

1. 소유권의 보존 또는 이전
2. 소유권의 등기명의인표시의 변경 또는 경정
3. 소유권의 변경 또는 경정
4. 소유권의 말소 또는 말소회복

제63조(과세자료의 제공) 등기관이 소유권의 보존 또는 이전의 등기[가등기(假登記)를 포함한다]를 하였을 때에는 대법원규칙으로 정하는 바에 따라 지체 없이 그 사실을 부동산

소재지 관할 세무서장에게 통지하여야 한다.

제2관 소유권에 관한 등기

제64조(소유권보존등기의 등기사항) 등기관이 소유권보존등기를 할 때에는 제48조제1항제4호에도 불구하고 등기원인과 그 연월일을 기록하지 아니한다.

제65조(소유권보존등기의 신청인) 미등기의 토지 또는 건물에 관한 소유권보존등기는 다음 각 호의 어느 하나에 해당하는 자가 신청할 수 있다.

1. 토지대장, 임야대장 또는 건축물대장에 최초의 소유자로 등록되어 있는 자 또는 그 상속인, 그 밖의 포괄승계인
2. 확정판결에 의하여 자기의 소유권을 증명하는 자
3. 수용(收用)으로 인하여 소유권을 취득하였음을 증명하는 자
4. 특별자치도지사, 시장, 군수 또는 구청장(자치구의 구청장을 말한다)의 확인에 의하여 자기의 소유권을 증명하는 자(건물의 경우로 한정한다)

제66조(미등기부동산의 처분제한의 등기와 직권보존) ① 등기관이 미등기부동산에 대하여 법원의 촉탁에 따라 소유권의 처분제한의 등기를 할 때에는 직권으로 소유권보존등기를 하고, 처분제한의 등기를 명하는 법원의 재판에 따라 소유권의 등기를 한다는 뜻을 기록하여야 한다.

② 등기관이 제1항에 따라 건물에 대한 소유권보존등기를 하는 경우에는 제65조를 적용하지 아니한다. 다만, 그 건물이 「건축법」상 사용승인을 받아야 할 건물임에도 사용승인을 받지 아니하였다면 그 사실을 표제부에 기록하여야 한다.

③ 제2항 단서에 따라 등기된 건물에 대하여 「건축법」상 사용승인이 이루어진 경우에는 그 건물 소유권의 등기명의인은 1개월 이내에 제2항 단서의 기록에 대한 말소등기를 신청하여야 한다.

제67조(소유권의 일부이전) ① 등기관이 소유권의 일부에 관한 이전등기를 할 때에는 이전되는 지분을 기록하여야 한다. 이 경우 등기원인에 「민법」 제268조제1항 단서의 약정이 있을 때에는 그 약정에 관한 사항도 기록하여야 한다.

② 제1항 후단의 약정의 변경등기는 공유자 전원이 공동으로 신청하여야 한다.

제68조(거래가액의 등기) 등기관이 「부동산 거래신고 등에 관한 법률」 제3조제1항에서 정하는 계약을 등기원인으로 한 소유권이전등기를 하는 경우에는 대법원규칙으로 정하는 바에 따라 거래가액을 기록한다. <개정 2015. 7. 24., 2016. 1. 19.>

제3관 용익권(用益權)에 관한 등기

제69조(지상권의 등기사항) 등기관이 지상권설정의 등기를 할 때에는 제48조에서 규정한 사항 외에 다음 각 호의 사항을 기록하여야 한다. 다만, 제3호부터 제5호까지는 등기원인에 그 약정이 있는 경우에만 기록한다.

1. 지상권설정의 목적
2. 범위
3. 존속기간
4. 지료와 지급시기
5. 「민법」 제289조의2제1항 후단의 약정
6. 지상권설정의 범위가 토지의 일부인 경우에는 그 부분을 표시한 도면의 번호

제70조(지역권의 등기사항) 등기관이 승역지의 등기기록에 지역권설정의 등기를 할 때에는 제48조제1항제1호부터 제4호까지에서 규정한 사항 외에 다음 각 호의 사항을 기록하여야 한다. 다만, 제4호는 등기원인에 그 약정이 있는 경우에만 기록한다.

1. 지역권설정의 목적
2. 범위
3. 요역지
4. 「민법」 제292조제1항 단서, 제297조제1항 단서 또는 제298조의 약정
5. 승역지의 일부에 지역권설정의 등기를 할 때에는 그 부분을 표시한 도면의 번호

제71조(요역지지역권의 등기사항) ① 등기관이 승역지에 지역권설정의 등기를 하였을 때에는 직권으로 요역지의 등기기록에 다음 각 호의 사항을 기록하여야 한다.

1. 순위번호
2. 등기목적
3. 승역지
4. 지역권설정의 목적
5. 범위
6. 등기연월일

② 등기관은 요역지가 다른 등기소의 관할에 속하는 때에는 지체 없이 그 등기소에 승역지, 요역지, 지역권설정의 목적과 범위, 신청서의 접수연월일을 통지하여야 한다.

③ 제2항의 통지를 받은 등기소의 등기관은 지체 없이 요역지인 부동산의 등기기록에 제1항제1호부터 제5호까지의 사항, 그 통지의 접수연월일 및 그 접수번호를 기록하여야 한다.

④ 등기관이 지역권의 변경등기 또는 말소등기를 할 때에는 제2항 및 제3항을 준용한다.

제72조(전세권 등의 등기사항) ① 등기관이 전세권설정이나 전전세(轉傳貰)의 등기를 할 때에는 제48조에서 규정한 사항 외에 다음 각 호의 사항을 기록하여야 한다. 다만, 제3호부터 제5호까지는 등기원인에 그 약정이 있는 경우에만 기록한다.

1. 전세금 또는 전전세금
2. 범위
3. 존속기간
4. 위약금 또는 배상금
5. 「민법」 제306조 단서의 약정
6. 전세권설정이나 전전세의 범위가 부동산의 일부인 경우에는 그 부분을 표시한 도면의 번호

② 여러 개의 부동산에 관한 권리를 목적으로 하는 전세권설정의 등기를 하는 경우에는 제78조를 준용한다.

제73조(전세금반환채권의 일부양도에 따른 전세권 일부이전등기) ① 등기관이 전세금반환채권의 일부 양도를 원인으로 한 전세권 일부이전등기를 할 때에는 양도액을 기록한다.

② 제1항의 전세권 일부이전등기의 신청은 전세권의 존속기간의 만료 전에는 할 수 없다. 다만, 존속기간 만료 전이라도 해당 전세권이 소멸하였음을 증명하여 신청하는 경우에는 그러하지 아니하다.

제74조(임차권 등의 등기사항) 등기관이 임차권 설정 또는 임차물 전대(轉貸)의 등기를 할 때에는 제48조에서 규정한 사항 외에 다음 각 호의 사항을 기록하여야 한다. 다만, 제3호부터 제6호까지는 등기원인에 그 사항이 있는 경우에만 기록한다. <개정 2020. 2. 4.>

1. 차임(借賃)
2. 범위
3. 차임지급시기
4. 존속기간. 다만, 처분능력 또는 처분권한 없는 임대인에 의한 「민법」 제619조의 단기임대차인 경우에는 그 뜻도 기록한다.
5. 임차보증금
6. 임차권의 양도 또는 임차물의 전대에 대한 임대인의 동의
7. 임차권설정 또는 임차물전대의 범위가 부동산의 일부인 때에는 그 부분을 표시한 도면의 번호

제74조(임차권 등의 등기사항) 등기관이 임차권 설정 또는 임차물 전대(轉貸)의 등기를 할

때에는 제48조에서 규정한 사항 외에 다음 각 호의 사항을 기록하여야 한다. 다만, 제3호부터 제6호까지는 등기원인에 그 사항이 있는 경우에만 기록한다. <개정 2020. 2. 4.>

1. 차임(借賃)

2. 범위

3. 차임지급시기

4. 존속기간. 다만, 처분능력 또는 처분권한 없는 임대인에 의한 「민법」 제619조의 단기임대차인 경우에는 그 뜻도 기록한다.

5. 임차보증금

6. 임차권의 양도 또는 임차물의 전대에 대한 임대인의 동의

7. 임차권설정 또는 임차물전대의 범위가 부동산의 일부인 때에는 그 부분을 표시한 도면의 번호

[시행일 : 2020. 8. 5.] 제74조

제4관 담보권에 관한 등기

제75조(저당권의 등기사항) ① 등기관이 저당권설정의 등기를 할 때에는 제48조에서 규정한 사항 외에 다음 각 호의 사항을 기록하여야 한다. 다만, 제3호부터 제8호까지는 등기원인에 그 약정이 있는 경우에만 기록한다.

1. 채권액

2. 채무자의 성명 또는 명칭과 주소 또는 사무소 소재지

3. 변제기(辨濟期)

4. 이자 및 그 발생기·지급시기

5. 원본(元本) 또는 이자의 지급장소

6. 채무불이행(債務不履行)으로 인한 손해배상에 관한 약정

7. 「민법」 제358조 단서의 약정

8. 채권의 조건

② 등기관은 제1항의 저당권의 내용이 근저당권(根抵當權)인 경우에는 제48조에서 규정한 사항 외에 다음 각 호의 사항을 기록하여야 한다. 다만, 제3호 및 제4호는 등기원인에 그 약정이 있는 경우에만 기록한다.

1. 채권의 최고액

2. 채무자의 성명 또는 명칭과 주소 또는 사무소 소재지

3. 「민법」 제358조 단서의 약정

4. 존속기간

제76조(저당권부채권에 대한 질권 등의 등기사항) ① 등기관이 「민법」 제348조에 따라 저당
권부채권(抵當權附債權)에 대한 질권의 등기를 할 때에는 제48조에서 규정한 사항 외에
다음 각 호의 사항을 기록하여야 한다.

1. 채권액 또는 채권최고액
2. 채무자의 성명 또는 명칭과 주소 또는 사무소 소재지
3. 변제기와 이자의 약정이 있는 경우에는 그 내용

② 등기관이 「동산·채권 등의 담보에 관한 법률」 제37조에서 준용하는 「민법」 제348조
에 따른 채권담보권의 등기를 할 때에는 제48조에서 정한 사항 외에 다음 각 호의 사항
을 기록하여야 한다.

1. 채권액 또는 채권최고액
2. 채무자의 성명 또는 명칭과 주소 또는 사무소 소재지
3. 변제기와 이자의 약정이 있는 경우에는 그 내용

제77조(피담보채권이 금액을 목적으로 하지 아니하는 경우) 등기관이 일정한 금액을 목적으로
하지 아니하는 채권을 담보하기 위한 저당권설정의 등기를 할 때에는 그 채권의 평가액
을 기록하여야 한다.

제78조(공동저당의 등기) ① 등기관이 동일한 채권에 관하여 여러 개의 부동산에 관한 권리
를 목적으로 하는 저당권설정의 등기를 할 때에는 각 부동산의 등기기록에 그 부동산에
관한 권리가 다른 부동산에 관한 권리와 함께 저당권의 목적으로 제공된 뜻을 기록하여
야 한다.

② 등기관은 제1항의 경우에 부동산이 5개 이상일 때에는 공동담보목록을 작성하여야
한다.

③ 제2항의 공동담보목록은 등기기록의 일부로 본다.

④ 등기관이 1개 또는 여러 개의 부동산에 관한 권리를 목적으로 하는 저당권설정의 등
기를 한 후 동일한 채권에 대하여 다른 1개 또는 여러 개의 부동산에 관한 권리를 목적
으로 하는 저당권설정의 등기를 할 때에는 그 등기와 종전의 등기에 각 부동산에 관한
권리가 함께 저당권의 목적으로 제공된 뜻을 기록하여야 한다. 이 경우 제2항 및 제3항
을 준용한다.

⑤ 제4항의 경우 종전에 등기한 부동산이 다른 등기소의 관할에 속할 때에는 제71조제2
항 및 제3항을 준용한다.

제79조(채권일부의 양도 또는 대위변제로 인한 저당권 일부이전등기의 등기사항) 등기관이 채
권의 일부에 대한 양도 또는 대위변제(代位辨濟)로 인한 저당권 일부이전등기를 할 때

에는 제48조에서 규정한 사항 외에 양도액 또는 변제액을 기록하여야 한다.

제80조(공동저당의 대위등기) ① 등기관이 「민법」 제368조제2항 후단의 대위등기를 할 때에는 제48조에서 규정한 사항 외에 다음 각 호의 사항을 기록하여야 한다.

1. 매각 부동산(소유권 외의 권리가 저당권의 목적일 때에는 그 권리를 말한다)
2. 매각대금
3. 선순위 저당권자가 변제받은 금액

② 제1항의 등기에는 제75조를 준용한다.

제5관 신탁에 관한 등기

제81조(신탁등기의 등기사항) ① 등기관이 신탁등기를 할 때에는 다음 각 호의 사항을 기록한 신탁원부(信託原簿)를 작성하고, 등기기록에는 제48조에서 규정한 사항 외에 그 신탁원부의 번호를 기록하여야 한다. <개정 2014. 3. 18.>

1. 위탁자(委託者), 수탁자 및 수익자(受益者)의 성명 및 주소(법인인 경우에는 그 명칭 및 사무소 소재지를 말한다)
2. 수익자를 지정하거나 변경할 수 있는 권한을 갖는 자를 정한 경우에는 그 자의 성명 및 주소(법인인 경우에는 그 명칭 및 사무소 소재지를 말한다)
3. 수익자를 지정하거나 변경할 방법을 정한 경우에는 그 방법
4. 수익권의 발생 또는 소멸에 관한 조건이 있는 경우에는 그 조건
5. 신탁관리인이 선임된 경우에는 신탁관리인의 성명 및 주소(법인인 경우에는 그 명칭 및 사무소 소재지를 말한다)
6. 수익자가 없는 특정의 목적을 위한 신탁인 경우에는 그 뜻
7. 「신탁법」 제3조제5항에 따라 수탁자가 타인에게 신탁을 설정하는 경우에는 그 뜻
8. 「신탁법」 제59조제1항에 따른 유언대용신탁인 경우에는 그 뜻
9. 「신탁법」 제60조에 따른 수익자연속신탁인 경우에는 그 뜻
10. 「신탁법」 제78조에 따른 수익증권발행신탁인 경우에는 그 뜻
11. 「공익신탁법」에 따른 공익신탁인 경우에는 그 뜻
12. 「신탁법」 제114조제1항에 따른 유한책임신탁인 경우에는 그 뜻
13. 신탁의 목적
14. 신탁재산의 관리, 처분, 운용, 개발, 그 밖에 신탁 목적의 달성을 위하여 필요한 방법
15. 신탁종료의 사유
16. 그 밖의 신탁 조항

② 제1항제5호, 제6호, 제10호 및 제11호의 사항에 관하여 등기를 할 때에는 수익자의

성명 및 주소를 기재하지 아니할 수 있다.

③ 제1항의 신탁원부는 등기기록의 일부로 본다.

[전문개정 2013. 5. 28.]

제82조(신탁등기의 신청방법) ① 신탁등기의 신청은 해당 부동산에 관한 권리의 설정등기, 보존등기, 이전등기 또는 변경등기의 신청과 동시에 하여야 한다.

② 수익자나 위탁자는 수탁자를 대위하여 신탁등기를 신청할 수 있다. 이 경우 제1항은 적용하지 아니한다.

③ 제2항에 따른 대위등기의 신청에 관하여는 제28조제2항을 준용한다.

[전문개정 2013. 5. 28.]

제82조의2(신탁의 합병·분할 등에 따른 신탁등기의 신청) ① 신탁의 합병 또는 분할로 인하여 하나의 신탁재산에 속하는 부동산에 관한 권리가 다른 신탁의 신탁재산에 귀속되는 경우 신탁등기의 말소등기 및 새로운 신탁등기의 신청은 신탁의 합병 또는 분할로 인한 권리변경등기의 신청과 동시에 하여야 한다.

②「신탁법」제34조제1항제3호 및 같은 조 제2항에 따라 여러 개의 신탁을 인수한 수탁자가 하나의 신탁재산에 속하는 부동산에 관한 권리를 다른 신탁의 신탁재산에 귀속시키는 경우 신탁등기의 신청방법에 관하여는 제1항을 준용한다.

[본조신설 2013. 5. 28.]

제83조(수탁자의 임무 종료에 의한 등기) 다음 각 호의 어느 하나에 해당하여 수탁자의 임무가 종료된 경우 신수탁자는 단독으로 신탁재산에 속하는 부동산에 관한 권리이전등기를 신청할 수 있다. <개정 2014. 3. 18.>

1.「신탁법」제12조제1항 각 호의 어느 하나에 해당하여 수탁자의 임무가 종료된 경우

2.「신탁법」제16조제1항에 따라 수탁자를 해임한 경우

3.「신탁법」제16조제3항에 따라 법원이 수탁자를 해임한 경우

4.「공익신탁법」제27조에 따라 법무부장관이 직권으로 공익신탁의 수탁자를 해임한 경우

[전문개정 2013. 5. 28.]

제84조(수탁자가 여러 명인 경우) ① 수탁자가 여러 명인 경우 등기관은 신탁재산이 합유인 뜻을 기록하여야 한다.

② 여러 명의 수탁자 중 1인이 제83조 각 호의 어느 하나의 사유로 그 임무가 종료된 경우 다른 수탁자는 단독으로 권리변경등기를 신청할 수 있다. 이 경우 다른 수탁자가 여러 명일 때에는 그 전원이 공동으로 신청하여야 한다.

[전문개정 2013. 5. 28.]

제84조의2(신탁재산에 관한 등기신청의 특례) 다음 각 호의 어느 하나에 해당하는 경우 수탁자는 단독으로 해당 신탁재산에 속하는 부동산에 관한 권리변경등기를 신청할 수 있다.

1. 「신탁법」 제3조제1항제3호에 따라 신탁을 설정하는 경우
2. 「신탁법」 제34조제2항 각 호의 어느 하나에 해당하여 다음 각 목의 어느 하나의 행위를 하는 것이 허용된 경우
   가. 수탁자가 신탁재산에 속하는 부동산에 관한 권리를 고유재산에 귀속시키는 행위
   나. 수탁자가 고유재산에 속하는 부동산에 관한 권리를 신탁재산에 귀속시키는 행위
   다. 여러 개의 신탁을 인수한 수탁자가 하나의 신탁재산에 속하는 부동산에 관한 권리를 다른 신탁의 신탁재산에 귀속시키는 행위
3. 「신탁법」 제90조 또는 제94조에 따라 수탁자가 신탁을 합병, 분할 또는 분할합병하는 경우

[본조신설 2013. 5. 28.]

제85조(촉탁에 의한 신탁변경등기) ① 법원은 다음 각 호의 어느 하나에 해당하는 재판을 한 경우 지체 없이 신탁원부 기록의 변경등기를 등기소에 촉탁하여야 한다.

1. 수탁자 해임의 재판
2. 신탁관리인의 선임 또는 해임의 재판
3. 신탁 변경의 재판

② 법무부장관은 다음 각 호의 어느 하나에 해당하는 경우 지체 없이 신탁원부 기록의 변경등기를 등기소에 촉탁하여야 한다. <개정 2014. 3. 18.>

1. 수탁자를 직권으로 해임한 경우
2. 신탁관리인을 직권으로 선임하거나 해임한 경우
3. 신탁내용의 변경을 명한 경우

③ 등기관이 제1항제1호 및 제2항제1호에 따라 법원 또는 주무관청의 촉탁에 의하여 수탁자 해임에 관한 신탁원부 기록의 변경등기를 하였을 때에는 직권으로 등기기록에 수탁자 해임의 뜻을 부기하여야 한다.

[전문개정 2013. 5. 28.]

제85조의2(직권에 의한 신탁변경등기) 등기관이 신탁재산에 속하는 부동산에 관한 권리에 대하여 다음 각 호의 어느 하나에 해당하는 등기를 할 경우 직권으로 그 부동산에 관한 신탁원부 기록의 변경등기를 하여야 한다.

1. 수탁자의 변경으로 인한 이전등기
2. 여러 명의 수탁자 중 1인의 임무 종료로 인한 변경등기
3. 수탁자인 등기명의인의 성명 및 주소(법인인 경우에는 그 명칭 및 사무소 소재지를

말한다)에 관한 변경등기 또는 경정등기

[본조신설 2013. 5. 28.]

제86조(신탁변경등기의 신청) 수탁자는 제85조 및 제85조의2에 해당하는 경우를 제외하고 제81조제1항 각 호의 사항이 변경되었을 때에는 지체 없이 신탁원부 기록의 변경등기를 신청하여야 한다. <개정 2013. 5. 28.>

제87조(신탁등기의 말소) ① 신탁재산에 속한 권리가 이전, 변경 또는 소멸됨에 따라 신탁재산에 속하지 아니하게 된 경우 신탁등기의 말소신청은 신탁된 권리의 이전등기, 변경등기 또는 말소등기의 신청과 동시에 하여야 한다.

② 신탁종료로 인하여 신탁재산에 속한 권리가 이전 또는 소멸된 경우에는 제1항을 준용한다.

③ 신탁등기의 말소등기는 수탁자가 단독으로 신청할 수 있다.

④ 신탁등기의 말소등기의 신청에 관하여는 제82조제2항 및 제3항을 준용한다.

[전문개정 2013. 5. 28.]

제87조의2(담보권신탁에 관한 특례) ① 위탁자가 자기 또는 제3자 소유의 부동산에 채권자가 아닌 수탁자를 저당권자로 하여 설정한 저당권을 신탁재산으로 하고 채권자를 수익자로 지정한 신탁의 경우 등기관은 그 저당권에 의하여 담보되는 피담보채권이 여럿이고 각 피담보채권별로 제75조에 따른 등기사항이 다를 때에는 제75조에 따른 등기사항을 각 채권별로 구분하여 기록하여야 한다.

② 제1항에 따른 신탁의 신탁재산에 속하는 저당권에 의하여 담보되는 피담보채권이 이전되는 경우 수탁자는 신탁원부 기록의 변경등기를 신청하여야 한다.

③ 제1항에 따른 신탁의 신탁재산에 속하는 저당권의 이전등기를 하는 경우에는 제79조를 적용하지 아니한다.

[본조신설 2013. 5. 28.]

제87조의3(신탁재산관리인이 선임된 신탁의 등기) 「신탁법」 제17조제1항 또는 제18조제1항에 따라 신탁재산관리인이 선임된 신탁의 경우 제23조제7항·제8항, 제81조, 제82조, 제82조의2, 제84조제1항, 제84조의2, 제85조제1항·제2항, 제85조의2제3호, 제86조, 제87조 및 제87조의2를 적용할 때에는 "수탁자"는 "신탁재산관리인"으로 본다.

[본조신설 2013. 5. 28.]

제6관 가등기

제88조(가등기의 대상) 가등기는 제3조 각 호의 어느 하나에 해당하는 권리의 설정, 이전, 변

경 또는 소멸의 청구권(請求權)을 보전(保全)하려는 때에 한다. 그 청구권이 시기부(始期附) 또는 정지조건부(停止條件附)일 경우나 그 밖에 장래에 확정될 것인 경우에도 같다.

제89조(가등기의 신청방법) 가등기권리자는 제23조제1항에도 불구하고 가등기의무자의 승낙이 있거나 가등기를 명하는 법원의 가처분명령(假處分命令)이 있을 때에는 단독으로 가등기를 신청할 수 있다.

제90조(가등기를 명하는 가처분명령) ① 제89조의 가등기를 명하는 가처분명령은 부동산의 소재지를 관할하는 지방법원이 가등기권리자의 신청으로 가등기 원인사실의 소명이 있는 경우에 할 수 있다.

② 제1항의 신청을 각하한 결정에 대하여는 즉시항고(卽時抗告)를 할 수 있다.

③ 제2항의 즉시항고에 관하여는 「비송사건절차법」을 준용한다.

제91조(가등기에 의한 본등기의 순위) 가등기에 의한 본등기(本登記)를 한 경우 본등기의 순위는 가등기의 순위에 따른다.

제92조(가등기에 의하여 보전되는 권리를 침해하는 가등기 이후 등기의 직권말소) ① 등기관은 가등기에 의한 본등기를 하였을 때에는 대법원규칙으로 정하는 바에 따라 가등기 이후에 된 등기로서 가등기에 의하여 보전되는 권리를 침해하는 등기를 직권으로 말소하여야 한다.

② 등기관이 제1항에 따라 가등기 이후의 등기를 말소하였을 때에는 지체 없이 그 사실을 말소된 권리의 등기명의인에게 통지하여야 한다.

제93조(가등기의 말소) ① 가등기명의인은 제23조제1항에도 불구하고 단독으로 가등기의 말소를 신청할 수 있다.

② 가등기의무자 또는 가등기에 관하여 등기상 이해관계 있는 자는 제23조제1항에도 불구하고 가등기명의인의 승낙을 받아 단독으로 가등기의 말소를 신청할 수 있다.

제7관 가처분에 관한 등기

제94조(가처분등기 이후의 등기 등의 말소) ① 「민사집행법」 제305조제3항에 따라 권리의 이전, 말소 또는 설정등기청구권을 보전하기 위한 처분금지가처분등기가 된 후 가처분채권자가 가처분채무자를 등기의무자로 하여 권리의 이전, 말소 또는 설정의 등기를 신청하는 경우에는, 대법원규칙으로 정하는 바에 따라 그 가처분등기 이후에 된 등기로서 가처분채권자의 권리를 침해하는 등기의 말소를 단독으로 신청할 수 있다.

② 등기관이 제1항의 신청에 따라 가처분등기 이후의 등기를 말소할 때에는 직권으로

그 가처분등기도 말소하여야 한다. 가처분등기 이후의 등기가 없는 경우로서 가처분채무자를 등기의무자로 하는 권리의 이전, 말소 또는 설정의 등기만을 할 때에도 또한 같다. <개정 2020. 2. 4.>

③ 등기관이 제1항의 신청에 따라 가처분등기 이후의 등기를 말소하였을 때에는 지체 없이 그 사실을 말소된 권리의 등기명의인에게 통지하여야 한다.

[제목개정 2020. 2. 4.]

제94조(가처분등기 이후의 등기 등의 말소) ① 「민사집행법」 제305조제3항에 따라 권리의 이전, 말소 또는 설정등기청구권을 보전하기 위한 처분금지가처분등기가 된 후 가처분채권자가 가처분채무자를 등기의무자로 하여 권리의 이전, 말소 또는 설정의 등기를 신청하는 경우에는, 대법원규칙으로 정하는 바에 따라 그 가처분등기 이후에 된 등기로서 가처분채권자의 권리를 침해하는 등기의 말소를 단독으로 신청할 수 있다.

② 등기관이 제1항의 신청에 따라 가처분등기 이후의 등기를 말소할 때에는 직권으로 그 가처분등기도 말소하여야 한다. 가처분등기 이후의 등기가 없는 경우로서 가처분채무자를 등기의무자로 하는 권리의 이전, 말소 또는 설정의 등기만을 할 때에도 또한 같다. <개정 2020. 2. 4.>

③ 등기관이 제1항의 신청에 따라 가처분등기 이후의 등기를 말소하였을 때에는 지체 없이 그 사실을 말소된 권리의 등기명의인에게 통지하여야 한다.

[제목개정 2020. 2. 4.]

[시행일 : 2020. 8. 5.] 제94조

제95조(가처분에 따른 소유권 외의 권리 설정등기) 등기관이 제94조제1항에 따라 가처분채권자 명의의 소유권 외의 권리 설정등기를 할 때에는 그 등기가 가처분에 기초한 것이라는 뜻을 기록하여야 한다.

제8관 관공서가 촉탁하는 등기 등

제96조(관공서가 등기명의인 등을 갈음하여 촉탁할 수 있는 등기) 관공서가 체납처분(滯納處分)으로 인한 압류등기(押留登記)를 촉탁하는 경우에는 등기명의인 또는 상속인, 그 밖의 포괄승계인을 갈음하여 부동산의 표시, 등기명의인의 표시의 변경, 경정 또는 상속, 그 밖의 포괄승계로 인한 권리이전(權利移轉)의 등기를 함께 촉탁할 수 있다.

제97조(공매처분으로 인한 등기의 촉탁) 관공서가 공매처분(公賣處分)을 한 경우에 등기권리자의 청구를 받으면 지체 없이 다음 각 호의 등기를 등기소에 촉탁하여야 한다. <개정 2020. 2. 4.>

1. 공매처분으로 인한 권리이전의 등기
2. 공매처분으로 인하여 소멸한 권리등기(權利登記)의 말소
3. 체납처분에 관한 압류등기 및 공매공고등기의 말소

제97조(공매처분으로 인한 등기의 촉탁) 관공서가 공매처분(公賣處分)을 한 경우에 등기권리자의 청구를 받으면 지체 없이 다음 각 호의 등기를 등기소에 촉탁하여야 한다. <개정 2020. 2. 4.>
1. 공매처분으로 인한 권리이전의 등기
2. 공매처분으로 인하여 소멸한 권리등기(權利登記)의 말소
3. 체납처분에 관한 압류등기 및 공매공고등기의 말소
[시행일 : 2020. 8. 5.] 제97조

제98조(관공서의 촉탁에 따른 등기) ① 국가 또는 지방자치단체가 등기권리자인 경우에는 국가 또는 지방자치단체는 등기의무자의 승낙을 받아 해당 등기를 지체 없이 등기소에 촉탁하여야 한다.
② 국가 또는 지방자치단체가 등기의무자인 경우에는 국가 또는 지방자치단체는 등기권리자의 청구에 따라 지체 없이 해당 등기를 등기소에 촉탁하여야 한다.

제99조(수용으로 인한 등기) ① 수용으로 인한 소유권이전등기는 제23조제1항에도 불구하고 등기권리자가 단독으로 신청할 수 있다.
② 등기권리자는 제1항의 신청을 하는 경우에 등기명의인이나 상속인, 그 밖의 포괄승계인을 갈음하여 부동산의 표시 또는 등기명의인의 표시의 변경, 경정 또는 상속, 그 밖의 포괄승계로 인한 소유권이전의 등기를 신청할 수 있다.
③ 국가 또는 지방자치단체가 제1항의 등기권리자인 경우에는 국가 또는 지방자치단체는 지체 없이 제1항과 제2항의 등기를 등기소에 촉탁하여야 한다.
④ 등기관이 제1항과 제3항에 따라 수용으로 인한 소유권이전등기를 하는 경우 그 부동산의 등기기록 중 소유권, 소유권 외의 권리, 그 밖의 처분제한에 관한 등기가 있으면 그 등기를 직권으로 말소하여야 한다. 다만, 그 부동산을 위하여 존재하는 지역권의 등기 또는 토지수용위원회의 재결(裁決)로써 존속(存續)이 인정된 권리의 등기는 그러하지 아니하다.
⑤ 부동산에 관한 소유권 외의 권리의 수용으로 인한 권리이전등기에 관하여는 제1항부터 제4항까지의 규정을 준용한다.

제5장 이의

제100조(이의신청과 그 관할) 등기관의 결정 또는 처분에 이의가 있는 자는 관할 지방법원에 이의신청을 할 수 있다.

제101조(이의절차) 이의의 신청은 대법원규칙으로 정하는 바에 따라 등기소에 이의신청서를 제출하는 방법으로 한다.

제102조(새로운 사실에 의한 이의 금지) 새로운 사실이나 새로운 증거방법을 근거로 이의신청을 할 수는 없다.

제103조(등기관의 조치) ① 등기관은 이의가 이유 있다고 인정하면 그에 해당하는 처분을 하여야 한다.
② 등기관은 이의가 이유 없다고 인정하면 이의신청일부터 3일 이내에 의견을 붙여 이의신청서를 관할 지방법원에 보내야 한다.
③ 등기를 마친 후에 이의신청이 있는 경우에는 3일 이내에 의견을 붙여 이의신청서를 관할 지방법원에 보내고 등기상 이해관계 있는 자에게 이의신청 사실을 알려야 한다.

제104조(집행 부정지) 이의에는 집행정지(執行停止)의 효력이 없다.

제105조(이의에 대한 결정과 항고) ① 관할 지방법원은 이의에 대하여 이유를 붙여 결정을 하여야 한다. 이 경우 이의가 이유 있다고 인정하면 등기관에게 그에 해당하는 처분을 명령하고 그 뜻을 이의신청인과 등기상 이해관계 있는 자에게 알려야 한다.
② 제1항의 결정에 대하여는 「비송사건절차법」에 따라 항고할 수 있다.

제106조(처분 전의 가등기 및 부기등기의 명령) 관할 지방법원은 이의신청에 대하여 결정하기 전에 등기관에게 가등기 또는 이의가 있다는 뜻의 부기등기를 명령할 수 있다.

제107조(관할 법원의 명령에 따른 등기) 등기관이 관할 지방법원의 명령에 따라 등기를 할 때에는 명령을 한 지방법원, 명령의 연월일 및 명령에 따라 등기를 한다는 뜻을 기록하여야 한다. <개정 2020. 2. 4.>

제107조(관할 법원의 명령에 따른 등기) 등기관이 관할 지방법원의 명령에 따라 등기를 할 때에는 명령을 한 지방법원, 명령의 연월일 및 명령에 따라 등기를 한다는 뜻을 기록하여야 한다. <개정 2020. 2. 4.>
[시행일 : 2020. 8. 5.] 제107조

제108조(송달) 송달에 대하여는 「민사소송법」을 준용하고, 이의의 비용에 대하여는 「비송사

건절차법」을 준용한다.

제6장 보칙

제109조(등기사무의 처리에 필요한 전산정보자료의 제공 요청) 법원행정처장은 「전자정부법」 제2조제2호에 따른 행정기관 및 같은 조 제3호에 따른 공공기관(이하 "행정기관등"이라 한다)의 장에게 등기사무의 처리에 필요한 전산정보자료의 제공을 요청할 수 있다.
[전문개정 2020. 2. 4.]

제109조(등기사무의 처리에 필요한 전산정보자료의 제공 요청) 법원행정처장은 「전자정부법」 제2조제2호에 따른 행정기관 및 같은 조 제3호에 따른 공공기관(이하 "행정기관등"이라 한다)의 장에게 등기사무의 처리에 필요한 전산정보자료의 제공을 요청할 수 있다.
[전문개정 2020. 2. 4.]
[시행일 : 2020. 8. 5.] 제109조

제109조의2(등기정보자료의 제공 등) ① 행정기관등의 장은 소관 업무의 처리를 위하여 필요한 경우에 관계 중앙행정기관의 장의 심사를 거치고 법원행정처장의 승인을 받아 등기정보자료의 제공을 요청할 수 있다. 다만, 중앙행정기관의 장은 법원행정처장과 협의를 하여 협의가 성립되는 때에 등기정보자료의 제공을 요청할 수 있다.
② 행정기관등의 장이 아닌 자는 수수료를 내고 대법원규칙으로 정하는 바에 따라 등기정보자료를 제공받을 수 있다. 다만, 등기명의인별로 작성되어 있거나 그 밖에 등기명의인을 알아볼 수 있는 사항을 담고 있는 등기정보자료는 다른 법률에 특별한 규정이 있는 경우를 제외하고는 해당 등기명의인이나 그 포괄승계인만이 제공받을 수 있다.
③ 제1항 및 제2항에 따른 등기정보자료의 제공 절차, 제2항에 따른 수수료의 금액 및 그 면제 범위는 대법원규칙으로 정한다.
[본조신설 2020. 2. 4.]

제109조의2(등기정보자료의 제공 등) ① 행정기관등의 장은 소관 업무의 처리를 위하여 필요한 경우에 관계 중앙행정기관의 장의 심사를 거치고 법원행정처장의 승인을 받아 등기정보자료의 제공을 요청할 수 있다. 다만, 중앙행정기관의 장은 법원행정처장과 협의를 하여 협의가 성립되는 때에 등기정보자료의 제공을 요청할 수 있다.
② 행정기관등의 장이 아닌 자는 수수료를 내고 대법원규칙으로 정하는 바에 따라 등기정보자료를 제공받을 수 있다. 다만, 등기명의인별로 작성되어 있거나 그 밖에 등기명의

인을 알아볼 수 있는 사항을 담고 있는 등기정보자료는 다른 법률에 특별한 규정이 있는 경우를 제외하고는 해당 등기명의인이나 그 포괄승계인만이 제공받을 수 있다.

③ 제1항 및 제2항에 따른 등기정보자료의 제공 절차, 제2항에 따른 수수료의 금액 및 그 면제 범위는 대법원규칙으로 정한다.

[본조신설 2020. 2. 4.]

[시행일 : 2020. 8. 5.] 제109조의2

제110조(등기필정보의 안전확보) ① 등기관은 취급하는 등기필정보의 누설·멸실 또는 훼손의 방지와 그 밖에 등기필정보의 안전관리를 위하여 필요하고도 적절한 조치를 마련하여야 한다.

② 등기관과 그 밖에 등기소에서 부동산등기사무에 종사하는 사람이나 그 직에 있었던 사람은 그 직무로 인하여 알게 된 등기필정보의 작성이나 관리에 관한 비밀을 누설하여서는 아니 된다.

③ 누구든지 부실등기를 하도록 등기의 신청이나 촉탁에 제공할 목적으로 등기필정보를 취득하거나 그 사정을 알면서 등기필정보를 제공하여서는 아니 된다.

제111조(벌칙) 다음 각 호의 어느 하나에 해당하는 사람은 2년 이하의 징역 또는 1천만원 이하의 벌금에 처한다.

1. 제110조제2항을 위반하여 등기필정보의 작성이나 관리에 관한 비밀을 누설한 사람

2. 제110조제3항을 위반하여 등기필정보를 취득한 사람 또는 그 사정을 알면서 등기필정보를 제공한 사람

3. 부정하게 취득한 등기필정보를 제2호의 목적으로 보관한 사람

제112조 삭제 ＜2017. 10. 13.＞

제113조(대법원규칙에의 위임) 이 법 시행에 필요한 사항은 대법원규칙으로 정한다.

해당 QR코드를 스캔하시면 「해양조사와 해양정보 활용에 관한 법률」,
「부동산등기규칙」, 「부동산등기 특별조치법」을 보실 수 있습니다.

찾아보기

저자약력

이상훈

연세대학교 문과대학 심리학과
고려대학교 일반대학원 법학과(법학석사)
고려대학교 일반대학원 법학과(법학박사)
고려대학교, 단국대학교 강사 역임
한국감정원, 삼창감정평가법인 근무
미국 GSU(Georgia State University) 부동산학과 객원교수
감정평가사, 공인중개사 시험위원
현) 명지전문대학 부동산경영과 교수, 감정평가사
　　(사)한국토지공법학회 이사

석호영

UCI(University of California, Irvine) 문과대학 일어일문학과
고려대학교 일반대학원 법학과(법학석사)
고려대학교 일반대학원 법학과(법학박사)
공군 중위 전역(사후 122기)
고려대학교, 목원대학교, 명지대학교, 명지전문대학, 안동대학교, 한경대학교 강사
남서울대학교 겸임교수
현) (사)한국법제발전연구소 연구조정실 연구위원
　　명지전문대학 부동산경영과 겸임교수
　　(사)한국토지공법학회 기획간사
　　(사)한국환경법학회 총무간사
　　(사)한국지방자치법학회 기획간사

제2판
부동산공시법

초판발행   2017년 3월 2일
제2판발행   2020년 5월 29일

지은이   이상훈·석호영
펴낸이   안종만·안상준

편 집   윤혜경
기획/마케팅   정성혁
표지디자인   이미연
제 작   우인도·고철민

펴낸곳   (주) **박영사**
                서울특별시 종로구 새문안로3길 36, 1601
                등록 1959. 3. 11. 제300-1959-1호(倫)

전 화   02)733-6771
f a x   02)736-4818
e-mail   pys@pybook.co.kr
homepage   www.pybook.co.kr
ISBN   979-11-303-3636-7   13360

정 가   27,000원